◎ 高等院校经济与管理核心课经典系列教材 ◎
国际经济与贸易专业

U0804575

国际技术贸易教程

INTERNATIONAL TECHNOLOGY TRADE

（第四版）

杜奇华 ◎ 主 编

首都经济贸易大学出版社
Capital University of Economics and Business Press
·北 京·

图书在版编目(CIP)数据

国际技术贸易教程 / 杜奇华主编. -- 4 版. -- 北京：首都经济贸易大学出版社，2023. 3

ISBN 978-7-5638-3440-2

Ⅰ. ①国… Ⅱ. ①杜… Ⅲ. ①国际贸易-技术贸易-高等学校-教材 Ⅳ. ①F746. 17

中国版本图书馆 CIP 数据核字(2022)第 211908 号

国际技术贸易教程(第四版)
杜奇华 主编
Guoji Jishu Maoyi Jiaocheng

责任编辑 田玉春
封面设计 砚祥志远 · 激光照排 TEL: 010-65976003
出版发行 首都经济贸易大学出版社
地　　址 北京市朝阳区红庙（邮编 100026）
电　　话 (010)65976483　65065761　65071505(传真)
网　　址 http://www.sjmcb.com
E-mail publish@cueb.edu.cn
经　　销 全国新华书店
照　　排 北京砚祥志远激光照排技术有限公司
印　　刷 人民日报印务有限责任公司
成品尺寸 170 毫米×240 毫米　1/16
字　　数 524 千字
印　　张 27.5
版　　次 2007 年 8 月第 1 版　2013 年 3 月第 2 版
2017 年 1 月第 3 版　**2023 年 3 月第 4 版**
2024 年 8 月总第 5 次印刷
书　　号 ISBN 978-7-5638-3440-2
定　　价 55.00 元

图书印装若有质量问题，本社负责调换
版权所有　侵权必究

第四版前言

进入21世纪以后，全球渐渐步入知识经济时代，创新是知识经济的重要特征，创新的主体是中小企业。本书第四版是在2017年第三版的基础上，更新了全部的数据和所有的案例，并就技术转让的内容、方式也进行了少许修改，使本书更能反映知识产权与国际技术贸易的最新态势。

本书由杜奇华担任主编。撰写和修改第四版内容的作者分工如下：第一章至第四章由杜奇华撰写和修改；第五章由杜奇华、唐嘉撰写和修改；第六章由杜奇华、罗楚枫、白稳撰写和修改；第七章由杜奇华、胡佳茜、刘馨婷撰写和修改；第八章由杜奇华、蒋航一、洛涉宇撰写和修改；第九章由杜奇华、程凯、李卫晴撰写和修改；第十章由杜奇华、刘博伟、许馨尹撰写和修改；第十一章至第十三章由彭礼华撰写和修改。

本书是为我国高等院校经济贸易类专业大学本科学生编写的，同时也适合政府部门有关经济管理和相关业务人员的培训使用。本书在编写过程中参阅了国内外大量书籍和报刊上的文章，借鉴了一些科研成果，在此谨向这些作者表示诚挚的谢意。由于作者的学识和写作水平有限，书中难免出现错误和遗漏，诚恳希望广大专家和读者提出宝贵意见。

作者

2022年10月

目　录

第一章　国际技术贸易概述　1

第一节　技术及其相关概念 …… 2
第二节　国际技术贸易的基本概念 …… 9
第三节　国际技术贸易的主要方式 …… 13
第四节　国际技术贸易的作用与特征 …… 20

第二章　知识产权及其保护　27

第一节　知识产权概述 …… 28
第二节　知识产权的价值评估 …… 36
第三节　知识产权保护和知识产权制度 …… 38
第四节　知识产权国际保护制度 …… 43

第三章　国际技术贸易理论　48

第一节　有关国际技术转移动因的理论 …… 49
第二节　有关国际技术转移机制的理论 …… 63

第三节　有关国际技术贸易选择的理论 …… 72

第四章　专利与专利权 81

第一节　专利与专利权的基本概念 …… 82
第二节　专利权的申请、审查和终止 …… 87
第三节　专利与专利申请实施许可贸易合同 …… 97
第四节　专利权与专利申请权转让合同 …… 114
第五节　当前关于专利实施的几个问题 …… 118

第五章　商标和商标权 133

第一节　商标 …… 134
第二节　商标权 …… 143
第三节　商标权转让及其转让合同 …… 156
第四节　商标权的使用许可及其使用许可合同 …… 164
第五节　商标的国际注册 …… 175

第六章　商业秘密 182

第一节　商业秘密的概念及范围 …… 183
第二节　商业秘密的构成要件 …… 188
第三节　商业秘密权 …… 194
第四节　商业秘密的保护 …… 198

第七章　国际技术贸易的其他标的 206

第一节　计算机软件 …… 207

第二节　工业品外观设计 ………………………………………… 220
第三节　版权及邻接权 ………………………………………… 224
第四节　工业产权 ………………………………………… 228
第五节　集成电路及布图 ………………………………………… 230

第八章　知识产权保护的国际机构与国际公约　240

第一节　知识产权保护的国际机构 ………………………………………… 241
第二节　知识产权保护的主要综合性国际公约 ………………………………………… 250
第三节　有关版权及其邻接权的知识产权国际公约 ………………………………………… 261
第四节　有关专利的知识产权国际公约 ………………………………………… 268
第五节　有关商标的知识产权国际公约 ………………………………………… 272
第六节　有关工业品外观设计的知识产权国际公约 ………………………………………… 278

第九章　许可贸易　284

第一节　许可贸易概述 ………………………………………… 285
第二节　许可贸易的类型 ………………………………………… 286
第三节　许可贸易合同 ………………………………………… 289

第十章　其他国际技术贸易方式　310

第一节　技术服务与技术咨询 ………………………………………… 311
第二节　国际合作生产和合作开发 ………………………………………… 324
第三节　国际工程承包 ………………………………………… 327
第四节　BOT 方式 ………………………………………… 333
第五节　特许经营 ………………………………………… 337
第六节　补偿贸易 ………………………………………… 342

第十一章 国际技术的价格和技术转让税费 350

第一节 技术价格 …… 351
第二节 技术价格的估定 …… 356
第三节 技术贸易中的税费 …… 370

第十二章 国际技术贸易争端适用的法律 380

第一节 限制性商业惯例 …… 381
第二节 国际技术贸易合同的法律适用 …… 396
第三节 国际技术贸易纠纷解决的方式 …… 398

第十三章 中国对外技术贸易管理 403

第一节 中国技术进出口管理概述 …… 404
第二节 中国对技术进出口的管理 …… 408
第三节 中国对知识产权的保护 …… 415

附 录 词汇表 422

参考书目 428

第一章 国际技术贸易概述

Introduction to International Technology Trade

第二次世界大战后，作为国际贸易重要组成部分的国际技术贸易飞速发展，加强了国际经济合作与交流，促进了国际贸易的发展，传播了先进科技，也加速了经济全球化的发展。本章介绍了国际技术贸易中的基本概念、国际技术贸易的主要方式和主要特征，分析了国际技术贸易产生、发展的原因。通过本章的学习，学生可以对国际技术贸易的基本概念和内容有一个概括性的了解，从而为后面的学习打下良好的基础。

学习要点

Since the World War Ⅱ, as an important component of international trade, international technology trade has so rapidly developed. It strengthens international economic cooperation and exchanges, promotes the development of international trade, spreads advanced technology, and accelerates the development of world economic integration. This chapter introduces the basic concepts of international trade, its main patterns and characteristics, and also illustrates the causes of its emergence and development. By studying this chapter, students are expected to get a general idea about the concepts and contents concerning international technology trade, so to lay a sound foundation for future studies.

第一节　技术及其相关概念

一、技术的含义

对于“技术”的概念，目前国际上并没有统一明确的规定。技术分为广义技术和狭义技术。通常，广义技术被作为自然、经济、文化、历史和科学发展的标志，狭义的技术是指为实现生产过程和为社会生产需要服务的手段。并不是所有的技术都是商品，有些技术是人类共同所有的，可以任意使用，这些技术不属于国际技术贸易的交易对象。也就是说，国际技术贸易中的技术是一类特定的技术，是一种商品，可以在国际市场上交换流通。

联合国世界知识产权组织(WIPO)在其1977年出版的《供发展中国家使用的许可贸易手册》中将技术定义为：“技术是指制造一种产品的系统知识，所采用的一种工艺，或提供的一项服务，不论这种知识是否反映在一项发明、一项外观设计、一项实用新型或者一种植物新品种中，或者反映在技术情报或技能中，或者反映在专家为设计、安装、开办或维修一个工厂或为管理一个工商业企业活动而提供的服务或协助等方面。”

联合国工业发展组织(UNIDO)将技术定义为：“由知识、技艺、技能、专门知识和组织组成的一个系统，它用于生产、销售并利用商品和服务，从而满足经济需要和社会需要”，“技术不仅是一件具体的事物，而且也包括硬件和软件中包含的知识”。

经济合作与发展组织(OECD)将技术定义为：“从产品研究开发到销售的整个过程中应用的知识。”

综上，我们可以将技术简单定义为：技术是指人们制造某种产品、采用某种工艺或提供某种服务所需要的系统知识。其表现形式既可以是文字、语言、表格、数据、公式、配方等有形形态，也可以是实际生产经验、个人技能或头脑中的观念等无形形态。

国际技术贸易中的技术是指一类特定的技术，是一种特殊的商品，在国际市场上可以进行交换和流通。这就意味着并不是所有的技术都是商品，某些已经进入公有领域的技术，不属于国际技术贸易的对象，它们是人类共同拥有的财富。

二、技术的特点

(一)技术是商品

技术是人类劳动和智慧的产物,因而具有商品的属性,即具有价值、使用价值和交换价值,可以在市场上流通,可以进行转让和许可使用。但是技术又不是一般的商品,而是一种特殊商品,具有不同于一般商品的特殊性,主要表现在以下几个方面。

1. 交易具有特殊性。技术贸易一般不发生所有权的转移,只是使用权的许可使用,并且技术所有人可以对其技术进行多次转让。

2. 价格确定方式具有特殊性。技术交易中不能简单用普通商品的定价方式来确定技术的价格。

3. 使用价值具有特殊性。技术的引进方对引进的技术要经过较长的时间才能消化吸收。

(二)技术是系统化的、无形的、可传授的知识

技术是人类脑力劳动的结晶,是人们在生产和科学实验的基础上不断积累完善起来的一整套系统性知识和经验总结,包括从构思到具体生产实施乃至销售的各个阶段的全部知识,不是零星、分散的个别理论或方法,具有很强的知识性和系统性。

技术相对于物质产品而言,是一种无形的、非物质性的知识。物质产品,尤其是机器设备是一种生产力,机器设备的增加意味着生产力的增加,而技术只有与一定的物质条件相结合,才能转化为生产力。

技术是系统的知识,是可以传授的,人们可以通过教与学来掌握技术,并将之应用于实践,提高经济效益,达到预期的目标。

(三)技术可实施并产生经济效益

技术是人们在生产实践中通过经验总结发明创造出来的,能够解决实际生产中的问题并能产生经济效益。一般来说,经济效益越大,技术的价值越高。

(四)技术是不可计量的

技术是不可计量的,不能用普通的计量单位来衡量技术的大小。所谓技术的量即为技术的价值,技术的价值通过技术投入生产后所产生的经济效益来衡量,并予以确定。

三、技术的分类

技术可以从不同的角度加以分类，一般可以有以下几种分类方式。

（一）按公开程度分类

按技术的公开程度，可分为公开技术、半公开技术和秘密技术。

1. 公开技术。公开技术指一般的科学技术理论、原理，是为社会公众所熟知并掌握的技术。公开技术已应用于生产和生活中，已经共有，可以自由传播、自由运用，不受任何限制。

2. 半公开技术。半公开技术特指专利技术，法律规定在申请发明专利时，申请人应将发明的内容向社会公开，经批准后该发明在法律规定的有效期内受到法律保护，未经许可他人不得擅自使用。因此，专利的技术内容处于公开状态，但是又受专利法的保护。

3. 秘密技术。秘密技术又称专有技术，是指未公开的、不受法律保护，而仅以保密维持其价值的技术。秘密技术一旦泄露即成为公开技术，任何人都可使用。

（二）按功能分类

按技术的功能，可分为生产性技术和非生产性技术。

1. 生产性技术。生产性技术是在产品的生产制造过程中应用的技术及对生产中的设备、装置等操作的技术。其目标是为了改进产品质量，降低生产成本，提高生产效率和经济效益。

2. 非生产性技术。非生产性技术是指生产性技术之外的其他技术，如管理技术、交易技术等。

（三）按在生产中的地位和角色分类

按技术在生产中的地位和角色，可以分为核心技术和一般技术。

1. 核心技术。核心技术也称为关键技术，是指那些超越竞争对手，使竞争对手无法模仿和仿造的关键、共性、前瞻性的重大工艺技术，并且能成为企业获取较大市场份额，创造较高经济效益，形成企业独享的资源的技术。核心技术通常是具有基础性、带动性和高附加值的技术，在竞争中起关键作用。比如，集成电路芯片技术和软件技术是信息产业的核心技术，它们使企业在国际市场上具有明显的比较优势，带来了巨大的市场和经济效益。

2. 一般技术。一般技术是指除了核心技术之外的那些处于社会平均水平及以上的技术。一般技术在使用的量上要多于核心技术,但某些一般技术与核心技术紧密相连,支撑着核心技术发挥作用,是核心技术的支持技术。

(四)按形态分类

按技术的形态,可分为软件技术和硬件技术。

1. 软件技术。软件技术是一种无形的技术知识,如专利、商标、专有技术等,其中包括技术方案、公式、配方、设计、计算机程序、计划、培训、安装、操作和管理等方面的知识。

2. 硬件技术。硬件技术是物化技术,也称物质形态技术,它包含在产品和设备中。硬件技术是软件技术实施时必不可少的手段,表现为凝聚软件技术的机器设备等。

(五)按法律形态分类

按技术的法律状态,可分为工业产权技术和非工业产权技术。

1. 工业产权技术。工业产权技术是指受工业产权法保护的技术,如专利技术、商标等,都是经过法律程序申请,经批准授予申请人的一种财产独占权。

2. 非工业产权技术。非工业产权技术是指没有专门法律保护的技术和不受工业产权法保护的技术,主要指秘密技术、商业秘密和提供服务的一般技术等。

(六)按适用范围分类

按技术的适用范围,可以分为专门技术、通用技术。

1. 专门技术。专门技术是指应用于特定领域及其范围内的技术,在生产时要运用特定的知识、特殊的工艺来生产特定的产品,专门技术在特定领域外不能发挥作用。

2. 通用技术。通用技术是指广泛适用,具有基础性和通用性的技术,严格区别于专门技术。通用技术具有以下特点:①适用范围广,通用技术不局限于特定领域,是众多专业技术的基础;②互补性强,通用技术与现有的、潜在的新技术有很强的互补性;③有较大的改善空间,通用技术随着技术的进步还可以有巨大的改善和细化空间。

(七)按发展阶段分类

按技术的发展阶段,可分为尖端技术、高新技术、先进技术、成熟技术、适用技术、过时或落后技术。

1. 尖端技术。尖端技术是现在最先进的技术,已经达到了最高的技术境界,如基因重组技术、航天技术等。

2. 高新技术。高新技术通常是指以最新科学成果为基础,对社会生产力发展起主导作用的知识密集型技术,是在科学发现和创新的基础上产生的,是最近才出现的技术。

3. 先进技术。先进技术即领先技术,是处于领先水平的技术。

4. 成熟技术。成熟技术是相关指标已达到或接近最高水平的技术,已没有更大的改进余地。

5. 适用技术。适用技术是相对于技术较为落后而言的,适用技术不强调先进性,而注重技术的适应性,以及技术适应市场需求和适应生产者技术能力要求的程度。

6. 过时或落后技术。过时或落后技术指不再适用,已经或即将被淘汰的技术。

四、技术市场

技术市场,是指科技成果作为商品进行交易并使之变成直接生产力的交换关系的总和,包括从技术开发到技术的应用和转让的全过程。国际技术市场是国际技术贸易关系的总和,包括技术引进和技术出口两方面,同时也是各国技术进出口活动及由此产生的各种经济利益关系的总和。

技术市场的构成必须具备三个要素。

其一,技术交易主体。技术交易主体即技术转让方、需求方和中介方。

其二,技术交易客体。技术交易客体即技术商品,如专利、商标、专有技术、技术咨询和技术服务等。

其三,技术交易条件。技术交易条件即价格、支付条件和合同等。

五、技术转移

技术转移,是指技术地理位置的变化,既可以是技术在一国家内不同地区的移动,也可以是技术在世界范围内不同国家或地区间的移动,是技术从一方向另一方传递的过程,是技术的持有者通过各种方式将其拥有的生产技术、销售技术或管理技术及相关权利转移给他人的行为。技术转移源于资源的有限性和需求之间的矛盾,通常是非人为的行为,如技术人员到工作条件、生活条件优越的地区或国家工作,其本身无意识成为技术的载体,却将技术转移到异地或异国。

所谓国际技术转移,是指跨越国境的技术转移行为,即技术转移的双方当事人分别属于不同的国家,并且转移的技术要跨越国界。广义的国际技术转移,是指技术在不同机构之间或同一机构内部任何形式的空间转移,包括非商业性的技术转移和商业性的技术转移。

非商业性的技术转移是通过非市场的形式来完成的，是以政府援助、交换技术情报、学术交流、技术考察、科学家和技术人员的国际移民、国际性机构所提供的技术服务和教育培训项目等形式进行的技术转让。这种转让一般是无偿的或者是转让条件十分优惠。

商业性技术转让则是按一般商业条件，通过一定方式以不同国家的法人或自然人作为交易的主体进行的技术转移，是有偿的技术转移。

六、技术转让

技术转让，是指人们根据不同地区或国家的生产力水平、经济基础、劳动力素质等因素的差异，人为有意识地将技术在不同的地区或国家间进行引进或让予的行为。技术转让是技术转移的一种特殊形式，但是技术转让是有特定双方的，是以援助、赠予或出售等为表现方式的一类技术转移形式。

技术转让的类型，按其是否跨越国界可分为国内技术转让和国际技术转让。按其方向可分为横向技术转让和纵向技术转让。横向技术转让即企业之间的技术转让；而纵向技术转让是大公司向其子公司或科研机构向企业转让技术。按其有偿性可分为无偿转让和有偿转让。无偿转让是指通过国家经济技术援助、科技合作与交流，或通过技术考察、专业研讨会等方式来提供或获得技术；有偿转让是指当事人之间签订合同，规定双方的权利和义务，由一方授予使用权许可或转让技术的所有权，而另一方则支付相应的报酬，所以有偿转让又被称为按商业条件转让，即通常所称的技术贸易。

七、技术引进

国外的技术被转让到国内，就是技术引进。具体地说，技术引进是指一个国家或企业引入国外的技术知识和经验，及所必须附带的设备、仪器和器材，用以发展本国经济和推动科技进步的做法。

技术引进是一个特定的概念。这是因为：首先，技术引进是一种跨国行为。其次，技术引进与设备进口有着原则性的区别。人们常将“技术”广义化，把技术分为软件技术和硬件技术。软件技术就是前面提到的技术知识、经验和技艺，属纯技术；硬件技术是指机器设备之类的物化技术。只从国外购入机器设备而不买入软件技术，一般称之为设备进口。只有从国外购入软件技术或与此同时又附带购进一些设备的行为才能称其为技术引进。再次，技术引进的目的在于提高引进国或引进企业的制造能力、技术水平和管理水平，要达到这些目的只有引进软件技术，通过自我消化吸收才能达到目的。

八、世界上主要国家对技术贸易、技术转让的规定

(一)美国的规定

在美国,技术转让是指私营部门、州及地方政府和国内其他用户使用联邦实验室开发出的发明并使其商业化的活动,包括但不限于:通过对私营部门等使用方及开发者直接的技术援助、人员交流、资源共享、合作研究和合作开发等形式进行技术合作和交流;通过发明的专利注册及许可、市场及用户确定进行商业化活动;通过报纸、文章、报告、研讨会的形式与潜在技术用户进行信息交流。

(二)加拿大的规定

加拿大认为技术贸易是公认的先进技术领域的前沿技术产品的交易活动,这些高科技产品包括生物技术、生命科学、光学电子、计算机、通信、电子、集成电路制造、材料设计、航空航天、武器、核技术等领域的产品。同时规定随科技的进步,高科技产品的清单要定期进行修改和公布,纳入新的技术,淘汰旧的技术。

(三)日本的规定

日本对技术贸易的规定是指提供或接受发明专利、实用新型、专有技术、对工业技术质量监控及操作管理、维修的指导原则等。

(四)澳大利亚的规定

在澳大利亚,技术是具有实际价值或具有工业用途的所有应用科学的系统性知识和功能。技术贸易是在技术这一定义基础上买卖双方的技术交易,包括非载体技术(专利、设计、技术诀窍、许可等)及载体技术(机械和设备)。

(五)新西兰的规定

在新西兰,专有技术是其他企业所不具备的用于生产产品或体现于工艺流程中的现有的专门技术知识。专利、许可、技术数据和情报、科技、工程服务都属于专有技术。

(六)新加坡的规定

新加坡强调吸收外资中的技术,鼓励引进高附加值的技术密集型工业项目,其

中包括金融和信息技术等服务部门的项目。

（七）印度尼西亚的规定

在印度尼西亚，技术贸易指通过投资带入技术。政府鼓励外国投资，投资者可带入任何技术，没有任何限制，政府仅仅在申请或投资的程序中检查和分析引进技术是否违反环境保护法规和劳工安全保障法规。政府同时还规定引进的技术应该在一定的时间后逐步转让给当地企业，使之本土化。

（八）泰国的规定

在泰国，技术贸易是指进口原材料、资本货物及其他货物中包括机械设备、提成费、商标、技术费及管理费部分的交易。

（九）韩国的规定

在韩国，技术贸易的概念在不同的经济发展阶段有着不同的规定。20 世纪 60 到 70 年代，主要是以引进一揽子技术为主，包括交钥匙工程、装配技术等；80 年代初以引进非一揽子技术为主，包括零部件技术、操作技术等；80 年代末到 90 年代，主要以引进材料技术、控制技术、高质量产品技术为主。

（十）中国的规定

在中国，根据《中华人民共和国技术进出口管理条例》第 2 条的规定："技术进出口，是指从中华人民共和国境外向中华人民共和国境内，或者从中华人民共和国境内向中华人民共和国境外，通过贸易、投资或者经济技术合作的方式转移技术的行为。"这里的行为包括专利权转让、专利申请权转让、专利实施许可、技术秘密转让、技术服务和其他方式的技术转移。

从各国对技术贸易的不同规定中可以看出，各国及各地区对技术贸易的侧重不同。

第二节　国际技术贸易的基本概念

一、国际技术贸易的概念

国际技术贸易是指不同国家的企业、经济组织或个人，按一定商业条件转让或许可使用某项技术或者提供技术咨询和服务的交易行为。它由技术出口和技术引进两方面组成。简言之,国际技术贸易是一种国家间以纯技术的使用权为主要交易标的的商业行为,是以贸易方式进行的国际技术转让。

但是,随着国际经济交往形式的不断增多,及技术转让与其他的国际经济交往合作的相互融合渗透,纯粹的技术商品买卖已扩展为以技术商品为中心的复合型国际技术经济合作,国际技术贸易的范围也扩大到了包括经济合作途径的技术转让。

二、国际技术贸易的主要内容

国际技术贸易与知识产权关系紧密,后者的很多内容是技术贸易的对象。知识产权是指法律规定人们对自己的智力劳动成果所享有的权利。知识产权一般包括发明专利、商标、版权三种最常见的专有权,此外还包括专有技术、集成电路等(具体分类见图 1-1)。

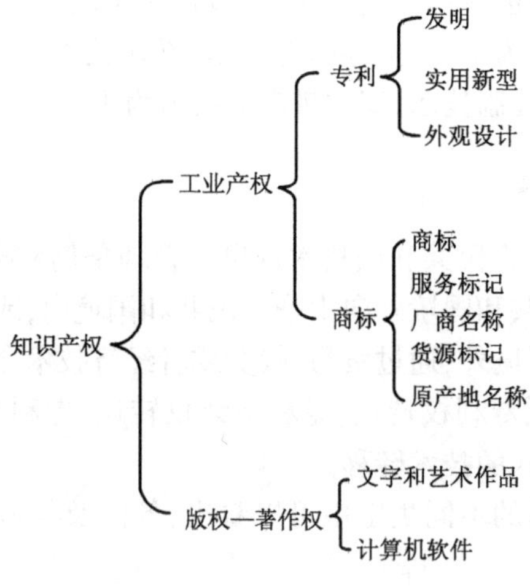

图 1-1 知识产权的分类

知识产权是一种无形的财产权。国际技术贸易就是以这些无形的技术知识作为主要交易标的的,这些技术知识构成了国际技术贸易的内容。商标虽不属技术,但它与技术密切相关,所以也常将它作为国际技术贸易的基本内容之一。

三、国际技术贸易与国际商品贸易

国际技术贸易与国际商品贸易都是有关国家间的企业、经济组织或个人通过商业途径进行的交易活动,都属于国际贸易范畴,在实际交易中会结合进行。两者之间既存在联系也有区别。

(一)国际技术贸易与国际商品贸易的区别

1. 贸易的标的不同。国际技术贸易的标的是技术,是无形的知识,没有具体的形状,也很难用标准来衡量其质量。商品贸易中的标的是有形的物体,如机器设备、零部件、原材料等,是可以实实在在感受到的物质,并且可以检验其质量的高低。

2. 所有权的转移不同。在国际技术贸易中,作为贸易标的的技术其所有权并不发生转移,所有者出让的只是技术的使用权及制造和销售该技术项下产品的权利,也意味着技术贸易的标的可以不经过再生产而多次出售或转让。在商品贸易中,贸易标的的所有权要发生转移,即交易标的在商品贸易中一旦售出,卖方即失去商品的所有权,无权继续支配和使用标的,更不可能将同一标的出售给多个买方。

3. 当事人之间的关系不同。技术贸易的当事人一般是同行,双方在合同期内传授和使用技术,构成较长期的合作关系。但在合作的同时,双方之间也存在着较强的竞争关系,彼此之间有很大的矛盾。因为受方总是希望从供方获得先进的技术,提高自己的技术水平和生产能力,制造出更好、更具竞争力的产品,获得更高的经济利益;而技术提供方既不希望受方成为自己的竞争者,又想通过转让技术获得更多的利润。因此,双方的关系较为微妙和复杂。在商品贸易中交易双方是“买断”和“卖断”,因此不存在上述既合作又竞争的关系。

4. 涉及的问题不同。国际技术贸易中所涉及的问题远比国际商品贸易复杂,除了供、受双方的责任、权利、义务外,还涉及对工业产权的保护、对技术秘密的保守、限制与反限制、技术风险和使用费的确定等复杂而特殊的问题。某些事项的执行会贯彻整个技术转让合同的有效期,不因提供了技术、支付了使用费而终止,甚至有的合同有效期长达几年甚至十几年,使用费的支付也相应延续。

另外,技术贸易涉及的法律也比一般的商品贸易复杂,除合同法外,还有工业产权法、税法、投资法、技术转让法等,而商品贸易涉及的法律相比之下就要简单些。

5. 价格的确定方式不同。国际技术贸易的价格是以经济效益为基础,结合其他因素加以确定的。国际商品贸易的价格则是以商品的价值为基础,再考虑其他因素。

6. 政府的干预程度不同。技术贸易在出口管制和进口管理上,较之商品贸易进出口管理,政治性和政策性更强。美、日等发达国家为了控制高新技术、尖端技术、关键技术外流,采取种种法律、政策方面的限制措施,如合同的审查、审批制度及出口管制。技术进口国主要是发展中国家,它们通常鼓励本国技术创新,减少对外技术依赖,维护国家的经济利益和政治利益。许多发展中国家对重大的或金额较大的技术引进协议实行审批制度。

(二)国际技术贸易与国际商品贸易的联系

1. 商品在国家间的流动实际上是各种形式的技术流动。商品是利用一定水平的技术制造出来的,成为技术的载体。商品在国家间交易时,技术也随之移动。国际商品市场上商品的竞争力表现在价格和质量上,但最根本的还是商品上的技术的竞争。目前,国际上通常用产业“相对优势”地位理论来解释商品在国际市场上的竞争力,即在技术上国内某产业部门相对优于世界的其他国家,则该产业部门的产品在国际市场上的竞争力就强,反之则弱。因此,从事国际技术贸易的动力之一在于引进先进的技术,加强本国处于“相对劣势”的产业部门,加强本国商品在国际市场上的竞争力,巩固、提高本国商品在国外市场上的地位和占有率。

2. 技术贸易促进进出口商品结构向高级化发展,提高商品贸易的数量和金额。目前,发展中国家大多数以出口初级产品或出口凝结熟练劳动和生产经验等低级技术的产品为主,发达国家以出口技术密集型产品为主。这种进出口商品结构束缚了发展中国家的经济发展。发展中国家为尽快摆脱限制,纷纷引进外国的先进技术,改变本国进出口商品的结构,提高商品的价值含量,扩大出口,增加外汇收入,增强本国的经济实力,改变自身在国际市场上的不利地位。而随着科学技术的迅猛发展,产品的更新换代更加迅速,国际贸易的商品结构也在不断发生变化。

3. 技术贸易加速了国际贸易方式多样化的进程。国际技术贸易的产生、发展使得国际商品贸易和合作方式更加多样化,如商品贸易与技术转移相结合、国际投资与技术转移相结合、补偿贸易与技术转移相结合、国际工程承包与技术转移相结合等。国际技术贸易的开展,为国际商品贸易与国际合作的发展提供了更多的贸易方式和市场机会。

4. 技术贸易成为疏通商品贸易渠道的手段。各国为了保护本国的产业和就业,对商品的进出口采取了一些保护性措施。企业为了打破有关国家的关税或非关税壁垒的限制,就将技术出口到目标国,利用技术在当地生产商品,以避开各种限制,达到出口的目的。

四、国际技术贸易与国际服务贸易

国际技术贸易是指按一定商业条件转让或许可使用某项技术或者提供技术咨询和服务的交易行为。国际服务贸易主要包括：从一成员的国境向另一成员的国境提供服务；从一成员的国境向另一成员的服务消费者提供服务；由一成员的自然人在另一成员境内提供服务；通过一成员的法人在另一成员的商业存在提供服务。从上述概念中我们不难看出国际服务贸易研究的领域更宽、涉及业务范围更广，应当说国际服务贸易的范围涉及除了货物贸易以外的其他经济活动内容，其中也包括部分技术贸易内容，但国际技术贸易作为一个单独的研究领域，从研究的角度和范围以及研究的专业浓度上与国际服务贸易有一定的区别。国际技术贸易重点研究与知识产权有关的技术，如专利、商标、专业技术等在国际的转让以及伴随而来的转让方式、技术作价、技术合同等问题。目前，随着经济全球化和知识经济的深入发展，以技术和知识为主的贸易方式已贯穿于整个国际商务活动之中。

五、国际技术贸易与国际投资

国际技术贸易通常与国际投资结合进行，主要通过以下两种方式实现。

（一）技术转让是投资的一种方式

一般来说，投入资金是投资者的主要投资方式，但在实际的投资过程中，投资者通常是以技术、设备、技术服务等折合成当地货币投资入股的。《中华人民共和国中外合资经营企业法》中明确规定，允许国外投资者以一定比例的现金和技术、设备投资，即技术资本化。技术资本化是指外国投资者将工业产权技术或非公有产权技术折合成东道国货币，建立新企业或购买现有企业的股份或股权的行为。

（二）投资方向一般与技术转让方向一致

在我国，在项目新建和对项目进行技术改造时，为了提高技术层次，增强产品竞争力，通常会引进外国的先进技术，或将引进技术和利用外资结合。这样一般来说，需要引进技术的企业也需要引进外资，需要外资的企业也需要引进技术。

第三节　国际技术贸易的主要方式

国际技术贸易采用的方式主要有许可贸易、技术服务与咨询、特许专营、国际工程承包、国际租赁、合作生产，以及含有知识产权和专有技术许可的设备买卖等。

一、许可贸易

(一)许可贸易的概念

许可贸易有时也称为许可证贸易。它是指知识产权或专有技术的所有人作为许可方,通过与被许可方签订许可合同,将其所拥有的技术授予被许可方,允许被许可方按照合同约定的条件使用该项技术,制造或销售合同产品,并由被许可方支付一定数额的技术使用费的技术交易行为。许可贸易的特点就是许可方允许被许可方使用其技术,而不转让其技术的所有权。

(二)许可贸易的方式

许可贸易按其标的内容可分为专利许可、商标许可、计算机软件许可和专有技术许可等形式。在国际技术贸易的实践中,一项许可贸易可能包括上述一项内容,如单纯的专利许可,也可能包括上述两项或两项以上内容,成为一揽子许可。

许可贸易实际上是一种许可方用授权的形式向被许可方转让技术使用权的同时也让渡一定市场的贸易行为。根据其授权程度大小,许可贸易可分为如下五种形式。

1. 独占许可。它是指在合同规定的期限和地域内,被许可方对转让的技术享有独占的使用产品、生产产品、销售产品和进口产品的权利,即在合同有效期内许可方不得再将该项权利许可给合同区域内的任何第三方,许可方自己和任何第三方都不得使用该项技术和销售该技术项下的产品。所以,这种许可的技术使用费是最高的。

2. 排他许可,又称独家许可。它是指在合同规定的期限和地域内,被许可方和许可方自己都可使用该许可项下的技术和销售该技术项下的产品,但许可方不得再将该项技术转让给第三方。排他许可仅排除第三方而不排除许可方。

3. 普通许可。它是指在合同规定的期限和地域内,除被许可方被允许使用转让的技术和许可方仍保留对该项技术的使用权之外,许可方还有权再向第三方转让该项技术。普通许可是许可方授予被许可方权限最小的一种授权,其技术使用费也是最低的。

4. 可转让许可,又称分许可。它是指被许可方经许可方允许,在合同规定的地域内,将其被许可所获得的技术使用权全部或部分地转售给第三方。通常只有独占许可或排他许可的被许可方才获得这种可转让许可的授权。

5. 互换许可,又称交叉许可。它是指交易双方或各方以其所拥有的知识产权或专有技术,按各方都同意的条件互惠交换技术的使用权,供对方使用。这种许可多发生在原发明的专利权人与派生发明的专利权人之间。

许可贸易是国际技术贸易中最基本、最重要的技术贸易方式。除上述五种情形外,许可贸易的做法还常出现在补偿贸易中,一方提供的设备中含有专利或专有技术,该方以设备出口和技术许可的综合方式向对方提供技术设备,对方以该项设备生产的产品或其他产品补偿其技术和设备的价款。许可贸易的做法也常出现在合资经营方式中,即拥有专利和专有技术的一方直接转让其技术,实行技术作价入股,或经过许可方式获得他人专利或专有技术使用权的一方,经技术产权方的允许后,以分许可的方式向合资企业进行技术的再转让。

二、特许专营

特许专营是近二三十年迅速发展起来的一种新型商业技术转让方式。它是指由一家已经取得成功经验的企业,将其商标、商号名称、服务标志、专利、专有技术以及经营管理的方式或经验等全盘地转让给另一家企业使用,由后一企业(被特许人)向前一企业(特许人)支付一定金额的特许费的技术贸易行为。

特许专营的受方与供方经营的行业、生产和出售的产品、提供的服务、使用的商号名称和商标(或服务标志)都完全相同,甚至商店的门面装潢、用具、职工的工作服、产品的制作方法、提供服务的方式也都完全一样。例如,美国的麦当劳快餐店在世界各地几乎都有被特许人,他们所提供的服务也同美国本土麦当劳的服务一样,所生产和销售的汉堡包的味道也完全一样。

特许专营类似许可,但它的特许方和一般的许可方相比要更多地涉入对方的业务活动,从而使其符合特许方的要求,因为全盘转让,特别是商号、商标(服务标志)的转让关系到转让方自己的声誉。

特许专营的被特许方与特许方之间仅是一种买卖关系。各个特许专营企业并不是由一个企业主营的,被特许人的企业不是特许人企业的分支机构或子公司,也不是各个独立企业的自由联合,它们都是独立经营、自负盈亏的企业。特许人并不保证被特许人的企业一定能营利,对其亏损也不负责任。

特许专营合同是一种长期合同,它可以适用于商业和服务业,也可以适用于工业。特许专营是发达国家的厂商进入发展中国家的一种非常有用的形式。由于风险小,发展中国家的厂商也乐于接受。

三、技术服务和咨询

（一）技术服务和咨询的概念

技术服务和咨询是指独立的专家、专家小组或咨询机构作为服务方应委托方的要求，就某一个具体的技术课题向委托方提供高知识性服务，并由委托方支付一定数额的技术服务费的活动。技术服务和咨询的范围和内容相当广泛，包括产品开发、成果推广、技术改造、工程建设、科技管理等方面，大到大型工程项目的工程设计、可行性研究，小到对某个设备的改进和产品质量的控制等。企业利用“外脑”或外部智囊机构，帮助解决自身发展中的重要技术问题，可弥补自身技术力量的不足，减少失误，加速发展自己。我国“二汽”委托英国的工程咨询公司改进发动机燃烧室形腔设计，合同生效半年内就取得了较好的技术经济效果。

（二）技术服务和咨询与许可贸易的关系

许可贸易与技术咨询服务是国际技术贸易的两种基本的贸易方式，其他技术贸易形式一般都是这两种方式在特殊情况下的运用或是包含了这两种方式。

1. 许可贸易是以技术成果为交易对象的；而技术服务和咨询则是以技术性劳务为交易对象的。

2. 许可贸易的技术供方所提供的技术是被其垄断的新的独特的技术，这些技术属于知识产权或专有技术；而在技术服务和咨询中，服务方所提供的技术多是一般技术，即知识产权和专有技术以外的技术。

3. 在国际技术贸易实践中，许可贸易特别是专有技术许可中常含有技术服务和咨询（如设备安装调试、人员培训）的内容；在技术服务和咨询中，也有提供服务的供方以其专利或专有技术完成其服务任务的。

四、技术开发

技术开发是当事人之间为新技术、新工艺、新产品、新材料及其系统的研究开发进行的贸易行为。在我国，国际技术开发是指现有的技术在不同国家的法人或自然人之间流通转让时，为了完善或扩大技术的使用深度和广度而进行的合作。在技术开发方式下，合同双方共同投资，共同参与设计、开发。除双方在合同中有特殊约定外，开发出的技术成果应由双方共享。技术开发包括两种方式：委托开发和合作开发。

委托开发是指受委托人按照约定，运用自己的条件——人力、物力、技术、经验等，为委托人研究开发新技术、新工艺、新产品或新材料等的贸易行为。

合作开发是指当事人按照约定进行投资，如以有形资产或无形资产进行投资、相互分工合作，共同开发新技术、新产品、新工艺或新材料等的贸易行为。

五、合作生产

从国际技术贸易的角度来看，合作生产是指分属不同国家的企业通过签订合同，在合同的有效期内由一方提供有关生产技术或各方提供不同的有关生产技术，共同生产某种合同产品，并在生产过程中实现国际技术转让的一种经济合作方式。

合作生产中的一方或各方拥有生产某种合同产品的特别技术，在合作生产过程中通过单向许可或双向的交叉许可的方式，可能再辅以一定的技术服务咨询，从而实现国际技术转让。合作生产作为一种国际技术贸易方式，它并不是一种独立的基本的技术贸易方式，实际上它只不过是建立在各方合作生产目的之上的许可贸易和技术服务咨询而已。这种技术贸易的目的与单纯的技术贸易不同，它是为各方的合作生产服务的。国际生产合作通过较长时间的合作，使受方掌握消化供方的技术，产生实际的效益，实现合作的真正目的。

六、国际工程承包

（一）国际工程承包的概念

国际工程承包是发包人和承包商之间的一种经济合作关系，是通过国际招标、投标或其他协商途径，由国际承包人承担工程的全部技术和工程实施，包括咨询、评估、规划、勘探、设计、施工及相关业务，为工程发包人实施项目建设或办理其他经济事务，并按事先商定的合同条件收取费用的一种国际经济合作方式。在这里要强调的一点是，不包括技术贸易内容的国际工程承包项目不属于国际技术贸易。

（二）国际工程承包的特点

相较于其他的国际技术贸易，国际工程承包有以下特点。

1. 交易内容复杂。从设计、采购设备与原材料，到施工、试车，直到移交业主，国际工程承包包括了众多环节。从商务方面看，它则包括购买、信贷、运输、保险、分包、技术转让等多项内容。

2. 项目营建时间长。项目的建设时间一般少则几个月，多至四五年，甚至十多年。

3. 当事人双方承担风险大。由于项目投资大、涉及面广、时间长，一旦遇到政治风波、经济危机、自然灾害，业主与承包人均有可能难以收回成本。

（三）国际工程承包的方式及内容

国际工程承包有多种方式可以采取，其包含的内容也较为广泛。

1. 国际工程承包的方式。国际工程承包按其承包方式划分，可以分为总包方式、分包方式、转包方式和联合承包方式等类型。

总包方式，或称独立承包方式，即从投标报价、谈判、签订合同到组织合同实施，不论是否有对内、对外转包或分包，都由主包人或第一承包人对业主或发包人负全部责任。

分包方式。这是相对于总包而言的，是在整个项目工程中只承包单项工程或其子项，或某项工程的承包业务，分包人只对合约方负责。

转包或转让方式。这是指经业主或监理工程师同意，在不改变已签订合同内容的条件下，把工程项目的全部或部分转让给另一承包人的承包方式。

联合承包方式。这是指两个或两个以上不同国家的承包商以合同的方式组成联营体或合资公司，共同参加某项工程的资格审查、投标、签约，并共同完成承包任务。

2. 国际工程承包的内容。国际工程承包的内容可以总分为工程设计、工程劳务、工程施工三部分。每项承包工程的内容都不相同，各有各的具体工程要求、范围、性质、规模、技术等，承包的项目内容可以是单项承包，也可以是成套项目承包。大多数国际工程承包都采用成套项目承包的做法，即由承包商承包工程项目的设计、物资采购、施工、试生产等工程建设的全过程工作。一般说来，一个工程项目可以细分成以下八项基本内容：①工程设计；②提供技术（专利、专有技术、管理经验、商标等）；③供应机器设备；④供应材料或零部件；⑤施工与安装；⑥人员培训；⑦试车；⑧工程融资。

七、国际租赁

（一）国际租赁的概念

国际租赁是指一国的出租人按一定的租金和期限把租赁物（物品、技术）出租给另一国承租人使用,承租人按租约缴纳租金、获取租赁物的使用权的一种经济合作方式。承租人通过租赁的方式,引进国外先进的技术和设备,提高企业的技术水平和生产能力。

(二)国际租赁的方式

国际租赁一般具有融资租赁、经营租赁和综合租赁三种方式。

1. 融资租赁。融资租赁是指出租人根据承租人对出卖人、租赁物的选择,向出卖人购买租赁物,提供给承租人使用,承租人支付租金的方式。当承租人希望使用某种设备却没有足够的资金购买或不想购买时,可以通过签订融资租赁合同的方式,向租赁公司租用;由租赁公司出资购买承租人选定的设备,出租给承租人使用。融资租赁要求在设备使用期间,承租人与出租人不得随意终止合同;出租人保留设备所有权,承租人拥有设备的使用权,设备的维修由承租人负责。当租赁期满时,租赁物归承租人所有。

2. 经营租赁。经营租赁是指由租赁公司提供给用户所需的设备,并负责设备的保养和维修;用户按租约交付租金,租赁期满时,租赁物退还给租赁公司。经营租赁较为典型的例子是飞机租赁,航空公司的业务有淡旺季,没有必要根据旺季时的需要量来购买飞机,因此国际飞机租赁十分普遍。

3. 综合租赁。综合租赁是租赁与合资经营、合作经营、对外加工装配、补偿贸易及包销等贸易方式相结合的一种租赁方式。出租人将机器设备租给承租人后,承租人用租赁的设备生产产品以偿付租金,或用加工装配所获得的工缴费顶替租金分期偿付,或把产品交给出租人包销,由其从包销价款中扣取租金。

八、含有知识产权和专有技术转让的设备买卖

在国际贸易实际业务中,在购买设备特别是关键设备时,有时也会含有知识产权或专有技术的转让内容。这种设备买卖也属于技术贸易的一种方式。但是,单纯的设备买卖,即不含有知识产权和专有技术许可的设备的买卖属于普通商品贸易,不是技术贸易。

含有知识产权和专有技术转让的设备买卖,其交易标的包含了两方面的内容:①硬件技术,即设备本身。②软件技术,即设备中所含有的或与设备有关的技术知识。这些技术知识又分为两部分,一部分属于一般的技术知识,另一部分是专利技术和专有技术。

这种设备的成交价格中不仅包括设备的生产成本和预得利润,而且也包括有关的专利或专有技术的价值。在这种设备的买卖合同中通常会含有专利和专有技术许可条款以及技术服务和咨询条款。

这种方式的技术转让在发达国家与发展中国家的技术贸易中占有相当大的比重,它也常用于工程承包中。

第四节　国际技术贸易的作用与特征

一、国际技术贸易的产生与发展

(一)国际技术贸易的产生

国际技术贸易是随着人类社会的发展而形成,随着科学技术的进步而发展的。自古各国之间就存在着技术的交流,先进的技术通过各种渠道传播、扩散。例如,四大文明古国的技术发明通过贸易和人员交往传播到世界各地,但由于生产力发展水平的限制,这只是自然的简单的技术传播,基本上都是无偿的,而且传播的速度相当慢,转移的周期都较长,因此并不是真正意义上的国际技术转让。这期间的国际技术转移活动的主要特点是以技术发源地为中心,自然向周围逐渐扩散和传播,我们称之为“梯度式传播”。

直到18世纪,以英国工业革命中蒸汽机为标志的一系列技术发明出现后,专利、版权等概念相继产生,专利制度和专利法得以形成和颁布,专利买卖产生,技术有偿转让才最终出现,但当时主要还是国内的技术贸易。当世界各国基本上都实施了专利制度后,形成了良好的国际环境和条件,技术发明才得以在国与国之间交换流通,形成了国际技术贸易。因此,可以说社会的分工和专利制度的实施是国际技术贸易的形成条件。而且工业革命后,世界经济、工业生产、科学技术的极大进步,对国家间的技术转移起到了巨大的推动作用,技术的转移不再受地理位置的限制,通过现代化的通信手段就可以使技术在短时间内直接实现从供方到受方的转移。

总的来说,第二次世界大战前国际技术贸易的发展都较为缓慢,直至第二次世界大战后,国际技术贸易才得到迅猛发展,成为国际贸易的重要组成部分。

(二)国际技术贸易的发展

第二次世界大战后,在以信息技术、生物技术、新材料技术、新能源技术、空间技术、海洋开发技术等高新技术为代表的第三次科技革命的推动下,国际技术贸易得到了快速发展。据统计,从20世纪60年代起,国际商品贸易年均增长10.5%,而同期的国际技术贸易年均增长16.5%,同时,国际技术贸易在国际贸易中的比重迅速提高，由 1965 年的 1%提高到 2005 年的 10%以上。而且国际技术贸易额在 1985 年只有 500 亿美元，1989 年达 1 100 亿美元，1995 年达到 2 600 亿美元，到 20 世纪末约为 5 400 亿美元，2005 年突破了 1 万亿美元，平均 5 年翻一番，2007 年突破了 1.2 万亿美元。在国际技术出口速度加快的同时，技术贸易中的高新技术贸易比例也不断上升，可以说高新技术贸易促进了国际技术贸易的迅猛发展。

（三）当代国际技术贸易发展的原因

1. 第二次世界大战后，科技成果的不断涌现，为技术贸易的发展提供了丰富的技术资源。由于新科技革命的影响，世界各国都十分重视科学技术的研制与开发及科技人才的培养，纷纷投入巨额资金，制定各种鼓励政策，促进了科技进步和高技术成果不断涌现，从而为国际技术贸易规模的扩大创造了条件。

2. 各国对技术引进的需求，为国际技术贸易的发展开拓了广阔的市场。随着科学技术的不断发展，各国都意识到技术对于一国的经济、社会甚至国家安全都有着至关重要的意义，技术已成为国际市场竞争的重要手段之一。因此，为了增强本国的科技实力，各国在大力推动本国科技发展的基础上，也在不断引进、吸收外国的先进技术。

3. 技术更新周期缩短，刺激了国际技术贸易的发展。随着高科技技术成果的不断问世，技术开发应用的周期日益缩短，技术更新也越来越快。国际技术贸易可以弥补一国的技术落后，也可以延长技术的生命周期，获取较高的经济效益。同时，随着技术不断向纵深发展，科学技术的研制费用剧增，迫使各国不断加强国际技术开发的合作与交流。

4. 国际贸易保护主义的增强促进了国际技术贸易的发展。20 世纪 70 年代以来，贸易保护势头不断增强，各种关税与非关税贸易壁垒措施严重阻碍了商品贸易的发展，这迫使许多国家调整出口战略，采用技术出口战略，以技术出口代替或带动商品出口，以打破贸易保护壁垒。同时，技术贸易的扩大又促进了一国高新技术产业的发展，而高新产业的发展又极大地促进了国际商品贸易的发展，改善了一国的商品出口结构。

5. 跨国公司的发展为国际技术贸易的扩大提供了重要渠道。为了开拓新的市场，跨国公司通常通过内部的技术转让方式，将自己的技术转移到子公司中以确保其垄断地位。跨国公司将技术与资本结合、技术和商品结合，通过资本输出和技术密集型商品贸易大量输出技术，不断增强其在国际市场上的竞争力。因此，跨国公司在实现其全球扩张战略的同时也极大地促进了国际技术贸易的发展。

6. 国际技术贸易环境得到极大的改善，为国际技术贸易的发展提供了良好的外部环境。信息技术的发展,改变了人们获取技术的观念和手段,各国纷纷实行更加开放的政策,放宽了对一些技术出口的限制,同时知识产权的国际保护也在不断加强。这些措施都使国际技术贸易的环境得到了极大的改进。

二、国际技术贸易的地位与作用

20世纪90年代以来,国际技术贸易已经成为国际贸易的重要组成部分和世界经济发展的助推器,在世界经济发展中的地位和作用日益突出。这主要体现在以下几个方面。

(一)国际技术贸易促进了世界各国的经济发展和技术进步

科学技术是生产力发展的第一推动力,新技术的发明和应用不仅促进了发明国的经济增长和社会进步,还通过国际技术贸易传播到其他国家,推动他国和世界的经济增长。进口国通过引进技术,节约了巨额的研究费用和大量的研究时间,也节省了人力资源,有利于加快国民经济的发展,缩短与技术强国之间的差距;技术输出国则通过国际技术贸易,迅速收回了开发成本甚至取得了较高的经济利益,促进了技术更新,使自已始终保持技术领先优势。因此可以说,国际技术贸易造成了双方共赢。

(二)国际技术贸易增强了很多国家的综合国力

国际技术贸易中,通过技术引进,引进方得以有效缩短与其他国家的技术差距,促进了经济技术现代化的进程,增强了国家的综合国力;技术输出方则可为其进一步研制开发新技术提供资金保证和动力,而技术的不断更新和发展也相应地增强了综合国力。

(三)国际技术贸易改善了发展中国家的贸易条件

通过采用技术出口等技术贸易方式,可以避开当地的关税和非关税壁垒,达到出口的目的。发展中国家的出口商品以劳动密集型的初级产品或纺织品等低附加值的加工制成品为主,而发达国家的出口商品则以资本和技术密集型的机器设备或高附加值产品为主,这使得发展中国家的贸易条件不断恶化。一些新兴的工业国和地区,通过引进国外的先进技术,调整产业结构,使得出口商品结构不断向高级化方向发展,不断改善贸易条件。

（四）国际技术贸易加速了国际贸易方式多样化的进程

国际技术贸易的发展不仅使国际贸易的内容从商品扩展到技术和服务，也使国际贸易方式更为多样化，出现了商品贸易与技术转让的结合、商品贸易与技术服务咨询的结合、加工贸易与技术转让的结合、直接投资与技术转让的结合。

三、当代国际技术贸易的特征

第二次世界大战以后，国际技术贸易迅速发展，国际技术贸易格局发生了深刻的变化，呈现了许多新的特征，主要表现在以下几个方面。

（一）国际技术贸易格局呈现多极化格局

据统计，目前国际技术市场份额的80%集中在发达国家手中，其中，美、英、法、德、日作为世界主要技术贸易大国，在国际技术贸易中占尽优势。而发展中国家在国际技术市场上则处于不利地位，发达国家对技术市场的垄断、技术领先优势的扩大都不断加剧着发展中国家的不利地位。发展中国家技术贸易额占世界技术贸易额的比重很小，以技术引进为主的技术出口比重也很小。这种不合理的格局，不仅影响了发展中国家科技水平的提高，也制约了国际技术贸易的发展。

（二）技术贸易方式日益增多和复杂化

国际技术贸易采用的方式主要有许可贸易、技术服务与咨询、特许专营、合作生产、国际直接投资，以及含有知识产权和专有技术许可的设备买卖等。这其中既有单纯的技术转让，也有技术和资本、劳务、项目建设结合的方式，交易方式越来越复杂。

（三）跨国公司在国际技术贸易中扮演着重要角色

跨国公司凭借其拥有绝对的垄断优势技术、雄厚的经济实力及遍布全球的经营网络，不仅在国际生产和贸易领域，而且在技术创新与技术贸易领域中都占据着重要的地位，这又决定了它们在国际技术贸易中的地位。跨国公司已经成为世界新技术、新发明的主要发源地，同时也是国际技术转让的主要载体，是国际技术贸易活动中的重要组织者。世界最大500家跨国公司控制着工业发达国家90%的技术贸易。随着经济的发展，通过公司之间相互转移技术，或在其系统内部进行技术转移，跨国公司的竞争力不断提高，在世界技术市场上也占据了越来越重要的地位。

（四）对高新技术和关键技术的垄断性正在加强

各国企业在国际市场上的竞争空前激烈，竞争的实质体现在企业的技术实力上，因此，各国企业都最大限度地保持技术垄断。例如，跨国公司的技术转让战略就是：母公司研究开发技术成功后，首先在自己内部使用，然后向子公司转让，最后才向外部企业转让。

（五）技术贸易软件化

在20世纪，国际技术贸易主要是通过机器设备和新产品的买卖进行的，在购买硬件设备的同时兼买软件技术，软件技术随硬件技术发生转移。进入21世纪以后，则演变成为引进某项专利或专有技术等或采购技术设备或关键零部件，其中纯粹知识或信息形态的软件技术贸易，如专利、专有技术等，占据了越来越重要的地位。

（六）信息技术贸易迅猛发展

随着信息技术的开发与应用的发展，信息技术日益成为国际技术交易的对象，信息产品及由此带来的信息技术产品的交易也呈现出高增长的发展态势，信息对技术贸易的重要性进一步加强。

案例研究

案例一　国家电网：隐藏的专利巨头

近日，知名企业查询机构企查查公布了国内“近五年发明专利数量TOP20企业”名单。榜单显示，关注度较高的华为、腾讯、小米分别以19 756项、7 621项、3 639项发明专利名列第二、第八和第十五位，格力、奇虎、比亚迪等均在榜单之中。让人意外的是，国家电网有限公司（以下简称“国家电网”）以23 308项发明专利名列榜首。

据媒体统计，截至2020年底，国家电网累计获得国家科学技术奖85项，其中特等奖2项、一等奖9项，获得中国专利金奖11项；累计拥有专利超过9万项，专利申请量和累计拥有量连续10年排名央企第一；主导制定国际标准84项、国家标准886项、行业标准1 985项、企业标准2 800项以上。根据世界品牌实验室发布的《2020年中国500最具价值品牌》榜单，国家电网已经连续5年蝉联榜首。2020年《财富》世界500强企业排行榜中，国家电网排名第三，仅次于沃尔玛和中石化，华为位列第49。

国家电网能获得如此成就，主要得益于以下四个方面：

一是在人才招聘上不遗余力。国家电网目前拥有国家级专家人才365名、两院院士7名、国家有突出贡献的中青年专家13名、百千万人才工程国家级人选28名、中华技能大奖获得者5名。

二是不断加大科研投入，强化科研成果。近年来，国家电网积极培育"产学研用"一体的科技创新生态，在特高压输电、大电网运行控制、柔性直流输电技术、新能源并网、智能电网、高压电缆绝缘材料等领域取得众多具有自主知识产权、引领世界电网技术发展的重大成果。

三是注重知识产权的建设与布局。国家电网的创造发明与华为、格力等科技巨头相比有过之而无不及，不但发明专利数量遥遥领先，实用发明专利在中国同样也没有企业可以与之媲美，累计拥有专利超过9万项，专利申请量和累计拥有量连续10年排名央企第一。国家电网凭借一己之力将全世界带入特高压直流输电时代。

四是持续完善科技创新体系和成果转化机制。为了打破科技创新壁垒，国家电网实行"揭榜挂帅制"，赋予项目负责人更大的自主权，鼓励科研人才竞相成长、各尽其能。国家电网还与清华大学、西安交通大学等高校建立了联合研究机构。同时，公司建成"国家级、公司级、各单位级"三级实验室体系，面向全社会开放100个实验室(包括19个国家级实验室)。另外，国家电网的科技成果孵化转化平台也已建立。2020年，职工创新成果孵化转化达200项，公司直属科研单位年度科技成果转化收入达6.5亿元，特高压换流阀、智能配电终端、安全芯片等一批专利技术的转化落地，有效提升了电网装备技术水平。

案例思考与讨论：

从国家电网的案例中你能得到什么启示?

案例二　中国推进构建"一带一路"知识产权合作新格局

中国国家知识产权局近日透露，2020年"一带一路"沿线国家加大在华专利布局力度，在华发明专利申请为2.3万件，同比增长3.9%。其中，新加坡同比增长21%，韩国同比增长4.4%。

"从上述成果看，深化知识产权国际合作既是促进规则、标准等'一带一路'软联通的重点方向,也是建设创新丝绸之路的内在要求。"上海市委党校开放战略研究中心主任邹磊在接受国际商报记者采访时表示。沿线国家加大在华专利布局力度不仅体现了它们对中国市场发展前景的信心,也反映了其对中国持续优化营商环境的肯定。

邹磊进一步表示,"一带一路"沿线国家加大在华专利布局力度也有利于中国创新发展。这主要体现在三方面:一是溢出效应。加大专利布局力度往往与扩大投资、生产、经营相适应,意味着外资企业倾向于进一步加码中国市场,将具有领先优势的创新成果运用于中国场景。在此过程中,中国与之相关的人力资源和上下游企业也有望从中受益。二是示范效应。最新的发明专利在很大程度上代表着科技和产业发展的前沿方向,对特定行业和企业有着很强的风向标意义。沿线国家加大在华专利布局力度,不仅能对相关中国企业科技创新产生示范影响,还有助于对其他国家创新资源海外布局形成示范效应。三是倒逼效应。沿线国家在华专利申请数量持续增长反映了它们在相应行业领域的竞争力,在对国内企业产生冲击的同时,也将反过来倒逼国内企业加大创新投入,更有针对性地开展创新突破。

目前,中国国家知识产权局已与"一带一路"沿线的40余个国家建立了正式合作关系,与海湾阿拉伯国家合作委员会专利局、东盟专利局、欧亚专利局等地区性组织深入开展合作,与世界知识产权组织签署了《关于加强"一带一路"知识产权合作政府间协议》指导性文件,中国专利在更多的国家得到认可。数据显示,2019年,中国在"一带一路"沿线国家提交的专利申请公开量增加了8.5%,各方面合作不断深化,有力促进了"一带一路"建设。

案例思考与讨论:

为何要加强"一带一路"国家间的知识产权合作?

思考与练习

1. 什么是技术?技术的分类有哪些?
2. 国际技术贸易和国际技术转让的区别是什么?
3. 国际技术贸易的方式有哪些?
4. 国际技术贸易迅速发展的原因是什么?

第二章 知识产权及其保护

Intellectual Property and Its Protection

在国际技术贸易中，技术交易的对象都属于知识产权的保护范围，与知识产权的保护密切相关。随着知识产权保护涉及的领域不断扩展，在未来的国际贸易竞争中，知识产权将成为竞争的焦点。通过本章的学习，学生应了解知识产权的一些基本知识，熟悉知识产权保护、知识产权战略及相关组织等内容，掌握知识产权的概念、性质及知识产权制度，以便更好地领悟知识产权和国际技术贸易之间的关系。

学习要点

In International technology trade, technical trade targets are all protected by intellectual property, closely related with the protection of intellectual property. As the field of intellectual property protection expanding, in the international trade competitions, intellectual property rights will become the focus.By studying this chapter, the students are expected to understand some basic knowledge of intellectual property; be familiar with protection of intellectual property, intellectual property strategy and other relevant organizations; master the concept and the nature of intellectual property,and the intellectual property system in order to better understand the relationship between intellectual property and international technology trade.

第一节　知识产权概述

国际技术贸易是以知识产权为主要交易内容的贸易活动。目前国际技术贸易还没有包括所有的知识产权内容，但是知识产权的主要内容（如专利权、商标权、专有技术和计算机软件著作权等）已经成为国际技术贸易的主要标的。由此可见，国际技术贸易与知识产权之间关系密切。

一、知识产权

（一）知识产权的概念

知识产权是指自然人或法人对自然人通过智力劳动所创造的智力成果，依法确认并享有的权利。知识产权这个术语来源于西方，其英文表达为 Intellectual Property（IP）或 Intellectual Property of Rights（IPR），因此其确切的翻译应为“智力财产权”。我国 1973 年第一次将其翻译成“知识产权”，1986 年颁布的《民法通则》中也使用了“知识产权”一词，此后正式使用。

知识产权是一种无形的特殊的财产权，它保护的客体都是人们脑力劳动创造的成果，是智慧的结晶，法律上都把它们作为财产加以保护，包括人身权利和财产权利。

1970 年生效的《建立世界知识产权组织公约》第 2 条第 8 款规定了知识产权的范围，具体包括：与文学、艺术及科学作品相关的权利（版权或著作权）；与表演艺术家的表演活动、录音制品和广播有关的权利（版权的邻接权）；与人类在一切领域的创造性活动产生的发明有关的权利（指专利权）；与科学发现有关的权利；与工业品外观设计有关的权利；与商品商标、服务商标、商号及其他商业标记有关的权利；与防止不正当竞争有关的权利；一切来自工业、科学及文学艺术领域的智力创作活动所产生的权利。

1994 年 4 月 15 日签署、1995 年 1 月 1 日生效的 WTO《与贸易有关的知识产权协议》（TRIPS）第 1 条规定知识产权的范围包括：版权与相关权利；商标权；地理标志权；工业品外观设计权；专利权；集成电路布图设计（拓扑图）权；未披露过的信息（商业秘密）专有权。

同时，与知识产权相关的概念主要有如下几个。

1. 版权。版权又称著作权，是指文学、艺术和科学作品的作者对其创作的作品依法享有的民事权利，即作品创作者的权利，如文字作品、视听作品、音乐作品、多媒体作品、科学作品等。

2. 版权的邻接权。版权的邻接权又称为与版权相关的权利，是指作品的传播者对其传播的作品依法享有的民事权利，包括表演者权、录制者权、广播组织权、出版者权等。

3. 专利权。专利一般是指发明专利，广义上也包括实用新型。发明是指利用自然规律所做的技术创造，包括对有关产品和制造方法及其改进所提出的新的技术方案。一项技术发明如果具备新颖性、创造性和实用性，经过个人（或法人）申请和国家专利管理机关的合法性审查，就可以被批准为专利发明，授予申请人发明专利权。专利权是指国家依法在一定时期内授予发明创造者独占使用其发明创造的权利。专利权人依法在法律规定的期限内享有专利权，受国家法律的保护，任何单位或个人未经专利权人的许可，都不能以生产经营为目的制造、使用、销售专利产品，或者使用专利技术和方法。

4. 实用新型。实用新型也叫小发明，是指对产品形状、构造或者结构所提出的适用于实用的新的技术方案。实用新型的保护期一般要比发明专利短，实用新型专利的保护期一般为5~10年，发明一般为20年。实用新型专利同发明专利的区别是两者的保护对象不同，发明专利包括产品发明和生产方法的发明，实用新型是对产品的形状、构造、结构所提出的方案，没有生产方法，只有产品，而且这种产品必须是有固定形状的产品，液体、粉末等就没有实用新型。另外，在各国执法的过程中，通常对实用新型创造性的要求比发明专利低。多数国家对实用新型实行登记制，并不进行实质审查。

5. 工业品外观设计权。外观设计，是指对产品的形状、图案或者其结合以及色彩与形状、图案的结合所做出的富有美感并适用于工业应用的新设计。外观设计强调的是保护工业品而非保护艺术品，因此称为工业品外观设计。

6. 商业标记权。商业标记是指用于商业活动的特殊符号、记号、文字、图案等，包括商标、商号、原产地名称、货源标记、地理标记等。

（1）商标。这是指在商品上使用的，由文字、符号、图形、色彩或者它们的集合所组成的标记。各国的商标法对商标的保护期限都做了规定，并且在期满前还可以续延。比如我国规定10年，期满可以续延。只要履行必要的手续，每次续延10年。因此，对商标的保护期限，可以无限制地延续下去。商标是一种非常重要的工业产权，特别是驰名商标，各国法律都规定对它予以特别的保护。现在市场上出现的一些假冒名优商品的行为，实际上是侵犯商标权的行为。

（2）商号。商号是厂商字号的简称，也称为字号或厂商名称。商号是指在企业的经营活动中用于表明自己特殊名称的一种商业标记，是与其他厂商相区别的主要标志。企业和其他组织享有名称权,即享有使用自己名称的专属权利。其他企业和组织不得使用同一个名称或者容易混淆的类似名称。厂商名称依法受到保护,不论它是不是用于商标的一部分。如果非法地在自己的商品上标注其他企业的名称,也构成侵权。

(3)服务标记。服务标记又被称为服务商标,这是指企业、饭店、旅行社、航空公司、研究开发单位,用来表示他们服务的标记。各种组织对自己的服务标记享有专用权。《保护工业产权巴黎公约》(简称《巴黎公约》,Paris Convention for the Protection of Industrial Property)规定每个成员国应当承诺对服务标记的保护。关贸总协定和《与贸易有关的知识产权协议》(TRIPS)都规定,服务标记作为服务商标获得知识产权的保护。

(4)原产地名称。原产地名称是指有关国家、地区或特定地方的地理名称,用于指示一项产品产于某地。原产地名称一般可以通过注册成为证明商标或集体商标,受商标法保护,或者可以依据专门法得到保护。

(5)货源标记。货源标记又称为产地标志、产地标记。货源标记是用于指示一项产品或服务来自哪个国家、地区或特定地方的标志或标记。

(6)地理标记。在世界知识产权组织(WIPO)的规定中,地理标志是货源标记和原产地名称的总称;而在TRIPS中则主要是指原产地名称,它用了一个新词,叫做地域指示,就是说,当工业产品的质量、品种和声誉基本上取决于产地或者货源地的地理因素(包括自然环境、自然资源、传统工艺和文化习惯等)时,只有该产地的产品或者货源地的特定的产品,才能使用原产地或货源地的名称。

7. 集成电路布图设计权。集成电路布图设计是指集成电路多个元件(其中至少有一个是有源元件)和其他部分或全部集成电路互连的三维配置,或者是反映为集成电路的制造而准备的这种二维配置,或是指为集成电路的制造而准备的这种三维配置。布图设计是指集成电路制作过程中所必须采用反映各层材料之间相互构成的三维模式和一系列有关的图像。集成电路布图设计在美国被称为模板技术,在日本被称为电路布图,在英、德、法、荷、丹麦、西班牙等欧洲大多数国家被称为半导体产品拓扑图,在瑞典被称为布图设计,WIPO则采用"布图设计"。

8. 商业秘密。商业秘密是指经营者在生产、销售、经营、服务的过程中对外保密,不被公众所知,能给经营者带来竞争优势的信息。长期以来,对于商业秘密、技术秘密是否是知识产权一直存在争议,直到20世纪90年代才达成共识,承认商业秘密(包括技术秘密)是一种知识产权。

商业秘密的信息应具备三个条件:掌握这个信息的人能够获得经济利益或者竞争优势,即信息是有用的;该信息的整体内容或其内容的精确轮廓不能从公众渠道获得,换句话说,即信息必须是秘密的;拥有信息者或者信息的合法控制者采取了适当的保密措施,窃取他人的商业秘密,属于侵权和不正当竞争。

9. 制止不正当竞争,即制止不正当竞争的权利。《巴黎公约》规定,各成员国有义务对其他成员国的国民保证给予制止不正当竞争的有效保护。凡是在工商业活动当中违反城市经营习惯的竞争行为,均构成不正当竞争。

《巴黎公约》对以下三种不正当竞争行为特别强调要予以制止:①对竞争者所经营的商品和服务制造混乱的行为,如冒牌商品;②在经营活动中损害竞争者所经营商品和服务的信誉的行为,如用谎言制造混乱、损害别人的信誉;③在经营活动中使用会使公众对商品的性质、工艺、特点、用途和数量产生误解的表示和做法,也是不正当竞争。

(二)主要国家对知识产权的规定

1. 法国。法国是世界上少数几个以知识产权命名制定独立法典的国家之一。在法国制定的《知识产权法典》中包括了"文学和艺术产权""工业产权""在海外领地及马约尔属地的适用"三部分。其中,第一部分包括"著作权""著作权之邻接权""关于著作权、邻接权及数据库制作者权的通则";第二部分包括"工业品外观设计""发明及技术知识的保护""制造、商业及服务商标""原产地名称"等。

2. 俄罗斯。俄罗斯在1994年通过的《俄罗斯联邦民法典》中规定:"在本法典和其他法律等规定的情况下和依照本法典及其他法律文件规定的程序,确认公民或法人对智力成果和与之相当的使法人个别化,使商品、产品能完成工程和服务特定化的手段(商业名称、商标、服务标志)的专属权(知识产权)。第三人只有经权利人的同意方能使用作为专属权客体的智力活动成果和特定化手段。"

3. 日本。日本在2002年制定的《知识财产基本法》中规定:"本法中的'知识财产'指发明、设计、植物的新品种、外观设计、著作物及其他由人的创造性活动产生出来的东西(包括发现或阐明的自然规律或现象,有产业上利用的可能性),商标、商号及其他能用于表示企业活动的商品或服务(包括其经营秘密和它在企业活动中有用的技术或营业上的信息)。在本法中的'知识产权'指通过专利权、实用信息权、品种权、外观设计权、著作权、商标权及其他相关的知识财产,属于由法令规定的权利或者受法律保护的利益的权利。"

4. 中国。1986年,中国制定的《民法通则》规定"知识产权"的内容包括:著作权(版权)、专利权、商标权、发现权、发明权及其他科技成果权。2002年第九届全国人大常委会第三十一次会议讨论的《中华人民共和国民法(草案)》中规定,知识产权的客体分为著作权、专利权、商标权、商业秘密及其他知识产权等。

二、知识产权的分类

知识产权一般有狭义和广义之分。

（一）狭义的知识产权

狭义的知识产权包括工业产权和版权两大类。

1. 工业产权（Industrial Property）。工业产权主要是指发明创造等技术类成果依法享有的权利，是指工业产权人对于具有产业应用价值的科技成果和其他非物质财富，依法享有的使用、转让和其他法权。这里的“工业”不是狭义的，而是泛指进行商品生产的所有产业。

工业产权又可以分为三大类：创造性成果（包括发明专利权、实用新型权、外观设计权）；识别性标记权（包括商标权、服务标记权、商号权、货源标记权和原产地名称权）；制止不正当竞争权。

工业产权是工业、商业、农业和采掘业等领域的智力成果的所有者对其成果依法享有的一种专有权。《保护工业产权巴黎公约》第一条规定：工业产权的保护对象有专利、实用新型、外观设计、商标、服务标记、厂商名称、货源标记或原产地名称和制止不正当竞争。工业产权的最广义的理解是不仅适用于工业和商业，同样适用于农业和采掘业，适用于一切制成品或天然产品，如酒类、烟叶、谷物、水果、牲畜、矿产品、矿泉水、啤酒、花卉等。

2. 版权。广义的版权可以分为作品创作者权和作品传播者权两类。

作品创作者权即一般意义上的版权或著作权，大陆法系国家称其为作者权，创作者权分为经济权利（财产权）和精神权利（人身权）两种。

作品传播者权是一般意义上的版权的邻接权，又称与版权相关的权利，是指作品的传播者对其传播的作品依法享有的民事权利，包括表演者权、录制者权、广播组织权、出版者权等。

（二）广义的知识产权

广义的知识产权不仅包括狭义的知识产权中的工业产权、版权，还包括科学发现权，对边缘保护对象的保护权及商业秘密权。因此，可以把广义的知识产权分为工业产权、版权、对边缘保护对象的保护权三大类。WIPO 在《建立世界知识产权组织公约》中对知识产权的定义就是广义的知识产权。

边缘保护对象是指由于科学技术发展而出现的介于工业产权和版权保护之间的人类智力劳动成果的新形式，如：外观设计、计算机软件、集成电路布图设计、印刷字体、卫星传播节目信号等。

另外,根据主体对客体支配程度的不同,知识产权可以分为自主知识产权和非自主知识产权。

自主知识产权是指以基本或原创性智力成果为对象,依法获得的具有完整、独立自主支配该成果能力的专用权。

非自主知识产权是指以在基本或原创性智力成果基础上做出的具有显著经济效益的重大技术进步智力成果为对象,依法获得的其实施受基本或原创成果主体制约的专用权。

三、知识产权的基本性质

知识产权具有以下几个方面的性质。

(一)无形性

知识产权具有一般无形财产权的无形性,这是与有形财产权的根本区别。知识产权一般表现为对某项权利的占有,其标的是某种权利,是无形的;知识产权的利用与转移一般不引起相关有形物的消耗和转移;知识产权的标的具有可分别利用性,即在同一时间、不同地点可由多人分别按各自的方式加以利用。

无形性是知识产权最基本的性质,其他特性是在无形性的基础上形成的。

(二)专有性

知识产权的专有性又可称为独占性、排他性、垄断性。

知识产权的专有性是指知识产权专为权利人所有,它包括两层含义。

1. 知识产权具有排他性,在权利的有效期内,未经权利人的许可,在规定的地域内,任何人不得占有、使用和处分此项权利。

2. 对于一项智力成果,国家只能授予唯一的某一类型知识产权,不能再授予他人同一类型的知识产权。

由于知识产权需要进入市场流通,并且易于传播,知识产权所有人很难控制,所以法律就对知识产权进行特殊保护,授予知识产权所有人以专有权。

(三)地域性

地域性是对权利的一种空间限制,是知识产权的基本性质之一,主要表现在以下几个方面。

1. 一项智力成果能否取得知识产权,根据各国相关法律规定的不同而不同。

一项智力成果在某一个国家可以获得知识产权保护，并不意味着在另一个国家也能获得知识产权保护。

2. 对于同一项智力成果的知识产权保护水平、保护内容会因国家的不同而不同。

3. 任何一项智力成果的知识产权仅在它依法产生的地域内有效。

4. 一项智力成果的知识产权在某一国家失效(该项智力成果在该国内由“专有领域”进入“公有领域”)，并不意味着该项知识产权在另一个国家也失效。

5. 对于侵犯知识产权行为的判定，依各国法律规定的不同而不同，在一个国家被认定为侵权的行为，在另一个国家不一定也被认为是侵权。

正是由于知识产权的地域性，才需要缔结有关知识产权的国际公约或地区性公约，以便更好地协调有关国家对知识产权的保护。

(四)时间性

知识产权有法定的保护期限，在法定期限内受法律保护，超过了保护期限保护即失效。知识产权的终止、失效，仅仅是权利的丧失，作为客体的智力成果和其使用价值仍然存在，只是从“专有领域”进入“公有领域”，任何人都可以使用而不受专利权的限制。

各国专利权、商标权和著作权的保护期限长短不一。一般说来，专利权的保护时间为15~20年；商标权的保护经注册人申请后可以无限延长；著作权的保护为作者终身及死后50年。根据TRIPS的规定，计算机软件的保护期为50年；表演者及录音制品的保护期至少为50年；广播组织广播的保护期为播出后至少20年；商标的保护期为首次注册及各次续展注册均不得少于7年；工业产品外观设计的保护期至少为10年；专利权的保护期为自提交申请之日起20年；集成电路布图的保护期为10年。

我国法律规定，发明专利权的保护期限是20年，实用新型、外观设计专利权的保护期限是10年，商标权的保护期限是10年，作品的使用权和获得报酬的保护期限为作者终身加死后50年。

(五)可复制性

可复制性，又称工业再现性，是指知识产权保护的客体可以固定在有形物上，并可以重复再现、重复利用的特性。知识产权的价值和使用价值可以体现在与之相关的某种产品、作品及其复制品或其他物品等物质载体中，正是由于知识产权的客体具有可复制性，才使知识产权向其他物质载体的价值转移成为可能。

（六）双重性

知识产权是一种为法律所确认和保护的权利，是一种私权。知识产权主要是一种财产权，同时也涉及一部分的人身权，但商标权除外。商标权只涉及财产权，不包括人身权。

知识产权所涉及的人身权主要有如下几类。

1. 版权（确切地说，是指大陆法系中的作者权）中的“人身权”或“精神权利”，基本属于人身权中的身份权。

2. 科学发现权或科学发明中的发现者或发明人的署名权、荣誉权，属于人身权中的身份权。

3. 商号权（厂商名称权）兼有人身权中人格权的属性，具有财产权和人身权的两重性。

4. 商誉权兼有人身权中人格权的属性，具有财产权和人身权的两重性。

5. 商业秘密权中涉及的隐私权，属于人身权中的人格权，因此商业秘密权也涉及一部分的人身权。

四、知识产权与国际技术贸易的关系

知识产权与国际技术贸易存在着密切的关系，具体表现在三个方面。

第一，知识产权是国际技术贸易的重要客体。在国际技术贸易中，知识产权许可、转让和含有知识产权的产品占有很大的比重。但是并非所有的知识产权都是国际技术贸易的客体，如商誉、厂商名称等就不是国际技术贸易的客体。

第二，知识产权使国际技术贸易得以顺利发展。在国际技术贸易中，技术受方有效地保护知识产权，能够减少技术供方对于技术转让的顾虑，提高转让技术的积极性，促进技术贸易的发展。

第三，国际技术贸易合同必须符合知识产权法律保护原则。国际技术贸易合同中规定当事人的权利和义务不能超出知识产权法授予的权利范围，如权利的有效性、权利的地域性、权利的时效性和对侵权的处理等均不能违背知识产权法的规定。

由此可见，国际技术贸易是以技术知识为交易对象，以知识产权为主要交易客体的特殊的国际贸易活动，国际技术贸易和知识产权之间是一种相互促进、共同发展的关系。这表现在两方面。

第一，国际技术贸易的发展促进知识产权国际保护的发展。科技进步，国际经济、技术和科学的交流与合作日益加强，国际技术市场规模不断扩大，这些都要求国际上加强对知识产权的保护,从而推动国际知识产权保护的发展。

第二,对知识产权保护的加强也促进了国际技术贸易的发展。随着世界范围内科技成果向商品化、产业化和国际化的方向发展,知识产权制度已成为现代国际社会经济与科技合作的基本条件之一。知识产权国际保护的加强为技术的跨国移动创造了良好的环境,进一步促进了国际技术贸易的发展。

第二节　知识产权的价值评估

知识产权与其他财产一样,其价值都是通过市场上的交换价格体现的。在技术贸易市场不是完全竞争市场的情况下,很难确定某项特定技术的市场价值,但是可以利用几种估价模型来对知识产权进行定价,其中较为普遍的估价模型有成本法、收益法、市场价值法。

一、成本法

成本法,又称重置成本法,是以重新建造或购置与被评估资产具有相同用途和功效的资产现时需要的成本作为计价标准。成本法依评估依据不同可分为两种:一种是复原重置成本法,又称历史成本法,以被评估的资产历史的、实际的开发条件作为依据,再以现行市价进行折算,求得评估值;另一种是更新重置成本法,以新的开发条件为依据,假设重新开发或购买同一资产,以现行市价计算,求得评估值。一般都选择更新重置成本法进行评估。简而言之,重置成本就是为创造财产而实际发生的费用的总和(研发成本、开发成本和法律成本)。成本法最主要用于评估作为企业组成部分的不产生收益的那些机器设备和不动产。

由于重置成本估价模型是建立在有准确的历史数据可查的基础之上的,所以这种方法颇受会计师和其他相关行业人士的青睐。但在实际应用中,重置成本估价模型是建立在研究过程中所花费的每一元钱所能取得的效果是一样的这一假设条件之上的,但这在现实世界中是不成立的。另外,由于知识产权价值的特殊性,应用成本法评估其价值存在很大障碍。知识成果的创造投入往往是高风险、高回报的。利用知识产权产生的收益可能会远远大于或小于曾经付出的成本,使成本与最终实现的价值之间的关系显得极其疏远,导致在估算价值时,不必或不能考虑成本的因素。如20世纪50年代美国研制核动能的飞机引擎,其核能引擎却从未产生使飞机飞行所需的推动力。该核能飞机引擎技术的价值可以被认为是低的,或者说是零,但是根据重置成本估价模型,研发的最终成果的价值却高达数十亿美元。显然依据成本法确定该技术的价值基本上是毫无意义的。

二、收益法

收益法又称收益现值法、利润预测法。收益法评估基于的原理是:一项财产的价值等于它在未来带给其所有者的经济利益的现值。

该方法从产生收益的能力的角度来评估一项资产,因此,它只适用于直接产生收益的经营性资产,该类资产通过生产经营带来收益,同时通过生产经营的进行,其在若干个会计期间内会连续不断地创造出收益。非经营性资产由于使用用途的特性,其价值会随着使用而渐渐地消耗掉,不像经营性资产那样,会给使用者带来收益,因此一般不采用收益法来评估资产。

经济学者普遍认为:“无形资产是不具有物质实体的经济资源,其价值由所有权形成的权益和未来收益所决定。”知识产权属于生产要素或称经营性资产,其价值是通过对知识成果的利用而产生或预期产生的收益,因此,对知识产权价值评估最为适当的方法应为收益法,已批准的专利、商标与商誉、版权(计算机软件除外)的评估主要都是采用收益法。

三、市场价值法

市场价值法又称市场价格比较法或销售比较法。它是一种最直接、最简便、最易理解的资产评估方法,也是国际上特别是在有形资产评估中首选的方法。市场价值法以现行价格作为价格标准,通过市场调查,选择几个与被评估资产相同或相似的已交易同类资产作为参照物,将被评估资产与它们进行差异比较,并且在必要时进行适当的价格调整。

采用市场价值法必须具备两个条件:存在活跃的公开市场和具有可比较的资产交易案例。市场法只有存在与被评估资产相类似的资产交易市场时才适用。

市场价值法建立的基本依据是:一个精明的投资者或买主,不会用高于市场上可以买到相同或相似资产的价格去购买一项资产。这是评估中替代原则的具体应用。它应用的前提是有一个充分活跃的公平资产交易市场,并且参照物的各项资料是可以收集到的。现行市场价值法主要分为直接法和类比法。

直接法是指在公开市场上可以找到与被评估资产完全相同的已成交资产,可以其交易价格作为被评估资产的现行市场价格。

类比法是指在公开市场上可以找到与被评估资产相类似资产的交易实例,以其成交价格做必要的差异调整,确定被评估资产的现行市场价格。

由于知识成果具有新颖性、创造性,一般不会出现完全相同的知识成果,因此直接法很难运用于知识产权的价值评估,但却可以找到各方面条件相似的可以进行比较的知识产权。例如,一部作品的作者已有若干作品推向市场,待评估作品版权与已上市作品版权在交易条件方面有可比较之处,那么也可以用类比法对该作品版权价值做出评估。确定适当的参照对象就成为采用类比法评估的最关键环节。

另外,还需要针对被评估知识产权的特点,对于相类似资产的成交价格做必要的调整。调整时需考虑的主要因素包括:时间因素、地域因素、作用因素。

(1)时间因素,即参照物的交易时间与评估基准日的时间差异对价格的影响。

(2)地域因素,即相比较的知识产权所在地区或地段不同对交易价格的影响。

(3)作用因素,即知识产权在生产经营中发挥作用的大小对交易价格的影响。

选择了不适当的参照对象,没有根据被评估知识产权的特点考虑相关因素进行价格调整,都可能导致应用市场法评估知识产权价值发生错误,偏离知识产权的实际交易价值。在知识产权交易市场相对发展和成熟的地区和行业,会形成一些知识产权交易的标准费率或业界标准。比如,在美国,小说和商业性图书的作者可得零售价格的 10%~15%的版税,更为专业、读者群更小的书籍的作者,可获取15%~20%的版税。因此,在条件适当的情况下,采用市场法确定知识产权的价值也是一种较可行的方法。

第三节　知识产权保护和知识产权制度

一、知识产权法的有关概念

(一)知识产权法的概念

知识产权法是调整人类在智力创造活动中因智力成果而产生的各种社会关系的法律规范的总和。知识产权法是规范知识产权的产生、获得、使用和维护的一种专门的法律制度,主要包括专利法、商标法、版权(著作权)法等及相关的法规。知识产权法是近代商品经济和法律发展的结果。

(二)知识产权法的分类

知识产权法可以分为两大类。一类属于国内法,是由各国自行制定实施的;另一类属于国际法,主要是各国公认的国际条约、国际惯例,以及双边、多边签署的协议。实际上,知识产权法既是国内法又是涉外法,而知识产权国际条约属于国际公法范畴, 缔结的国际条约则是一个国家国内法的重要组成部分。

（三）知识产权法的体系

知识产权法律体系一般包括以下几种法律制度：①著作权法律制度；②专利权法律制度；③工业产权法律制度；④商标权法律制度；⑤商号权法律制度；⑥产地标记权法律制度；⑦商业秘密权法律制度；⑧反不正当竞争法律制度。

二、知识产权的法律保护

（一）知识产权法律保护的分类

知识产权的法律保护主要分为三类。

1. 知识产权的国内保护。知识产权的国内保护主要针对本国公民和法人所创造的智力成果，确定依据本国的知识产权法能否取得法律保护以及如何保护。

2. 知识产权的涉外保护。知识产权的涉外保护可以分为两类：一类是本国公民和法人所创造的智力成果在境外能否取得知识产权法律保护及如何保护的问题；另一类是外国公民和法人所创造的智力成果在本国能否取得知识产权保护及如何保护的问题。

3. 知识产权的国际保护。知识产权的国际保护主要是通过缔结、修改、履行有关知识产权的国际条约，建立知识产权国际保护制度来实现的。其中，缔结条约包括缔结世界性的多边或双边条约。而通过缔结、修改有关的国际条约来确立和规范各国知识产权保护的基本原则、最低要求和一般要求，是知识产权国际保护的基础和前提。另外，知识产权国际保护的保证就是国际条约能够直接或间接地转化为国内法，成为知识产权国内保护和涉外保护的基本依据和标准，确保在国际条约成员的范围内享受国际条约赋予的权利。

（二）三种知识产权保护间的联系

1. 知识产权国际保护是国际公法调整范围内的法律关系，而其他两种保护则受国内法调整。

2. 知识产权国际保护的法律关系主体是国家、独立关税区和其他国际实体，而其他两种保护的法律关系主体则是自然人和法人。

3. 知识产权国际保护的法律关系客体是有关知识产权的国际条约及其成员相应的国内法，而其他两种保护的法律关系客体则是符合法定条件的智力成果。

4. 知识产权国际保护为其他两种保护提供了基本的依据和准则，而知识产权的国内保护和涉外保护则是知识产权国际保护的基础和具体实践。

5. 在不违反所缔结的国际条约的基本原则和最低要求的前提下，允许各成员在知识产权国内保护和涉外保护之间保留本国特色并存在差异。

6. 产权的国外保护与以国内法进行的涉外保护是有区别的。前者涉及外交谈判、立法等领域，后者则涉及司法、执法等领域。

只有在知识产权国内保护、涉外保护、国际保护三方面全方位地完善立法和强化执法手段，履行国际公约规定的义务，才能够全面加强知识产权保护。

三、知识产权制度

知识产权制度是承认知识是一种财产，在对知识进行保护的基础上促进知识的创造、传播和应用的一种重要法律制度。

（一）知识产权制度的历史

知识产权制度起源于欧洲，首先是专利法问世。1474 年威尼斯共和国颁布了世界上第一部专利法；1623 年英国颁布的《垄断法规》是第一部具有现代雏形的专利法，是近代专利保护制度的起点。

1710 年英国颁布的《保护已印刷成册之图书法》（又称《安娜女王法》），是世界上第一部成文的版权法。

商标法律制度起源于 19 世纪初的法国。1803 年法国颁布的《关于工厂、制造厂和作坊的法律》被认为是世界上第一部具有现代意义的商标法。1875 年法国又颁布了商标权法，确立了全面注册商标制度。

1883 年签订的《保护工业产权巴黎公约》（简称《巴黎公约》），是世界上第一个关于知识产权保护的国际公约，标志着知识产权的保护迈向了国际化。

1886 年签订的《保护文学艺术作品伯尔尼公约》（简称《伯尔尼公约》）是世界上第一个国际版权公约。

1890 年美国颁布的《谢尔曼反不正当竞争法》是世界上第一部反不正当竞争法。

1930 年美国颁布的《植物专利法》，首次将植物新品种纳入知识产权保护体系。

1972 年菲律宾将计算机软件的保护纳入版权法，1978 年 WIPO 颁布的《保护计算机软件示范法令》中增加了计算机程序著作权的保护条款。

1979 年美国制定的《统一商业秘密法》是世界上第一部关于商业秘密保护的单独立法，但该法只是一部示范法。

1980 年美国公布了世界上第一个半导体芯片保护法，从而揭开了保护集成电路布图设计知识产权的序幕。

1995 年 1 月 1 日施行的《与贸易有关的知识产权协议》(TRIPS)是世界上第一个把知识产权保护与贸易制裁紧密结合并强制执行的知识产权国际公约。

自知识产权保护产生以来,世界各国都在不断地研究并采取不同方式来保护知识产权,不断建立知识产权法律,完善知识产权保护的法律体系。

(二)知识产权制度的现状

自 20 世纪中叶以来,随着世界经济和科学技术的飞跃发展,知识产权制度也发生了引人注目的变化。这主要表现在以下几个方面。

1. 传统知识产权保护的范围不断扩展。著作权、专利权、商标权是传统知识产权法的三大基本制度。比如,20 世纪下半叶后,“电子版权”取代“印刷版权”,各种“电子作品”进入传统的著作权保护范围;专利权的客体范围也随着科学技术的进步和经济发展的需要而不断扩大和逐渐明确,过去对于药品、化学物质、生物技术产品等是不授予专利权的,但现在规定专利要适用于一切领域的发明,保护期限也从过去的 15 年左右延长到 20 年左右。

2. 新增加的知识产权类别相继出现。如 20 世纪 80 年代作为新技术革命产物的计算机软件和微电子技术中的集成电路,已形成两种新的知识产权。世界上有 50 多个国家通过立法对计算机软件给予保护,保护它的源程序和目标程序,以及有关文件。1989 年 5 月在美国华盛顿还签署了保护集成电路知识产权的国际公约。此外,对动植物品种的保护也正在形成一种新的知识产权。

3. 商业秘密和反不正当竞争被纳入知识产权体系。商业秘密和反不正当竞争在传统上是作为知识产权保护的例外或补充的,而现在对非专利的或没有申请专利的技术秘密或商业秘密,国际范围内也把它们纳入了知识产权的保护清单。

4. 知识产权制度规则国际化。知识产权立法从各行其是发展到知识产权国际公约全面化、实效化、可操作化,几乎成为世界性的法律。

5. 知识产权保护功能政治化。在经济全球化的过程中,知识产权不仅成为企业垄断市场的武器,还成为政府经济调控的政策工具和国际竞争的手段,成为涉及国际关系、国际政治、国际文化的国际竞争的基本内容。

四、主要国家的知识产权战略

(一)美国

美国在 20 世纪七八十年代,由于知识产权制度与国家利益脱节、保护与应用关系处理不当、知识产权管理体制分散等原因导致市场竞争力低,贸易赤字增加。美国就此调整了知识产权战略,把知识产权战略提升到国家战略层面,进行全面调整,以服从国家利益为准则,对其制度进行了适应性改变。

影响世界格局的美国知识产权战略是:内部以促进知识产权的扩散、应用与创新为重点,外部则强化知识产权的国际化保护。

知识产权战略调整的结果是:在国内激励创新,促进高技术产业发展,增加R&D投入和专利产出;技术创新成为经济基础;技术经营成为美国的市场优势;对国外强化技术联盟,构筑技术壁垒,形成控制世界的手段。

(二)日本

日本为实现经济强国、科技强国、政治强国、军事强国的战略目标,改变以知识产权传播、扩散、应用为主的策略,转向实施国内、国际双重标准的知识产权兴国战略,于2002年制定了《知识产权战略大纲》,提出了“知识产权立国”的战略。

为适应世界贸易组织建立后的新形势及履行WTO《知识产权协议》,日本对其专利法和商标法进行了一系列的修订。日本参加的国际公约有《巴黎公约》《伯尔尼公约》《世界版权公约》《与贸易有关的知识产权协议》等。日本在国内实施“人才战略是保证,保护战略是关键,应用战略是根本,创新战略是基础”的战略;对外实施知识产权保护为主的战略。

(三)德国

德国知识产权战略的主要特点是知识产权战略体系化、法制完善化、知识产权意识社会化、知识产权功能国际化。

(四)韩国

韩国的知识产权战略是以提升企业竞争力、提高附加值、高技术产业本土化、建设知识社会为目标,确定了21世纪知识产权的战略地位;战略核心是将知识产权制度发展为对创新知识、技术创造、技术产业化和商业化具有促进功能的系统化社会基础网络。

(五)中国

中国的国家知识产权战略的内容包括20项专题和1个大纲,即“20+1”战略。一个大纲是指总体的一个纲要,下面分成20个专题,其中,20个专题涉及知识产权的各个方面,包括:加强知识产权保护,健全知识产权保护体系,加大保护知识产权的执法力度,加强知识产权人才的培养,以及提高全社会的知识产权意识等。

第四节　知识产权国际保护制度

知识产权国际保护是现代知识产权制度的重要内容。知识产权的国际保护制度兴起于19世纪80年代,目前已经成为国际经济、文化、科技、贸易领域中的一项法律秩序。以世界知识产权组织、世界贸易组织等相关国际组织为协调机构,对各国知识产权制度进行协调,进而在知识产权领域形成了国际性的法律规则与秩序。

一、知识产权国际保护制度的成因

知识产权国际保护制度是指以多边国际公约为基本形式,以政府间国际组织为协调机构,对各国国内知识产权法律进行协调,并使之相对统一的国际法律制度。

知识产权国际保护制度的形成标志着知识产权立法由各国独自确立知识产权制度转变成一体化、国际化。知识产权国际保护制度并不是随着知识产权制度的产生而产生的,而是国际经济贸易不断发展的产物,是知识产权制度变革的结果。其产生有以下两方面的原因。

(一)国际经济贸易的发展

在知识产权领域出现国际条约之前,由于知识产权的地域性,使得任何人要想在其他国家获得知识产权保护是很困难的一件事情。地域性使得知识产权分割市场,阻碍了国际贸易的发展。随着科学技术的日益进步,以及工商业和国际经济贸易的迅猛发展,知识产权贸易市场也逐步形成。许多的知识产品开始打破国界,进入他国市场,促进科技、文化的交往。这样,知识产权的地域限制与知识产品的国际需求之间产生了巨大的矛盾。在这种情况下,国际社会谋求对知识产权的保护问题进行国际协调,以便最大限度地消除地域性对国际经济贸易秩序的妨碍,结果是出现了以多边国际条约为核心的知识产权国际保护体制。

(二)知识产权保护的国际协调与国内法单独体系的改变

知识产权保护最初由国内法规定,现在也仍是国内法的问题,这是因为,知识产权国际保护制度所表现的国际公约最终还是要通过国内法程序才能在一定的国家内发生法律效力。知识产权制度从国内法单独保护体系走向国际法一体保护体系,是国际社会对知识产权保护进行协调的结果。正如在本章第二节中提到的，知识产权的国际保护通过政府间的多边或双边协商，订立双边或多边国际条约，形成相对一致的知识产权保护准则和规则，并通过缔约方的国内法进行推行。

二、知识产权国际保护制度的主要原则

（一）国民待遇原则

国民待遇原则是指在知识产权保护方面，各缔约国之间相互给予平等待遇，使缔约国国民与本国国民享受同等待遇。例如，《巴黎公约》第2、第3条规定，在工业产权的保护上，每个缔约国必须依法律给予其他缔约国国民以本国国民所享受的同等待遇。即使对于非缔约国的国民，只要他在任何一个缔约国有国内法律认可的住所或有实际从事工商业活动的营业所，也应给予其同于本国国民所享受的待遇。国民待遇原则是众多知识产权公约确认的首要原则。

国民待遇包含两方面的内容：①各缔约国依本国法已经或今后可能给予其本国国民的待遇；②各该条约所规定的特别权利，即各该条约规定的最低保护标准。

国民待遇原则是不同社会经济制度和不同发展水平的国家都能接受的一项原则。这是因为这项原则既不要求各国法律的一致性，也不要求适用外国法的规定，只是要求每个国家在自己的领土范围内独立适用本国法律，给予外国人和本国人平等的保护。

（二）最低保护标准原则

最低保护标准原则，是指各缔约国依据本国法律对该条约缔约国国民的知识产权的保护不能低于该条约规定的最低标准。这些标准包括权利保护对象、权利驱动方式、权利内容及限制、权利保护期等。该项原则在《伯尔尼公约》第5条、第19条和TRIPS第1条等条款中均有体现。

最低保护标准原则是对国民待遇原则的重要补充。最低保护标准原则基于各国经济、科技、文化发展不平衡的现状，承认各国知识产权制度的差异，从而保证了知识产权制度国际协调的广泛性和普遍性。最低保护标准原则，旨在促使缔约国在知识产权保护水平方面统一标准。正是这一原则的适用，才使各国知识产权制度出现统一保护标准成为可能。1995年生效的TRIPS通过设定一致性的标准，将知识产权保护水平提高到了新的历史阶段。

（三）公共利益原则

公共利益原则是指知识产权的保护和权利行使，不得违背社会公共利益，应保持公共利益和权利人利益之间的平衡。公共利益原则是一国知识产权制度的价值目标，也是知识产权国际保护制度的基本准则。在传统的知识产权国际公约中，公共利益原则多是通过知识产权限制的有关制度来体现的，而新的知识产权国际公约在保留具体规定的同时，还对公共利益原则做出了明确的宣示。

案例研究

案例一 我国统筹推进知识产权强国建设

为统筹推进知识产权强国建设，全面提升知识产权创造、运用、保护、管理和服务水平，充分发挥知识产权制度在社会主义现代化建设中的重要作用，中共中央、国务院于2021年9月印发了《知识产权强国建设纲要》（2021—2035年），并发出通知，要求各地区各部门结合实际认真贯彻落实。

国务院新闻办于2021年9月30日举行"奋力开启知识产权强国建设新征程"新闻发布会。国家知识产权局局长申长雨在发布会上表示，中国将继续大力实施创新驱动发展战略，加快知识产权强国建设，加大知识产权保护力度，进一步激发全社会的创新创造活力。

申长雨在会上介绍，《知识产权强国建设纲要》（2021—2035年）确立了知识产权强国建设的两个具体目标。

第一个目标是，到2025年，知识产权强国建设取得明显成效，知识产权保护更加严格，社会满意度达到并保持较高水平，知识产权市场价值进一步凸显，品牌竞争力大幅提升，专利密集型产业增加值占GDP比重达到13%，版权产业增加值占GDP比重达到7.5%，知识产权使用费年进出口总额达到3 500亿元，每万人口高价值发明专利拥有量达到12件。

第二个目标是，到2035年，知识产权综合竞争力跻身世界前列，知识产权制度系统完备，知识产权促进创新创业蓬勃发展，全社会知识产权文化自觉基本形成，全方位、多层次参与知识产权全球治理的国际合作格局基本形成，中国特色、世界水平的知识产权强国基本建成。

近日，世界知识产权组织发布《2021年全球创新指数报告》，中国排名上升到第12位，稳居中等收入经济体之首。申长雨表示，中国排名连续第9年稳步上升，累计提升23位，从一个方面反映出中国贯彻新发展理念、实施创新驱动发展、加强知识产权保护取得的巨大成绩。

案例思考与讨论：

我国为何如此重视对知识产权的保护？

案例二　英特尔与宇视商标案

IMOS是浙江宇视科技有限公司（以下简称“宇视科技”）面向物联网的操作系统，2006年发布后，经过8次重构和新技术融合，在可视、智慧、物联三个层面，支撑上千万路视频接入、云存储管理、海量多维感知信息接入管理、AI机器视觉、视频结构化大数据处理、端到端数据安全管理，是AIoT智联网专业应用领域有影响力的操作系统。

2013年5月，“IMOS inside”经当时的国家工商总局商标局批准，成为浙江宇视科技有限公司的注册商标。

商标批准后英特尔对此提出异议，认为“文字+inside”是其首先使用，所以拥有专属权。宇视科技认为，两个商标的外观、叫法、寓意等方面都不相同，不会导致公众混淆。此外，从技术角度讲，英特尔并未覆盖安防领域，不存在安防制造厂商损害英特尔利益的问题。

英特尔公司在主机上贴的CPU标志是在PC时代大获成功的营销战略

宇视2006年提出的物联网操作系统IMOS在专业领域积累了1160家合作伙伴

2013年到2015年，英特尔依次向工商总局和商标评审委员提起商标异议和无效宣告申请，均被驳回。2017年，英特尔向北京知识产权法院提起诉讼，2018年3月，法院一审判决英特尔胜诉。2018年4月，宇视科技声明在全球公开招募律师和智库上诉。2019年7月，北京高院做出二审判决，撤销一审判决，驳回英特尔的诉讼请求，宇视科技胜诉。

因案件时间贯穿中美贸易争端，媒体称为对方“打响遏制中国科技企业的第一枪”。

案例思考与讨论：

由此案例分析中国企业积极应对诉讼的原因是什么？

思考与练习

1. 知识产权的概念和特点是什么？
2. 知识产权有哪些种类？
3. 知识产权法律分为哪几种？
4. 知识产权国际保护的主要原则是什么？
5. 重要的保护知识产权的国际公约有哪些？
6. 知识产权价值的确定方法有哪几种？

第三章 国际技术贸易理论

Theories of International Technology Trade

本章简要地介绍了国际技术贸易理论的发展情况，并且分别从动因、传播机制以及选择标准的角度对当前世界上流行的国际技术贸易理论加以分类和论述。通过本章的学习，学生应了解国际技术贸易理论的发展动态，熟悉各种理论的基本观点，并掌握这些理论的精神实质。

学习要点

In this chapter, we briefly introduce the developments of international technology trade theories, classify and disscuss the prevalent theories of international technology trade in the current world respectively from cause, transmission mechanism and selection criterion. By studying this chapter, students are expected to understand the developments of international technology trade theories, be familiar with the basic points of those theories, and finally master their spiritual essentials.

“科学技术是第一生产力。”创新、积累、再创新、再积累是科学技术发展的一般过程，而正是在这个循环进步的过程中，世界经济获得了持续增长的不竭动力。从世界经济的发展史，特别是近代以来的发展史来看，正是由于技术的创新和进步以及国际技术贸易，先进国家取得了良好的经济实绩，同时也建立了对落后国家长期领先的优势。这种领先优势不仅表现在技术差距层面上，更表现在经济发展的程度、多样性以及发展道路的选择性方面。另外，也正是得益于国际技术贸易，某些发展中国家和经济实体才能实现技术的跨越式发展，从而在工业化程度与经济追赶方面取得了惊人的成绩。目前，国际经济的发展越来越快，发达国家与发展中国家的技术水平差距也逐步加大。国际技术贸易是一个国家，特别是发展中国家引进先进技术、提升本国科技发展水平和促进国民经济可持续发展的重要手段，同时更是追赶技术先进、经济发达国家的积极而又有效的途径。

国际技术贸易之所以会发生，是源于一国国民经济发展对先进技术的需求，这种需求更多地体现在对技术创新的需求上，这主要是因为技术创新与经济增长之间存在着极为密切的关系。因此，国际技术贸易理论就需要解释技术创新对经济增长的影响及其方式。随着国际技术转移的迅速发展，国际上一些学者针对国际技术贸易发生的原因、机制、选择标准等方面提出了若干国际技术贸易理论。本章就对一些主要的国际技术贸易理论进行简要的介绍。另外，由于国际技术贸易方面的理论主要是西方学者围绕着国际技术转移这一更为宽泛的概念而展开的，为了使理论阐述更符合其本来的描述，本章在涉及理论方面的内容时使用了“国际技术转移”这一表述方式。

第一节　有关国际技术转移动因的理论

一直以来，对于国际技术发生转移的原因，很多学者都进行了深入的研究，而且从不同的角度提出了国际技术转移的动因理论。有的学者认为国家间的技术差距能使技术创新国获得技术和相关产品的垄断利益，而这正是促使技术创新国家进行技术转移的根本原因，并且，在转移中技术创新国家是主动进行转移的。同时，有的学者认为技术转移的发生是源于国民经济中对技术及相关要素的需求，而国际技术转移恰好能满足这种需求。另外还有一些学者认为国际技术转移的发生是出于落后国家的主动需求，这种国家由于落后而具备了一种崛起优势，而技术引进则能使这种崛起优势真正得以发挥。下面就对这里提到的几种理论进行简要介绍。

一、技术差距论

（一）技术差距的含义

技术差距是指不同经济个体或国家之间所存在的技术水平的差异，是科学技术在基础研究、应用研究和开发研究上的差别的总和。有的学者认为，真正的技术差距应该体现在国家间高端技术上的差距方面。而更广义的技术差距则不仅表现在国家间的高端技术方面，而且还体现在普通应用技术以及生产方法上。

从当今世界各国的具体情况来看，技术差距是普遍存在的。技术差距主要存在于发达国家和发展中国家之间，同时，发展中国家之间以及发达国家之间的技术差距也是非常显著的。在这些普遍存在的技术差距中，发达国家和发展中国家之间的技术差距是全方位的，而且在世界上具有最广泛的代表性。这两类国家之间的技术差距，不仅体现在具体产业上，更体现在总体技术水平上。换言之，发展中国家可能在大多数产业中的技术水平都低于发达国家。发达国家与发展中国家间的技术差距，是二者在技术、资金、人力资源、研究与开发信息和管理等方面差距的集中体现。因此，技术差距理论主要研究的是，发达国家与发展中国家之间存在的技术差距及其对技术转移的影响。

技术差距的产生，主要是由于发达国家对技术的创新。现代经济中，新技术的创新是与高成本、高风险伴随而生的。发达国家凭借其在资金、科技和人力资源上的雄厚实力，在研究与开发活动中，或对新技术进行深入的挖掘，或在现有技术和生产工艺的改进上寻求新的突破，最终不断完成对技术的创新。这种技术创新的成果或体现于专利技术中，或体现于产品生产工艺和方法的创新之中。而正是由于这些专利技术和新的生产工艺，实行技术创新的发达国家，在一定的时期内，将会拥有相当的创新技术领先优势，使其在该项技术转化为产品的生产、出口中处于绝对垄断地位，从而形成了技术创新国家与其他国家间的技术差距。

随着现代经济的发展，科学技术越来越成为一种特殊的、重要的生产要素。技术创新对促进整个国家的国民经济发展，甚至对推动世界经济的进步均起着重要的作用。正是由于国民经济发展的需要和国际贸易特殊得益的驱动，技术上落后的国家就会采用各种手段和方式，如自行研究与开发、模仿或引进等，力求尽快获得和掌握创新技术，缩小与技术创新国家间的技术差距。第二次世界大战后，许多国家立足于自身技术上的落后状况，积极地寻找提高本国技术水平的渠道，而且正是通过这些渠道，这些技术落后国家在短短几十年的时间里完成了国家整体技术水平的飞跃，并且实现了经济发展水平和社会福利水平的腾飞，其中尤以日本最为典型。第二次世界大战期间，由于国家将过多的国民财富用于军工产业，日本国民经济的整体结构发生失衡。第二次世界大战后,受到战争破坏的影响和自然资源匮乏的限制,日本经济更是大幅跳水。在战后初期即20世纪40年代中期,日本的整体技术水平和国民经济发展水平已远远落后于美国。为了实现国民经济的振兴,1950年5月,日本制定了《关于外资的法律》,为从国外大规模地引进先进技术提供了法律支持。而后,日本开始大规模地从技术创新国进行科学技术引进。有关数据表明:1955—1970年,日本几乎引进了全世界半个世纪开发的所有先进技术,其中仅1960—1975年,日本就购买了25 700项专利技术,而其在引进上的花费仅为美国研究开发费用的1/4。就这样,经过短短几十年的全面技术引进、消化吸收以及其后在此基础上的自我技术创新,日本的整体技术水平得到了飞速发展,从技术落后国一跃成为技术领先国,为日本国民经济的复兴奠定了强有力的基础。于是,日本经过短短几十年便超过众多欧洲发达国家成为世界第二经济强国。

从上述事实可以看出,技术创新会导致国与国之间技术、经济差距的扩大,而技术转移则可能有效地缩小这种差距。技术差距的缩小,一方面可以促进发展中国家整体技术水平的提高,使其充分利用现有资源实现更快更好的发展,进一步缩小与发达国家的经济水平差距;另一方面,对于发达国家来说,技术差距的缩小会促使其在下一个技术周期里加快对新技术的开发创新,从而使其能持续地保持对发展中国家的技术领先地位,获得相应的特殊利益。因此,从根本上说,技术转移无论是对发展中国家还是对发达国家来说,都是非常有利的。

(二)技术差距论的主要内容及评价

技术差距理论(Technological Gap Theory),又称技术差距模型(Technological Gap Model),是把技术作为独立于劳动和资本的第三种生产要素,探讨技术差距或技术变动对国际贸易影响的理论。由于技术变动包含了时间因素,因此,技术差距理论被看成是对赫克歇尔—俄林(H-O)理论的动态扩展。

1915年,德国经济学家韦伯伦(T. Veblen)提出,先进国家经过不断地技术创新和发展,其本身积累了大量的先进科学技术,而这就为一些后进国家提供了便利条件,即与先进国家存在巨大技术差距的国家可以广泛吸收利用前者的已有技术,从而达到加速自身工业化进程的目的。1961年,技术差距理论的代表人物美国学者波斯纳(M. V. Posner)在他的《国际贸易与技术变化》一文中,提出了国际贸易的技术差距模型。该理论认为,科学技术实际上是一种独立的生产要素,随着世界经济的发展,世界的整体科技水平一直在提高。但是各个国家的发展水平不一样,因此,在某些关键技术上,不同的国家所掌握的程度是不同的,而这就产生了在该种技术上的技术差距。这种技术上的差距可以使技术领先的国家具有技术上的比较优势,而这种技术优势又与产品的垄断生产紧密联系。因此,技术领先国家就开始出口技术密集型产品。随着出口的扩大,技术领先国家就会获得越来越多的利益,而这种利益就会对产品的进口国产生一种积极的示范效应。另外,由于出口过程中伴随着产品生产的标准化,所以,随着时间的推移,此项技术会被越来越多的进口国模仿,当模仿国家对于该技术的掌握完全成熟以后,他们就开始利用自己的低劳动成本优势,自行生产这种商品并减少从技术创新国的进口。因此,创新国逐渐失去该产品的出口市场,因技术差距而产生的国际贸易量也逐渐缩小,直到其比较优势消失,由此引起的贸易也就结束了。

在现代经济中,工业化国家之间进行着大量的贸易,而贸易的主要对象为工业品。技术差距论认为,工业化国家之间的工业品贸易中,有很大一部分实际上是以技术差距的存在为基础进行的。为了更好地说明技术差距发生作用的机理,该理论引入模仿时滞(Imitation Lag)的概念。模仿时滞是指技术模仿国与技术创新国在掌握创新技术上的时间间隔。在创新国(Innovation Country)和模仿国(Imitation Country)的两国模型中,创新国一种新产品研发成功后,由于存在模仿时滞,所以在模仿国掌握这种技术之前,技术创新国具有技术领先优势,可以向模仿国出口这种技术领先的产品。但是,随着专利权的转让、技术合作、对外投资或国际贸易的发展,模仿时滞的作用会越来越小,直到技术创新国与模仿国的技术差距消失,以技术差距为基础的贸易也随之消失。

1963年,哥登·道格拉斯(Gordon Douglas)运用模仿时滞的概念,解释了美国电影业的出口模式。道格拉斯认为,一国在技术上的领先优势会为其获得产品优势提供坚实的基础。因此,一旦某个国家在给定产品上拥有技术领先的优势,该国就将在相关产品上继续保持这种技术领先的优势。经过分析,道格拉斯认为,美国由于自身信息及处理技术非常先进,从而使其电影业拥有在全世界范围内的技术领先优势,因此,美国应选择出口电影产品,这样能使其在继续保持对他国技术优势的同时,获得相当的利益。而事实也证明了他的观点。

1966年,盖·瑞·哈弗鲍尔(G. C. Hufbauer)利用模仿时滞的概念,解释了合成材料产业的贸易模式。他认为一个国家在技术转移中的模仿时滞以及该国在世界合成材料市场的地位可以决定该国在合成材料出口市场的份额。为了证明他的观点,他将各国按其模仿时滞的时间长短进行排序。他发现,模仿时滞短的国家最先引进新合成材料技术,并且开始生产和向模仿时滞长的国家出口。最初的时候,在贸易中,模仿时滞长的国家只处于进口的地位。随着技术的传播,模仿时滞长的国家也逐步开始引进新的合成材料进行相应的生产,并逐步取代模仿时滞短的国家的出口地位。由上述事实可以发现,对技术差距理论的经验研究支持了技术差距论的观点,即技术是解释国家贸易模式的最重要的因素。

技术差距论还认为,先进国家经不断技术创新后积累的大量先进技术对于后进国家来说同样是一笔非常宝贵的财富。后进国家可以大规模地引用这些已有的技术加速本国的工业化,促进技术的跳跃性发展,从而实现本国经济的迅速崛起。这种观点与后面所讲的后发优势论是一致的。后进国家确实具有这种潜在的优势,历史上就不乏落后国家通过利用先进国家的技术从而在经济技术上赶上甚至超过先进国家的先例。第二次世界大战后日本经济的崛起就是一个极具说服力的例证。日本是第二次世界大战后世界上引进国外技术最多的国家,也是经济发展最快的国家。然而,技术差距论虽提出了技术差距对后进国家的工业化与经济发展带来的潜在好处,但它忽视了这种技术差距也是使后进国家在国际分工和国际贸易中处于不利地位的一个重要根源。而且,技术差距带给发达国家的垄断利益往往高于对落后国家的潜在利益。因此,技术差距抛开技术转移的条件和技术的适用性来讨论先进国家技术转移对后进国家的经济影响,其结论不可避免地带有片面性。

(三)技术差距论的主要观点

1. 波—哈的技术差距论。20 世纪 60 年代,波斯纳(M. Posner)与哈弗鲍尔(G. C. Hufbauer)提出了技术差距论。该理论认为,伴随着技术创新的完成,技术创新国在该创新技术上取得了独享优势,并且凭借该优势,在一定时期内该国取得了创新技术相关产品的优先生产的垄断地位,从而形成了与其他未进行技术创新的国家间的技术差距。由该种技术差距诱发的利益导致了该技术产品的国际贸易。随着该技术产品国际贸易的扩大,产品的收益率将呈下降趋势。为进一步追求更高的利益,技术创新国家可能会通过多种途径和方式进行技术转移。同时,其他国家也会因该项技术(产品)在经济中的示范效应,或进行研究与开发,或进行技术引进,最终掌握该技术,并且相应地进行该产品的生产,从而导致两国间技术差距的缩小。由于技术差距的缩小,技术引进国与技术创新国就该项技术产品的国际贸易会下降,直到引进国能生产出满足其国内需求数量的产品,两国间该产品的国际贸易终止,技术差距最终也将消失。

从上述观点可知,技术差距论认为,国家间的技术差距不能简单地用各国拥有技术的时间特征(或拥有技术产品、技术装备的时间特征)来衡量,而要用技术创新成果完成至引进国掌握该项创新技术所需要的时间来表示。该理论同时认为,掌握技术的标志是该国不再进口由该项技术生产的产品。据此,该理论将从技术差距产生到由该项技术引起的国际贸易终止之间的时间间隔称为模仿滞后时期,并且,把上述时间间隔分为两个阶段,反应滞后阶段和掌握滞后阶段。其中,反应滞后是指从创新技术产生到技术引进国对于创新技术关联产品开始进行生产的时间间隔;掌握滞后是指从引进国开始生产该新产品到其成为该种产品出口国的时间间隔。具体转移过程如图 3-1 所示。

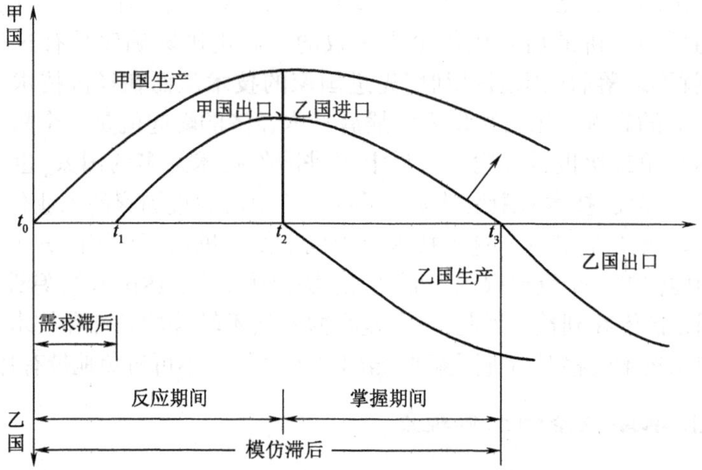

图 3-1　技术差距图解模型

图 3-1 中假设有甲、乙两个国家,甲国为技术先进国家,乙国为技术落后国家。

在 t_0 点,甲国完成技术创新并开始生产该技术产品,技术差距产生;受需求时滞的影响,从 t_1 时刻开始乙国对该技术产品产生需求并开始从甲国进口;t_2 为乙国开始生产该技术产品并开始减少从甲国的进口,此时甲国的生产量和出口量则开始下降;t_3 为乙国停止从甲国进口该产品并开始出口,技术差距消失。

图 3-1 中,$t_0 \sim t_3$ 为模仿滞后时期。这一时期又分为两个阶段:$t_0 \sim t_2$ 为反应滞后阶段,即技术创新国家(甲国)完成技术创新并开始生产该技术产品,到其他国家(乙国)模仿其技术并开始生产该种产品的时间间隔;$t_2 \sim t_3$ 为掌握滞后阶段,即乙国开始生产该技术产品,到乙国停止该技术产品进口时的时间间隔,此后乙国开始出口。另外,在反应滞后阶段的初期,对乙国来说,还存在着一个需求滞后($t_0 \sim t_1$)阶段,即甲国完成技术创新并开始生产该技术产品,到该技术产品开始向乙国出口时的时间间隔。

在一般情况下,模仿滞后的时间比需求滞后的时间要长,图 3-1 表现的就是这样一种情况。但是,在一定的条件下,也会出现模仿滞后的时间比需求滞后的时间短的情况。这种条件一般是技术相当简单或两国消费者嗜好相似,进口国生产者会定期开发适合消费者偏好的新产品从而会开发和生产类似的产品;或者也有另外一种可能,那就是市场不完善,消费者信息缺乏,从而使其对产品价格或产品特性的变动反应较慢。当这些情况发生时,模仿滞后的时间就会比需求滞后的时间短。这种情况的发生意味着外国进行模仿的生产者能在本国消费者对新产品产生需求前就采用新技术,生产新产品。因此,这种情况下,技术创新不会导致贸易的发生。

图 3-1 还显示了另外两种可能性。第一种可能性是,如果甲国在 t_3 以前能够引入另一项技术创新,再开发出新产品,他们就能再次占领乙国市场,使出口重新扩大。只要技术创新的时滞比模仿时滞短,本国不断地创新就会使本国不断地向外国出口。第二种可能性是,如果甲国的生产者没能继续进行新的创新,而新技术在乙国的应用反而进一步刺激乙国的技术创新,那么就有可能出现乙国开始向甲国市场出口产品的情况。

需求滞后阶段的长短,主要取决于乙国居民的收入水平、市场容量以及市场完善程度。甲、乙两国居民的收入差距越小,乙国的市场容量越大,市场完善程度越高,则需求滞后的时间越短。一般而言,需求滞后的时间短于反应滞后的时间,而反应滞后时间的长短,又主要取决于企业家的创新、风险意识和该项技术产品的规模效益,以及关税、运输成本、市场容量、居民收入水平和需求弹性等因素。掌握滞后时间性的长短,主要取决于乙国消化、吸收和掌握该项创新技术的能力。正是由于上述一系列的滞后效应,形成了技术创新国家与其他国家间的技术差距。技术差距的存在是进行国际技术转移的前提。

2. 中心—边缘差距论。有学者认为国家间存在着技术差距是形成技术转移的直接原因。此外,刘易斯还认为世界经济存在着二元结构,迈依耶则进一步论述了技术上也存在着二元结构。在此前提下,福尔泰德认为技术是从“中心”(发达国家)向“边缘”(发展中国家)转移的,同时,“中心”据此控制或支配了“边缘”。

这种理论在一定程度上将国际技术转移的方向与影响有机地结合了起来,对于深入分析国际技术转移有一定的作用。但是,也应该看到:该理论没有具体分析技术差距的种种形态,并且将理论出发点全部置于发达国家与发展中国家之间所存在的技术差距上,而忽略了发达国家之间和发展中国家之间所存在的技术差距。因此,该理论只能说明国际垂直的技术转移,而无法说明何以在技术水平上处于大体相同阶段的国家之间也发生技术转移问题,也就是水平转移。

韩国学者金泳镐曾提出“边缘”部分的技术双重差距问题。他认为技术由“中心”向“边缘”转移的过程中,要注意两种不同的情况。一种情况是国家技术转移差距。该种差距产生的主要原因是“中心”与“边缘”部分在技术开发阶段或技术体系上存在着差距,主要表现在技术供方(“中心”)所转让的技术与技术受方(“边缘”)需要的技术之间不相适应,这种技术转移差距是由技术供方造成的。另一种情况是国家技术积累差距。这种差距产生的主要原因则是技术受方("边缘")由于技术人员、技术工人在质与量两个方面都严重不足,因而很难与技术供方("中心")转移的"外来技术"结合起来。这种技术积累上的差距则是由技术受方所造成的。金泳镐认为,这两种差距往往是伴生的。即使同一个发展中国家,在技术差距上也存在着两种情况,即所谓的双重差距。按照他的技术双重差距论,技术转移的成效如何并不只取决于技术引进方的基本条件,还取决于技术提供方所提供的技术。据此,金泳镐提出双重技术差距论的模型。这个模型系以弗农的技术生命周期假说中提到的技术生命周期的四个发展阶段为纵轴,以希尔加德等的技术熟练过程假说中涉及的四期为横轴构成的。这种复合式模式,能够反映出技术差距的展开形态及其过程,具体可参见图 3-2。

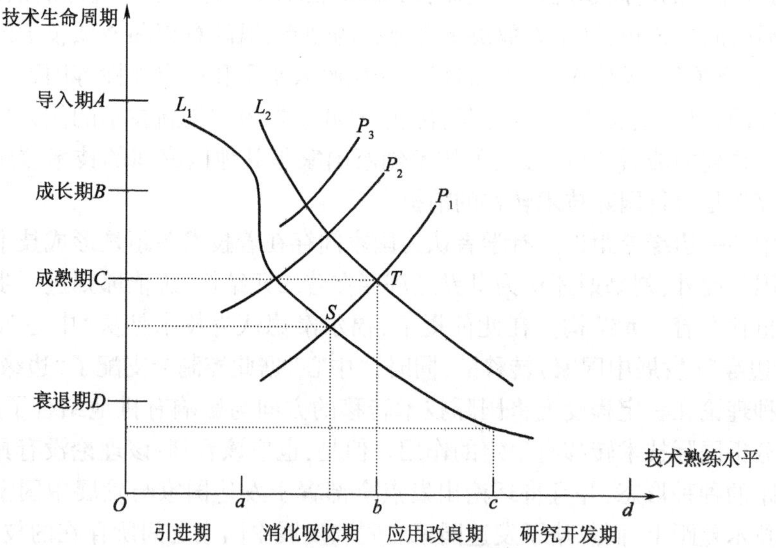

图 3-2 技术生命周期与技术熟练过程的结合方式

图 3-2 中的纵轴表示的技术差距主要是国家技术转移差距。纵轴上标明的四个阶段专指一项新技术的生命周期。技术选择差距的大小主要取决于技术供方于生命周期的何点转移技术。从图上来看,越是接近上方(A)的技术所有者就越是偏向于扩大市场而不愿出售技术,这时基本属于卖方市场;相反,越是接近下方

(D),市场越趋于饱和,技术持有者就不得不出售该技术,这时基本属于买方市场。由"中心"转移到"边缘"的技术多数是衰退期或接近衰退期的成熟技术。这样,边缘部若是引进 C 点的技术,其与中心部的技术差距即为 AC;引进 D 点的技术,其与中心部的技术差距即为 AD。由此造成的差距是技术转移的差距。

反映在横轴上的技术差距则是国家技术积累差距。横轴上的引进期主要是指生产操作技术的引进;消化吸收期主要是指对引进技术的自我实践与掌握;应用改良期主要是指对引进技术进行改良以使其真正符合自身的情况和特点;研究开发期是指在引进技术的基础上,对其进行研究以开发新技术。引进期的主要问题是生产操作技术人员不足;消化吸收期的主要问题是实际应用技术人员的不足;改良期主要反映了设计技术人员不足;研究开发期内最大的问题是研究开发专家不足。由此造成的技术差距是技术积累程度上的差距。根据图示,在点 S 处,技术引入国引进技术 L_1,假如两国不存在技术差距,由于该技术 L_1 已经成熟,因此两国应同时处于对 L_1 进行再次创新的研究开发期。但是,由于技术引进方本身的技术落后,该国只处于技术 L_1 的消化吸收期,因此,这种差距就是由技术受方引起的国家技术积累差距,而在图上的差距度量则为 bd。

曲线 L_1 表示一种新技术的转移曲线, L_2 表示该技术发生新的创新后的技术转移曲线。曲线 L_1 上的点 S 表示第一次引入点,曲线 L_2 上的点 T 表示技术又发生创新后的新的引入点,连接起来形成曲线 P_1,表示技术跟踪,即技术引进国对该系列技术的连续引进。由于技术引入时点的不同,技术跟踪曲线的位置也会发生相应的变化。从而形成 P_2,P_3 等。曲线 P 表示技术的周期性,新旧技术交替过程的技术消耗性以及更新技术时与原来的旧技术之间的脱节性。同时,曲线 P 也表明了发达国家与发展中国家之间技术差距以及缩短这种差距的艰巨性。

3. 均衡条件下的技术差距论。美国经济学家凯夫(Cave)认为,技术交易转让的客体是无形资产,诸如商标设计、经营管理经验等。这些无形资产既然可以同有形的商品一样成为交易的内容,也就可以用商品交易的均衡机制来论述技术转移。凯夫认为,由于技术市场的不确定性和竞争结构,企业难以控制该市场并实行技术垄断,而只得进行技术交易,使该无形资产的价值得以实现。然而,在一定的条件下,一旦技术专有人研制与开发技术的成本在竞争中稳定下来,技术专有人的收益率降至转让该技术的成本,技术市场的交易就会达到均衡状态。他认为,国与国间之所以会形成技术交易,一是企业难以控制技术市场而只得进行技术贸易;二是企业在短期内不可能利用其全部新技术制造新产品,而会受各种条件的限制,选择的投资方向有限,因此只能转让技术。从其理论实质上来看,凯夫认为技术转移并非是企业的随机选择,而是无可选择,技术转移机制与商品交易机制的发生原因以及均衡条件具有一致性。

随着技术差距理论研究的逐步深入,美国学者克鲁格曼(P. Krugman)于1979年提出了一般均衡条件下的商品周期贸易模型。该理论把技术转移、资源配置与世界收入统一起来考察,认为技术是由不断创新的发达国家转移到发展中国家,后者由于获得了发达国家的技术,实现了国家的经济发展,并导致了社会福利水平的提高。如果发达国家不再创新,或者放慢了技术创新的速度,那么发达国家与发展中国家的福利水平的差距将越来越小,而发达国家的相对福利水平及其在国际贸易中的利益和优势地位也将有可能受到影响。因此,发达国家必然要不断创新并且提高创新速度,这样才能维持其福利水平不下降,并保持其竞争中的有利地位。这样,发达国家与发展中国家之间就经常拉开一定差距,并且正是这种差距,才构成了技术转移的基础。这种差距主要指占有技术的时差,也就是人们常说的技术上相差多少时间。由于发达国家和发展中国家在技术创新中所处的地位不同,因此二者所生产产品的性质也不同。发达国家出口创新产品,发展中国家出口模仿产品。而模仿意味着特定的生产技术在发达国家的流失,变成了共同的财富。技术的变化影响发达国家和发展中国家的经济与贸易,而影响的大小、受益程度的高低,则取决于各自技术创新和技术转移的增长速度。

上述理论还认为,发达国家与发展中国家间之所以会发生国际技术转移,其基本原因是二者间存在的工资差别。对于发达国家来说,出口其垄断供应的创新技术产品可以获取特殊的经济收益,这种收益在经济学中被称为经济租金。由于发达国家劳动力的工资较高,生产创新产品的成本也就比较高,因此创新产品的市场价格也比较高。而当创新产品逐步变为成熟(过时)产品时,产品生产的标准化也已经普及,而由于发展中国家的劳动力工资较低,因此该产品如果在发展中国家生产,就会使有关的生产活动能在较低的资源成本下进行,这样就能够大大降低该产品的市场价格,因此,该项技术连同产品生产会转移到发展中国家。而随着发展中国家加快技术引进的速度,创新产品变为成熟产品的进程也会进一步加快。同时,发展中国家的贸易条件得以改善,这又进一步促使发达国家必须加快创新产品的开发速度。发达国家加快技术创新的速度,会使其自身和发展中国家受益,但因发达国家占有垄断租金之利,就会使贸易条件向更有利于发达国家的方向发展。

从该理论可知,发达国家扩大技术差距会有利于发达国家和发展中国家福利的提高,而该理论隐含的前提则是不存在任何技术转移壁垒。如果发达国家选择在扩大技术差距的同时在技术转移中附加各种限制性条件,迫使发展中国家维持向它们提供廉价资源和市场的地位,则不仅影响世界经济的发展和劳动生产率的提高,也会使其创新产品不能获得应有的市场,最终将会危及自身的利益。从国际技术转移和贸易实践来看，如果贸易伙伴双方能够建立相互合作的基础，那么技术的发展与进步不仅可使双方受益，发达国家还能获得更大的收益。

4. 综合技术差距理论。在商品贸易中，动态比较优势论是一个非常重要的原则。而随着对技术差距理论研究的扩展，学者们将比较优势原则与商品的技术密集程度结合起来，借此来研究技术差距问题，并提出了综合技术差距理论。

根据比较优势的原则，在国际贸易中，一国应遵循“两优相权取其重，两劣相权取其轻”的分工和贸易原则。因此，为了能更好地在国际技术贸易中受益，一国应进行技术相对优势的出口，技术相对劣势的进口。另外，国际相对优势在科学技术的发展和交流中是不断地变化着的。

基于上述原理，综合技术差距论认为，发达国家所进行的技术创新引起了其劳动生产率的迅速提高，并进一步导致了技术差距的扩大。从技术的比较优势上来看，发达国家不仅在整体上具有绝对的技术优势，而且由于在高新技术密集商品上的劳动生产率远高于发展中国家而具有更大的比较优势。尽管发达国家的劳动力工资较高，但其劳动生产率更高，因而发达国家在集中生产、出口高新技术密集商品方面有着得天独厚的条件。这样，发达国家不仅可以获得生产、出口高新技术密集商品的直接丰厚收益，而且还可以通过转移成熟技术及其商品来从发展中国家获得经济租金和低价商品。

对于发展中国家来说，其在技术的变化中虽处于不利地位，但却可以通过模仿学习(转移)取得在中、低技术密集商品上的比较优势。虽然发展中国家的劳动生产率较低，但其具有劳动力工资成本非常低的比较优势。而且，通过技术的转移、模仿学习能力的增长以及劳动生产率的提高，发展中国家可以促使技术产品生命周期的缩短，从而使得发达国家必须提高技术创新的速度，并且同时加快对发展中国家进行技术转移，以保持和提高其国际竞争力和在高新技术密集商品上的比较优势。这样，发展中国家就能在技术转移的过程中，通过充分发挥自身的比较优势，促进本国经济的发展。另外，动态的比较优势论还认为，一个国家的自然禀赋比较优势和科学技术比较优势或比较劣势不是一成不变的。通过生产要素的国际流动，一国不仅可以改变其科技比较优势，也可以在一定程度上改变自然禀赋比较优势。一个国家通过科研和教育投资，引进技术，不仅可改变科技的比较劣势，创造比较优势，也可以在原有的比较优势的基础上创造新的比较优势。这样，发展中国家在本身劳动力优势的基础上，不断地学习发达国家的先进技术，即可以实现比较优势的转变。

技术差距理论是用技术进步因素，对发达国家和发展中国家间的技术转移和贸易的最新解释。从当前的国际经济、技术环境看，技术差距不仅存在于发达国家和发展中国家之间,也广泛存在于发达国家之间。技术创新及其成果不是一般地发生在所有的发达国家,而是绝大部分集中在美国、英国、日本、德国、法国等主要工业发达国家。而且,即使作为高新技术主要发源地的美国,也不是在一切领域都处于绝对领先的地位。发达国家之间为争夺技术领先地位时刻都在进行着激烈的竞争。

同样,发展中国家数量众多,由于它们各自在经济、技术发展水平上的差异,彼此之间也存在着一定的技术差距。一批新兴工业化国家,通过自身的学习模仿,已经具有一定的技术创新能力。而随着技术创新的发展,其在经济增长中的作用也显得日益突出和重要。所以,发展中国家在大力发展科技、提高本国技术水平和创新能力的同时,还应着重抓好对国外先进技术的引进、吸收和再创新,缩小技术差距,尽快提高经济增长速度。

二、需求资源关系论

1979 年,日本学者斋藤优在其专著《技术转移论》中提出了需求资源关系论,当时称为“NR 关系假说”。后来,在其 1986 年 9 月出版的新著《技术转移的国际政治经济学》中,斋藤优把这一假说作为一种理论加以运用。该理论认为,对于一个国家来说,该国国民需求(Need)与该国资源(Resources)的关系(即 NR 关系)是制约其经济发展及对外经济活动的一个重要因素。为满足需求(N),需要何种程度的资源(R),即人才、技术、资本、信息、自然资源等与之相适应是一个重要问题。如果能筹集到足够的资源来满足需求,那么 NR 关系问题也就不成为问题。但是,一旦 R 的储量不足以满足 N 的需要量,那么 R 就成为 N 的极大限制因素,即成为“瓶颈”。因此,NR 关系问题是一国经济发展中的关键问题,必须设法解决好,否则经济发展将受到负面的影响。

斋藤优教授认为,就一个具体国家、地区或企业而言,正是 NR 关系的格局决定着其技术创新、技术转移的战略行为。当一国 NR 关系不协调时,技术创新往往能弥补 R 的种种不足。这是因为一种新技术的出现,通常能提高资本、劳动力和原料的利用效率,从而起到节约资源的作用。此外,技术创新有时还可以改造原有的原材料甚至创造出新的原材料,这样,R 就能适应 N。但是,有时技术创新的创造效果仍不足以满足本国 N 对 R 的需求,这样,技术转移就成为技术创新国解决本身 NR 问题的另一个有效途径。这主要是因为通过技术转移,该国可以充分利用他国的 R,从而使本国的 R 最终达到 N 的要求。而对于技术相对落后的发展中国家,要想实现本国经济的快速发展,一方面要重视技术创新,形成鼓励技术创新的机制;另一方面要关注世界技术发展动态,适时引进适宜的新技术。随着经济的发展，N 对 R 的数量要求会越来越高，另外，由于各国都有其独特的 NR 关系，因此经过新技术创造和新技术转移后，NR 关系又会产生新的瓶颈，引起新一轮的技术创新和技术转移。这个过程不断向前推进，而整个世界技术和经济水平就在这种不断地由不适应到互相适应，又产生新的不相适应的循环中，不断地向更高层次发展。世界各国 NR 关系的失衡程度决定了技术转移的规模和速度。一国经济发展速度越快、规模越大，NR 关系的失衡程度可能就越大，为了解决需求矛盾，技术转移的需求也就越大，速度也会加快；反之亦然。由此可以说，技术转移的发生是国与国之间解决 NR 关系的必然结果。

上面说的主要是国际技术转移的必然性，而要想使这种必然性真正发生，在国际技术转移过程中还需要一些前提条件。这些前提条件主要可以分为以下五类：①结合条件，即两国的 NR 关系具有一定的互补性，从而能够相互协调地结合在一起；②同意条件，能够同时满足双方在技术供求中的预期收益，即引进收益和技术提供收益；③资源供给条件，即两国的技术转移资源不仅可以结合，而且能较好满足技术转移的需要；④无对立条件，主要是指相互间在技术转移手段与对方需求的关系上不存在矛盾；⑤技术扎根条件，指为了使转移来的技术在接受国扎根，要求接受国在技术吸收上投入相应的力量。

这种两国之间 NR 关系的互助互动，包括需求与资源转移、信息交流、多样化的技术转移渠道、技术转移体制与技术转移基础设施（包括专利制度、技术教育、培训制度等制度性因素，以及交通、通信设施、研究开发机构、大学等硬件因素）等。NR 关系的国际展开越广泛、越活跃，技术转移也就越容易。但是这种 NR 关系结构所具有的动力机制能在多大程度上发挥作用，还取决于影响技术转移的四种速度因素：①某国最初尝试一种新产品的速度或者说需求时滞；②在新产品引入国内市场后其在消费者中间的扩散速度；③某国从国外获取生产技术的速度，或者说模仿滞后率；④一旦生产技术从国外进入后，国内生产者采用新技术的速度。

三、后发优势论

“后发优势”是指后起国家在推动工业化方面所拥有的由后起国家地位所致的特殊利益。这种优势是与后起国家所处的落后地位伴生的，不是通过自身努力而创造出来的，而且其不为发达国家所拥有。

后发优势理论是由美国经济史学家亚历山大·格申克龙提出的。1962 年，在其发表的题为《经济落后的历史回顾》中，他对 19 世纪比英国工业化起步晚、经济发展较为落后的欧洲国家，如德国、意大利、俄罗斯等国家的工业化进程进行了分析。经过深入研究，他认为工业化的前提条件是差异将影响发展的进程。对于一个落后国家来说,经济的发展越是落后,其工业化起步就越是缺乏历史的连续性,而在经济发展方式上,就越可以采用突变即跨越的方式。因此,一个国家在实行工业化的初始时期,相对落后程度越高,其后的增长速度也会越快。他提出了一个后进国家追赶先进国家的经济增长模型,其中的假设是:相对的经济落后性具有积极作用,它可以系统地替代先进国家工业化的一些先决条件。而且更为重要的是,后进国家可以享有先进国家已经开发出来的技术,并采取当代"最优做法",从而实现经济的跨越性发展。因此落后国家反而具有这种"后发优势"。从上述理论中,我们可以发现,该理论中所强调的"后发优势"更多地体现在利用先进国家在发展过程中的经验和已创新的技术上。而且,该理论还认为,后进国家所存在的后发优势是后进国家积极进行技术引进的主要原因。

虽然从目前的经济技术发展水平看,发展中国家处于落后地位,但是,在这种落后中也存在着一种潜在的优势。从历史上来看,第二次世界大战以后,日本、新加坡等国都是充分利用后发优势,在本国科技、资源的基础上,大规模地利用先进国家已创新的技术来提升国内产业结构和促进经济发展的。而且,经过短短几十年的发展,这些国家的经济实力的确有了突飞猛进的发展,有效地缩短了与先进国家的差距,甚至后来居上。该理论的现实意义在于以下几点。

首先,后发优势理论承认不同类型的国家之间存在着经济差距,而且有时这种差距是巨大的。同时,该理论也提出了发展中国家可以从这种差距中获得利益的论断。用格申克龙的话说,就是"一个国家工业化起步越晚,实现其追赶的速度就越快"。当前,世界经济发展极为不平衡,各国之间的技术、经济差距日益扩大。这种差距不仅广泛存在于发达国家和发展中国家之间,而且也存在于发达国家之间和发展中国家之间。对于发达国家来说,其目前的发展成就经历了长时期的知识存量增加、实现技术进步和经济发展的过程,而且每取得一定的技术进步都要经过科学发现、发明创造、技术应用、技术改进和技术扩散这样五个阶段。但是,由于后发优势的存在,技术落后的国家不必重复上述漫长的过程,而可以通过大规模的技术引进缩短技术的研究开发时间,尽快地缩小与发达国家之间的技术差距,进而实现经济的跨越式发展。历史上有许多落后国家成功赶超先进国家的例子,如英国18世纪超过荷兰;19世纪,经济实力并不强的美国,从欧洲大量引进先进技术,而且积极网罗欧洲优秀的技术人才,从而使美国在20世纪一跃成为世界头号经济和科技强国;另外,日本在第二次世界大战后用了短短几十年便一跃成为世界第二号经济大国,究其根本原因也在于充分利用了这种后发优势;还有亚洲"四小龙"等。可以说,世界经济史是一部世界经济发展不平衡、后进国家赶超先进国家的历史。

其次,尽管发展中国家与发达国家间存在着很大差距,但发展中国家仍存在着赶超先进国家的潜能，这种潜能就是后发优势。例如：发展中国家经济中普遍存在二元经济结构（即发展中国家内部劳动力无限供给的农业部门与现代化的工业部门并存）以及各种非均衡现象，因此，一旦发展中国家采取得当的政策措施扭转这一局面，那么，发展中国家的经济将有极大地提高，其经济增长率将远远超过当前的各发达国家。而这就是发展中国家在结构调整方面所具有的后发优势。这一特有的后发优势在于资源再配置潜力与结构变化而引起的经济增长。当然，要做到这一点，还需要发展中国家善于通过政策手段和制度安排来构筑后发优势形成的基础。此外，发展中国家所拥有的后发优势还包括发展中国家具有很大的选择性，他们可以吸取先发展国家的经验教训，避免走弯路，在立足自身实际情况的基础上，选择最优的发展道路，实现更快、更好的发展。另外，随着经济全球化进程和技术创新步伐的加快，发达国家的资本、技术不断向其他国家，尤其是发展中国家转移，这也为发展中国家利用后发优势、赶超先进国家提供了历史机遇。

最后，该理论认为在后进国家追赶先进国家的过程中，"精神意识"等民族力量是十分重要的因素。正如格申克龙在他的理论中所强调的，"精神""意识形态"等智力因素在后发国家与先进国家间存在着很大不同，落后国家强烈的赶超意识有可能形成全民族的合力，成为推动经济社会发展的强大力量。

第二节　有关国际技术转移机制的理论

从上一节的论述中我们可以看出，对于国际技术转移发生的原因，不同的学者有着不同的观点。同样的，对于国际技术转移的机制，在经过深入细致地分析研究后，不同的学者也提出了各自的解释。目前比较流行的主要是内部化理论和产品的生命周期理论。其中，内部化理论主要是作为投资理论来进行论述的，而产品的生命周期理论则更多的是从产品生命周期的动态发展过程的角度来进行解释。下面就是对这些理论的简要介绍。

一、技术转移内部化理论

技术转移内部化理论最早是由科斯（R. Coase）于 1937 年提出的，而该理论真正的完善则是在 20 世纪 70 年代，在该时期中，英国学者巴克利（P. J. Buckley）、卡森（M. Cosson）和加拿大学者拉格曼（A. M. Rugman）对该理论做出了比较完整的补充和表述，从而成为该理论的代表人物。他们用内部化理论分析跨国公司内部市场结构，并且进一步把内部化理论扩大应用到分析跨国公司内部交易市场与技术转让。技术转移内部化理论认同技术的所有权属性，并认为正是这种所有权属性决定了技术在市场上不可能像其他实物商品一样自由竞争。技术市场存在不完全性,从而使技术作为一种特殊商品的价值存在流失的风险,因此跨国公司为了获得最大利益,必然倾向于使技术进行内部化转移。

然而,上述三人在技术转移内部化理论的主要论点的侧重面上有所不同。

通过对跨国公司内部化的效果进行分析,拉格曼提出了“出口—直接投资—技术转移”三者统一的选择模式。拉格曼认为对于拥有创新技术的跨国公司来说,对外直接投资是最为有利的投资方式。他认为,一方面,对外直接投资能够推动跨国公司创新技术研究开发的进程;另一方面,进行对外直接投资可以使研究开发的成果即专有知识只在公司内部转移,而不致泄露,从而能最大限度地保护企业的利益。由此,企业就可以始终保持其在世界范围内的技术优势,进而维持其垄断地位而获得最大利益。相反,出口产品则存在诸多不确定性,例如,出口会由于种种壁垒的作用而无法顺利进行;专利制度的不完善又使企业拥有的技术有被抄袭的危险。在拉格曼看来,只有技术转移内部化,也就是只在母子公司间转移技术,才能避免其技术泄露,跨国公司才能真正地享有技术创新的垄断利益。

卡森在拉格曼的基础上对技术转移内部化的机制进行了进一步的研究。他认为有两种企业内部化的动力较强:一种是有收入递增规模的工业和资本密集型工业,另一种是信息产业(包括一切知识资产)。前一种产业内部化动力产生的原因正如拉格曼所述。至于信息产业,他认为是信息的研究与发展耗时长、费用大,在技术和产品创新发明后,企业理所当然地要据此获取尽可能大的利益(符合利润最大化原则)。同时,买方的不确定性与被仿制的风险很可能给该项知识所有者带来不利影响,更何况知识产业本身在一定时间范围内就具有自然垄断性。因此,实行内部化就能使他人无法接触到该信息,使信息所有人能得到垄断收益。

此外,卡森还认为,在现代经济中存在很多促进信息内部化的因素。首先,现行专利制度不尽合理,保护的对象大多只限于技术专有权,而其他肯定有经济价值的信息技术,如经营管理技术、营销技术等,却并未被包括在内,这就导致了信息技术的内部化。其次,技术转移时经常发生所谓“泄露效应”,即创新技术被其他主体抄袭利用,致使信息专有人应当得到的利益无形中受到损失。再次,目前技术转移的外部市场条件仍不健全,技术专有人常常无法转移其所拥有的技术,如技术接受国对引进的技术种类加以限制约束、接受技术的一方往往不愿按某项技术所内含的所有信息的价值计价等。所有这些因素都促使跨国公司只把创新技术转移给本系统的子公司,从而形成技术转移内部化。

从其理论内核来看,技术转移内部化理论无疑是主张技术转移的非公开化。从目前来看,该理论是较为流行、较有影响的国际直接投资理论之一,有人把它推崇为一般理论或通论。从国际技术转移的发展趋势看，现阶段跨国公司实行技术内部化的比较普遍，因此这种理论有可能适应这种新的潮流。但是，同时应该看到，本理论在论述技术转移和对外投资时，对投资的区位选择并未做解释，因而存在一定的理论缺陷。

二、技术转移选择论

随着技术转移理论研究的深入，为了更好地解释技术转移的机制，许多学者在分析中通常将区位因素选择考虑在内。技术转移选择论就是这样一种理论。该理论是从国际生产选择的角度出发分析国际技术转移的形成机制。该理论比较著名的代表人物有曼斯菲尔德(E. Mansfield)和邓宁(J. H. Dunning)。

曼斯菲尔德认为在企业选择对外直接投资时需具备两个基本条件：其一，企业能从外部获得足够的生产要素；其二，企业在出口时能获得最大利益。一旦两个条件满足，对外直接投资就会作为战略行为被跨国公司所采用。而对外直接投资被跨国公司采用还有一个深层的原因，那就是对外直接投资有利于企业控制其技术专有权，保持其在国际上的技术优势，并且有效地控制技术泄露的风险。曼斯菲尔德还认为技术转移的选择是企业不得已而为之的行为。只有当国外市场容量过小，无法实现最大投资利益或者投资对方国家不具备接受直接投资的条件时，企业才迫不得已选择转移生产技术的做法。

邓宁则把国际对外直接投资、国际贸易和技术转移三者有机地统一起来，通过建立国际生产选择模型来分析国际技术转移发生的机制。1977 年，邓宁在其《贸易、经济活动的区位与多国企业：折中理论的探讨》一文中提出了国际生产折中理论。该理论继承了海默(Hymer)等人的垄断优势论方面的观点，吸收了内部化优势的思想，同时运用区位理论构建了“三优势模式”理论。其理论中所指的三种优势分别为所有权优势、内部化优势和区位优势。

其一，所有权优势，又称为垄断优势或竞争优势。邓宁将所有权优势分为两类：一类是能够转移的优势，如技术、信息咨询等；另一类是无法转移的优势，如企业经营适度规模等。1991 年，联合国在其有关跨国公司对外直接投资决定因素的研究报告中指出，所有权优势的决定因素包括：研发和管理与技术水平、营销技巧、企业生产效率、规模经济、市场力量(指企业获取有形和无形资产的能力)等。

其二，内部化优势是指企业在内部综合运用自己的所有权优势，以节约或消除交易成本的能力。企业的内部化优势主要表现在企业减少或消除中间产品不完全的特性与外部市场机制相矛盾的能力上。

其三，区位优势主要是指属于东道国所有的，在自然禀赋和引进资本、技术以及给予外国企业政策优惠等方面具有的优势。区位优势从根本上说属于国家优势。从这一点来说,它与所有权优势、内部化优势不同,企业无法自行支配,而只能适应和利用这项优势。一般来说,东道国所拥有的区位优势包括两个方面:一方面是指东道国不可移动的要素禀赋所产生的优势,也就是自然禀赋优势,如自然资源丰富、地理位置便利、人口众多等;另一方面主要指东道国的政治、经济、法律、社会以及文化环境,如政治体制、经济制度、市场需求、劳工成本、关税与非关税壁垒、政府的政策、基础设施环境等。区位因素直接影响着跨国公司对外技术转移区域的选择及其整个国际化技术创新与生产体系的布局。邓宁对区位优势与国际投资间的关系是这样解释的:如果一个投资者在国外生产能比在国内生产获得更大的利益,那么他就倾向于在国外投资。同时,如果在国外的甲地生产比在乙地生产更能使企业获利,那么投资就会转向甲地。由此可见,东道国所占有的区位优势是一种重要的吸引力量,它能影响企业对外投资和技术转移的流向。

邓宁认为:国际贸易、对外直接投资、技术转移三者是一个有机联系的整体,而进行技术转移是企业的一种权宜选择。他认为企业之所以会选择技术转移,是因为该企业的内部市场还没有达到一定规模,因而内部化优势缺乏,同时国外的区位优势又不十分明显。因此,进行单一的产品贸易和进行直接投资都不符合企业的利益要求,这样就只能选择技术转移,以谋取最大利润。相反,如果在国外区位优势明显,并且能够确保工业产权的情况下,企业则倾向于选择直接投资;如果区位优势吸引力不大,企业则倾向于选择出口贸易。

由该理论可以得出如下结论:企业必须同时兼备所有权优势、内部化优势和区位优势才能从事有利的对外国的直接投资活动;如果企业仅有所有权优势和内部化优势,而不具备区位优势,就意味着有利的国外投资吸引力不存在,因此企业只能将有关优势在国内加以利用,而后依靠产品出口来供应当地市场;如果企业只拥有所有权优势和区位优势而无内部化优势,企业拥有的所有权优势难以在内部加以利用,因此只能将其转让给外国企业;如果企业具备了内部化优势和区位优势而无所有权优势,意味着企业缺少对外国直接投资的前提条件。

美国经济学家凯夫斯(Caves R. E.)在上述选择论的基础上,总结了决定跨国公司在对外直接投资(FDI)和技术转移之间进行选择的种种因素:①选择技术转移的因素。缺少FDI的基本条件,如知识存量不足,对国外市场不了解,投资成本高等;FDI存在障碍,如市场容量小,缺乏规模经济等;技术创新的周期太短;风险考虑,如不用在国外放置大量固定资产,可以避免政治风险等。②不选择技术转移的因素。技术转移交易成本过高,如谈判时讨价还价,因商品质量影响声誉,可能泄密等;跨国公司内部的技术转移成本大大低于企业之间转移,一般不鼓励技术转移。

三、技术生命周期理论

（一）斋藤优的技术生命周期理论

日本学者斋藤优认为：企业进行生产经营的目的就是为了谋取利益的最大化。因此，他把跨国公司在国际生产经营中的战略归纳为三种形式：一是利用创新技术优势，在本国生产产品并对外出口；二是FDI，在国外设厂，利用该项技术、结合当地生产要素进行生产并就地销售；三是直接进行技术转移。进一步分析认为，从表面上看，这三者是相互独立、互不相关的，但实质上却存在着内在联系，并按一定的规律周期循环。

该理论认为，技术的优势、技术创新的成果最终都要体现在产品上，体现在产品的工业化生产上，体现在技术实施的经济效果上。图3-3表明了商品输出、对外直接投资和技术转移之间的关系。

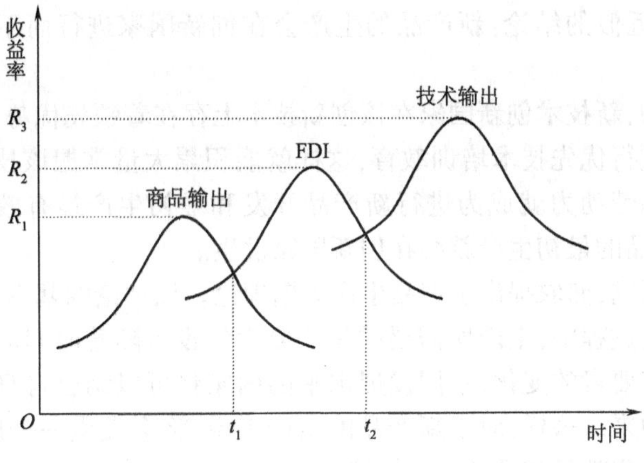

图3-3　商品输出、对外直接投资和技术转移之间的关系

斋藤优认为，占有新技术的企业由于拥有优先生产的优势，总是先出口运用该技术生产的新产品。在出口过程中，起初由于新产品的市场特殊性，此产品价格相对比较高,收益率会非常高。而随着该产品在当地的市场占有率不断扩大,产品被更多的消费者接受,产品更为标准化;同时,该产品也逐渐适应了当地条件,运用当地生产要素也能生产出该产品来,于是收益率开始下降。而当企业发现出口产品的收益率低于进行对外直接投资所得收益率时,企业即于 t_1 这个时点把出口转为直接投资,以谋取利益率回升。而后,由于在当地产销,很快提高了当地该项技术的水平,且其他生产者能仿制该产品推向市场。此时,企业直接投资的收益也由上升转为下降。降至 t_2 这个时点时,企业即转向输出技术,这样不仅能维持原有收益率,而且能达到更高的收益率。

该理论与其他两类理论的不同之处在于,周期理论揭示了技术转移是一项新技术问世之后的必然归宿,把技术的寿命同企业谋利二者有机地结合起来,从而解释了形成技术转移的机制。

(二)弗农的产品生命周期理论

一直以来,对于新产品究竟会在何地生产的问题,理论界一直存在不同的声音:一部分人认为创新国家的创新技术优势起着引领生产的作用。生产应该在创新国家进行;另一部分人认为较低的成本才是最重要的生产决定因素,低成本是生产发生的前提条件。对于这一问题,经过深入研究,弗农(Vernon)和赫尔茨(Hirch)得出了近似的结论:新产品的生产会在创新国家进行而不是在成本低的国家。

赫尔茨认为,新技术创新国家在该创新技术上存在着领先优势,因此能利用该技术对劳动者进行优先技术培训教育,这样就能积累大量掌握该技术的熟练劳动力。而这些熟练劳动力就成为进行新产品开发和最初生产最有效的推动力和基础。因此,新产品的最初生产就会在创新国家发生。

针对这一问题,弗农提出了产品生命周期理论。该理论的基本观点是,在产品的整个生产发展过程中,生产所需要的生产要素的投入随着时间的推移而发生变化。而随着生产要素的变化,不同发展水平的国家将可以结合自身的要素优势加入产品的生产中来。这样,对于新产品的生产来说,将会发生一个周期性的转移,而这种转移的过程就是产品的生命周期。

一般来说,新产品的创新开发初期,需要大量的技术及资本的投入,高昂的研发成本也就成为新产品研发过程中所必然面临的问题,而且新产品的开发还面临着巨大的风险,其中包括市场风险(与消费者需求相悖)、政治风险(其他国家进口限制)、文化风险等。因此,这种高成本与高风险只能由技术发达国家的富裕厂商来承担。另外,发达国家拥有大量的技术工人,这样就使生产变得具有灵活性，从而使生产的风险得以降低。完善的市场也是新产品开发必不可少的条件之一，而这种完善的市场条件一般只有在发达国家才能真正存在。这些都说明了在产品生命周期的初期、风险较大的阶段，生产会集中在技术创新多发的发达国家进行。

随着产品本身以及生产工艺的日益标准化以及专利的到期，其他一些国家的生产者就会发现，他们自身的要素价格优势使他们进行该产品的生产会比原先的生产者更具有成本优势。于是，这些国家也会加入新产品的生产行列中。但可以看到，由于生产过程中仍需要有相当的技术投入，并且该产品仍相当昂贵，只有高收入阶层才能对该产品进行消费，因此，此时的生产更多地会在其他发达国家展开。同时，也可能出现这样一种情况，即首先生产该新产品的国家的厂商在其他国家抢先建立分支机构，借此来利用那里较为有利的要素投入条件。不管哪一种情况出现，我们都可以发现，先行创新的国家该新产品的出口将会下降。

当该产品继续生产时，产品的标准化趋势将会越来越强，而且技术要素在该产品的生产中所占有的比例将逐渐下降，而劳动力要素在生产中的作用将会得到更大的发挥。这样，产品的生产将会转移到劳动力比较丰裕的国家进行，而这些国家一般都是发展中国家。此时，也会出现如下两种情况：一种是这些发展中国家的新建企业进行该产品的生产；二是原先的发达国家企业将生产转移到这些国家进行。无论是哪种情况，我们都可以看到，最初生产该产品的国家，甚至在产品周期第二阶段才开始生产该产品的国家，该产品的出口都会下降，甚至会成为该产品的进口国。

图 3-4 是对产品生命周期理论的图形描述。其中用美国代表技术创新的发达国家，西欧和日本代表其他技术跟随发达国家，在 $t_0 \sim t_1$ 阶段，美国进行技术创新，并对一种新产品技术进行研发，在本阶段，产品主要在国内销售。到 t_1 时，它开始向西欧和日本出口。同时，西欧和日本开始对该种产品进行技术学习和生产。随着生产工艺的成熟和技术的转移，从 t_2 开始，西欧和日本该种产品的产量逐步增长，进口量则逐步减少。而此时，由于技术的成熟以及成本的下降，其他一些国家也开始进口这种产品，于是美国的出口仍然在增加。到 t_3 时，西欧和日本由于对该技术已完全掌握，生产也已稳定成熟，于是开始向其他国家出口。而此时，美国的出口则相应减少。到 t_4 时，由于产品技术的完全成熟以及生产的完全标准化，产品的生产将转移到其他国家，特别是一些发展中国家，而美国由于技术领先优势的丧失和产业的转移，开始从出口转向进口。西欧和日本则由于要素价格优势的减弱，出口也逐渐减少，并最终会变成该产品的纯进口国。

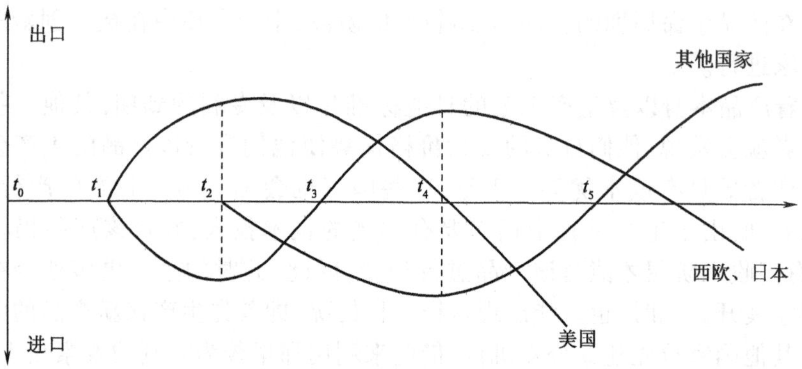

图 3-4 产品生命周期理论图解

收音机就是这种产品生命周期理论的一个很好的例子。最初,当收音机刚在美国发明出来的时候,其市场前景并不确定。由于对这种新产品的不了解及价格高昂,一开始,它并没有吸引很多顾客,收音机的生产规模也很小,并且由于具有手工艺的特点,因而需要大量的技术工人。当时的收音机市场远没有完善,它只能在接近市场的地方生产,因为售出的收音机需要修理和改进以使它们能够工作,同时厂商也需要及时得到消费者的反馈,这对他们改进产品是非常重要的。经过最初的“错了再试”阶段以后,收音机生产的标准化渐渐得到了推广,成为适于大规模生产的成熟产品。随着电台网的扩张以及收音机的有用性对消费者越来越明显,收音机的需求也不断增加,且不久就成为一种出口产品。到第二次世界大战结束时,收音机已经成为一种非常成熟的产品了。在战后的初期,美国厂商控制了真空管收音机的国际市场。然而。日本可以利用其廉价的劳动力扩大生产来抢占国际市场的份额。然后美国收音机产业就开发了半导体,并在几年内成功地与仍旧利用旧技术的日本厂商展开了竞争。但是后来日本又学会了半导体技术并且再次利用其低于美国的劳动成本与美国厂商进行竞争。后来美国厂商开发出小型半导体技术并重新获得了技术领先优势,但是这一技术最终再次被日本学到并掌握,日本再次控制了世界收音机市场。现在,日本已成为这一领域的创新者,用最新的技术生产出收音机,用比较过时的技术生产的收音机已转移到亚洲其他工资较低的国家,但工厂常常由日本的厂商所拥有。

（三）关于发达国家、新兴工业化国家及发展中国家的产品生命周期理论

斋藤优的技术生命周期理论主要是从技术生命周期和谋取最大利益的角度对产品的生命周期进行分析的，而弗农的产品生命周期理论的理论基点则是生产要素的变化与成本降低导致的产品生命周期的推移。与上述两个理论不同的是，还有一个产品生命周期理论从发达国家、新兴工业化国家及发展中国家的角度来分析产品生命周期与技术转移之间的关系。图 3–5 即为对该理论的图形解释。

该理论认为创新技术和产品在三类国家的转移过程中，主要存在着六个阶段。

1. 产品的开发和国内销售阶段。在此阶段，发达国家的技术创新已经完成，关联产品开始进行生产并在国内进行销售，国内销量逐渐扩大。这一阶段是产品生命周期的重要阶段，因为在这一阶段，产品要经受市场考验，要投入生产并开始规模化。只有产品被国内市场接受，才有可能进行产品生命周期转移。一般来说，当产品未被国内市场接受时，是不会出口的。当新产品被接受，而且国内市场规模扩大时，则进入第二阶段。

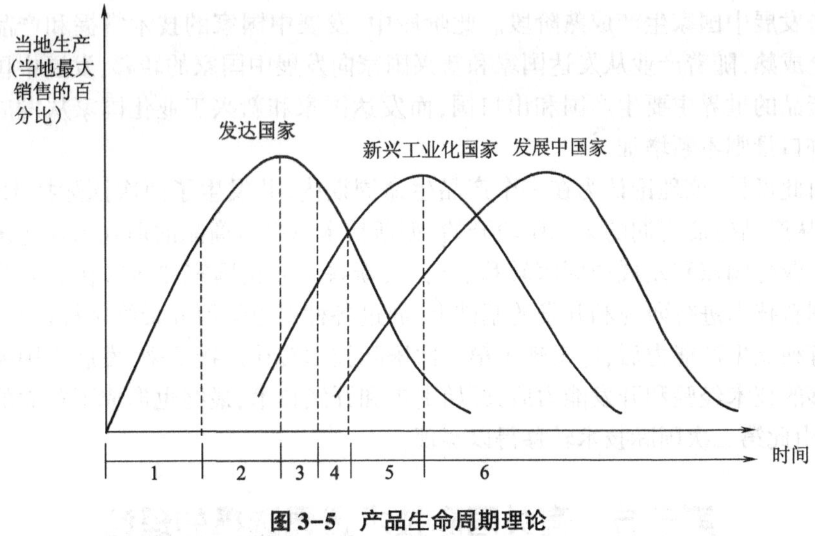

图 3–5　产品生命周期理论

2. 发达国家新产品出口快速增长阶段。在这一阶段，发达国家国内的新产品销售量继续增加，但其增长率却不断下降，最终在第二阶段结束时达到最大值。而在产品出口方面，发达国家的产品对新兴国家出口快速增长，对发展中国家的出口也不断增长。同时，新兴工业国家开始发生技术改变，国内掌握该项技术的技术人员开始多起来，而且开办新兴企业的可能性也不断增加。但由于对该项创新技术的掌握尚不完全成熟，因此在此类国家并未发生模仿生产。

3. 发达国家出口势头减弱阶段。此阶段，发达国家厂商的国内销量开始下降，新兴国家与地区完成了技术模仿，开始进行生产以自给。此时发达国家仍有出口，但出口对象主要为发展中国家和地区。

4. 新兴工业国家出口稳步增长阶段。此阶段中，新兴工业国家凭借其劳动成本优势与技术的结合，在世界市场上与发达国家进行激烈的竞争并逐渐占领一部分原属于发达国家的市场份额。因此，发达国家的市场占有率不断下降，而新兴国家则成为该新兴产品的主要出口国。此时那些不发达国家成为该产品的主要进口国。

5. 发达国家净进口阶段。在该阶段，产品在新兴工业国家的生产达到最大规模，其低成本已经足以抵消运费和发达国家的保护关税等。因此，发达国家已成为该产品的净进口国。同时，由于产品规模化和生产标准化的推广，发展中国家的技术在不断进步，国内生产也已经开始，产品生产逐渐走向成熟。

6. 发展中国家生产成熟阶段。此阶段中，发展中国家的技术掌握和产品生产已完全成熟，随着产业从发达国家和新兴国家向发展中国家的转移，发展中国家成为该产品的世界主要生产国和出口国，而发达国家和新兴工业化国家从发展中国家的进口量则不断增加。

由此可见，该理论认为在一个产品生命周期内，共发生了两次国际技术转移。最初，从产品生命周期的第二阶段开始，创新技术以出口商品的形式由发达国家向新兴工业化国家和发展中国家转移。而后，新兴工业化国家和地区在对商品所内含的创新技术进行研究和开发的基础上，通过各种渠道学习并最终掌握该技术，待其具有独立生产能力后，即实现了第一次国际技术转移。接下来，发展中国家积累了足够的技术经验和开发能力后，开始引进和开发技术，最终也形成了独立的生产能力，由此第二次国际技术转移得以实现。

第三节　有关国际技术贸易选择的理论

当前发达国家是国际技术转移的主导力量，因此多数技术转移理论主要是从发达国家角度提出的,是从发达国家的角度来看待国际技术转移的。而在国际技术转移的过程中,发展中国家也是不可缺少的。那么,发展中国家在其中应该扮演何种角色、发挥何种作用也就摆在了学者们的面前。

对于国际技术贸易来说,贸易的标的物主要是创新技术以及物化了的商品。在贸易中,对于选取何种技术进行贸易,无论是技术供方还是技术受方都会存在一定的标准和判别准则,从而使贸易标的物真正符合国家经济利益需要,使其能够促进国民经济的发展。对于当今的国际技术贸易来说,供方主要是发达国家,受方主要是发展中国家。因此,在本章国际技术贸易选择的理论中,主要是从发展中国家的利益的角度出发来探讨技术进口的选择。下面就是对选择理论的简要介绍。

一、中间技术理论

中间技术理论从发展中国家的角度来看待国际技术转移,针对发展中国家经济、技术落后,以及与发达国家间的经济、技术差距日益扩大的现状,提出了解决社会问题和经济问题的方法。

中间技术是指那些在发达国家已经完全成熟的非高端技术。其转移成本较为低廉,且适合发展中国家在较短时间内消化吸收并转化为经济成果。

中间技术理论是由英国经济学家舒马赫(E. F. Schumacher)于1973年提出的。该理论认为,对于发展中国家来说,经济发展主要是一个用同样的资源要素完成更多工作的问题,是一个充分利用现有劳动力,使之充分就业的问题。而如果想达到这一点,就必须有四个基本条件:动力、技术知识、资金和出路,即额外的产量需要有额外的市场。舒马赫举例说:在这四个基本条件中,任何一个处于像印度这样地位的国家必须采取的一个最大的集体决策就是做出技术选择。此外,该理论还强调,在各种选择中,技术选择是最重要的。

该理论认为,一般地,发展中国家的劳动力资源都非常丰富,而且劳动力成本相当低廉。因此,发展中国家应该优先选择发展劳动密集型工业,而非资本密集型工业。而且贫穷地区的经济发展,只有立足于中间技术才能获得成果,因为中间技术最终将是劳动密集的,比较适合小型企业采用,而且这种中间技术的优点也是显而易见的:与本地技术相比,其生产率要高得多;而与现代工业资本高度密集的高级技术相比,其成本又低得多。

中间技术的发展意味着发展中国家的技术、经济水平真正向新的高度迈进,而且,在这个新领域内,因节省劳动力、取消工种而产生的巨大费用和复杂的生产方法也得到了有效地避免,因此中间技术非常适合劳动力过剩的发展中国家。就中间技术的适用性而言,中间技术虽不一定是普遍适用的,但仍有极其广阔的用途。

所以,技术选择是一切选择中最重要的选择。新技术固然好,但不一定适合发展中国家的具体情况与技术落后带来的限制条件。中间技术虽然不是高端技术,但却能真正适合发展中国家的国情,并迅速转化为生产力。

二、技术从属理论

与中间技术理论一样,技术从属理论主要也是从发展中国家的角度提出来的。该理论与中间技术理论最大的区别在于该理论更多地关注发展中国家对发达国家的从属地位和当今技术转移体制的不合理性。

技术从属理论的主要代表人物是比昂契克和贝托索斯。他们认为,发达国家与发展中国家之间存在支配与从属、掠夺与被掠夺的关系。而两类国家间的技术转移在实质上是发达国家维持对发展中国家的支配地位的一种手段。技术转移是对国际经济旧秩序的一种维护,因此技术从属论者主张建立符合国际经济新秩序的国际科学技术新秩序。同时,为了真正地建立新秩序,应采取如下措施:第一,发展中国家应建立科技自主创新体制,互相之间要在自愿的基础上实行互助,采取共同行动,加强与发达国家谈判的实力。第二,废除专利制度。科学技术是属于全人类的共同财富,而专利制度却与此相违背,它维护的只是发达国家对科学技术的垄断。第三,停止技术引进,切断支配与从属关系的纽带。即使需要引进技术,也必须实行非一揽子化,把技术从与资本、支配权相结合的体制中分离出来再引进或者同时从多数国家引进技术,从而削弱技术的支配力量。第四,发达国家应承担技术协作义务等。

技术从属理论强调改变发展中国家在技术上依附和从属于发达国家的状况,反映了发展中国家对于自强自立、自主创新的强烈要求和愿望。并且,该理论还主张建立国际科学新秩序,认为发展中国家应建立科技自主体制,从多数国家引进技术等,因此,该理论具有一定的积极意义。但是,该理论对于专利制度性质的论述有失偏颇,它的一些政策主张也不现实,如废除专利制度、停止技术引进等。

三、适用技术论

中间技术论认为发展中国家选择引进的技术应该主要是中间技术,但在现实经济条件下,先进技术对于发展中国家经济的促进作用更为巨大。鉴于中间技术理论所存在的理论缺陷,印度经济学家雷迪提出了适用技术论。

适用技术即适合发展中国家使用的技术,其适用性主要表现在引进成本、附加条件及生产适用性等方面。适用技术可以包括先进技术、尖端技术,也可以包括中间技术甚至原始技术。该理论认为,技术是在一个国家社会体系、价值体系、技术体系与自然条件的相互关系中产生转移并被加以利用的,因此,所引进的技术应该能够适应各种社会条件并能以正确的方式来满足社会有效需求。由于发展中国家所需要的技术并不一定为发达国家拥有,或者发达国家的先进技术对发展中国家不一定适用,因此,发展中国家在引进技术时,应该从本国的基本国情出发,在综合衡量本国的生产要素现状、市场发展规模、社会政治文化环境、国民吸收创新能力的前提下,根据最小投入和最大收益的原则,选择最适合本国发展水平的技术。在此基础上,雷迪又提出了发展中国家在技术选择时应追求的三个目标。

一是环境目标。现代经济的发展过程往往伴随着环境污染、资源浪费和生态失衡,而且,如果采取粗犷的经济发展方式,往往会付出惨重的代价。环境保护目前已成为世界性的目标,因此,适用技术应该能够提高自然资源的利用率,节约资源,循环使用各种材料,减少环境污染,保护生态环境。

二是社会目标。适用技术的引进和利用应该能与传统文化交融,在最大限度地满足人类的基本需要,提供更多、更好就业机会的同时,促进社会和谐发展。

三是经济目标。引进适用技术能有效地缩小发展中国家与发达国家的技术差距,并真正地促进经济的快速发展,广泛提供就业机会,并且促进经济平衡发展。

梯度论是适用技术论的一种具体提法。梯度论认为由于各国经济发展不平衡,以致形成技术若干梯度的划分,各梯度依次推进,即所谓"梯度式转移"。目前,对于梯度的划分,学者们的见解各不相同。有人提出三个梯度的划分,即尖端技术、中间技术、基础技术(或传统技术),并且认为发展中国家的技术尚属于第三梯度(基础技术),因此发展中国家只能引进中间技术甚至基础技术。而有的梯度论者则认为,发达国家的技术转移是跳跃式转移,而发展中国家只能是"梯度式转移",因此,综合起来,这种转移就是混合式转移。

从某种意义上说,技术水平确实存在适用性,技术转移也确实存在梯度式,这是客观现实。而对于发展中国家来说,关键问题在于如何对待这种现实。发展中国家不能离开技术的适用性去片面追求先进的高精尖技术,发达国家也不应该是以技术的适用性及其转移的梯度性为借口,对发展中国家一味转移中间技术甚至是过时技术。发达国家应当从缩小南北差距的立场出发,不仅应与发展中国家共同开发真正适用于发展中国家的技术,还应当帮助发展中国家逐步发展高技术,并在此过程中提供种种便利,以促进国际技术协作的发展,进而真正推动世界经济的进步。

四、外贸自乘效益论

外贸自乘效益是指发展中国家通过对外贸易引进和吸收了各种形态的技术成果,其中包括知识产权、专利技术和专有技术、装备技术、技术信息等。这种技术的引进使本国的劳动生产率获得了加倍提高的效果,从而使其享有国民劳动生产率和综合国力跃升的宏观经济利益。

取得外贸自乘效益最根本的标志是劳动生产率的提高,而自乘效益的实现并不是一蹴而就的,需要经历一个时间上的过程。这是因为当发展中国家从发达国家引进某种技术后,并不能立即加以利用并产生成果,而必须经历一个对技术消化、吸收的过程,之后才能把该引进技术应用于生产过程和融入自身的工作素质之中,并且把技术引进的成果转化为现实的生产力,而这时,发展中国家才能取得自乘效益。该理论所指的外贸自乘效益,实际上是专指一国通过开展国家间的贸易,引进技术所产生的那一部分效益。而对于一个国家来说,其综合自乘效益则包括对技术的自主研究开发和技术引进两大主体及其他组成部分。因此,外贸自乘效益只是综合自乘效益的一个有机组成部分。

五、技术选择的标准和规范理论

除了上述理论,还有些学者认为,发展中国家在引进一项新技术时应该设立技术产出衡量标准,只有新技术应用于生产后所产生的结果符合这种标准,该技术引进才是成功的。具体来说,不同的学者提出了以下几种标准。

第一,高产出标准论。该理论认为,对于发展中国家来说,资本的缺乏是其经济快速增长的一个非常重要的制约因素,而当其从发达国家引进技术时,这种资本缺乏的状况会更加突出。因此,技术引进国应充分利用有限的资金,优先选择在规定投资条件下能使产出达到最大的技术,尽量做到少投入或多产出,从而最大限度地推动经济增长。

第二,社会极限性生产标准论。该理论认为,发展中国家在进行技术引进时,一定不能盲目,并不是所有的新技术都会适合发展中国家,因为它的社会承受能力是有限的。因此,发展中国家在引进技术时应优先考虑下面两个因素:其一,本国的国际收支状况。引进技术会增加引进国的外汇支出,特别是有些技术还需要增加原材料进口,从而导致国际收支状况恶化。其二,本国的市场状况。引进技术的目的是为了生产新产品或提高生产率,而如果本国市场不完善,则引进技术的经济效益会受到损失。

第三,高积累率标准论。该理论认为,对于发展中国家来说,经济长期增长的动力来源于本国资本积累率的不断提高。因此,引进的新技术应该能够提高资本积累率,增强其生产能力,从而实现经济的长期增长。该理论比较强调技术引进的长期效果。

第四,时间系列标准论。该理论认为,技术引进的标准不应该是一成不变的,随着发展中国家经济的发展和时间的推移,技术引进的标准也是不同的。因此,在经济发展的不同时期,技术引进应综合考虑不同标准,根据当期的具体情况,选择不同的技术,从而使引进技术随着时间的推移及经济的发展而不断升级。

第五,经济性原则。该原则认为,技术引进应本着经济性的原则,即以既定的代价获得最大的收益,或为获取某一收益花费最小的成本。该原则与高产出标准论有一定的相似之处。经济性原则具体包括最大收益原则、最小成本原则、相容性原则等。这其中,相容性原则指为某一系统中的子系统引进的技术应与原有系统的其他系统的技术相容,以使整个系统获得最大的经济效益。

案例研究

案例一　二战后日本技术转移概况及解析

第二次世界大战结束后的日本,经济极度萧条,技术水平远落后于欧美发达国家。为了赶超欧美经济,日本政府将"大量引进技术"作为国策,推出了"产业合理化计划"政策,大规模引进国外先进技术。根据日本长期信用银行的调查,在1955—1970年的15年中,日本差不多吸收了世界半个世纪开发的全部先进技术,节省了大约90%的研究开发费用、近70%的研究开发时间。为了加强国家与地方及民间团体、企业的协调和产学研的联合,促进科学技术的快速发展,1995年,日本通过了《科学技术基本法》;1998年2月,日本文部省和通产省联合向国会提交了《促进大学等的技术成果向民间事业转移法》,其要点是通过该法案促进大学和国立研究机构将技术成果向企业转移,以帮助企业提高技术水平,应用研究成果开拓新的产业;日本政府还在通产省设立了"产业基础整顿基金",对实施技术转移的大学提供资金支持和债务担保。由此可见,日本政府对于技术引进十分重视。日本政府还制定了相应的产业政策,通过宏观控制有计划地进行产业技术的转移,改变了国家的产业结构。以电子计算机产业的建立来说,就充分体现了政府产业政策的威力。

日本政府当时制定了《电子工业振兴临时措施法》,提出了保护国内市场、引进先进技术、突出研究重点、形成规模经济等措施。20世纪60年代初,在严格控制外资的情况下,通产省同意IBM公司在日本设立独资经营的子公司。但作为交换条件,IBM公司必须同意根据美国法院在20世纪50年代末期判决只供应欧洲企业的技术专利,按同等条件提供给日本企业;要按照通产省的计划指导进行活动;

要雇佣通产省离职官员。这样,日本政府既没将世界先进的计算机公司拒之门外,又给予了必要限制。通过IBM公司的渠道,日本的计算机技术大幅提高,日本雇员的技术也提高到了世界先进水平。同时,日本政府为了保护国内计算机市场,也采取了一定的措施,如限制外国计算机的进口、对使用国产机进行奖励等。此外,1966年,电子工业审议会对通产省提出了《为强化电子计算机工业的国际竞争力的政策》的答询报告。根据这个报告,政府设立了大型项目资助制度。这一制度资助的第一个项目就是以开发对抗IBM的360系统机种为目标的“超高性能电子计算机的开发”。以后,根据这一制度获得资助的项目相继有“图像信息处理系统的开发”“应用光学测量控制系统”“科学技术用高速计算机研究开发”“电子计算机兼容系统的研究开发”。所有这些项目的目标,都是要逐步缩小与IBM在硬件领域的差距。到20世纪80年代,日本的计算机产业技术已开始向世界各国输出,并形成了规模经济。

同时,日本政府鼓励各企业与外国先进企业合作,不断吸收新技术。为了使政府的产业政策比较容易得到企业的协助,日本政府和企业之间成立了被称为“业界团体”的中间组织。这种组织全日本有25 000多个,架起了政府和企业间的桥梁。

不过,日本过分依赖外国技术,只重视技术转移,轻视自主开发和独立研究,甚至有一段时间无计划地引进外国技术,浪费了大量外汇,还有的引发环境问题,引起了日本国民的强烈反对。所以,20世纪70年代以后,日本为了保持国际竞争力,开始重视自主开发技术和独立研究,出现了新的发展模式:技术革新→国外推广应用→技术输出。

案例思考与讨论:

1. 上述案例体现了哪些国际技术贸易理论?
2. 结合中国的国情,请谈谈战后日本技术转移的成功经验对中国的启示。

案例二　长虹背投攻略

长虹创始于1958年,作为一家大型军转民企业,从20世纪90年代中期开始,长虹依靠自身的技术与规模,率先尝试资源垄断竞争,一举成为中国市场最具市场影响力的彩电品牌,并把自己塑造成为世界最大的彩电企业之一。

面对国际化的激烈竞争,国内彩电企业依靠强大的产能逐渐成为世界彩电行业的加工厂。但中外家电品牌的知名度还存在显著差异。中国加入WTO后,家电市场更为开放,竞争更为激烈,中外家电的差距更加明显。当大屏幕背投电视、超薄可壁挂液晶电视、高清晰等离子电视等概念第一次以产品形象出现在中国市场,本土彩电企业和中国消费者大开眼界，但同时也误导了中国消费者，以为高端彩电就是洋品牌，这给国产品牌打开高端彩电市场设下了重重障碍。

与 OEM 企业不同，彩电巨头长虹从一开始就确定了自主研发核心技术的高端彩电战略。由于液晶、等离子、数字电视技术不成熟、产品使用寿命短、价位偏高的功能原因，不论中外市场，销量增长都很缓慢。在中国彩电市场真正成熟起来的只有背投产品，但由于东芝、索尼、日立等家电企业先入为主，中国背投市场始终都是日本彩电品牌的天下。基于对技术和利益的考虑，跨国家电巨头选择了差异化的产品投放策略，即在不同的市场采取了不同的策略。在发达国家，它们销售的是第三代、第四代背投彩电，在发展中国家，他们销售的依然是第一代、第二代背投电视。因此，国内市场上清晰度不高的第一代、第二代产品，就是由跨国公司控制的结果。

早在 1998 年，长虹就开始自主研发背投电视，掌握了多项核心技术。长虹在掌握了背投关键技术的情况下，直接从第三代、第四代产品入手，再辅以适合中国国情的促销策略和价格策略，在高端彩电市场争到了巨大的份额。几年下来，长虹不仅拥有了世界上规模最大、最先进的高品质背投生产线，也掌握了首屈一指的背投彩电核心技术，并顺利完成了长虹的战略转型。掌握核心技术的长虹背投彩电，标志着中国家电业第一次获得了产品技术的自主权。这种技术转型不仅为产业、组织、市场的转型提供了支持，更重要的是为后续的独有知识产权技术，也就是所谓的核心技术持续掌控提供了信心与机会。

背投彩电的成功面市，开始了中国家电技术从依附时代向自主研发时代的跨越，也初步证明了长虹技术战略的转变成功。此后，长虹又致力于推动自己“2515”计划，即先有技术研发、后有市场推进的研发与市场联动的双轨战略。这个计划很重要的一个内容就是海外主体研究结构的增设，计划将这种海外研发机构增加到 5 个。

之后，长虹在澳大利亚、迪拜、莫斯科、韩国等国家和地区都设立全资的海外子公司，在印尼、欧洲建有本地化的生产基地，在美国、印度、泰国成立了办事处。有的是独资，以市场营销、渠道拓展为主营业务。有的是收购，以技术研发为核心。有的是与之前代理合资，采用工厂加销售完全本地化策略。海外市场拓展模式在品牌战略的统一下多元化，但长虹距离一个跨国企业全球化运营还有较大差距，水平和能力都还较低，提升的空间巨大，需要认真思考海外业务战略的选择。

案例思考与讨论：

试运用产品生命周期理论对长虹的发展进行简要分析。

思考与练习

1. 波—哈的技术差距论和中心—边缘差距论有什么不同?
2. 后发优势论的主要观点是什么?
3. 弗农的产品生命周期理论是如何阐述技术的作用的?
4. 技术生命周期理论的主要内容是什么?

第四章

专利与专利权

Patent and Patent Right

通过本章的学习，学生应了解专利和专利权的基本概念与区别，以及专利权人的基本义务和权利。熟悉在专利权的申请、审查和终止过程中的一些法律、法规程序和在此过程中应该注意的问题，掌握专利和专利申请实施许可合同以及专利和专利申请转让合同的签订和运用，并最终能够处理专利侵权所带来的一系列问题。

学习要点

By learning this chapter, students should know the basic concept and the distinctions between patent and patent right, and the basic obligation and right entitled to the obligees.Students also should be familiar with some legal procedure and some noticeable problems during the process of applying, examining and terminating the patent.Furthermore, students are supposed to have a good master of two kinds of contracts, the patent contracts and patent application licensing contracts, and also to obtain the ability to solve a series of problems brought by the invasion of patent.

第一节　专利与专利权的基本概念

一、专利的概念和类型

（一）专利的概念

世界知识产权组织规定，专利是指由政府机构（或代表几个国家的地区机构）根据申请而发给的一种文件。文件中说明一项发明，并给予它一种法律地位，即此项得到专利的发明通常只能在专利持有人的授权下才能予以利用（制造、使用、销售、进口），对专利的保护时间限制一般为15~20年。

按照《保护工业产权巴黎公约》和某些西方国家的专利法，专利主要是用来保护发明的，“专利”一般是指发明专利。但由于《保护工业产权巴黎公约》对“专利”一词并没有给予定义，所以也有少数国家在用专利保护发明的同时，还用专利保护其他的智力创造成果。我国的专利法就是将发明、实用新型和工业品外观设计三种智力成果统一以专利的形式保护的。

（二）专利的类型

专利主要有三种类型：发明专利（Invention Patent）、实用新型专利（Utility Model Patent）和外观设计专利（Industrial Design Patent）。

1. 发明。发明是人们通过创造性的劳动所制造或者设计出来的前所未有的东西。世界知识产权组织1979年公布的《发展中国家发明专利示范法》中的发明是指人的一种思想，可在实践中解决技术领域特有的问题。日本专利法规定发明是利用自然法则对技术思想的高度创造。

《中华人民共和国专利法实施细则》（以下简称《专利法实施细则》）第2条规定：专利法所称的发明是指对产品、方法或者其改进所提出的新的技术方案，它是指通过发明人的构思，利用自然规律创造出的针对各种技术问题所提出的新的解决方案。发明可分为产品发明和方法发明。

（1）产品发明。产品发明是指制造各种新产品，即有关生产物品、装置、机器设备的新的技术解决方案。产品发明可以分为制造产品发明和新用途的产品发明；可以是一项独立产品的技术方案，也可以是产品某一部件的技术方案。产品发明专利权取得以后，专利权人有权在生产经营过程中，制造、使用和销售专利产品。任何人以营业为目的利用专利产品发明时，都必须得到专利权人的同意。

(2)方法发明。方法发明是指使一种物质在质量上发生变化成为一种新物质的发明,为制造某种产品的机械方法、化学方法、生物方法等,或是一种全新的制造方法、测试方法或使用方法等。

2. 实用新型。《专利法实施细则》第2条规定:专利法所称实用新型,是指对产品的形状、构造或者其结合所提出的适于实用的新技术方案。也就是说,实用新型专利是对机器、设备、装置、用具或器件的形状、构造或其结合提出新的方案,并且该新的方案能够在工业上制造出具有实用价值或实用用途的产品。它只涉及物品的革新设计,不包括物品的制造方法或工艺方法。这里所说的物品必须是有一定的形状、构造,液体、气体或粉状之类的产品不能成为实用新型的保护对象,材料本身也不能成为实用新型专利。

实用新型与发明专利相比,其区别在于:一是实用新型与形状有关,保护范围窄。二是发明要具备突出的实质性特点和显著的进步的条件,而实用新型只需具备实质性特点和显著的进步的条件。实用新型一般不涉及产品制造原理的改革,而只是在原有基本原理的基础上对产品的形状、构造所做的局部性改革,与发明专利相比,法律要求达到的技术水平较低,因此有人把实用新型专利称为小发明专利,把取得专利的实用新型称为小专利。三是《中华人民共和国专利法》(以下简称《专利法》)对实用新型的专利申请规定了比发明专利简化的审批程序。在收费方面,申请实用新型专利应缴纳的各项费用比申请发明专利的低,实用新型专利的保护期限也比发明专利短。

3. 外观设计。《专利法实施细则》第2条规定:专利法所称外观设计,是指对产品的形状、图案或者其结合以及色彩与形状、图案的结合所做出的富有美感并适于工业应用的新设计。它与实用新型的不同在于:实用新型是对物体的形状构造或结合所进行的技术革新,而外观设计是针对产品的外形、图案或色彩进行设计使其富有美感,与所采用的工业设计和制造技术无关。

二、专利权的概念和特点

(一)专利权的概念

专利权(Patent Rights)是指由一国或地区(特别行政区或者几个国家)的政府主管部门或机构,根据发明人(设计人)就其发明创造提出专利申请,经审查认为其专利申请符合法律规定,授予该发明人或者其权利受让人在一定年限内对其发明成果享有的专有权或独占权。专利权是专利权人在法定期限内对特定的发明创造享有的专有权,是专利主管机关授予特定人生产经营其发明创造,并禁止他人生产经营其发明创造的某一种特权,是一种独占性的排他权。

自1790年美国第一部《专利法》诞生,世界上各个国家为了鼓励发明创造、技术革新都开始制定自己的专利法。1883年3月20日,国际上推出了保护专利权的国际公约《保护工业产权巴黎公约》,它不仅包括对专利的保护,而且还有对版权和商标等其他的工业产权的保护。随着世界各国技术水平的进一步发展,各国对专利法律、法规的完善亟待解决,因此35个国家于1970年6月在华盛顿签署成立专利合作条约联盟(PCT Union),国际专利也由此产生。1993年10月1日,中国签署了《专利合作条约》(PCT),并于1994年1月1日开始实施和履行此条约,中国专利局因此也成为该机构的专利国际初审机构的成员,中国在专利权的保护和实施方面逐渐趋于完善。

另外,世界知识产权组织(WIPO)的成员国于2000年通过的《专利法条约》,其宗旨是简化和统一各国和地区性的有关申请和延续专利的程序。该条约并不希冀协调各国的专利法,而只是侧重于对专利的行政管理的协调与统一。现在,各国有关专利保护的法律规定不尽相同,发明人为得到对其发明的专利保护,必须了解各国的相关法律,遵守不同的规则。有些发明人就因为运用规则不正确而失去了专利权。《专利法条约》的目的就是简化这些规则,在所有参加该条约的成员国实行统一规则。该条约在2005年4月获得了10个国家的批准后,已在这10个国家正式实施。

(二)专利权的特点

专利权作为知识产权的一种,与其他有形的产权相比具有四大特点。

1. 专有性。专有性也称独占性,指专利权人对其发明创造所享有的独占性的制造、使用、销售和进口的权利。也就是说,其他任何单位或个人未经专利权人许可不得以生产、经营为目的制造、使用、销售和进口其专利产品,使用其专利方法,或者未经专利权人许可以生产、经营为目的制造、使用、销售和进口依照其方法直接获得的产品。否则,就是侵犯专利权。

2. 地域性。所谓地域性,是指发明人依照本国专利法授予的专利权,仅在该国法律管辖的范围内有效,对其他国家没有任何约束力,外国对其专利权不承担保护的义务。如果有人在其他国家和地区生产,使用或销售该发明创造,则不属于侵权行为。即使发明人在国际上提出专利申请,专利权也只能在被指定的国家批准后才有效。因此,我国的单位或个人如果研制出有国际市场前景的发明创造,不仅要及时申请国内专利,而且应不失时机地在拥有良好市场前景的其他国家和地区申请专利,否则国外的市场就得不到保护。

3. 时间性。所谓时间性，指专利权人对其发明创造所拥有的专有权只在法律规定的时间内有效，期限届满后，专利权人对其发明创造就不再享有制造、使用、销售和进口的专有权。这样，原来受法律保护的发明创造就成了社会的公共财富，任何单位或个人都可以无偿地使用。我国《专利法》第42条规定：发明专利权的期限为20年，实用新型专利权和外观设计专利权的期限为10年，均自申请日起计算。而且专利权人应当自被授予专利权的当年开始缴纳年费，否则专利权也会在法律规定的期限内失效。

美国的专利权保护期限为17年，并且不能续展。美国专利法规定，专利权保护期限届满，发明便自动进入公共领域，人人有权制造、使用或销售这一发明。在美国，专利权保护期限从实际授予专利权开始，在正式授予之前，竞争者可以对正在申请专利的发明自由使用、制造或销售，物品上所载“专利待授”字样不具有任何保护作用。①

4. 无形性。专利权和其他知识产权一样是无形的，它是不可以用具体的实物来加以衡量的，只有在其投入生产、制造、销售或者被其他一种更好的技术取代后，我们才能看出它的价值。

三、专利权人的权利和义务

（一）专利权人的权利

1. 独占实施权。独占实施权包括两方面。

（1）专利权人自己实施其专利的权利，即专利权人对其专利产品依法享有的进行制造、使用、销售、允许销售的专有权利，或者专利权人对其专利方法依法享有的专有使用权，以及对依照该专利方法直接获得的产品的专有使用权和销售权。

（2）专利权人禁止他人实施其专利的特权。除专利法另有规定的以外，发明和实用新型专利权人有权禁止任何单位或者个人未经其许可实施其专利，即为生产经营目的制造、使用、销售、允许销售、进口其专利产品，或者使用其专利方法以及使用、销售、允许销售、进口依照该专利方法直接获得的产品；外观设计专利权人有权禁止任何单位或者个人未经其许可实施其专利，即为生产经营目的制造、销售、进口其外观设计专利产品。

2. 转让权。转让权是指专利权人将其获得的专利所有权转让给他人的权利。转让专利权的，当事人应当订立书面合同，并向国务院专利行政部门登记，由国务

① 美国专利法（法典第35篇）第154条。

院专利行政部门予以公告。专利权的转让自登记之日起生效。中国单位或者个人向外国人转让专利权的,必须经国务院有关主管部门批准。在国际技术贸易中,专利权的转让是有偿转让。我国《专利法》第1条规定:转让专利申请权或者专利权的,当事人必须订立书面合同,经专利局登记和公告后生效。

3. 许可实施权。许可实施权是指专利权人通过实施许可合同的方式,许可他人实施其专利并收取专利使用费的权利。我国《专利法》规定:任何单位或个人实施他人专利的,除本法第14条规定的以外,都必须与专利权人订立书面实施许可合同,向专利权人支付使用费。《专利法实施细则》中还规定:专利权人与他人订立的专利实施许可合同,应当自合同生效之日起3个月内向专利局备案。

4. 标记权。标记权即专利权人有权自行决定是否在其专利产品或者该产品的包装上标明专利标记和专利号。

5. 请求保护权。请求保护权是专利权人认为其专利权受到侵犯时,有权向人民法院起诉或请求专利管理部门处理以保护其专利权的权利。保护专利权是专利制度的核心,他人未经专利权人许可而实施其专利,侵犯专利权并引起纠纷的,专利权人可以直接向人民法院起诉,也可以请求管理专利工作的部门处理。

6. 放弃权。专利权人可以在专利权保护期限届满前的任何时候,以书面形式声明或以不缴纳年费的方式自动放弃其专利权。我国《专利法》规定:专利权人以书面声明放弃其专利权的,专利权在期限届满前终止。专利权人提出放弃专利权声明后,一经国务院专利行政部门登记和公告,其专利权即可终止。

放弃专利权时需要注意:①在专利权由两个以上单位或个人共有时,必须经全体专利权人同意才能放弃;②专利权人在已经与他人签订了专利实施许可合同,许可他人实施其专利的情况下,放弃专利权时应当事先得到被许可人的同意,并且还要根据合同的约定,赔偿被许可人由此遭受的损失,否则专利权人不得随意放弃专利权。

7. 质押权。根据担保法的相关规定,专利权人还享有将其专利权中的财产权进行出质的权利。

(二)专利权人的义务

依据我国《专利法》和相关国际条约的规定,专利权人应履行的义务主要包括两方面。

1. 按规定缴纳专利年费的义务。专利年费又称为专利维持费。《专利法》规定:专利权人应当自被授予专利权的当年开始缴纳年费。若不按时缴纳年费,其专利权即告终止或自动失效。专利费从专利权生效日开始计算,按年缴纳,其数额随年数的增加而增加。未按期缴纳或缴纳不足的,专利局应当通知其在年费期满之日起6个月内补缴,同时罚年费25%的滞纳金。逾期仍未缴纳的,视为专利权终止。

2. 专利权人实施其专利的义务。在中国取得专利的专利权人,负有在中国制造其专利产品、使用其专利方法或者许可他人在中国制造其专利产品、使用其专利方法的义务,而且专利权人也不得滥用其专利权。专利实施的强制许可是指专利权人在法定条件下不实施专利,专利局根据具备实施专利条件的单位的申请,可以给予实施该发明或实用新型专利强制许可。不得滥用专利权是指专利权人应当在法律所允许的范围内选择其利用专利权的方式并适度行使自己的权利,不得损害他人的知识产权和其他合法权益。根据我国《专利法》的规定以及国务院专利行政部门单位或国家的需要,可以给予实施该发明专利或者实用新型专利的强制许可的情况有:①发明或实用新型专利权人自专利权被授予之日起满3年,无正当理由没有履行实施其专利义务;②在国家出现紧急状况或非常情况时,或为了公共利益的目的时;③当某一项取得专利权的发明或者实用新型比之前已经取得专利权的发明或者实用新型具有显著经济利益的重大技术进步,其实施又有赖于前一发明或者实用新型的实施时,国务院专利行政部门根据后一专利权人的申请,可以给予实施前一发明或者实用新型的强制许可。强制许可不是独占的,被许可人不得转让或许可该项权利。给予实施强制许可的决定应当根据强制许可的理由,规定实施的范围和时间;强制许可的理由消除并不再发生时,应当终止许可。取得专利实施强制许可的单位和个人不享有独占的实施权,并且无权允许他人使用,被许可人应当付给专利权人合理的使用费,其数额由双方商定,双方不能达成协议的,由专利局裁定。

在美国,专利权人拥有制造、使用或销售其发明的权利,也拥有不制造、不使用或不销售其发明的权利。虽然对于不实施专利存在反垄断的意思,但权利人没有实施强制许可的义务,也就是说没有实施其发明的义务,但有制止他人对其发明进行制造、使用或销售的权利。

第二节　专利权的申请、审查和终止

一、取得专利权的条件

(一)须具备的主体资格

专利权的主体是指按照《专利法》的规定,可以享受权利也必须承担相应义务的所有人,即专利权人。

1. 对于非职务发明,发明人可以是一个或一个以上的共同发明人,但是若一项发明是由两个或两个以上发明人共同合作创造出来的,则必须由共同发明人共同提出申请,他们有权申请获得专利权并享受应有的权利。

2. 对于职务发明,所发明创造的专利申请权和取得的专利权归发明人或设计人所在的单位。发明人或设计人享有署名权和获得奖金、报酬的权利。它与非职务发明的区分就在于:发明人是否是执行本单位的任务或者主要是利用本单位的物质技术条件完成的。“本单位的物质技术条件”是指本单位的资金、设备、零部件、原材料或者不对外公开的技术资料等。一般认为,如果在发明创造过程中,全部或者大部分利用了单位的资金、设备、零部件、原材料以及不对外公开的技术资料,这种利用对发明创造的完成起着必不可少的决定性作用,就可以认定为主要利用本单位物质技术条件。若发明是利用本单位的物质技术条件所完成的发明创造,但是单位与发明人或者设计人订有合同,对申请专利的权利和专利权的归属做出了约定,则从其约定。我国《合同法》第326条规定:法人或其他组织转让职务发明创造时,职务发明创造的完成人享有以同等条件优先受让的权利。

世界各国关于此问题的做法,基本上有下面几种形式。

(1)国家的专利法对工作人员做出的发明的权利归属做出了详细的规定,如法国和日本。法国知识产权法典规定,雇员在执行包含发明的任务的雇佣合同过程中做出的发明,或者从事明确委托给他的研究、设计任务做出的发明,除合同另有更有利于雇员的规定外,都属于雇主所有。①

(2)国家没有在专利法中明确规定,而由特别法加以规定,如德国和瑞典。德国的《雇员发明法》第7条规定,雇员由于执行其在企业中的任务而产生的发明为职务发明。雇员做出职务发明后,应当立即以书面形式向雇主报告。雇主有权做出选择:要求对发明享有无限制的权利,此时,雇主对发明享有全部的排他权利,雇主应当对雇员给予合理的补偿;要求对发明享有有限制的权利,在这种情况下,雇主对发明享有非排他性的使用权,同时雇员可以自由处置他的发明;雇主放弃对发明的任何权利,发明完全归雇员所有。雇员做出的非职务发明也应该报告雇主,如果雇主无异议,即归雇员所有。②

(3)在雇员与雇主签订的合同中加以规定。这种情况一般存在于某些英美法系的国家,如美国。这些国家的成文法对“雇员发明”没有具体规定,他们只在专

① 《法国知识产权法典》,第L.611-7条。

② 《德国雇员发明法》第5条至第7条。

利法中规定了一个普通原则,即做出发明的人有权获得专利。因此,在一般情况下,雇员做出的发明的权利归属是由雇员与雇主签订的合同加以规定的,或者是按照企业的服务规程办理。判例法则承认这种合同或服务规定的效力。

3. 对于外国人,我国的《专利法》第18条规定:在中国没有经常居所或者营业所的外国人、外国企业或者外国其他组织在中国申请专利的,依照其所属国同中国签订的协议或者共同参加的国际条约,或者依照互惠原则,根据本法办理。在中国有经常居所的外国公民或有实际营业所的外国法人,享有与中国公民和组织同等的获得专利的权利。

由于一项专利只能授予一个专利人,所以当出现两个以上的人就同一发明分别提出专利申请的情况时,有两种处理的原则:一个是先发明原则,另一个是先申请原则。先发明原则是指,同一发明如有两个以上的人分别提出专利申请,应把专利权授予最先做出此项发明的人,而不涉及提出专利申请时间的早晚。但由于在采取此项原则时,在确定谁是最先发明人的问题上往往会遇到很多实际困难,因此,目前在世界上只有美国、加拿大和菲律宾等少数国家采用这种原则。先申请原则,是指当两个以上的人就同一发明分别提出申请时,不问其做出该项发明的时间的先后,而以提出专利申请时间的先后为准,即把专利权授予最先提出申请的人,我国和世界上大多数国家都采用这一原则。

(二)须具备的必要条件

专利权保护的对象即专利权的客体主要是指发明、实用新型和外观设计。

1. 授予发明和实用新型专利权的条件。根据我国专利法的规定,授予专利权的发明和实用新型,应当具备新颖性、创造性和实用性。

(1)新颖性(Novelty)。新颖性是指在申请日以前没有同样的发明或者实用新型未在国内外出版物上公开发表过、未在国内公开使用过或者未以其他方式为公众所知,也没有同样的发明或者实用新型由他人向国务院专利行政部门提出过申请并且记载在申请日以后公布的专利申请文件中。由此可知,申请专利的发明或者实用新型满足新颖性的标准,必须不同于现有技术,不是申请日以前已经公开的技术。这里所说的公开的方式有三种:①出版物公开或书面公开,地域标准为世界范围。②使用公开,即在国内通过使用或实施方式公开技术内容,其地域标准是在我国境内。③其他方式的公开,即以出版物和使用以外的方式公开。同时还不得出现抵触申请。它是指一项申请专利的发明或者实用新型在申请日以前,已有同样的发明或者实用新型由他人向专利局提出过申请,并且记载在该发明或实用新型申请日以后公布的专利申请文件中。但是申请专利的发明创造在申请日前6个月内,有下列情况之一的,不丧失新颖性:①在中国政府主办或承认的国际展览会上首次展出的;②在规定的学术或技术会议上首次发表的;③他人未经申请人同意而泄露其内容的。此外,其他国家的专利法或有关的国际公约对新颖性都有一些例外的规定。

国际上对此也有一些规定。《保护工业产权巴黎公约》第11条规定:本同盟成员国应按其本国法律,对在任一本同盟成员国领土上举办的官方的或经官方认可的国际展览会展出的商品中可以取得专利的发明、实用新型、工业品式样和商标,给予临时保护。

日本专利法第30条规定,申请人在申请日之前的6个月内所进行的公开实验或者公开出版行为不影响其专利申请的新颖性。

美国对新颖性也有其相应的规定,此外,有权取得专利权的情况还有:①在专利申请人完成发明以前,该项发明在本国已为他人所知或使用的,或者在本国或外国已经取得专利或在印刷的出版物上已有叙述的。②该项发明在本国或外国已经取得专利或在印刷出版物上已有叙述,或者在本国已经公开使用或出售,在向美国申请专利之日以前已达一年以上的。③发明人已经放弃其发明的。④该项发明已经由申请人或其法定代理人或其承受人在外国取得专利权,或使他人取得专利权,或者取得发明证书而向外国提出的关于专利或发明证书的申请是在向美国提出申请以前,而且已达12个月以上的。⑤在专利申请人完成发明以前,该项发明已经在根据他人向美国提出的专利申请而批准的专利说明书中加以叙述的。⑥请求给予专利权的发明并非申请人自己完成的。⑦在申请人完成发明之前,该项发明已由他人在美国完成,而且此人并未放弃、压制或隐瞒该项发明的。在决定该项发明的先后次序时,不仅应考虑该项发明的各个起始日期和完成日期,并且应考虑在他人开始以前首先开始而最后完成者的努力。[①]

与美国和日本的规定相比,我国专利法所规定的不丧失新颖性的公开在范围上要狭窄得多。目前,在制定实质性专利法协调条约(SPLT)的过程中,美国、日本等国家提出了一种方案,建议扩大不丧失新颖性的公开范围,主张专利申请人、发明人在申请日之前12个月内任何公开其发明创造的行为,均不影响其随后提出的专利申请的新颖性。

(2)创造性(Inventiveness)。创造性是指同申请日以前已有的技术相比,该发明有突出的实质性特点和显著的进步,该实用新型有实质性特点和进步。美国也称创造性为非显见性(Non-obviousness),主要指其判断一项发明是否具有创造性

---

① 《美国专利法》(法典三十五篇)第十节。

是根据该技术领域中的普通人员是否能够轻易做出这项发明。美国专利法第 103 条规定：一项发明虽然满足新颖性要求，但申请专利的内容与已有技术之间的差异甚为微小，以致该项发明在完成时对于本专业普通技术人员而言是显而易见的，则不能获得专利。欧洲专利公约第 56 条规定，如果考虑到现有技术，一项发明对于本专业技术人员不是显而易见的，应认为是具有创造性的发明。日本专利法第 29 条第 2 款也有类似的规定。

综观世界各国的专利法及专利理论，创造性的要求一般表达为技术方案的非显而易见性，它并不要求技术方案还须具有进步性。从立法上看，我国专利法对创造性的标准显然要高于美国、日本及欧盟专利法的标准。从立法科学性和操作可行性上来说，我国专利法则不如世界其他国家的规定严格。

(3)实用性(Practicability)。实用性是指该发明或者实用新型能够制造或者使用，并且能够产生积极效果。在这里，积极效果主要是指能够产生积极的社会、技术、经济效果。美国在 2001 年公布的《实用性审查指南》中对实用性做了几个标准的判断：①具体性，即发明主题的运用对象存在的用途，这种用途应该理解为具有针对性的、不是多余的用途；②实在性，即发明主题界定了一种实在的用途，这种用途应该理解为具有针对性的、不是多余的用途；③可信性，即该实用性陈述的背后的逻辑没有不一致；④公认性，即所属技术领域的技术人员基于该发明的特征便能立即理解该发明是有用的，该实用性是具体的、实在的和可信的。《欧洲专利公约》第 57 条规定，如果一项发明在包括农业在内的任何产业中能够被制造或者使用，它就应当被认为是具有工业实用性的。日本《专利法》第 29 条第 1 款规定，任何人完成的在工业上可以应用的发明可以获得专利权。

2. 授予外观设计专利权的条件。授予专利权的外观设计，应当同申请日以前在国内外出版物上公开发表过或者国内公开使用过的外观设计不相同和不相近似，并不得与他人在先取得的合法权利相冲突。

外观设计的新颖性与发明、实用新型的新颖性的区别在于以下四方面：①公开方式对于外观方式来说，只有出版物公开和使用公开，并不包括其他方式公开。②外观设计的新颖性判断，不考察抵触申请。③《专利法》里规定的不丧失新颖性的三种情况，同样适用于外观设计的情形。④不得与他人在先取得的合法权利相冲突。

3. 不能授予专利权的发明。并不是所有的具备了以上条件的发明都能被授予专利权，比如，一些涉及国家安全、人类生存安全和发展及生态环境保护等的发明创造不应给予专利权。对此，世界各国普遍采用排除的方法加以确定，以下是我国的情况：

(1)根据我国《专利法》第5条的规定,对违反国家法律、社会公德或者妨害公共利益的发明创造,不授予专利权。有些人为了取得高额的利润,通过钻法律的空子所创造出的发明肯定不能授予专利权;另外,一些与本国特定的民族风俗、道德风尚及宗教信仰相抵触的发明和为了个人的利益而损害公共利益的发明,也都不应授予其专利权。

(2)根据我国《专利法》第25条的规定,有5种情况也不授予专利权:①科学发现;②智力活动的规则和方法,但如果和硬件结合在一起,仍有可能获得专利权;③疾病的诊断和治疗方法,但如果和硬件结合在一起,仍有可能获得专利权;④动物和植物品种,但是对于动物和植物品种的生产方法,可以依法授予专利权;⑤用原子核变换方法取得的物质。

4. 欧洲专利局(EPO)授予专利权的条件。EPO在授予专利权时所依据的主要法律是《欧洲专利公约》(简称EPC)第52条和EPC实施细则第27条、第29条。一般认为,EPC是明确规定将计算机程序排除在专利法保护之外的。EPC第52条是关于专利保护的发明主题和专利要件的规定,具体如下。

(1)一个发明要想取得专利,必须是新颖、有创造性并能在工业中应用的。该条说明了一项发明可授予专利权的三个必要条件,即新颖性、创造性和工业应用性。

(2)列出了不受专利法保护的主题,主要包括:①发现、科学原理、数学运算方法;②艺术创作;③执行智力活动、游戏或商业方法的方案、规则和方法以及计算机程序;④信息的表达。第52条第3款对第2款做了进一步限定,指出第2款所列的主题或活动仅限于欧洲专利申请或欧洲专利有关活动的本身。粗看EPC第52条第2款的规定,容易让人产生误解,即在EPC中,商业方法即使符合新颖性、创造性和工业应用性,也被排除在专利客体之外。但由于第3款将第2款的除外仅限于这些活动本身,因此并非只要是属于第2款所列主题的相关发明就被EPC一律排除在外。

EPO从1998年以来,鉴于美国对商业方法专利保护的积极态度,对EPC第52条关于不属于发明主题的"限于计算机程序本身"做了明确的解释。

二、专利权的申请、审查和批准

(一)专利权的申请

一项申请只有经过申请人向政府主管部门或机构提出专利申请并按照专利法提交有关的申请文件,经审查批准颁发证书后才能取得专利权。我国专利法对发明人所提交的申请文件做了一些规定,如我国《专利法》第26条规定:申请发明或者实用新型专利的,应当提交请求书、说明书及其摘要和权利要求书等文件。请求书应当写明发明或者实用新型的名称,发明人或者设计人的姓名,申请人姓名或者名称、地址,以及其他事项。说明书应当对发明或者实用新型做出清楚、完整的说明,以所属技术领域的技术人员能够实现为准;必要的时候,应当有附图。摘要应当简要说明发明或者实用新型的技术要点。权利要求书应当以说明书为依据,说明要求专利保护的范围。我国《专利法》第27条还规定:申请外观设计专利的,应当提交请求书以及该外观设计的图片或者照片等文件,并且应当写明使用该外观设计的产品及其所属的类别。另外,对于专利申请的日期的确定,我国《专利法》第28条规定:国务院专利行政部门收到专利申请文件之日为申请日。如果申请文件是邮寄的,以寄出的邮戳日为申请日。

美国的《联邦条例汇编》中规定,专利申请书不能普遍公开,而应该被保密。专利申请书中必须对该发明进行文字描述,说明发明是由哪些技术特征构成的,以及所要求的权利。

EPC实施细则第27条、第29条分别对专利申请的说明书和权利要求书提出了有关发明技术性的要求。EPC实施细则第27条规定:申请欧洲专利的发明必须明确其所属的技术领域,并使用便于理解技术问题的语言解释在权利要求书中限定的发明特征、解决问题的方法,说明与已有技术相比本发明所具有的优点。EPC实施细则第29条规定,权利要求书必须指明发明所具有的技术特征。也就是说,一项发明如果与技术领域相关,具有技术特征,解决了技术问题,产生了一定的技术效果,则有可能被授予专利权。EPC及其实施细则的相关规定对于商业方法的专利性有很重要的影响。因为只要在商业方法专利申请中说明所解决的技术问题、相应的技术解决方案及所具备的技术特征,则该申请就具有获得专利权的可能。

(二)专利权的审查和批准

1.本国专利的申请。世界上各国一般由其专利局负责专利申请的审批工作。它根据本国的专利法规定对专利申请进行审查。目前,国际上主要有三种审查制度。

(1)形式审查制。该制度是指专利局在收到专利申请后对该专利进行形式上的审查。审查其是否符合法律的规定,而不审查其实质。该审查手续简单、审批快、费用低。但由于核准的专利在质量上无保证,故采用此制度的国家愈来愈少。

(2)实质审查制。该制度是指专利局在收到专利申请后先对其进行形式上的审查,再对该专利进行实质上的审查。这种审查方法较详细,主要是审查该发明的新颖性、创造性和实用性。它可以更加有效地对专利权进行审查,但是这种审查方式费时费钱,而且容易造成案件积压,许多国家在此基础上进行了很多改革来更好地进行专利权的审查。

(3)延期审查制。该制度是指专利局对专利申请进行形式审查后,对申请专利的实质内容延迟一段时间后审查。这种方法既可以从技术角度根据其是否符合发明的新颖性、创造性和实用性来对专利的申请进行实质的审查,又可以要求专利申请人在延迟审查规定期限内主动提出对其专利进行实质审查的请求,若申请人在法定期限内不提出这一请求,则视申请案自动撤回。无论申请人日后是否提出实质审查请求,专利局都于申请日后的 18 个月内公开专利申请的内容。中国《专利法》第 35 条规定:发明专利申请自申请日起 3 年内,国务院专利行政部门可以根据申请人随时提出的请求,对其申请进行实质审查;申请人无正当理由逾期不请求实质审查的,该申请即被视为撤回。国务院专利行政部门认为必要的时候,可以自行对发明专利申请进行实质审查。这种专利申请的方法克服了前两种审查制度的不足,加快了审批的速度,保证了授予专利的质量。

在专利的审批程序上,中国采取的是"早期公开、延迟审查制度"。所谓早期公开,是指专利局收到专利申请后,首先对申请做形式上的审查,即审查申请是否符合专利法关于格式与形式要求的规定,对符合要求者,自申请日起满 18 个月,即行公布。专利局也可以应申请人请求提前公布。专利申请人若希望早些获得专利权,也可以在申请案提出之际就请求实质审查,延迟审查期间,发明专利申请受法律临时保护。专利申请人也可以利用优先权制度,提前进入实质审查程序。所谓的优先权,就是根据国际条约或双边协定,成员国申请人若在某一成员国第一次提出某项专利申请,其申请日可以作为其在本国或其他成员国以相同主题申请专利的申请日。

英国专利法实行"早期公开,请求审查"的制度,与 EPC 的专利审查程序相一致;同时,将传统的本国新颖性标准改为世界新颖性要求,还要求专利申请文件的说明书必须完整充分地披露该发明或实用新型,以与其他工业发达国家的专利法逐渐协调一致。英国专利法对专利申请增设了临时说明书制度,即专利申请人向专利局正式提交说明书之前,可以先提交临时说明书并有权根据临时说明书确定申请日。专利局对专利申请采取申请公开和延迟审查制度,但不进行异议审查。专利权取得以后,专利权人可以申明在支付使用费的情况下,允许他人事先不经同意而使用其专利发明。

我国《专利法》第 29 条还规定:申请人自发明或者实用新型在外国第一次提出

专利申请之日起12个月内,或者自外观设计在外国第一次提出专利申请之日起6个月内,又在中国就相同主题提出专利申请的,依照该外国同中国签订的协议或者共同参加的国际条约,或者依照相互承认优先权的原则,可以享有优先权。申请人自发明或者实用新型在中国第一次提出专利申请之日起12个月内,又向国务院专利行政部门就相同主题提出专利申请的,可以享有优先权。我国《专利法》第30条规定:申请人要求优先权的,应当在申请的时候提出书面声明,并且在3个月内提交第一次提出的专利申请文件的副本;未提出书面声明或者逾期未提交专利申请文件副本的,视为未要求优先权。

当经过实质审查的发明申请被批准授予专利权时,专利局需要进行下列工作:①向专利申请人发出通知,要求其前来办理缴费登记手续;②向专利申请人颁发专利证书;③在定期刊物上发布公告,告知公众这项发明已经被授予专利权,并在专利部门文献馆等处展出专利说明书、权利要求书及附图等物,供公众了解。

根据我国《专利法》和《专利法实施细则》,自专利局公布授予专利权日起,任何单位和个人认为该专利权的授予不符合《专利法》的有关规定,均可请求专利复审委员会撤销该专利权。请求人必须提交复审请求书,并说明理由,必要时还应当附具有关证据。专利复审委员会收到复审请求书后,应当及时审查,做出宣告专利权无效或者维持专利权的决定,并通知请求人和专利权人。宣告专利权无效的决定,由国务院专利行政部门登记和公告。

2. 外国专利的申请。专利申请人可以直接按照相应的国家和地区的法律要求准备规定文字的申请文件,提出专利申请,也可以由一个统一的国际机构受理申请,而不必向每个国家逐一提出专利申请,以简化申请程序,方便申请人。《专利合作条约》(PCT条约)是《保护工业产权巴黎公约》下属的一个专门性国际条约,成员国的国民或居民可以用一种规定的文字,向受理局(一般是本国专利局)提出国际申请,并就其希望该申请对哪些成员国生效进行指定。合格后则将国际申请分别送交世界知识产权组织国际局和国际检索单位,由国际检索单位对申请进行新颖性检索。

专利国际申请程序分为国际阶段和国家阶段。国际阶段包括受理国际申请、国际检索、国际公布和国际初步审查程序,它通常在自优先权日起20个月期限届满前(申请人要求国际初步审查时在自优先权日起30个月期限届满前)完成。国家阶段是指继国际阶段之后,由国际申请指定或选定的国家对该国际申请进行处理的阶段。

美国专利法也对在外国提出申请做出了相应的规定:一个人在美国提出关于在美国完成发明的专利申请,或请求实用新型、外观设计或款式的注册以后的6个月内,非经专利与商标局局长发给许可证,不得在任何外国提出申请,或使他人或授权他人提出申请。对于应该遵从专利与商标局局长依美国专利法第181条发出的命令的发明,未经原来提请发出扣发命令的部门机构的首长同意,不得发出许可证。如果因出于无意在外国提出申请,而该项申请并没有透露属本法第181条范围以内的发明,仍得发给上项许可证,其效力溯及既往。①

中国申请人在申请外国专利时,应根据我国《专利法》第20条的规定,遵守以下要求:①申请外国专利前首先应当向我国申请专利;②应当委托涉外代理机构办理; ③应当遵守专利法有关保密专利申请的规定。

三、专利权的期限、终止和无效

(一)专利权的保护期限

根据1992年12月31日以前的专利申请获得的专利权,发明专利权的保护期限为15年;实用新型专利权和外观设计专利权的保护期限为5年,期满前专利权人可申请续展3年。根据1993年1月1日以后的专利申请所获得的专利权,发明专利权的保护期限为20年;实用新型专利权和外观设计专利权的保护期为10年。

保护期限均自申请日起计算。此处所指的"申请日",不包括优先权日。对于享有优先权的专利申请,其专利权的保护期限不是自优先权日起计算,而是自专利申请人向专利行政部门提交专利申请之日起计算。

(二)专利权的终止

专利权终止,是指专利权因某种法律事实的发生而导致其效力消灭的情形。专利权的终止有两种情形。

1. 因保护期限届满而终止,即专利因其保护期限届满而终止其效力。

2. 专利权在保护期限届满前终止。这又可分为两种情况。

(1)在专利权保护期限届满前,专利权人以书面形式向国务院专利行政部门声明放弃专利权。《专利法》规定,专利权人以书面形式声明放弃专利权的,专利权在期限届满前终止。

(2)在专利权的保护期限内,专利权人没有按照法律的规定缴纳年费。《专利法》规定,没有按照法律规定缴纳年费的,专利权在期限届满前终止。

专利权在期限届满前终止的,由国务院专利行政部门在专利登记簿和专利公

① 《美国专利法》(法典第35篇)第184条。

报上登记和公告。专利权终止日应为上一年度期满日。

（三）专利权的无效宣告

专利权无效宣告，是指自国务院专利行政部门公告授予专利权之日起，任何单位或个人认为该专利的授予不符合专利法规定条件的，可以向专利复审委员会提出宣告该专利无效的请求。专利复审委员会应对这种请求进行审查，做出维持专利权或宣告专利权无效的决定。

根据《专利法》及其实施细则的规定，请求宣告专利权无效的理由有如下几种。

1. 授予专利权的发明创造属于专利法第 5 条的规定，即违反国家法律、社会公德或者妨害公共利益。

2. 授予专利的发明或者实用新型不具备专利法第 22 条关于新颖性、创造性和实用性的规定；授予专利的外观设计不具备专利法第 23 条关于新颖性的规定。

3. 授予专利权的发明或者实用新型不符合专利法第 26 条第 3 款或者第 4 款的规定，即专利说明书没有做出清楚完整的说明致使所属技术领域的普通技术人员不能实施，或者权利要求书得不到说明书的支持。

4. 发明或者实用新型专利申请文件的修改超出了原说明书和权利要求书记载的范围，外观设计专利申请文件的修改超出了原图片或者照片表示的范围。

5. 授予专利权的发明或者实用新型属于专利法第 25 条规定的不授予专利权的对象。

6. 授予专利权的发明创造不符合专利法实施细则第 2 条对发明、实用新型或者外观设计所做的定义性规定。

7. 授予专利权的发明创造不符合专利法实施细则第 34 和第 35 条的规定，就同样的发明创造重复授权。

8. 申请人主体不合格。

第三节　专利与专利申请实施许可贸易合同

一、专利实施许可合同的概念和种类

（一）专利实施许可合同的概念

所谓专利实施许可合同（Patent Licensing Agreement），是指专利权人、专利申请人或者其他权利人作为让与人，许可受让人在约定的范围内实施专利，受让人支付约定使用费所订立的合同。也就是把授予专利权的技术成果作为标的、双方当事人在约定的范围和条件内为实施该标的的特定目标而规定双方权利和义务的具有法律性约束力的文件。在专利实施许可合同中,提供专利技术的一方称为许可方(Licensor),又称为让与人;接受许可的一方称为被许可方(Licensee),又称为受让人。世界知识产权组织指出:许可协议是指在一项专利或一项被保护的实用新型、外观设计、植物新品种或商标(工业产权)已被赋予权利的情况下,该项权利的所有者允许另一个人在其权利所及的范围内做出某些行为。

(二)专利实施许可的种类

按照使用技术地域的范围和使用权的大小,专利实施许可可分为以下几种。

1. 独占许可(Exclusive License)。它是指权利人与被允许使用人在合同中约定的时间和地域内,只允许被许可方实施该专利技术,其他任何人不得行使其专利技术。其中,被许可方独占专利的实施权包括使用权、生产权、销售权甚至进口权,其他任何方包括许可方无实施权。因此在这种情形下,专利权人在规定的时间和地域内亦丧失对自己专利技术的使用权。但是,许可方给予被许可方的独占实施权在合同到期后,实施权重新归属于许可方。因此,独占许可不是所有权或财产权的转让,它与专利权的区别也在于此。我国《专利法》规定,取得实施强制许可的单位或个人不享有独占的实施权,并且无权允许他人实施。

独占许可具有以下特点:第一,在合同约定的时间和地域范围内,被许可方独占对该专利的实施权,除法律另有规定外,任何人均不得在此期间和地域范围内以合同约定的方式实施该专利,专利权人也不得再许可第三人以与合同约定的使用方式相同的方式实施该专利。当然,独占许可的被许可方也只能在合同约定的期间和地域范围内享有这样的权利,在合同约定的期间外或者地域范围外专利权人仍然可以自由地行使自己的专利权。第二,独占许可的被许可方所应支付的使用费比其他任何一种许可所支付的使用费都要高得多,有的甚至要高出60%~100%。

2. 排他许可(Sole License)。排他许可是指权利人与被允许使用人在合同中约定的时间和地域内,只有专利权人和被允许使用人有权使用该专利,其他任何人无权使用该专利,即许可方给予被许可方实施专利的权利是排他性的,除了许可方仍可以实施专利权外,其他任何第三方都不能实施专利。

3. 普通许可(Simple License)。普通许可也叫一般许可或非独占许可,是指权利人与被允许使用人使用其专利外,权利人还可以允许第三人使用其专利。

4. 分许可(Sub-license)。分许可也叫再许可,是指被许可方经得许可方同意,将享有实施权的专利技术再许可给第三方实施。由于分许可是第二层次的授权，因此，许可费并没有第一层次的授权那么高。在签订专利实施许可合同时，被许可方应该了解许可方是不是专利权人或专利持有人，以避免支付过高的费用。

5. 交叉许可(Across License)。交叉许可也称相互实施许可，是指交易双方在互惠互利的基础上将各自拥有的专利许可给对方实施，互为许可方与被许可方，双方对对方的权利享有技术的使用权、产品的生产权和销售权。由于双方权利对等，因此无须支付使用费，即两个专利权人互相允许对方在约定的时间和地域范围内实施自己的专利，换句话说，就是甲允许乙实施甲的专利，乙允许甲行使乙的专利。

二、专利实施许可合同的主要条款

国际技术许可合同的内容包括两个部分：一是合同的正文，二是合同的技术附件和商务附件。根据中国国家专利局监制的《专利实施许可合同》文本，正文中包括一般性条文和基本条款。一般性条文包括合同的名称、合同编号、专利名称、专利号、许可方名称、地址、代表人、被许可方名称、地址、代表人、合同备案号、签订地点、签订日期、有效期限。

（一）专利许可实施合同的主要条款

1. 鉴于条款，即“前言”。该条款由许可方和被许可方交易的背景与愿望构成。

首先，许可方的姓名或名称（必须与所许可专利的法律文件相一致）、许可的专利名称（必须与专利法律文件相一致）、性质（是职务发明创造，还是非职务发明创造）、专利号（9位数）、公开号（8位包括最后一位字母）、申请日、专利的法定届满日、交易的性质，以及拥有实施该专利所涉及的技术秘密及工艺声明。

其次，被许可方的姓名或名称、技术背景（属于哪个领域的企业、事业单位、社会团体或个人等）、拥有的技术条件（厂房、设备、人员及其他条件）、技术专业（如对许可方的专利技术有所了解），希望获得许可而实施该专利技术以及所涉及的技术秘密、工艺等的愿望。

最后，应注明“鉴于许可方同意向被许可方授予所请求的许可，双方一致同意，签订本合同”。

2. 定义条款，即第一条“名词和术语”。合同在履行过程中发生的许多争议往往是由双方对合同中的一些名词或术语的理解不同而造成的，因此，合同首先就应该对合同中容易造成不同理解的关键性名词和术语进行定义。常见的名词和术语有：专利、技术秘密（或称为专有技术）、技术资料、合同产品、技术服务、销售额、净销售额、纯利润、改进技术、普通实施许可、排他实施许可、独占实施许可、分许可等。例如：

(1)本合同中所指的专利是许可方可以让被许可方实施的由中国专利局受理的发明专利、实用新型专利或外观设计专利，即要注明专利号(即编号)、发明创造的名称。

(2)技术秘密是指实施本合同专利所需要的、在工业化生产中有助于本合同技术的最佳利用、没有进入公共领域的技术。

(3)技术资料是指全部申请专利文件和与实施该技术有关的技术秘密及设计图纸、工艺图纸、工艺配方、工艺流程及制造合同产品所需要的工装、设备清单等技术资料。

(4)合同产品是指被许可方适用本合同提供的被许可技术制造的产品，即产品的具体名称。

(5)技术服务指许可方为被许可方实施合同提供的技术所进行的服务，包括传授技术与培训人员。

(6)销售额是指被许可方销售合同产品的总金额。

(7)净销售额是指销售额减去包装费、运输费、税金、广告费、商业折扣的差额。

(8)纯利润是指合同产品销售后，总销售额减去成本、税金后的利润。

(9)改进技术是指在许可方许可被许可方的技术基础上改进的技术。

所以，要充分理解专有名词和术语的意思，以避免一些因为理解不同而产生的争端。

3. 授权条款。它指的是合同中的第二条“专利许可的方式与范围”。在技术实施许可合同中，许可方在一定的条件下，可以授予被许可方适用合同技术、制造产品、销售产品、进口产品以及对侵权行为的起诉权等多种权利，也可以只授予其中一种或几种权利。这种授权被称为“技术使用授权”，它是被许可方合法使用许可方技术的条件。技术使用授权不是技术财产权或所有权的转让。在专利实施许可合同中，应注明授权的范围、方式、领域、使用的地域和产品的销售领域。

(1)专利的许可范围，如专利的使用权、专利产品的制造权、专利产品的销售权等。

(2)专利的许可方式，如独占许可、排他许可、普通许可、交叉许可、分许可等。

(3)专利的许可领域，是民用还是军用，是用于纺织行业，还是化工业或其他产业。

(4)专利的使用地域，即可以使用专利的国家、地区、工厂。

(5)产品的销售地域，即使用该专利方法生产的产品销售到何地。

另外，要注意的是，在授权的范围里，一般不许可被许可方进口权；如果被许可方要求获得分许可权或标记权,必须在授权范围中明确规定。

4. 技术条款,即合同中的第三条“专利的技术内容”。专利的技术内容并不只是一个专利的授权证明和专利的说明书,还应该包括专利技术的各类指标(如产品指标、技术性能指标、能耗、环境保护、废品率等)、工艺流程文件、设备清单、技术秘密等。专利的技术指标是合同验收时的依据,因此,技术条款订立的好坏会直接影响到合同履行的质量。专利技术的部分内容可以通过附件的形式放在合同后,作为合同的一个组成部分。

5. 技术资料交付条款,即合同第四条“技术资料的交付”。该条款说明技术资料交付的时间、地点以及交付方式。根据双方协商的结果不同,该条款有不同的规定。例如:

(1)交付时间。合同生效后,许可方收到被许可方支付的使用费后的多少天内,许可方向被许可方交付合同第三条所述的全部资料。

(2)交付地点。许可方将全部资料以空运方式递交给被许可方,并将资料清单以传真的方式递交给被许可方,将空运单以邮寄方式递交给被许可方。

(3)交付地点。技术资料的交付地点为被许可方所在地总经理办公室。

6. 支付条款,即合同中的第五条“使用费及支付方式”。内容主要包括使用的货币(如人民币、美元、英镑、欧元、日元等)、支付的方式、付款的方式。通常情况下,使用的货币与计价货币使用的货币相同,如以美元计价,则使用的货币便是美元。在支付方式上,有总付、分期付款、入门费加销售额提成、入门费加利润提成、以专利技术入股等;在付款方式上,有银行转账、托收、现金等。

在支付方式上,主要有下列三种方式:

(1)一次总算。一次总算是指在签约时当事人双方商定并在合同中规定合同总价。一次总算包括技术转让成本、技术研究与开发成本分摊、机会成本、技术资料费,以及有形商品价格、商标许可使用费等。

一次总算对供方和受方而言各有利弊。

其一,一次总算对供方的利弊。一次总算计价方法对供方的好处是收入稳定,不受技术项目生产和产品销售情况的影响,可以避免查账、计算等麻烦。但是,由于技术价格事先一次确定,供方得不到生产和产品销售增加所带来的好处。

其二,一次总算对受方的利弊。一次总算对受方来说弊多利少,因此,许多国家通过立法对其加以限制。一次总算对受方的不利主要表现在以下几个方面:①受方须在实际生产前付出大笔资金,负担融资费用,经济负担较重;②供方的经济利益在受方实际生产前已经确定,因此,受方承担了市场和汇率变动、技术和生产的全部风险;③因为受方生产和销售的增加对供方无直接好处,即使合同中有规定，供方一般也不会向受方提供有价值的技术改进和技术情报；④从理论上讲，一次总算的技术价格应该低于入门费与提成费之和，但是，若赖以计算技术价格的估计产量或销售量高于实际产量或销售量，将会导致一次总算数额大于入门费与提成费之和，受方反而会遭到损失。

由于一次总算对引进方的弊端较多，一些引进技术的国家，特别是发展中国家常用立法和合同审批等方式对一次总算的金额、条件和范围加以限制。一次总算虽然对引进方有更多的不利，但只要具备以下条件，一次总算还是一种妥善的支付方式：①转让的技术具有整体性，可以一次全部转移，并且能为引进方立即吸收；②技术引进方有较充足的资金或引进方技术力量雄厚，有尽快摆脱对技术许可方依赖的计划；③交易的金额相对较小或技术转让后的效益的不确定性较小。

(2)供方和受方的作价原则。国际技术贸易是一种以平等互利为基础的国际商业活动。一笔国际技术交易应使供方和受方均能获得公平合理的经济收益，因此，供方和受方在确定一项技术交易的价格时，不仅要考虑自身的利益，而且应该考虑对方的利益。LSLP (Licensor's Share on Licensee's Profit)作价原理是在受方使用合同技术获得利润的条件下，供方才能获得技术许可使用费。若供方的技术许可使用费等于或大于受方使用合同技术所取得的利润，受方就无利可图，甚至亏本，这是受方所不能接受的。若供方获得的技术许可使用费小于技术转让成本、R&D 成本分摊与机会成本之和，或者小于供方自己使用技术生产、销售产品的收益，供方不会转让此项技术。这样，便需要了解供方和受方的作价原则。

其一，供方的作价原则主要有：①若在该笔技术交易时技术研究与开发成本已经收回，供方技术许可使用费（合同总价）应等于或大于转让成本与机会成本之和。②若在该笔技术交易时技术研究与开发成本尚未全部收回，供方技术许可使用费（合同总价）应等于或大于转让成本、技术研究与开发成本分摊和机会成本之和。③供方技术许可使用费中的机会成本应大于或等于供方自己生产和销售产品的收益。④供方技术许可使用费（合同总价）最低限额应等于转让成本、研究与开发成本的分摊与机会成本之和。⑤供方技术许可使用费（合同总价），应具有市场竞争力。⑥供方转让技术的目的不同，作价时考虑的因素也不同，若供方转让技术不是为了增加近期收益，而是为了开辟和占领市场或是为了利用东道国的劳动力和原材料等资源，供方作价应以实现其目的为原则。

其二，受方的作价原则：受方支付的技术许可使用费（合同总价）要低于自己研究开发该项技术的成本。受方技术研究开发成本包括 R&D 成本和机会成本。受方引进技术的利润（全部利润减去供方分成的利润）应高于银行存款利息或借款利息。受方作价时，应充分考虑如何实现引进技术的目的。受方引进技术有时是为了填补技术空白,增加产品品种,提高产品资源配置,创造就业机会;有时是为了改善生态环境或工作环境。总之,受方为了达到引进技术的目的,作价时应综合考虑各种相关因素,既要考虑企业的发展目标、效益及近期和远期利益,又要考虑国家经济发展的战略目标和社会效益。利用技术供方之间的竞争,在引进技术效益相同时,选其价格低者;引进技术费用相同时,择其效益大者。受方支付技术许可使用费(合同总价)的最高限额等于受方自己研究开发该项技术的成本与受方获得利润(利润率>利息率)之和。

(3)入门费加提成计算。入门费加提成计算是一次总算加提成支付相结合的支付方式。采用这种方式时,引进方需在合同生效后先向许可方支付一笔费用,这笔费用称为入门费,然后再按提成计算的方法支付其余的技术价格数额。

入门费系指签约后或收到第一批资料后若干天内受方按照合同规定支付给供方的约定金额,又称定金或初付费。技术供方要求技术受方支付入门费的主要原因是:尽快收回为技术许可交易所支出的直接费用;供方因在技术许可交易中公开技术所收取的技术披露费,以补偿供方披露技术所受的损失;供方在许可交易中为受方提供技术援助所支付的费用;在提成费无保证的情况下,供方借以保证技术许可交易的一定收益。

在国际技术交易中,入门费金额的差异很大,但目前的趋势是少收取或不收取入门费。入门费究竟收多少合理,应视具体情况和计价的其他条件而定。对供方而言,入门费愈高愈好;对受方而言,入门费愈低愈好。在实际交易中,通常以供方许可技术的直接费用作为入门费的标准,以此衡量入门费是否合理。

在专利技术贸易实践中,以利润作为分成基础时,一般会将专利技术引进方的技术消化、投产和销售风险都与技术许可方结合在一起,因此,许可方一般不愿接受以利润作为基础的计价方式。另外,第一,大多数公司出于保守商业秘密的考虑,一般不愿提供利润数据或允许许可方查账;第二,各国对利润的解释存在很大分歧,双方难以确定一个都能接受的利润值;第三,由于技术转让过程具有连续性的特点,而实施过程中的可变因素较多,引进方的利润是逐年不同的,引进方的利润就成为一个较难确定的因素。为了解决这些问题,在实践中一般采用较为简单的计价原则,即双方确定一个与产品销售价或产量相关的比例数,按此比例数计算许可方应收取的技术费用,这个比例数即为提成率。使用提成计价方法时主要涉及提成基础的选择、提成率、提成方法的确定以及提成年限等问题。

其一,提成率的计算公式为:

$$提成率=\frac{提成费}{技术产品销售价}$$

在上面的公式中,提成的基础为产品销售价,因此提成率为提成费与技术产品销售价的比率。

其二,提成基础。在国际技术贸易实践中,计算提成费的基础包括按产量、按价格和按利润三种。①以产量为基础提成。这种提成的方法是按所生产的产品的数量来计算提成金额,提成的方式是引进方按每单位产品支付给许可方规定的金额。这种提成方法的特点是,只凭每一单位产品付给规定的金额,这一金额不随成本、价格、汇率等的变化而变化,无论该产品的销售状况如何,是否有利润,均固定不变,因此,这种方式对于许可方而言风险相对较小。②以价格为基础提成,一般而言,它又可分为三种方式。一是净销售价,它是指产品在正常交易中出售的实际价格减去与引进技术无关的各种价格因素。以净销售价为提成基价,是目前国际上公认的合理的方法。因为任何一种产品的价格构成中,都包含了与技术无关的费用,这些费用不应作为提成基价而支付提成费,以引进方使用许可技术制造产品而获得增值的部分作为提成的基础才能真正体现对技术的补偿。二是实际销售价即发票价格,它是指产品在正常交易中的实际价格。由于净销售价要扣除产品成本中的许多项目,对于这些项目的具体金额,许可方很难准确的获知,因而许可方往往主张以实际销售价格作为提成基价。由于在实际销售价中不仅包含利用许可技术所创造的价值,而且包括不属于该许可技术所创造的价值,因此,这种方法对许可方较为有利,在实际的操作过程中,应相应降低提成率。三是公平市场价,它是指引进方与无特殊关系的第三方所达成的实际销售价。使用公平市场价的目的是为了避免技术引进方将产品按低价卖给与其有特殊关系的第三者,而使技术许可方的提成费减少。③以利润为基础提成。这种提成的方法是按所生产的产品产生的利润为计算提成的基础,此方法是较常用的一种提成方法。

其三,提成率。提成率没有固定的数值,它与技术的复杂程度、产品的销售量以及具体的行业状况有关。一般而言,提成率大致应在净销售价的0.5%~10%。

其四,提成方法。提成方法主要有四种:①固定提成,它可分为两种,即提成率固定和单位产品的提成费固定。前者是在整个合同期内提成率固定不变;后者则是单位产品的提成费在整个合同期内保持不变。②滑动提成,也称递减提成,是指随着合同产品产量或销售量或销售额的增加,提成率或单位产品的提成费随之降低,或是随着提成年限的推移而递减。③最低提成,是指合同双方约定在一定时期内,无论引进方的生产销售状况如何,均需向许可方支付一定数额的最低提成费。④最高提成,它是指合同双方约定在一定时期内,当提成费达到一定金额时,即使作为提成基础的产量、销售额或利润增加,提成费也不再增加。

其五,提成年限。提成年限是指许可方收取提成费的年限,提成年限主要由许可技术的生命周期决定,一般比技术合同的有效期短。在国际技术贸易实践中,要综合提成率、提成基价、入门费等因素,来决定提成年限。

入门费加提成的支付方式实际上是引进方和许可方相妥协的一种产物。采用总付的方式不利于引进方,而采用提成支付的方式又使转让技术的风险更多地加在许可方的身上。入门费加提成的支付方式既可减少一次总算给引进方带来的风险,又可减少全部提成支付给许可方带来的风险,因此可以将其视为对双方都有利的一种支付方法。在采用这种方法时,应在合同中明确规定入门费和提成费的计算方法,以及入门费与提成费在合同总价中所占的比例。在支付入门费时,可以一次付清,也可以按照合同的进度分期付清。

7. 验收条款,即合同中的第六条"验收的标准与方法"。它主要是对许可方所提供的技术进行检测,看其是否符合国际的、国家的或者行业的标准。例如,合同中双方可以规定:如因许可方的技术缺陷造成验收不合格,许可方应负责提出措施,消除缺陷。第二次验收仍不合格,许可方没有能力消除缺陷的,被许可方有权终止合同,许可方返还使用费,并赔偿被许可方的部分损失。

8. 保密条款,即合同中的第七条"对技术秘密的保密事项"。因为许可方提供给被许可方的是具有技术性的发明创造,所以如何进行保密对双方来说都是非常重要的。双方可在合同中规定:被许可方不仅在合同有效期内,而且在有效期后的任何时候都不得将技术秘密泄露给本合同当事双方(及分许可方)以外的任何第三方;或者被许可方的具体接触该技术秘密的人员均要同被许可方的法人代表签订保密协议,保证不违反上述条款等。为了避免更多的纠纷,做好保密工作是非常必要的。例如,AMD2005 年 6 月底向美国特拉华地方法院提起诉讼,指控芯片霸主英特尔违反反垄断法,干预硬件生产商采用 AMD 芯片。正和英特尔争得不可开交的 AMD 请求经销商和从英特尔采购芯片的硬件生产商向法庭提供证明英特尔谋求垄断地位的证据。很多经销商与硬件生产商和英特尔签有保密协议(Non-disclosure Agreements),如果根据 AMD 的请求提供证据则必然构成违约,所以拒绝合作。无奈的 AMD 向法庭抱怨经销商和厂商迫于英特尔保密协议的压力拒绝提供必要证据,导致审判难以正常进行。AMD 还请出康柏前 CEO 卡佩拉斯,证明英特尔曾在 2000 年因康柏大量采购 AMD 产品而停止向康柏供应最先进的英特尔产品。卡佩拉斯最终不得不屈服,并告诉 AMD"他被人用枪指着头"。英特尔对此断然否认。特拉华地方法院法曼(Fanman)法官做出裁决,宣告与英特尔反垄断诉讼相关的保密协议无效。任何第三方厂商均可以放心的提供证据或出庭做证,无须顾忌承担违反保密协议的责任。收到裁决的英特尔已经向第三方承诺撤销先前的保密协议,AMD 也宣布撤销自己与其他厂商签订的保密协议。双方此举将使举证程序顺利进行,避免诉讼进入僵局。从此案例我们不难看出保密条款的重要性,因此许可方与被许可方应该慎重地对待保密条款。

9. 服务与培训条款,即合同中的第八条“技术服务与培训”。鉴于被许可方可能不会使用新技术或新发明,因此许可方就有必要在进行专利许可时对被许可方进行技术培训。例如,双方可在合同中列明:许可方在合同生效后一定时间内负责向被许可方传授合同技术,并解答被许可方提出的有关实施合同技术的问题;许可方在被许可方实施该专利技术时,要派出合格的技术人员到被许可方现场进行技术指导,并负责培训被许可方的具体工作人员;被许可方可派出人员到许可方接受培训和技术指导。另外,关于技术服务和培训所发生的一切费用,双方应该做好合理的规定。

10. 技术改进条款,即合同中的第九条“后续改进的提供与分享”。此条款要求在合同的有效期内,任何一方对合同技术所做的改进应及时通知对方,若有实质性的重大改进和发展,申请专利的权利由合同双方当事人约定。没有约定的,其申请专利的权利归改进方,对方有优先、优价被许可或者免费使用该技术的权利。若是在原有的基础上所做的较小的改进,双方免费相互提供使用,对改进的技术还未申请专利时,另一方对改进技术承担保密义务,未经许可不得向他人披露、许可或转让该改进技术。

11. 违约索赔条款,即合同中的第十条“违约及索赔”。许可方与被许可方分别做出承诺,双方就专利的保密、技术服务或培训、技术改进以及许可费用的支付等在合同中做出明确的规定,若其中一方不能履行其责任,那么另一方有权要求其进行赔偿,索赔的基本方式是缴纳违约金。因此,该条款就是对双方应该如何对违约进行索赔所做的规定。比如,在合同中对许可方规定:许可方拒不提供合同中所规定的技术资料、技术服务及培训,被许可方有权解除合同,要求许可方返还使用费,并支付违约金;许可方无正当理由逾期向被许可方交付技术资料、提供技术服务与培训的,每逾期一周,应向被许可方支付违约金,逾期超过一定时间,被许可方有权终止合同,并要求返还使用费。对被许可方则可以规定:被许可方拒付使用费的,许可方有权解除合同,要求返还全部技术资料,要求赔偿实际损失,并收取违约金;被许可方违反合同规定,扩大对被许可技术的许可范围,许可方有权要求被许可方停止侵害行为,赔偿损失并支付违约金,且有权终止合同;被许可方违反合同的保密义务,致使许可方的技术秘密泄露,许可方有权要求被许可方立即停止违约行为并支付违约金。此外,双方还可以就专利许可过程中发生的问题进行相应地规定来保障各自的权益。

12. 侵权条款,即合同中的第十一条“侵权的处理”。在履行合同的时候,有以下几种侵权的事件有可能发生:被许可方获得的专利实施权侵犯了其他第三方;被许可方实施的专利遭到第三方的侵犯;许可方侵犯了第三方的专利权。因此,为了避免这种事情的发生,我们可以在合同中做出相应的规定:在合同的有效期内,如有第三方指控被许可方实施的技术侵权,许可方应负一切法律责任;合同双方任何一方发现第三方侵犯许可方的专利权时,应及时通知对方,由许可方负责与侵权方进行交涉,或向专利管理机关提出请求,或向人民法院提出诉讼,被许可方应给予协助;在排他许可的情况下,许可方应和被许可方联合与第三方交涉或向法院起诉,只有许可方不愿意与第三方交涉或向法院起诉时,被许可方才可以单独与第三方交涉或向法院起诉;在普通许可的情况下,由许可方单独与第三者交涉或向法院起诉,被许可方不能在没有许可方的授权的情况下单独与第三方交涉或向法院起诉。要注意的是,在许可方与第三方交涉或法律诉讼期间,被许可方不应轻易提出终止合同或停止支付使用费,万一许可方交涉成功或法院诉讼胜诉,则被许可方可能陷于被动或不能继续使用许可的技术,造成被许可方使用的技术的生产设备闲置。

13. 专利撤销条款,即合同中的第十二条"专利权被撤销和被宣告无效的处理"。在执行专利技术时,可能会由于许可方侵犯了第三方的专利、专利过期、专利被强制许可等各种原因使得获得批准的专利可能被宣告无效,因此,合同双方当事人必须对这种事情发生时的处理做出明确的规定:在合同的有效期内,许可方的专利权被撤销或被宣告无效时,如无明显违反公平原则,且许可方无恶意给被许可方造成损失,许可方不必向被许可方返还专利使用费;在合同有效期内,许可方的专利被撤销或被宣告无效时,因许可方有意给被许可方造成损失,或明显违反公平原则,许可方应返还全部专利使用费,同时合同终止。

14. 不可抗力条款,即合同中的第十三条"不可抗力"。我国法律认为,不可抗力(Force Majeure)是指不能预见、不能避免并不能克服的客观情况。按《联合国国际货物销售合同公约》的解释,不可抗力是指非当事人所能控制,而且没有理由预期他在订立合同时所能考虑到或能避免或克服它或它的后果而使其不能履行合同义务的障碍。据此,构成不可抗力的条件为:①它是在合同成立以后发生的;②不是由于当事人一方的故意或过失所造成的;③对其发生以及造成的后果是当事人不能预见、不能控制、不能避免并不能克服的。引起不可抗力的原因有两种:一是自然原因,如洪水、暴风、地震、干旱、暴风雪等人类无法控制的大自然力量所引起的灾害事故;二是社会原因,如战争、罢工、政府禁止令等。在实践中,对不可抗力的认定是很严格的,要与商品价格波动、汇率变化等正常的贸易风险区别开来。因此,当不可抗力发生时,当事人应采取适当措施减轻损失,并及时通知对方当事人,双方可规定:①发生不可抗力事件期间,合同延期履行;②发生不可抗力事件时,合同只能履行某一部分;③发生不可抗力事件,持续时间超过具体时间后,本合同即告终止。

15. 税费条款,即合同的第14条“税费”。根据有关法律,通常由许可方纳税。具体来说,对许可方和被许可方均为中国公民或法人的,合同所涉及的使用费应缴纳的税按照《中华人民共和国税法》由许可方纳税;对许可方是境外居民或单位的,按照《中华人民共和国税法》及《中华人民共和国外商投资企业和外国企业所得税法》,由许可方纳税;对许可方是中国公民或法人,而被许可方是境外单位或个人的,则按对方国家或地区的税法纳税。

16. 争议解决条款,即合同的第十五条“争议的解决方法”。双方在履行合同的过程中不可避免地会发生争议,一般解决争端有四种方法,即友好协商、调解、仲裁、诉讼。因此,一旦双方发生争议,应根据合同订立的条款,如果友好协商能够解决问题,那么双方可以愉快地合作下去,如果不能解决,双方可以请求法院调解,或者请仲裁委员会仲裁。仲裁是目前国际上用得比较多的一种解决争议的方法。现行国际仲裁制度的一般规则的主要内容有:①仲裁协定。将争端交付仲裁的双方当事国,必须先有一项仲裁协定,表明双方交付仲裁的合意。②仲裁的目的和审理范围。国际仲裁的目的在于各国自行选择法官并在尊重法律的基础上解决争端。关于审理的范围,限于“关于法律性质问题,特别是关于国际公约的解决和适用问题”,以及用外交手段未能解决的争端。③仲裁庭的组成。仲裁人由争端双方选派,或由双方通过协定确定。④仲裁所适用的法律。当事国可事先就仲裁所必须适用的法律达成协议;如果没有协议,可适用国际法院适用的法律,如经当事国同意,仲裁法庭也可本着“允及善良”原则进行。⑤仲裁程序。一般通过当事国之间的协议确定。如果没有或有这种程序但不完善,则由仲裁庭确定或完善。⑥仲裁裁决。这是对争端的肯定性解决,一经做出,即对各当事国具有约束力,各当事国应善意地立即予以执行。国际仲裁裁决是终局裁决。

17. 合同生效与终止条款,即合同的第十六条“合同的生效、变更与终止”。我们需要注意以下几点:①合同自双方签字、盖章之日起生效,合同的有效期不得超过专利的有效期。②为了防止获得独占实施许可的被许可方将专利搁置不用又排斥他人使用现象的发生,许可方可以在独占实施许可合同中这样规定:“被许可方无正当理由不实施该专利技术的,在合同生效日后半年,合同自行变更为普通实施许可合同。”③由于被许可方的原因致使本合同不能正常履行的,本合同即告终止,或双方另行约定变更本合同的有关条款。④合同期满后,许可方和被许可方可依照公平合理的原则,就技术的继续使用进行协商。

（二）签订专利实施许可合同应注意的问题

1. 保证(Warranties)。签订专利实施许可合同应注意保证以下三方面的内容成立。

(1)保证许可方是专利的合法拥有者或有权许可者。合同中专利许可方应当保证其是专利技术和专利资料的合法拥有者，并且有权向被许可方许可。如果发生侵权，那么许可方负责与第三方交涉，并承担由此引起的一切法律和经济上的责任，以保证合同的正常履行。

(2)保证并维持专利的有效性。根据各国专利法的规定，专利权人未按时缴纳授予专利权当年以后的年费或者缴纳的数额不足的，专利权自应当缴纳年费期满之日起终止，因此，在许可合同中，被许可方应要求许可方保证按期缴纳年费，如因未按期缴纳年费而导致许可的专利权失效，被许可方有权终止合同，并停止支付专利技术使用费。如果许可方认为已不值得为保持专利权有效而支付年费，则应及时通知被许可方，以便被许可方有机会接受专利权的转让，由被许可方缴纳年费，以继续维持专利的有效性。不过，在办理专利权转让时，被许可方需向许可方支付一定的费用。总之，维持许可专利的有效性有利于被许可方，否则，被许可方的预期利益就会因权利失效而被他人无偿分享。

(3)保证专利技术的可实施性。在订立专利实施许可合同时应该明确约定专利实施许可的范围，包括专利实施方式的限制；制造专利产品数量或使用专利方法次数的限制；实施期限和地域的限制。因此，合同应以专利在被许可方国家或专利产品销售地域获得专利权为基础签订。如果所转让的专利在被许可方国家或者销售地域未获得专利，则这项技术的实施就得不到当地法律的保护。因此，拟引进技术的公司应该首先了解技术是否已在该公司所在国或产品销售地获得专利，如果没有，则应要求许可方申请专利，然后再与许可方签订专利实施许可合同。另外，签订的合同应当是包括技术秘密内容在内的专利实施许可合同。因为如果不包括技术秘密内容，许可方就只能提供专利说明书和授予实施权，从而使被许可方难以掌握其技术。

2. 注意合同中一些条款的规定。

(1)注意约定许可方的一些特定义务。比如，提供实施专利技术的有关资料和必要的技术指导；承担对专利权的完整性的担保义务；负责如实向被许可方说明订立合同前专利实施的情况等。另外，合同中许可方与被许可方应当在合同约定的保密范围和保密期限内，对许可方提供的技术中尚未公开的秘密部分承担保密义务，在保密期限内，承担保密义务的一方在保密技术并非由于自己的原因被公开后,其承担的保密义务即予终止。

(2)注意约定"验收标准和方式"。专利实施许可合同履行的过程中,当事人常会因合同标的——技术成果是否成熟、先进、可靠、适用而发生纠纷。审理这类纠纷案件,往往会遇到对该技术成果的鉴定问题,而鉴定结论对案件的处理结果关系极大。因此,在合同中应约定验收标准和方法。当事人为此发生纠纷,人民法院对该技术成果组织鉴定,实质上就是对该合同的技术是否符合合同约定的一种验收。不符合约定验收标准的,就应视为违反合同,违约方应当承担违约责任。

(3)注意将专利实施许可合同备案。根据2010年2月1日起施行的修改后的《专利法实施细则》第14条第1款的规定,专利权人与他人订立的专利实施许可合同,应当自合同生效之日起3个月内向国务院专利行政部门备案。因为按照有关规定经过备案的专利合同的受让人有以下权利:①可以对专利侵权行为向人民法院提出诉前停止侵权行为的申请;②可以提起侵权诉讼;③可以请求地方各级专利管理部门处理专利侵权纠纷。

(4)注意"不争议条款"是无效条款。"不争议条款"又称"不得反控条款",是指在专利实施许可合同中,规定被许可方不得对许可合同中所涉及专利权的合法性提出质疑,即被许可方不得在合同有效期内对合同中涉及的专利权直接或者间接地向专利复审委员会提出无效宣告请求。

三、专利申请技术实施许可合同

(一)专利申请技术实施许可合同的概念

专利申请技术实施许可合同是指在技术发明人提出专利申请到专利批准的这段时间内,专利申请人与想获得专利使用权的人所签订的合同。也就是说,从专利的申请到批准的这段时间内,如果有人希望获得该项专利的使用权,就需要与专利发明人签订专利申请技术实施许可合同,支付相应的费用,因此这类合同也称"未决专利申请许可合同"。

我国《专利实施许可合同备案管理办法》第24条规定,专利申请被批准后,当事人应当及时将专利申请技术实施许可合同的名称及有关条款变更为专利实施许可合同。专利申请被驳回或者视为撤回的,当事人应当及时办理专利合同备案注销手续。

(二)专利申请与专利的区别

专利申请与专利的区别主要表现在以下几个方面。

1. 技术公开性不同。当一项发明获得专利时，国家专利行政部门就会在定期出版的专利公报上公告该发明的说明书摘要以及保密专利的解密等，这意味着该项发明专利的秘密被公开了。专利申请则不同，在申请被批准之前，技术发明一般是不公开的，处于保密状态。比如在美国，专利申请在审查过程中始终由专利局保密，真正批准授权后才会予以公布。

根据我国《专利法》第34、第35条以及《专利法实施细则》第54条的规定，一项发明要获得专利，需要经过初步审查和实质审查。国务院专利行政部门收到发明专利申请后，经初步审查认为符合法律要求的，自申请日起满18个月，即行公布；国务院专利行政部门也可以根据申请人的要求早日公布其申请。发明专利申请自申请日起3年内，国务院专利行政部门可以根据申请人随时提出的要求，对其申请进行实质审查。审查合格，发出通知，申请人在2个月内办理登记手续，国务院专利行政部门授予其专利权，颁布专利证书，并予以公告。这意味着在专利授权前发明的保密程度处于两种状态：一是公布申请前的专利申请，这时的专利申请许可可作为技术秘密许可对待；二是公布后的专利申请，由于申请公开，因此获得国家法的临时保护。如果专利申请不被批准，则申请的技术发明进入公有领域，这时对专利申请技术实施许可合同的履行就会产生影响。

2. 法律状态不同。一项发明获得专利后，专利权人便拥有独占的专利权责任，同时专利受到《专利法》的保护。而专利申请不同，申请公布前，主要依靠发明人的保密加以保护；申请公布后，原发明会丧失其秘密性，他人可能会仿制。为此，不少国家规定，从专利申请公布日起至授予专利权止，对专利申请的发明实行临时保护。所谓的临时保护，是指当他人未经许可而实施这项发明时，申请者有权要求其支付报酬或保留在专利批准后补收专利使用费的权利。比如，我国《专利法》第13条规定："发明专利申请公开后，申请人可以要求实施其发明的单位或者个人支付适当的费用。"第62条规定："发明专利申请公布后至专利权授予前使用该发明未支付适当使用费的，专利权人要求支付使用费的诉讼时效为2年，自专利权人得知或者应当得知他人使用其发明之日起计算，但是，专利权人于专利权授予之日前即已得知或者应该得知的，自专利权授予之日起计算。"显然，在专利获得之前，专利申请者不能像已获得专利的专利权人那样去制止未经许可者实施自己技术的行为，只能通过要求其支付使用费的方式来减少损失。

3. 技术可靠性不同。一项发明通过实质性审查获得专利，其技术是比较可靠的，被许可方使用这项技术，风险较小。而专利申请则不同，由于处于尚未批准状态，很有可能因为各种原因被驳回，如强制许可等事件，所以技术的可靠性处于不确定状态，因此，被许可方使用这项技术，风险较大。

综合考虑上述不同之处,专利申请许可的费用一般要低于专利许可的费用,被许可方在签订专利申请技术实施许可合同时,要充分考虑到这一点。

4. 两种合同规定的条款不同。从合同条款来看,专利申请技术实施许可合同与专利实施许可合同的条款大体相同,包括:鉴于条款,定义条款,专利申请技术许可的方式与范围,专利申请技术的内容,技术资料的交付,使用费及支付方式,验收的标准与方法,对技术秘密的保密事项,技术服务与培训,后续改进的提供与分享,违约及索赔、不可抗力,税费,争议的解决办法,合同的生效、变更与终止等。但由于专利申请许可是就未获得专利权的技术实施许可,因此合同还包括"专利申请被驳回的责任条款"。同时,在专利未确定的情况下,为了保护许可方和被许可方的利益,在上述条款中也补充了一些特殊内容。例如:在定义条款的时候,一些国家可能就根据专利申请技术和专利技术这两个词来收取不同的费用,前者的费率显然会比后者低,尤其在专利比较难申请的国家,专利申请比专利的许可费率会低很多;在保密条款上,由于从提交专利申请到批准至少需要 18 个月,专利申请很有可能外泄,所以在专利申请合同中规定好保密条款也是非常重要的;另外,专利申请合同中还应该有专利申请被驳回的责任条款,根据被驳回的原因来规定双方应该承担的责任也可以避免很多争端。

四、专利许可合同备案相关知识

(一)专利许可合同备案的概念

专利许可合同备案是指我国国家知识产权局为了切实保护专利权,规范交易行为,促进专利实施,而对专利实施许可进行管理的一种行政手段。根据《专利法实施细则》第 14 条和国家知识产权局第 18 号局长令,专利实施许可合同中的当事人应当在合同生效日起 3 个月内到国家知识产权局或地方知识产权局办理备案。对备案审查合格的专利实施许可合同,国家知识产权局或地方知识产权局将给予备案合格通知书及备案号、备案日期,并将通知书送交当事人。

办理专利实施许可合同备案的部门主要有:国家知识产权局负责全国专利实施许可合同的备案工作;涉外专利实施许可合同备案到国家知识产权局协调管理司市场处办理;经国家知识产权局授权,各省、自治区、直辖市以及广州、武汉、沈阳、西安、石家庄五城市知识产权局负责本行政区域内专利合同的备案工作。同时,专利实施许可合同的备案也可以通过委托机构来办理,如在中国没有经常居所或者营业场所的外国人、外国企业或者外国其他组织在中国办理合同备案的,应当委托专利代理机构办理;中国单位或者个人在国内办理合同备案的,可以委托专利代理机构办理;由当事人一方办理合同备案的,应当提交对方出具的授权委托书;委托中介机构办理合同备案的,应当由当事人双方共同出具授权委托书。

(二)专利实施许可合同备案的一些要求

1. 办理专利实施许可合同备案的期限要求是鉴于专利权的时效性、稳定性考虑的,当事人应当在专利合同生效后 3 个月内到专利实施许可合同备案的主管部门办理备案手续。

2. 当事人办理合同备案应当提交的文件包括:备案申请表、合同副本、专利证书或者专利申请受理通知书复印件、让与人身份证明等。

(1)备案申请表:备案申请表可以从国家知识产权局的网站(www. sipo. gov. cn)下载;填写申请表时应准确填写专利号、项目名称、备案申请人、合同性质、许可种类、合同履行地、签订日期、使用费总计、权利稳定性声明等项目。

(2)合同副本:提交的合同副本必须是当事人双方签字盖章的合同原件;有正当理由无法提供合同副本的,可以提交经过公证的合同复印件;再许可合同的让与人还应当提供前一合同副本或经过公证的原合同复印件。

(3)专利证书或者专利申请受理通知书复印件。

(4)让与人身份证明:让与人是自然人的,提交身份证复印件作为其身份证明;让与人是法人的,提交营业执照复印件作为其身份证明。

3. 办理专利许可合同备案所提交的资料的语言要求。为当事人提交的各种文件应当使用中文,用 A4 纸单面打印。提交文件是外文的,当事人应当在指定期限内附送中文译文;期满未附送的,视为未提交。

4. 办理备案所需费用和材料的提交方式,以及办理备案登记的时间。

(1)办理备案所需的费用:政府部门免费为当事人办理专利实施许可合同备案(国外专利法律状态检索除外)。

(2)备案材料的提交方式可以是面交或者通过邮局邮寄。

(3)办理备案登记的时间是在各项文件齐备的情况下,7 个工作日内向当事人出具备案证明。

(三)不予备案及专利许可合同备案注销

1. 不予备案的情况有:

(1)专利权终止、被宣告无效,专利申请被驳回、撤回或者视为撤回的。

(2)未经共同专利权人或申请人同意,其中一方擅自与他人订立合同的。

(3)同一合同重复申请备案的。

(4)合同期限超过专利权有效期限的。

(5)其他不符合法律规定的。

2. 专利许可合同备案注销的情况有：

(1)提交虚假备案申请文件或者以其他手段非法取得或伪造专利合同备案证明的。

(2)专利申请被驳回或者视为撤回的。

(3)专利合同履行期间专利权被宣告无效的。

国家知识产权局通过两种方式定期公布合同备案的信息：一个是国家知识产权局的官方网站；另一个是在专利公报上发布有关信息。

第四节　专利权与专利申请权转让合同

一、专利权与专利申请权转让合同的概念

专利权与专利申请权转让合同是指专利权人按照法律的规定将其某项专利或者专利申请转让给受让人的合同。专利权的转让与物体所有权的转让的法律效果是相同的，即专利权发生转让后，原专利权人即转让人不再拥有专利权，而受让人取得专利权，成为新的专利权的主体。它与专利实施许可的不同之处在于专利实施许可只是转让使用权、制造权和销售权，而专利权的转让是所有权转让。我国《专利法》第10条规定，专利权和专利申请权都可以转让。中国单位或者个人向外国人转让专利权或者专利申请权，必须经国务院有关主管部门批准。转让专利权或者专利申请权的当事人应当订立书面合同，并向国务院专利行政部门登记，由国务院专利行政部门予以公告。专利权或者专利申请权的转让自登记之日起生效。

美国《专利法》中关于转让也做了一些规定，如专利权具有个人财产的属性，专利申请案、专利权或其有关的利益，法律上均可以书面字体转授。申请人、专利权人、其承授人或法定代理人可以同样将根据专利申请案或专利取得的独占权，授予或转让给美国国家或国家的某一特定部分。为证明专利权或专利申请案的转让、授予或交付成立，在美国，由有权监督宣誓的人，在外国，由美国的外交官或领事馆官员或有权监督宣誓的官员(其权限须有美国的外交官或领事馆官员的书面证明)签字，并需要有盖有正式印章的认可证书，即为表面上确凿的证据。一项转授、赠送或转移行为，如不在成立后三个月内，或在以后的转售或抵押之前在专利与商标局登记，则以后如有出售或抵押情节，无须事先通知，以前的转授、赠送或转移对以后的购者或抵押债权人不产生效力。另外，除有相反的约定外，专利权的每

一个共同所有人都可以制造、使用或出售其取得专利权的发明,不必取得其他所有人的同意,而且无须向其他所有人说明。①

二、专利权与专利申请权转让合同的主要条款

(一)专利权转让合同的主要条款

1. 鉴于条款,即前言。主要包括技术转让方与受让方各自的姓名和名称,转让方拥有的专利权的名称,以及双方对于交易的意愿。

2. 交付资料条款。它也就是合同中的第一条“转让方向受让方交付资料”。它应该包括转让方要提供的专利技术的全部资料,这些资料有专利申请文件,包括说明书、权利要求书、附图、摘要及摘要附图;专利受理通知书、中间文件、授权决定、专利证书及副本;最近一次专利年费缴费凭证;专利技术指标、性能及专家论证,而且转让方提供的这些资料应该清晰可阅、完整无缺。另外,如果该专利在转让之前已经许可他人实施该项专利,则合同中应该包括专利实施许可合同书,以及与实施该专利有关的技术、工艺等文件;若该专利申请的是国际专利(PCT),则要包括所有 PCT 的申请文件,如果该专利属于国家限制出口的技术,则还要附上上级主管部门或国务院有关主管部门的批准转让文件及出口许可证。

3. 交付资料的时间、地点、方式条款。明确地规定好专利技术转让时所交付资料的时间、地点和付款方式,对于转让方与受让方顺利地进行交易是非常必要的。

4. 专利实施和实施许可的情况及处置办法。在合同签订前,如果转让方已经实施了该专利,则双方的合同生效后,转让方应该自该专利转让之日起停止实施该专利;如果合同中没有对转让方终止实施专利做出规定,那么也视为转让方自合同生效之日起应停止实施该专利;如果转让方已经将专利许可他人使用,那么在合同中双方应约定终止他人实施该专利,或者将许可权利转让给受让方。

5. 转让费与支付方式条款。转让人与受让人应该就转让费的金额、币种、支付方式、交付时间进行约定。通常情况下,表现为下列几种支付方式:一次付清、资料到后付清、多次付清等。

6. 专利权被撤销和被宣告无效的处理。为了防止转让的专利权在合同生效后因为某种原因被撤销或宣告无效等情况的发生,比如,在国家出现紧急状况或者非常情况,或者为了公共利益的目的,国务院专利行政部门给予实施该发明专利或实用新型专利的强制许可,合同当事人应该就此问题在合同中做出规定,弄清楚双方的责任,避免发生不必要的争端。

---

① 《美国专利法》(法典第 35 篇)第 26 条。

7. 过渡期条款。因为自合同签字生效至专利局登记公告之日有一定的时间，所以为了保证受让人能够得到有效的专利权，合同中应写明年费、续展费等应缴纳的费用应由谁来承担。另外，还应在该条款中写明合同生效后的费用由何方来承担，如专利的年费、续展费、行政撤销和无效请求、无效诉讼的应诉等事宜的费用。此外，对于在此期间由于不可抗力的原因使得双方不能履行合同时双方该如何解决此问题，也应写入合同。

8. 税费条款。由于各国的税收制度不同，技术转让税费的规定也不同，而税费的确定又直接关系到交易双方的总收入和总成本，因此在条款中明确地规定好税费是非常必要的。根据中国的有关法律规定，技术转让中的税费应该由转让方来支付，这主要体现在以下三个方面。

(1)对转让方和受让方均为中国公民或法人的，合同所涉及的转让费需缴纳的税，依据《中华人民共和国税法》的规定，由转让方缴纳。

(2)对转让方是境外居民或单位的，按《中华人民共和国税法》及《中华人民共和国外商投资企业和外国企业所得税法》的规定，由转让方向中国税务机关纳税。

(3)对转让方是中国公民或法人，而受让方是境外单位或个人的，则由转让方按对方国家或地区的税法纳税。

9. 违约与索赔条款。若转让方没有按照合同的要求按时交付资料，办理专利转让手续，以及遵守过渡期条款的规定，受让方可以终止合同，并要求其赔偿违约金；若受让方没有按照合同的规定按时支付价款，转让方也可以要求其赔偿损失或支付违约金。

10. 争议的解决方法条款。当事人在合同生效后，在履行合同的过程中难免会发生争议，一旦双方发生争议，应根据合同订立的条款进行解决。如果友好协商能够解决问题，那么双方可以愉快地合作下去；如果不能解决，双方可以请求法院做出调解，或者请仲裁委员会仲裁，或者通过诉讼程序，请求法院解决。

11. 其他条款。如果当事人双方有除了合同规定以外的其他要求，那么转让方和受让方可以在此处做出相应的规定。例如：转让方保证所转让的专利技术是先进的，适用于受让方的生产条件，生产的专利产品能够达到合同约定的技术目标。如果不能达到规定的标准，转让方将派遣专家进行研究改进；如果仍不能达到预期的标准，则转让方将如数退还受让方预先支付的入门费。

12. 生效条款。由于各国的法律不同，因此合同当事人要在合同中规定合同生效的日期，以免发生争议。

(二)专利申请权转让合同的主要条款

专利申请权转让合同与专利权转让合同的条款基本相同，主要都包括鉴于条款、转让方向受让方交付资料、交付资料的时间和地点及方式、转让费及支付方式、过渡期条款、税费、违约及索赔、争议的解决办法、其他、合同的生效等条款。但由于专利申请时可能会遇到诸如专利最后得不到批准或者专利申请被驳回的情况，因此，在专利申请权转让合同中应该对这种情况做出规定，具体表现在以下三个方面。

1. 专利申请实施和实施许可的情况及处置办法。若在专利申请权转让合同签订前，转让方已经实施该专利申请，则合同可约定在本合同签订生效后转让方可继续实施或停止对该专利的申请；如果合同没有约定，则转让方停止实施专利申请。若在合同签订前，转让方已经签有许可他人实施的许可合同，其权利义务关系在专利申请权转让合同签订生效之日起转移给受让方。

2. 专利申请被驳回的责任。如果专利在申请时被驳回，那么受让方肯定会受到严重的损失，因此签订合同的当事人应该就此情况做出相应的规定。例如，对于因转让方不是该专利申请的合法申请人，或侵害他人专利权或专利申请，致使专利申请被专利局驳回的情况，转让方返还全部转让费，并支付违约金；对于因转让方未充分公开自己的专利申请请求保护的申请主题，致使专利申请被专利局驳回的情况，转让方返还全部或部分转让费；对于因其他情况使专利申请被驳回的，转让方不返还转让费；等等。

3. 优先权的处理方法。转让人如果也进行了国际或国外专利申请，则他必须考虑到国外优先权的处理。若不转让优先权，优先权属于原专利申请人，即合同的转让方；若转让优先权，转让方式同专利申请权转让，与合同同时生效。

三、专利权转让合同签订时应注意的问题

（一）注意专利的转让条件

转让条件包括两个方面：转让的方式和合同条款规定的其他条件。

1. 转让的方式。转让的方式取决于合同授权条款所规定的授权的性质与授权的范围。合同中采用的许可方式不同，受方享有使用合同技术、生产产品和销售产品的权利不同，技术价格因此也有不同。同一项技术，以独占许可的方式转让和以非独占许可的方式转让相比，其价格有较大的差别，因为独占许可方式转让技术剥夺了许可方再次出售技术的机会，所以转让方会要求较高的技术价格。一般地讲，受方对许可技术享有的权利愈大，垄断性愈强，技术价格愈高。根据国际许可证工作者协会提供的资料，非独占许可转让的销售额提成率为4%~5%，而独占许可转让的销售额提成率为6%，即独占许可转让的费用比非独占许可转让的费用要高20%~50%。

2.合同条款规定的其他条件。合同的任何条款几乎都与价格相联系,尤以技术培训、技术服务、技术资料、技术担保、保证和赔偿条款、支付条款、税费条款、产品销售区域、专家待遇条件等对合同价格影响最大。

(二)注意专利的转让范围

1.合同中的转让方应当保证提供的技术和技术资料完整、无误、有效,能够达到约定的技术目标。

2.合同中可以约定转让方和受让方实施专利的范围,但是不能有限制性的条款来阻碍受让方实施其技术,影响市场的秩序和发展。

3.按照我国专利法的规定,中国单位或者个人向外国人转让专利申请权或者专利权的,必须经国务院有关主管部门批准。按照专利法实施细则的规定,这里所指的主管部门批准是由国务院对外经济贸易主管部门会同国务院科学技术行政部门批准。

4.注意实施专利转让合同中的禁用性条款。在国际专利实施转让时,受让方有时为了保持自己在其领域中的竞争优势,往往在进行专利许可时施加一些限制性的条款。这具体表现在以下几方面。

(1)要求受让方接受并非技术进口必不可少的附带条件,包括购买非必需的技术、原材料、产品、设备或者服务。

(2)要求受让方在专利权有效期满或者专利权被宣布无效的情况下支付使用费或者承担相应的义务。

(3)限制受让方改进许可方的技术或者限制被许可方使用所改进的技术。

(4)限制受让方通过其他的来源获得与许可方提供的技术类似的技术或者与其竞争的技术。

(5)不合理地限制受让方购买原材料、零部件、产品或者设备的渠道或者来源。

(6)不合理地限制受让方产品的生产数量、品种或者销售价格。

(7)不合理地限制受让方利用进口的技术生产产品的出口渠道。

第五节 当前关于专利实施的几个问题

一、专利权与垄断的问题

专利权作为一种具有垄断性质的权利,实际上是一把双刃剑。一方面,它保护和激励技术发明创造人来促进社会的技术进步;另一方面,专利权本身就是一种合法的垄断,但这种垄断在专利许可过程中经常被滥用,使原本合法的垄断超过了专利法允许的界限,从而演变成专利权滥用,成为垄断行为,触犯了反垄断法,阻碍了社会的进步和发展。目前,在世界专利保护制度越来越严格、专利保护客体不断扩大化的形势下,专利权人有可能会滥用专利的情况也会日趋增多和复杂化,因此,如何把握好专利权实施时的这个度是非常关键的。

(一)专利权滥用行为的种类

专利权滥用的行为主要有两种:不实施行为和专利许可中的限制竞争行为。

1. 不实施行为。顾名思义,它就是指专利权人不实施其专利并且在别人合理的请求下也不许可实施其专利的行为。专利权人不实施其专利的目的往往是为了延长使用比专利技术落后的已有技术,一方面避免技术造成对已有配套设备投资的浪费,从而获取更多的利润,另一方面自己可以提前准备好与专利技术相配套的设备,提升自己的竞争力。因此,有的企业宁愿花高价购买别人的专利然后束之高阁。专利的不实施直接影响了社会的发展。例如,1895 年,美国 AT&T 公司为了保证对有线电话市场的垄断期限而收集相关专利,致使无线电信通信技术的应用推迟了 20 年。

2. 专利许可中的限制竞争行为。由于专利权本身就是一种合法的垄断,因此专利权人很容易通过专利许可合同中规定的限制性条款在专利许可中滥用市场支配地位、联合限制竞争或协议限制竞争。像搭售、一揽子许可、不质疑条款、单方独家回授条款、指定技术来源、指定进货或销售渠道、不竞争条款、产量质量或价格限制、期满后的使用限制等都是限制性条款。当限制减少了竞争或构成不公正交易或歧视时,反垄断法不能轻易判其违法并予以禁止。不过,当专利权行使所附加的限制不合理地损害了竞争时,仍然有受反垄断法谴责的危险。禁止专利许可中的一切限制难免会危害到许可人的利益,损害他们的创新热情,既不利于专利技术的高效实施和顺利传播,也不利于整个社会的技术进步。

(二)处理专利权与反垄断的经验

反垄断法并不是禁止垄断本身,而是禁止滥用垄断的权利或地位阻碍竞争的垄断行为。这可从作为世界上第一部现代意义的专利法——英国《反垄断法规》(1623 年)积极地允许垄断,乃至各国反垄断法都不同程度地给予知识产权行使除外适用的待遇中得到证实。日本《垄断禁止法》一开始就设有专门的条款。其第 23 条规定:“本法规定,不适用于被认为是行使著作权法、专利法、实用新型法、外观设计法或商标法规定的权利的行为。”这就明确将行使知识产权的行为纳入了禁止垄断法的适用除外领域。从表面上看，专利法与反垄断法似乎是两类相互冲突的法律规范，前一种好像是在维持垄断，而后一种则是在限制或消除垄断。因此，协调好专利法与反垄断法之间的关系是非常重要的。但如果对该条进行反面地或者扩充地理解，那么通常得出的结论则是，有关知识产权的权利人行使权力超出了正当的范围，不正当地限制了市场竞争，就仍然要受到禁止垄断法的约束。

我们可以借鉴世界各国和国际组织在这方面的做法。

1. 美国反垄断法对专利权滥用行为的规制。从美国专利法及其司法实践来看，适当地处理专利权与反垄断的关系始终是其主旋律。在美国，通常情况下，有限制性内容的专利实施条款被划分为“本身违法”的条款和“可能违法”的条款。其中，在专利实施许可过程中属于“本身违法”的有搭售、不允许被许可人经营竞争产品、一揽子许可等；属于“可能违法”的情况包括许可中的地域限制、再出售限制、以控制市场为目的的专利交易、非独占性回授规定、拒绝许可、交叉许可、对具体专利使用范围的许可、对被许可人顾客的限制、压制专利的实施行为。依据该原则，法院在考虑对专利权垄断是否会对竞争构成危害和当事人的商业利益或交易效率是否会受影响时，更侧重考虑前者。此时，法院要依案件的具体情况来判断专利权人的行为是否属于违法。美国司法部将“合理原则”的判断依据归纳为两方面：第一，专利许可中的有关规定（如限制性规定）必须是依附于专利许可协议中合法的主要目的；第二，限制范围不得超过为达到这一主要目的所必需的合理范围。在满足这两方面要求的情况下，则视专利权人的许可行为是合理的，否则属于违法。使用上述标准的前提是许可的主要目的是合法的，否则该标准不能适用。

20 世纪 80 年代以来，受信息技术革命和产业革命的影响，美国司法界在平衡竞争方和专利法的冲突方面更倾向于对专利权人的保护，根据“合理原则”对专利许可合同进行判断的基本思想得到进一步的强调。根据 1995 年 4 月 6 日美国司法部和联邦贸易委员会联合发布的《知识产权许可的反托拉斯指南》，反托拉斯部门在运用合理原则对专利许可合同进行分析、评估时的一般范围包括：市场的结构状况、协调和排斥，涉及排他性的许可合同，效率与正当理由，反托拉斯的“安全区”。另外，该指南对许可合同中常会遇到的一些限制性条款还做出了具体分析与说明，主要包括横向限制、维持转售价高、搭售协议、排他性交易、交叉许可与联营协议、回授以及知识产权的取得等，它们为相应的限制性行为的性质做了具体的指导。

2. 欧盟反垄断法对专利权滥用行为的规制。欧盟将技术许可合同中的有关限制性条款分为了四种，它们分别是：

（1）“集体豁免”条款。它是指技术许可合同中不受《欧共体条约》第 85 条第 1

款禁止的限制性条款,这类条款受一定期限的豁免。

(2)“白色清单”条款。它是指一般不影响竞争、不妨碍获得豁免的许可合同条款。

(3)“黑色清单”条款。它是指不可豁免而且不适用合同无效的可分性规则的条款。

(4)“灰色清单”条款。它是指既不在基本豁免和白色清单之内,又不在黑色清单之内的限制性许可合同条款,当事人可将许可合同项通知欧盟委员会。

与美国的做法相比,欧盟的反托拉斯对知识产权许可的控制在确定性的程度上要高。由于欧盟执法机关专门发布了集体豁免的规章,其中明确地通过“清单方式”列举规定了应受禁止、不予禁止与可受豁免的许可合同条款,这就使合同当事人可以方便安全地根据这一规章来避免违反竞争法的风险。在特殊情况下,当事人还可就某些受禁止的许可合同条款事先向执法机关申请获得单独豁免。

3.日本反垄断法对专利滥用行为的规制。在 1968 年 5 月 24 日,日本公正交易委员会发布的《国际许可协议的反垄断指导方针》对禁止垄断做了一些规定。比如,该指导方针的第 1 条规定,在专利权或新式样权的国际贸易协议中,对专利引进方生产的产品有如下规定的则被视为不公平交易做法:限制出口地区(独占性许可等三种情况除外);限制出口价格和数量;限制生产有竞争性的产品;限制原料的购买来源;限制产品的销售途径;限制再销售的价格;限制买方将使用技术所获得的知识和经验告诉卖方;对未使用许可证技术生产的产品收取费用;限制原材料、零部件以及专利产品的产量。

在 1999 年 7 月 30 日,日本公正交易委员会又颁布了《专利和技术秘密许可协议中的反垄断法指导方针》。它基本上保留了关于公正交易委员会分析许可协议时的适用标准,而且还借鉴了美国和欧盟的做法:在限制条款分为白色条款、灰色条款和黑色条款三类方面的做法明显类似于欧盟的整批豁免或整体豁免制度;在权衡特定类型限制的必要性与它对竞争不利影响的可能性之间则可以找到美国合理分析原则的影子。

4.《保护工业产权巴黎公约》(简称《巴黎公约》)对专利滥用行为的规制。对发明创造进行不适当的垄断性实施,滥用专利权,亦是违反国际法准则的。《巴黎公约》规定了强制实施许可制度以革除该弊端。该公约第 5 条 a 款规定:“本联盟各国都有权采取立法措施规定授予强制许可,以防止由于行使专利所赋予的专有权而可能产生的滥用,例如,不实施。除强制许可的授予不足以防止上述滥用外,不应规定专利的取消。”上述规定适用于发明和实用新型专利。据世界知识产权组织(WIPO)的一次调查,在 131 个国家中,大多数国家明文规定了强制许可制度,并且强制许可的含义是基本相同的，只是在具体制度上略有差异。在类别方面，有些国家只规定了适用各种理由的强制许可；有些国家则根据颁发程序的不同，规定了更多的强制许可证。在强制许可的颁证理由方面，有的国家只规定了不实施一种，有的国家规定了不实施和依存专利两种，有的国家则列出了不实施、依存专利、公众利益三种。在强制许可的适用对象方面，有的国家只适用于发明专利；有的国家同时适用于发明和实用新型，但很少有国家把发明、实用新型、外观设计同时作为其适用的对象。在专利制度的国际协调中，各国对强制许可制度的认同得到了不断加强。

（三）解决问题的办法和我国应采取的措施

1. 为了弥补原则漏洞，就要给许可限制建立一个合理的体系。在许可限制中应遵循“合理报酬”原则，即专利权人应从其发明创造的社会财富中获得合理的报酬。更确切地说，合理报酬原则是假设在专利权已确定的前提下，发明者有权从其创造的价值中获得报酬。若该发明能带来较高的社会价值，则发明人自然能获得较高的报酬，不管发明的成本如何。合理报酬原则并非决定报酬多少的准则，但确实关系到报酬的来源。假设一发明者可以拿到 10 万美元的报酬，但如果他向发明的受益人收取费用，或促成卡特尔的话他就可以获得更多收益。只要受益人不因没有这项发明的出现而遭到更多损失，那么专利权人向他收取费用就应该属于合理报酬的范围。专利权人在这方面附加报酬限制是正当的。但值得注意的是，现存市场上的卡特尔所获取的利益并不能适用合理报酬原则，因为这些利益是来源于卡特尔（企业联合）而非发明，所以这一部分不在合理报酬的范围之内。美国的反垄断判例法里有两个传统的原则——“利益平衡”和“最低限度”——可以在许可限制中发挥作用。利益平衡原则是指专利权人获利机会的多少不应取决于其实施专利的能力。即使是由被许可人来实施一项专利，其实施专利的能力也许还与偶然的历史事件有关，例如，是否有生产设备，资产流动性如何，是否有融资渠道等。专利许可并不能解决这些问题，即被许可人实施专利未必一定能取得成功。最低限度原则指除了要求获得适当的利益之外，专利人不应再在许可中进行任何限制。换言之，若不是为了实现利益平衡就不应允许许可限制行为。该原则旨在防止虚假许可中潜在的不正当利益的实现，因为过多的限制会增加勾结的风险，这样一来，通过交易获得的利润就不是由发明所带来的社会效益或激励机制产生的。当许可不能促进商业的发展，或被许可的专利发明无法使被许可方获得更多利益时，就应该反思它的合理性。

2. 我国目前尚无反垄断法，防止专利权人滥用专利、妨碍公平竞争的规定也还不完善,因此,在专利侵权的司法实践中,也没有运用滥用专利这一原理进行抗辩的先例。但从现实层面看,当今社会知识产权已经成了发达国家重新维持其在全球经济中的主导地位的重要手段,随着各国关税壁垒的逐步拆除和世界统一市场的逐步形成,知识产权制度将会更加受到各国的重视。现在研究专利许可限制中的利益平衡问题,也是为我国将来更好地运用知识产权法和未来的反垄断法保护国内的权利人奠定基础。在涉外的专利许可过程中,我们同样可以有策略地合法利用限制条款来帮助许可人获得更多利益。

二、专利权转让的现状和解决方法

(一)专利权转让的现状

世界知识产权组织发布最新报告指出,2020 年全球专利申请量增长 4%,达到 27.59 万件,创造了有史以来最高数量。中国专利申请量同比增长 16.1%,以 68 720 件稳居世界第一。紧随其后的是美国,专利申请量达 59 230 件。日本、韩国和德国位居三、四、五位。

报告数据反映了全球创新趋势,亚洲国家和地区 10 年间专利申请量占比从 35.7%升至 53.7%。自 1978 年世界知识产权《专利合作条约》运行以来,美国一直蝉联榜首。2019 年,中国首次超越美国成为全球最大专利申请来源国。

世界知识产权报告显示,2010—2020 年,全球专利申请量的涨幅已超过全球国内生产总值涨幅。中国华为技术有限公司连续 4 年成为最大申请来源。申请量最大的前十所高校中,有 5 所来自中国。从领域来看,计算机技术在全球专利申请的占比最大,其次是数字通信和医疗技术。

国家知识产权局发布的《2020 年中国专利调查报告》显示,2020 年我国有效发明专利产业化率为 34.7%,其中,企业为 44.9%,科研单位为 11.3%,高校为 3.8%。“十三五”期间,我国有效发明专利产业化率整体稳定在 30%以上,其中,企业有效发明专利产业化率保持在 40%以上。

然而,我国专利运用能力与经济社会发展的内在需求还存在明显不相适应的问题。

一是专利转移比重小。在已实施的专利中,自行实施占 91.1%,转让和许可实施的比例不足 10%。表明我国产学研结合的组织形式松散、专利交易活动不活跃,特别是大专院校和科研单位的研发方向需要进一步与技术前沿和市场需要相结合。

二是专利实施收益低。专利实施的收益水平主要集中在低于 5 万元、10 至 30 万元和 100 至 500 万元三个区间,收益水平超过 500 万元的比重仅为 9.8%。说明我国技术含量高、附加值高的核心专利少,企业通过实施专利创造经济收益、支撑和引领经济社会发展才刚刚起步。

三是专利储备不足。我国企业重专利实施,轻技术储备,专利运用方式单一。研发追求眼前利益,不重视具有市场潜力或技术超前的重大技术,长远利益谋划不足,致使专利储备不足,发展潜力不强。

四是专利交易渠道不畅。3/4 以上的专利权人在实施专利时没有通过中介服务机构,且目前社会上普遍存在着有专利的人找不到实施现象,有投资意向的人找不到专利项目的现象,表明我国专利交易渠道不畅,中介组织服务缺位,严重制约了专利技术的推广实施与产业化。

五是民间发明创造的专利实施难。民间个人(非职务)发明专利的实施率仅为 30.3%,明显低于职务(单位)发明;而且非职务发明创造的专利实施收益水平远不如职务发明,表明民间发明创造的专利实施和产业化还相当艰难。

六是专利运用人才缺乏。有 11.5%的专利在运用过程中遇到的困难是缺乏人才。专利运用人才既包括企事业单位内部的专利管理人员,也包括中介机构的专利工作者。专利运用的人才数量少、素质不高,特别是促进专利运用的复合型人才匮乏,制约着专利运用水平的提升。

七是政府行政作为不足。专利保护不力的问题仍然比较突出,有近 1/4 的授权专利遇到了侵权问题。政府对专利实施的扶持力度不够,财税、金融和政府采购还存在针对性不强、不配套、难落实等政策障碍。专利交易服务的培育力度弱,专利交易平台建设滞后,专利中介服务的政策环境不佳。

(二)专利权转让的注意事项

为了加快专利技术向生产力的转化,建议有专利的各企事业单位及个人做好如下工作。

1. 在申请专利以前要做好市场调研,掌握市场的需求,并以解决带有普遍意义的工农业生产及人民生活中存在的问题为目标。

2. 专利申请技术不一定是完善和成熟的技术,为了尽快进行转让,首先要制作出发明创造的样品或模型,使人对该技术或产品有一个感性认识,通过样品或模型的操作或食品的品尝,使欲接产方对技术或产品的实施可行性增加信心,以达到事半功倍的效果。

3. 尽可能详细地写出技术实施的可行性分析报告,其中包括技术或产品的主要用途、功能及技术特点、与现有技术或产品的对比、专利开发的程度(即技术完善程度)、投产条件、经济效益及市场预测情况、转让条件及转让费用等。可行性分析报告是供宣传和欲接产厂家参考的,要注意实事求是,且要在语言文字方面讲究艺术性,能吸引人。有些非职务发明人可能不了解生产、实施方面的某些问题,应做到了解多少写多少,并不断改进。

4. 积极主动地选择可靠的、宣传力度大的信息传播机构来进行专利技术的推广和宣传,积极、有选择地参与这些机构组织的技术展览、交易及洽谈和信息发布活动,与其建立长期业务联系,及时沟通技术完善和实施的情况。

5. 做好转让第一家的专利实施工作。专利技术转让第一家是最难的,在技术不完善、不成熟的情况下,积极采取优惠或合作的办法,与实施方配合做好整个技术的完善、改进工作,为以后的转让奠定基础,总结经验,同时也把它作为实施的样板供以后洽谈过程中考察方参考。同样,申请人自己能实施的,也要做好实施样板厂的工作,这样更有利于增强欲接产方的信心。

6. 与有关部门配合,进行有针对性的宣传和推广工作。有些技术不适合大面积的推广,而适于向专业对口企业主动推广。与有威信的技术推广部门合作开展推广工作,更容易使技术或产品真实、可靠,当然,产品本身要经得起考验,推广部门要对其效果进行考察后才能开始工作。

7. 转让费和转让方式要适度、合理。这是影响转让成功与否的重要因素。往往有些专利申请人要一口吃个胖子,转让费过高,条件苛刻,使欲接产方难以接受,影响了专利的实施。如果专利申请人难以制定合理的转让费和转让方式,可找有关权威机构进行咨询,定出参考模式。

8. 有条件的技术持有者还要根据技术或产品的实施要求,对专利技术或产品进行必要的检测、鉴定,增加技术的可靠性,并与欲接产方合作做好这方面的工作。

三、实施专利贸易合同时的侵权问题

在涉外专利侵权纠纷中,作为被指控的国内企业,如果经过认真的对比分析发现确属侵犯了对方的专利权,也不能坐以待毙,而应当积极寻求与对方和解。事实上,在专利侵权纠纷中,双方和解的可能性是非常大的。因为侵权诉讼的高风险性以及诉讼过程所消耗的漫长时间和巨额费用,可能使双方两败俱伤,因此专利侵权纠纷的各方当事人大都愿意选择和解。所以,在涉外专利侵权纠纷中,国内企业一边在法庭上与对方针锋相对,一边也要通过其他渠道寻求和解,以尽量避免遭受巨大的损失。我们还可以借鉴国际上关于侵权的规定,来减少自己的损失。

(一)专利侵权的分类

侵权行为有三种:直接侵权、间接侵权和假冒他人专利。

1. 直接侵权行为是指，未经专利权人许可，单位或个人为经营目的直接使用、制造、许诺销售、销售、进口专利产品，或者使用专利方法，或者使用、许诺销售、销售、进口依照该专利方法直接获得的产品。外观设计专利权被授予后，未经专利权人许可，单位或个人为生产经营目的制造、销售、进口其外观设计专利产品。

2. 间接侵权行为是指，未经专利权人许可，单位或个人向他人提供属于专利保护的发明创造的重要组成部分，或者为实施专利发明，向他人提供必要手段，从而构成他人直接侵犯专利权的行为。例如：向未经专利权人许可的单位或个人提供能够直接安装在某个专利设备上的合适部件，或者提供能够用来实施某个专利方法的设备的行为，都属于间接侵犯专利权的行为。

3. 假冒他人专利是指，以非专利产品冒充专利产品，以非专利方法冒充专利方法。

另外，未经专利权人许可实施专利发明，有些在法律上并不视为侵权行为。《中华人民共和国专利法》第 63 条规定，有下列情形之一的，不视为侵犯专利权：①专利权人制造、进口或者经专利权人许可而制造、进口的专利产品或者依照专利方法直接获得的产品售出后，使用、许诺销售或者销售该产品的；②在专利申请日前已经制造相同产品、使用相同方法或者已经做好制造、使用的必要准备，并且仅在原有范围内继续制造、使用的；③临时通过中国领陆、领水、领空的外国运输工具，依照其所属国同中国签订的协议或者共同参加的国际条约，或者依照互惠原则，为运输工具自身需要而在其装置和设备中使用有关专利的；④专为科学研究和实验而使用有关专利的；⑤为生产经营目的使用或者不知道是未经专利权人许可而制造并售出的专利产品或者依照专利方法直接获得的产品，能证明其合法来源的，不承担赔偿责任。

（二）美国对专利权的侵害的规定

1. 任何人在美国境内，在专利期限内，未经许可而制造、使用或出售取得专利权的发明时，即为侵害专利权。

2. 任何人积极引起对专利权的侵害时，应负侵害的责任。

3. 任何人出售已取得专利权的机器的组件、制造品、物品的组合或合成物，或者出售用在实施一项已取得专利权的制法（该项发明的重要部分）中的材料或设备，而且明知上述物品是为用于侵害专利权而特别制造或特别改造，也明知上述物品并不是用于基本不构成侵害用途的生活必需物品或商品的，应负同谋侵害的责任。

4. 专利权所有者在其他情况下有权解除专利权侵害者或同谋侵害者的责任，不能因其有下列一项或一项以上的行为而被剥夺解除责任的权利，或者被认为有滥用或不法扩大其专利权的罪责：①从某些行为中得到收入，而该项行为如由他人不得其同意而施行即构成对专利权的同谋侵害；②签发许可证授权他人施行某些行为，而该项行为如由他人不得其同意而施行即构成对专利权的同谋侵害；③企图实施其专利权以对抗侵害或同谋侵害。①

（三）侵权的解决方法

1. 分析和解的可能性。通过专利侵权指控实现经济目的，是当代企业进行商业竞争的一个新趋势。有时，法庭不过是市场之外的第二战场，对方真正要得到的无非是通过诉讼增加谈判的筹码，得到较高的专利使用费。在这种情形下，双方和解能够带来双赢的效果，当事人各得其所：权利人既可保护专利权，又可收取可观的使用费。使用人通过支付使用费不仅免去了“侵权”的恶名，为企业挽回了名誉，还可以继续使用权利人的专利获取自己应得的收益。

在某些涉外专利侵权纠纷中，国外企业看似以专利诉讼相威胁，其实可能只是一个施压的手段，对于理智的企业而言，诉讼并不是赢得利益的最佳手段。因为诉讼一旦发动，就必须要投入很多的精力，支出庞大的费用，更重要的是专利诉讼的时间非常漫长，经过一审二审再加上“反诉”专利无效等程序，可能要好几年时间才能结束诉讼战。而对于企业来讲，“时间就是金钱，效率就是生命”，市场瞬息万变，专利也在高速更新换代，将大量的时间投入诉讼，就算最终打赢了官司，也许已经失去了最佳的市场，得到的只能是费力不讨好的结局。

面对国外企业咄咄逼人的专利诉讼威胁，国内企业可以先分析对方侵权指控的目的，然后适时抓住机遇，开出谈判条件，达成双方和解。

2. 创造和解的条件。在涉外专利侵权纠纷中，国内企业在分析与对方和解的可能性后，还要善于把握和解的时机，主动创造促成双方和解的条件。一般而言，当涉外专利侵权纠纷刚刚开始时，各方态度都比较强硬，可能比较难以达成和解，但随着侵权纠纷的进展和双方利益的博弈，基于各种考虑，对方可能会接受和解的方案。

（1）主动要求合作，促成双方和解。如果自己确实侵犯了对方的专利权，胜诉的可能性也微乎其微，最好主动提出侵权赔偿，要求与对方相互合作，以自己的市场换对方的专利。这样，一方面可以化解双方的纠纷，保全企业名誉；另一方面，由于主动赔偿表达了自己的诚意，为双方开展合作扫清了障碍。由于主动赔偿减少了双方的诉讼开支，节省了精力，因此在谈判赔偿数额时，可以提出少赔，甚至是象征性的赔偿。

---

① 《美国专利法》（法典第35篇）第28节。

国内企业针对对方的专利侵权指控,可以根据其不同的目的提供不同的合作模式。如果是国外企业的专利存在但自己并不使用,或者其专利技术即将被淘汰等情形,国内企业可以以合适的价格,受让对方专利或取得对方的专利许可。当然,与国外企业的合作并不限于专利的受让或许可,也可以以自己的销售渠道、政策优势和市场份额等条件,与对方展开合作。

(2)放缓节奏,促成双方和解。在涉外专利侵权纠纷刚刚发生时,国外企业可能会对和解方案置之不理,而执意要走上法庭。作为被告的国内企业不必心灰意冷,可以采用疲劳战术,让对方长时间陷入诉讼的泥潭,久而久之,惊人的诉讼开支和漫长的时间消耗必然让对方按捺不住。此时,再开出条件,适当让步,和解成功的可能性就会提升许多。拖延诉讼时间的一个有效途径是提起专利无效宣告,从而中止法庭审理,如此必然会占用大量的时间,使涉外专利侵权诉讼久拖不决。

(3)利用专利对抗,促成双方和解。在涉外专利侵权纠纷中要促成双方和解,国内企业要善于利用自己手中的专利牌。一般而言,与自己发生专利侵权争议的往往是同行企业,因此,国内企业可以以自己手中的专利与对方进行专利合作,从而达成和解。当然,在发生涉外专利侵权纠纷时,国内企业可能手中并没有专利可以与之对抗,此时,可以考虑收购他人的专利以获得与对方平等对话的地位。

(4)反诉对方侵权,促成双方和解。在涉外专利侵权纠纷中,反诉对方侵权通常也是一种促进和解的策略。反诉对方侵权要注意两点:首先,得有对方侵犯自己权利的事实,如果平白无据地起诉对方,不仅达不到促进和解的目的,反倒会浪费自己很多的时间和精力。其次,反诉对方侵权不一定限于侵犯专利权,反诉的地点也不限于对方起诉的法院。只要能够有效打击和遏制对方咄咄逼人、毫不让步的气势,即是成功的反诉。由于反诉使对方也陷入了被动的状态,因而将给促进和解谈判增加很重的筹码。

案例研究

案例一　涉及职务发明的专利权权属纠纷案

原告深圳市卫邦科技有限公司(以下简称“卫邦公司”)诉李坚毅、深圳市远程智能设备有限公司(以下简称“远程公司”)专利权权属纠纷案中,涉案专利系名为“静脉用药自动配制设备和摆动型转盘式配药装置”、专利号为 201310293690. X

的发明专利(以下简称“涉案专利”),主要内容是采用机器人完成静脉注射用药配制过程的配药装置,专利申请人为卫邦公司离职员工李坚毅。

卫邦公司是一家专业从事医院静脉配液系列机器人产品及配液中心相关配套设备的研发、制造、销售及售后服务的高科技公司。2010 年 2 月至 2016 年 7 月,卫邦公司申请的多项专利均涉及自动配药设备和配药装置。其中,卫邦公司于 2012 年 9 月 4 日申请的 102847473A 号专利(以下简称“473 专利”)主要用于注射科药液自动配置。李坚毅于 2012 年 9 月 24 日入职卫邦公司生产制造部门,并与卫邦公司签订了《深圳市劳动合同》《员工保密合同》,约定由李坚毅担任该公司生产制造部门总监,主要工作是负责研发“输液配药机器人”相关产品。李坚毅任职期间,多次参与自动配药装置研发方案的会议讨论。

李坚毅与卫邦公司于 2013 年 4 月 17 日解除劳动关系,于 2013 年 7 月 12 日向国家知识产权局申请涉案专利,且为该专利唯一的发明人。其后,李坚毅于 2016 年 2 月 5 日将涉案专利权转移至其控股的远程公司。李坚毅在入职卫邦公司前,并无从事与医疗器械、设备相关行业的从业经验或学历证明。

一审法院经审理后做出判决,确认卫邦公司为涉案专利的专利权人,李坚毅、远程公司共同向卫邦公司支付合理支出 3 万元。李坚毅、远程公司不服,提起上诉。二审法院于 2019 年 1 月做出驳回上诉、维持原判的判决。李坚毅、远程公司不服,向最高人民法院申请再审。最高人民法院于 2019 年 12 月 30 日做出民事裁定,驳回李坚毅和远程公司的再审申请。

结合本案相关证据和查明的事实,法院认为:首先,李坚毅于卫邦公司任职期间担任生产制造总监,直接从事配药设备和配药装置的研发管理等工作,其本职工作或分配的任务与涉案专利技术密切相关。其次,结合涉案专利的审查意见、引证专利检索以及李坚毅与卫邦公司有关工作人员的往来电子邮件中直接涉及与涉案专利技术方案密切相关的研发活动等内容,认定涉案专利与李坚毅在卫邦公司承担的本职工作或分配的任务密切相关。再次,卫邦公司在静脉用药自动配制设备领域的技术研发是持续进行的。卫邦公司成立于 2002 年,经营范围包括医院静脉配液系列机器人产品及配液中心相关配套设备的研发、制造、销售及售后服务。其在 2010 年 2 月至 2016 年 7 月期间先后申请了 60 余项涉及医疗设备、方法及系统的专利,其中 44 项专利是在李坚毅入职卫邦公司前申请,且有多项专利涉及自动配药装置。最后,李坚毅作为涉案专利唯一的发明人,在离职卫邦公司后不到 3 个月即以个人名义单独申请涉案专利,且不能对技术研发过程或者技术来源做出合理说明,不符合常理。且本案证据不能证明李坚毅具有能够独立研发涉案专利技术方案的知识水平和能力。综上,一、二审法院认定涉案专利属于李坚毅在卫邦公司工作期间的职务发明创造并无不当。李坚毅、远程公司的申请再审理由均不能成立。

此案涉及涉案专利是否属于员工在本职工作中做出的发明创造的判断。

《专利法》第六条规定:“执行本单位的任务或者主要是利用本单位的物质技术条件所完成的发明创造为职务发明创造。职务发明创造申请专利的权利属于该单位……”《专利法实施细则》第十二条第一款第三项进一步规定,“退休、调离原单位后或者劳动、人事关系终止后1年内做出的,与其在原单位承担的本职工作或者原单位分配的任务有关的发明创造”属于职务发明创造。

对于执行本单位的任务所完成的职务发明创造,应是体现本单位与发明人双方意志的结果。职务发明与非职务发明的根本区别在于:职务发明的创造过程受本单位任务的约束,带有一定的被动性,体现的是单位与发明人两方面的意志;非职务发明的创造过程不受本单位的约束,本单位的意志(任务)并没有体现在发明人的创造过程中。判断是否属于执行本单位的任务所完成的职务发明,可以通过单位与发明人雇佣关系的存续,发明人的工作职责、工作内容及与涉案专利技术方案的关系,发明人履行工作职责、完成工作内容的情况等,进行综合判断。

在具体判定过程中,应综合考虑以下因素:一是离职员工在原单位承担的本职工作或原单位分配的任务的具体内容,包括工作职责、权限,能够接触、控制、获取的与涉案专利有关的技术信息等。二是涉案专利的具体情况,包括其技术领域、解决的技术问题、发明目的和技术效果、权利要求限定的保护范围、涉案专利相对于现有技术的“实质性特点”等,以及涉案专利与本职工作或原单位分配任务的相互关系。三是原单位是否开展了与涉案专利有关的技术研发活动,或者是否对有关技术具有合法的来源。四是涉案专利(申请)的权利人、发明人能否对涉案专利的研发过程或者技术来源做出合理解释,相关因素包括涉案专利技术方案的复杂程度、需要的研发投入,以及权利人、发明人是否具有相应的知识、经验、技能或物质技术条件,是否有证据证明其开展了有关研发活动等。

案例思考与讨论:

当本职工作与涉案专利方案无关时,该专利是否属于职务发明?

案例二　外观设计专利侵权案例

原告上海晨光文具股份有限公司(以下简称“晨光公司”)是名称为“笔(AGP67101)”的外观设计专利的专利权人,专利号为ZL××××××××××××.3,其于2009年11月26日向中国国家知识产权局申请了外观设计专利,授权公告日为

2010年7月21日，目前处于有效状态。2015年11月，晨光公司发现被告得力集团有限公司（以下简称“得力公司”）制造并销售得力思达A32160波普风尚中性笔，济南坤森商贸有限公司（以下简称“坤森公司”）亦在天猫商城许诺销售、销售该产品。晨光公司认为，该产品与原告外观设计专利产品属于相同产品，且外观设计近似，两被告的行为构成对原告专利权的侵犯，故向上海知识产权法院提起诉讼。

2015年11月30日，在上海市黄浦公证处公证人员的监督下，原告委托代理人在淘宝网上“宝贝”栏目中搜索“得力A32160”，结果页面显示“共7件宝贝”，价格由1.0元/支到26.90元/盒（共12支）不等。原告委托代理人在标价为26.90元/盒的“得力坤森专卖店”中购买了4盒得力思达A32160波普风尚中性笔。法院结合双方提交的证据及事实陈述，根据笔杆主体形状、笔杆顶端形状、笔帽主体形状、笔帽顶端形状、笔帽相对于笔杆的长度、笔夹与笔帽的连接方式、笔夹长出笔帽的长度等方面的设计特征，整体上确定了授权外观设计的设计风格，而这些设计特征在被诉侵权设计中均具备，可以认定两者在整体设计风格及主要设计特征上构成近似。根据整体观察、综合判断的原则，被诉侵权设计采用了与授权外观设计近似的设计风格，使用了影响授权外观设计整体视觉效果的设计特征，其与授权外观设计的区别点不足以对整体视觉效果产生实质性影响，即不构成实质性差异。因此，被诉侵权设计与授权外观设计构成近似，被诉侵权设计落入原告外观设计专利权的保护范围。

法院经审理后认为，被告得力公司未经原告晨光公司许可制造、销售被诉侵权产品的行为，以及被告坤森公司未经原告许可销售、许诺销售被诉侵权产品的行为，构成对原告晨光公司外观设计专利权的侵犯。关于赔偿数额的确定，根据相关法律规定，确定侵权人因侵权所获得的利益，应当限于侵权人因侵犯专利行为所获得的利益。

法院充分结合涉案专利的特点、侵权行为发生时保护期时长、消费者选购笔类产品的考虑等因素，认为被告得力公司使用授权外观设计形状所获侵权利润只是被诉侵权产品获利的一部分，不能将被诉侵权产品的全部利润作为本案侵权获利。根据以上因素，结合本案其他情节，法院确定被告得力公司赔偿原告经济损失及制止侵权的合理费用共10万元。

案例思考与讨论：

面对外观设计侵权时，应如何维护自己的权利？

思考与练习

1. 什么是专利和专利权？
2. 专利权人有哪些权利和义务？
3. 我国规定的不授予专利权的发明有哪些？
4. 进行专利申请时有哪几种审查方式？
5. 专利实施许可与专利申请实施许可的区别主要表现在哪几个方面？
6. 专利实施许可的类型有哪些？它们分别有什么特点？

第五章

商标和商标权

Trademark and Trademark Right

商标是知识产权的重要内容之一，在市场竞争中，商标作为企业一项重要的无形资产，正在起着越来越重要的作用。通过本章的学习，学生应了解商标和商标权的概念，熟悉商标转让权、商标使用许可权及其合同，以及国际商标注册制度，掌握商标的分类、内容以及商标权的使用等内容。

学习要点

Trademark is one of the major contents in intellectual property, and as an important intangible asset,trademark plays a more and more important role in market competition.By learning this chapter, the students should know the concepts of trademark and trademark right.What's more,they should be familiar with the two contracts, the contract of trademark transfer and the contract of trademark permission, and the international registration of trademark as well.Most importantly, students should master the classification and content of trademark, as well as the use of trademark right.

第一节 商 标

一、商标的概念

商标，一般是指商品的生产者或服务的提供者为了使自己的商品或服务同其他竞争者的商品或服务区别开来而使用的专用标记。对于商标的定义，各国法律的规定不尽相同。例如，《欧洲共同体委员会协调成员国商标立法第一号指令》（1988 年 12 月 21 日 89/104/EEC）规定："所有可用书面形式表示的标记，尤其是字词（包括人名）、图形、字母、数字、商品及其包装的外形，只要能将一个企业的商品或服务区别开来，均可构成商标。"按该指令对商标法进行修改的法国、英国、瑞士、西班牙对商标做出了同样的定义。而美国的法律关于商标的定义，是按 Learned Hand 法官在美国最高法院 1982 年的判决书中指出的："他（商人）的标志是权威性标记，用附在商品上的标记来保证商品的质量，它包含商人名誉的好坏，如果另一个人使用这一标志，那他就是假借所有人的信誉。即使借用人没有玷污标志或用它转移销售，也是一种对人的损害，信誉就像一个人的脸一样，是占有人和创立人的象征，其他人只能把它当做面具来使用。"我国《商标法》第 8 条规定："任何能够将自然人、法人或者其他组织的商品与他人的商品区别开的可视性标志，包括文字、图形、字母、数字、三维标志和颜色组合，以及上述要素的组合，均可作为商标申请注册。"同时该法第 4 条还规定："本法有关商标的规定，适用于服务商标。"

在关于商标的种种定义中，最具代表性的定义应该是世界贸易组织在其《与贸易有关的知识产权协议》中给商标下的定义："任何能够将一企业的商品或服务与其他企业的商品或服务区分开的标记或标记组合，均应能够构成商标。这类标记，尤其是文字（包括人名）、字母、数字、图形要素、色彩的组合以及上述内容的任何组合，均应能够作为商标获得注册，即使有的标志本来不能区分有关商品或服务，成员亦可依据其经过使用而获得的识别性，确认其可否注册。成员可要求把'标记应系视觉可感知'作为注册条件。"

二、商标的类型

按照不同的分类标准，可以将商标分成以下几种类型。

（一）按照商标的构成要素分类

按照商标的构成要素分类，也就是按照商标的结构组成或者状态分类。以这种划分方法，可将商标分为形象商标和非形象商标两大类。所谓形象商标，是指通过视觉能够感受到的商标，包括平面商标和立体商标。与形象商标相对应的则是非形象商标，又称无形商标，它是指无法通过视觉感受，而要通过听觉、味觉、嗅觉去感知的商标，即听觉商标、味觉商标、嗅觉商标等。将形象商标中的平面商标进一步细分，又分为文字商标、图形商标、组合商标、颜色商标等。其分类关系可如图5-1所示。

- 形象商标
  - 平面商标——文字商标、图形商标、组合商标、颜色商标等
  - 立体商标
- 非形象商标（无形商标）——听觉商标、味觉商标、嗅觉商标等

图 5-1 商标的分类关系

1. 文字商标。文字商标是指仅由文字组成，不含文字以外的任何图形成分的商标。其中文字可以是汉字、少数民族文字、拼音字母、外国文字、阿拉伯数字等，对于字体以及笔画的艺术变化、重合交织也不加限制。文字商标的好处是含义明确、易读易懂、方便记忆。弊端是同音、近音、同形词语易于混淆，如“清风”与“轻风”，“天宇”和“天雨”，“sun”和“son”等，此外，与其他商标相比形象性较差。

2. 图形商标。图形商标是指无任何文字，仅由图形构成的商标。图形可以是具体的图形，也可以是抽象的图形，可以是人工绘制的图画，也可以是摄影作品。总之，除商标法禁用条款规定的内容不得作为图形商标外，其他图形都可使用。作为历史最为悠久的商标类型，它的好处是形象生动，易于识别，不受语言限制，不论在任何国家或者地区，也不论使用何种语言，人们都可以按图识别。但它的缺点是不易称呼，也不如文字商标表意明确。

3. 组合商标。组合商标是指将文字和图形组合而成的商标。它既保留了文字商标含义明确、便于呼叫的优点，又具有图形商标形象醒目、颇具标志性的特点，可谓图文并茂，相互融合，因此，组合商标被普遍采用。组合商标的设计要求文字与

图形和谐一致,联系紧密,构成统一的整体。组合商标必须将文字载入图样,否则不予以保护。此外,作为一个完整的整体,组合商标不得变动其组合或排列或擅自改动某一部分。

4. 颜色商标。颜色商标是指由某种色彩或不同色彩的组合构成的商标。关于颜色能否成为商标,各国意见不一。有些国家认为,颜色不能成为商标;有些国家认为,单一颜色不能成为商标,只有不同颜色的组合才能申请注册商标;而有些国家认为只要特定颜色具有辨别商品出处的特殊功能,单一颜色构成的商标也可以成为商标。中国新修改的《商标法》增加了对颜色商标的保护,但仅限于颜色组合,单一颜色不能申请注册商标。

5. 立体商标。立体商标是指以产品的外形或产品的立体包装作为商标,如香水瓶、酒瓶、饮料瓶、容器,以及与商标本身紧密相连的包装,如香烟盒等。世界上最有影响的立体商标就是美国的"Coca-cola"汽水饮料瓶的外形。立体商标的优点是造型独特、印象深刻。虽然立体标志属于工业品外观设计,但由于工业品外观设计的保护期不像商标那么长,也不像商标可以无限期地申请续展,所以产品开发者往往申请商标注册,以达到无限期保护的目的。美国、法国、英国、德国等国的商标法明确地对立体商标给予保护。中国新修改的《商标法》也增加了对立体商标的保护。该法第8条规定,可视性"三维标志"即立体标志可作为商标申请注册,同时允许三维标志与文字、图形、字母、数字、颜色组合形成平面或立体的组合商标。

6. 听觉商标。听觉商标是指人们通过听觉才能感知的商标,如将一段音乐、音响作为商标。目前,对这类商标予以保护和承认的国家还较少,只有法国等少数国家,在我国实践中尚无此种商标。

7. 味觉商标。味觉商标是指人们通过舌头所感知的商标,如将一种特殊味道的物品的口味作为商标,比如,一种甘草味的纸,甘草味就是它的商标。[①]

8. 嗅觉商标。嗅觉商标是指人们通过鼻子所感知的商标,如将一种特殊气味作为商标。如用新割的草味作为高尔夫球场的商标。[②]

(二)按照商标的用途分类

根据商标的使用对象不同,可以把商标分为商品商标、服务商标和营业商标。

1. 商品商标。商品商标是指用于生产的产品上的商标,此种商标不仅可以把不同生产者生产的同类商品区分开来,还可以把同一生产者的不同类商品加以区

① 编写组:《商标注册理论与实务》,中国工商出版社,2005年版,第7页。

② 同上。

分,比如宝洁公司旗下的飘柔、海飞丝、潘婷等不同产品的专有商标。目前,商品商标的数量最多,应用最广。

2. 服务商标。服务商标是指服务行业,如金融、保险、运输、旅游、通信等行业用在所提供的服务上的一种标记,目的是将自己提供的服务与他人的同类服务区别开来。与商品商标不同,服务商标不用直接附着在商品上,而是通过广告、招牌等方式使用,或者附着在为提供服务而使用的物品上。目前,随着国际服务业的迅猛发展,越来越多的国家法律明确规定对服务商标予以保护。如《美国注释法典》第 15 编第 1127 条规定:"服务商标基本上是用于服务销售而不是商品销售。"此外,服务商标也受到了国际社会的重视,如《巴黎公约》第 6 条第 6 款明确规定:"本联盟各国承诺保护服务标志。"《与贸易有关的知识产权协议》第 16 条第 2 款进一步指出:"巴黎公约 1967 年文本第 6 条第 2 款,原则上适用于服务商标。"我国的商标法也明确规定保护服务商标,如中国《商标法》规定:"企业、事业单位和个体工商业者,对其提供的服务项目,需要取得商标专用权的,应当向商标局申请服务商标注册。""本法有关商品商标的规定,适用于服务商标。"

3. 营业商标。营业商标是指用生产或经营企业的名称、标记作为商标。比如我国的"同仁堂""全聚德",外国的"松下""福特"等。对于知名度较高的企业生产的产品,以营业商标作为商标,容易建立并扩大商品的信誉。

(三)按照商标的使用者分类

按照商标使用者的不同,商标可以分为制造商标、销售商标、服务商标和集体商标。

1. 制造商标。制造商标又称"生产商标"或"工业商标",是指商品生产者在自己生产、制造、加工的商品上所使用的商标,用来区别于生产同类产品的其他生产者、制造者或加工者,比如联想、IBM 等。使用制造商标,有利于扩大厂商的知名度,也有利于消费者督促厂家提高产品质量。

2. 销售商标。销售商标又称"商业商标",是指商品销售者在其经销的商品中所加的标记。在制造者实力薄弱,或者销售商实力雄厚或享有盛誉时,比较愿意使用销售商标。通过销售商标,销售者向消费者表明,其所销售的商品质优价廉、值得信赖。比如,一些国外知名的大商场、超市往往通过销售商标增加消费者的信赖程度,从而扩大商品的销售量。全球排名第一的美国超市"沃尔玛"以及日本知名百货公司"三越"等,就是销售商标的典型代表。

3. 服务商标。服务商标是指服务部门,如运输、保险、金融、建筑、旅游、通信等服务行业使用的标记,使用服务商标的目的是区别同类部门的服务项目和质量,扩大知名度,同时客观上也将有利于各服务提供者之间进行公平竞争,从而提高服务的质量,推动服务业的良性发展。

4. 集体商标。集体商标又称“团体商标”,是指以团体、协会或者其他组织名义注册,供该组织成员在商事活动中使用,以表明使用者在该组织中成员资格的标志。根据《美国注释法典》第15编第1127条的规定:“集体商标即表明商品或服务是由一个集体团体的某些成员生产或者提供的,也表明这一特别团体的成员资格。”因此,集体商标分成两种形式:集体成员资格商标和集体贸易或服务商标。①集体商标只能由某一组织申请,它只允许组织成员在商业活动中使用,而不允许非组织成员使用,而且不可转让。集体商标的出现是商品生产者和销售者联合的结果。使用集体商标表明某种商品或服务是由某组织的成员生产、销售或提供的,其目的在于统一各成员的商品质量,创立集体荣誉,增强竞争力,降低宣传成本。

(四)几种特殊性质的商标

1. 等级商标。等级商标是指生产者为了区分所生产商品的质量、原料、工艺等,而在自己生产的不同等级的同类商品上使用的系列商标。例如:“宝来”和“波罗”与“奥迪”和“帕萨特”代表了大众集团在中国生产的不同级别的汽车。② 再如瑞士手表,一类品用“劳力士”“欧米茄”商标,二类品用“浪琴”商标,三类品用“梅花”商标。③ 使用等级商标,是为了让消费者按照自己的消费能力鉴别购买,同时也有利于生产者生产的产品实现多样化和级别化扩展和经营。等级商标可以一并注册、转让或许可他人使用,也可以独立注册、转让和注销。

2. 证明商标。证明商标又称“保证商标”,是指行会或标准化组织授予的标志,用来证明商品或服务的来源、原料、制造方法、质量、精密度或其他特点,以区别于劣质货等质量较低的产品,扩大销售。中国《商标法》第3条定义:“证明商标,是指由对某种商品或者服务具有监督能力的组织所控制,而由该组织以外的单位或者个人使用于其商品或者服务,用于证明该商品或者服务的原产地、原料、制造方法、质量或者其他特定品质的标志。”例如:我国农业农村部农垦环境监测中心注册的“绿色食品”标记,国际羊毛局注册的纯羊毛标志,欧盟制造业中用来表示质量标准的ISO9001都属于证明商标。证明商标是质量的保证的标志。用于表明农

---

① 阿瑟·R·米勒,迈克尔·H·戴维斯:《知识产权法概要》,中国社会科学出版社,1998年版,第158~159页。

② 林珏:《国际技术贸易》,上海财经大学出版社,2006年版,第96页。

③ 编写组:《商标注册理论与实务》,中国工商出版社,2005年版,第7页。

业产品来源的证明商标叫做原产地证明商标,以区别不同产地来源农产品的质量;用于矿业或服务业的证明商标称做质量证明商标,以区别产品和服务的质量和档次。一般情况下,证明商标的注册人自己不使用,而是提供给下面的企业使用。证明商标不能转让。

3. 联合商标。联合商标是指同一商标所有人在相同商品或类似商品上注册的一系列相近似的商标。这些商标中首先注册或者主要适用的商标叫做“主商标”。如某经营者先注册了“牡丹”商标为主商标,还可以在同一指定商品上注册“白牡丹”“红牡丹”“黄牡丹”等几个近似的商标作为联合商标。申请注册联合商标的目的,不在于使用,而是在于保护正商标,防止他人混淆仿冒。在立法上,各国对联合商标的规定不尽相同。如英国《商标法》规定:“使用于不同商品上的相同商标也是联合商标。”我国《商标法》目前还没有关于联合商标的规定,但在实践中却出现了联合商标。如“琴岛海尔”“琴岛—利勃海尔”“利勃海尔”“QINDAO-LIBHL”“海尔”等商标,这些商标都用在冰箱上,构成了联合商标。联合商标是一个整体,不能分割转让,只能一同转让或许可,但可以分别注册。

4. 防御商标。防御商标又称“防护商标”,是指商标所有人在本商标所使用的商品以外的其他商品上注册同一商标,以防止他人在其他商品上使用其注册商标。使用防御商标的目的就是保护自己的正商标,防止其他经营者将其正商标或者相似的商标用于其他不同的商品或服务上,引起消费者的混淆。例如:驰名商标“可口可乐”在34类商品上注册为防御商标。事实上,并不是所有的商标都可以注册为防御商标,一般只有驰名商标才可以注册防御商标。因为驰名商标一般容易被冒用,通过注册防御商标,商标所有人就可以以积极的策略保护其驰名商标,防止他人借驰名商标之名推销劣质产品,损害驰名商标的声誉。防御商标与联合商标都有保护主商标的功能,但二者仍有区别:①防御商标一般必须为驰名商标,而联合商标则没有这一限制;②防御商标是同一个商标注册在不同的商品上,而联合商标是一系列类似商标注册在相同或类似的商品上。

5. 驰名商标。驰名商标又称“著名商标”“声誉卓著之商标”“世界性之商标”等。它是指在一定地域范围内为广大消费者所熟知,并享有极高声誉的著名商标。驰名商标是企业的重要财产,也是国家的重要财富,保护驰名商标不仅涉及商标所有人的利益,也关乎国家的竞争力,因此各个国家往往给予其特别保护。即使是未注册的驰名商标,也可以阻止与其相同或相似的商标获得注册。目前,涉及对驰名商标特别保护的国际公约主要有两个,即《保护工业产权巴黎公约》和《与贸易有关的知识产权协议》,前者要求各成员方对驰名商标予以保护,其第6条第2款(商标:驰名商标)规定:“各成员方的国内法,均应禁止使用与驰名商标相同或相似的商标,并应拒绝接受与其相同或相似的商标注册,而不论该驰名商标本身是否已经注册。”而后者则提出在确认驰名商标时应考虑“有关公众对它的知晓程度,包括在该成员地域内通过宣传而使公众知晓的程度。”我国《商标法》也对驰名商标的保护做了相应的规定,并规定国家商标局为我国认定驰名商标的唯一机关。

三、商标的作用

(一)商标表明商品或者服务的来源

商标的主要功能之一,就是用来表明商品或者服务的来源,其中包含了不同国别、不同地区、不同企业的信誉与价值。通过表明来源,方便消费者识别,进而在众多不同企业的产品或者服务之中进行选择。

(二)商标有利于提高商品或者服务的质量

商品、服务的质量是商标的物质基础,也是商标信誉的基础,有信誉的商标可以为商品或者服务的质量提供一定的保证。现代商品、服务的竞争,实质上就是质量的竞争,企业为了在竞争中求得生存和发展,必须提高商品或者服务的质量,使商标的知名度不断提高,因而为企业赢得更高的声誉,有利于企业的竞争和发展。商标信誉与商品服务质量的紧密联系,能够促进企业更好地维护商标信誉,保证和提高商品和服务的质量。

(三)商标起着广告宣传、开拓市场的作用

商标具有显著性、识别性特征,企业的商标就代表了企业整体的形象。可以说,商标本身就是广告,可以沟通生产者和消费者之间的关系,为企业带来良好的经济效益。比如,消费者使用某商品感觉满意时,就会记住商标,不仅以后会继续使用该产品,还会对此商标的其他产品产生信心。此外,通过消费者向亲朋好友的宣传,也给商标起了广告宣传的作用,便于企业吸引顾客、开拓市场、获取利润。

(四)商标引导消费者选购商品或服务,保护消费者权益

由于商标能够表明商品或者服务的来源,因而便于消费者选购商品或服务。此外,商标的这种功能也对确立企业信誉,追究商品生产者、经营者和服务提供者的产品或服务责任具有重大意义,使消费者便于对商品、服务质量进行监督,保护消费者权益。

（五）商标是企业重要的无形资产

商标之所以成为企业的无形资产，首先是因为商标的价值与其所有者花费的宣传费用成正比，宣传费好比储蓄，最终都反映在商标的价值上。其次，商标的价值反映商品或者服务在市场上的占有率，使用某一商标的商品在市场上的占有比例越大，其商标的价值也越高。一旦商标成为知名品牌后，企业就具有了巨大的优势，可以在竞争中立于不败之地。特别是那些驰名商标，它们使企业在国际市场上获得垄断利润，并通过使用许可成为企业跨国经营的重要手段。有时候商标的价值甚至超过了企业本身的有形资产，因为商标集中体现了商品或者服务的品质以及凝结在商标中的企业信誉度。例如，2021 年全球品牌数据与分析公司凯度集团发布的全球最具价值的十大品牌列于表 5-1 中。

表 5-1　2021 年凯度 BrandZ™ 全球最具价值品牌十强

2021 年排名	品牌	2021 年品牌价值(亿美元)	品牌价值同比变化
1	亚马逊	6 838.52	64%
2	苹果	6 119.97	74%
3	谷歌	4 579.98	42%
4	微软	4 102.71	26%
5	腾讯	2 409.31	60%
6	Facebook	2 267.44	54%
7	阿里巴巴	1 969.12	29%
8	Visa	1 912.85	2%
9	麦当劳	1 549.21	20%
10	万事达卡	1 128.76	4%

数据来源：新浪网，http://k.sina.com.cn/article_1642634100_61e89b740400132rz.html.

（六）商标体现一国竞争实力和外在形象

商标可以体现国家的外在形象，反映一国的产品实力、企业实力、产业实力和经济实力。现实中，人们常把商标与使用商标的企业以及其所在的国家联系起来，因而商标在某种程度上就提高了企业和国家的认知程度，也体现了一个国家的整体实力和良好形象。例如，《福布斯》公布的其评选的全球最有价值 50 大品牌中，32 个来自美国，前 10 名中除诺基亚来自芬兰，其余均为美国品牌。

四、商标与相邻标志的区别

（一）商标与商号

商号，也称厂商名称、企业名称。它是企业登记注册（取得营业执照）时获得的一种无形资产，是营业主体的标记。它的基本功能是在一定地域范围内和一定行业中，识别不同企业及其营业范围。商号与商标联系密切，如有的经营者商号和商标为同一形式，商号可以直接作为商标或者商标的重要组成部分。另外，商号不必注册便可以受到法律保护，但如果它成为商标的一部分，则要随商标一同注册。

虽然商号与商标关系密切，但二者也有一定的区别。区别主要表现在以下几点：

1. 商标是用来表明生产者或经营者所提供的商品或者服务的，是特定商品或者服务的标记，而商号是用来表明商品或者服务的生产者或者经营者自身的，是辨认整个企业的标记。

2. 商标的构成可以有多种形式，但是商号只能是文字形式的。

3. 商标和商号的注册与保护所依据的法律不同，受保护的范围也不同。在我国，商标依据《商标法》的规定进行注册，而商号则依照《企业名称登记管理规定》进行登记和受保护。在《巴黎公约》中，商号和商标同属于工业产权的范畴，并且对商号的保护规定了最低标准。在实际操作中如何保护商号，则由缔约国的国内法决定。我国是由《民法通则》和《企业名称登记管理规定》结合起来对商号加以保护，而有的国家则使用反不正当竞争法来保护商号。

（二）商标与包装装潢

商品的包装装潢是用来装饰、宣传商品的，通过与众不同的图案、文字、色彩、造型甚至新材料来装饰商品。包装装潢的主要目的是保护商品、美化商品、宣传商品和刺激消费者的购买欲望。

包装装潢与商标的区别主要有以下几点。

1. 商标的目的是用来区分商品或者服务的来源，而商品的包装装潢则意在美化、彰显商品，吸引消费者的注意，以达到推销产品的目的。

2. 商标是专用的，经核准注册后不得任意改变，因此一般是稳定的。而商品的包装装潢则不是专用的，无须核准登记，可以根据市场销售的变化、人们审美的变化以及宣传的需要等，随时加以改动或者变化。

3. 商标不允许和商品的内容相同，也不允许直接表示商品名称、原材料等特征。如不能用“巧克力”作为巧克力的商标。但是,包装装潢要尽可能地反映商品的特点,使消费者可以感知商品的内容,比如,在包装上画一块细腻诱人的巧克力以说明里面是巧克力而不是其他商品。

(三)商标与地理标志

地理标志又称“原产地标记”,是表示某商品是来源于某一国家或某一地区的标志,以区别于来源于其他国家或者地区的同类商品。世界贸易组织《与贸易有关的知识产权协议》第 22 条规定:地理标志是指“表明某商品来源于成员国地域或者地域内的某地区或某地方的一种标志,但该产品的特定质量、信誉或其他特点必须主要是由于该标志所示来源地所形成的”。地理标志可以包含国家名称,如“法国红葡萄酒”;也可以包含国家内的一个地区的名称,如“景德镇陶瓷”。只要有关商品与该地区在质量、功能或其他某个特征上密切相关,这种地理名称就成为应予以保护的地理标志。一般地理标志是通过证明商标或者集体商标来实现的。

商标与地理标志的区别有以下三点。

1. 地理标志或原产地标记表明产品是哪里来的和产品本身所具有的特质。它是该地区企业共有的一种无形资产权,而不能属于某个企业专有。商标则表明产品是哪个企业生产或经营的,商标获核准后,其专用权归一家企业所有。

2. 地理标志不宜作为商品商标注册,而应作为集体商标或者证明商标注册,而且,地理标志在一般情况下不能进行转让和许可使用。

3. 地理标志的信誉与其所表示地域的特定自然因素或者人文因素密切相关,具有明显的地域性。可见地理标志不是权利人凭主观意志任意选定的,是客观存在的,而商标的选择与注册具有一定的主观性。

第二节　商标权

一、商标权的概念

商标权是指法律赋予商标所有人对其使用或注册的商标所享有的权利,即商标所有者依法向商标主管部门提出注册申请,经审查符合法律规定的条件,核准商标注册并授予注册申请人该注册商标的权利。世贸组织《与贸易有关的知识产权协议》规定:“注册商标所有人享有排他权,即有权禁止第三人未经其许可在相同或相似的商品或服务上使用与其注册商标相同或相近似的商标。”我国《商标法》

第3条规定:“经商标局核准注册的商标为注册商标,包括商品商标、服务商标和集体商标、证明商标。商标注册人享有商标专用权,受法律保护。”该法第51条又规定:“注册商标的专用权,以核准的注册商标和核定使用的商品为限。”由于历史原因,我国的《商标法》没有规定商标权,而是使用了“商标专用权”的概念。[①] 也就是说,在国内,商标权和商标专用权是相同的,但是实际上商标权的内涵和外延都要大于商标专用权。

商标权是一种无形资产,也是重要的工业产权之一,与专利权、实用新型权和外观设计权等并列,受工业产权法保护。此外,商标权也是一种财产性的权利,其所有者可以将注册商标转让或者许可他人使用等,并获得相应的收益。

二、商标权的内容

商标权的具体内容包括专用使用权、禁止权、转让权、许可使用权和续展权。

(一)专用使用权

专用使用权是指商标权人在其注册商标核定的商品范围内享有的独占使用该商标的权利。专用使用权是有限度的。首先,专用使用权的效力要“以核准注册的商标和核定使用的商品为限”,如果超出,商标权人不享受专用使用权,也不受法律保护。其次,专用使用权必须在特定的范围内使用。例如:2002年9月15日实施的《中华人民共和国商标法实施条例》解释“商标的使用,包括用于商品、商品包装或容器以及商品交易文书上,或者用于广告宣传、展览以及其他商业活动中”。

(二)禁止权

禁止权又称排他权,是指法律赋予商标权人禁止他人使用其注册商标的权利。《与贸易有关的知识产权协议》第16条第1款规定:“注册商标所有人应享有禁止任何第三方未经许可在贸易活动中使用与注册商标相同或类似的标记去标示相同或类似的商品或服务。”我国《商标法》第52条第1款也规定:“未经商标注册人的许可,在同一种商品或者类似商品上使用与其注册商标相同或者近似的商标的,属于侵犯商标专用权的行为。”由此可见,商标禁止权的范围不仅限于“核准注册的商标和核定使用的商品或者服务”,而且还扩展到与“核准注册的商标”近似的商标,以及与“核定使用的商品或者服务”类似的商品或者服务上。这表明,商标禁止权的效力范围大于专有使用权的效力范围。

---

① 刘磊:《中国商标注册与保护》,知识产权出版社,2004年版,第25页。

（三）转让权

转让权是指商标权人有权按照自己的意志、按照法律程序将注册商标有偿或者无偿地转让给他人,放弃对注册商标所拥有的所有权。我国《商标法》第 39 条规定:“转让注册商标的,转让人与受让人应当签订转让协议,并共同向商标局提出申请。受让人应当保证使用该注册商标的商品质量。转让注册商标经核准后,予以公告。受让人自公告之日起享有商标专用权。”转让注册商标,注册人应当将在同一种或者类似商品上注册的相同或者近似的商标一并转让。但是,转让注册商标是否连同有关业务一起转让,注册商标所有人有权自行决定。《与贸易有关的知识产权协议》第 21 条规定:“注册商标所有人有权连同或不连同商标所属的经营一道转让其商标。”此外,共有商标的转让必须经所有共有人一致同意,否则转让无效。集体商标一般不得转让。

（四）许可使用权

许可使用权是指商标权人可以将注册商标有偿或无偿地许可他人使用,自己仍保留所有权。我国《商标法》第 40 条规定:“商标注册人可以通过签订商标使用许可合同,许可他人使用其注册商标。”注册商标的许可使用形式主要包括三种:独占使用许可、排他使用许可、普通使用许可。其中,独占使用许可,是指许可人只许可一个被许可人在规定的地区和指定的商品或者服务上独家使用其注册商标,许可人不仅不能再许可第三人使用其注册商标,自己也不能使用。排他使用许可,是指许可人承诺在商标许可合同存续期间,除许可人自己仍可以依法使用已被许可商标外,仅将被许可商标的使用权授予一个被许可人使用,不再将该商标许可给第三人。而普通使用许可,是指许可人允许不同的使用人同时使用其同一注册商标,取得普通使用许可的被许可人,不享有禁止其他被许可人使用该注册商标的禁止权。

（五）续展权

注册商标有效期是有限的,各国的具体规定不同,一般为 10 年,但可以在有效期满时依法提出续展申请,经商标主管机关审查、核准,商标所有人的注册商标可以再获得 10 年的保护,依次循环往复。我国《商标法》第 38 条规定:“注册商标有效期满,需要继续使用的,应当在期满前 6 个月内申请续展注册。每次续展注册的有效期为 10 年。”如果注册商标保护期满不再申请续展注册(超过半年宽限期),商标权人就等于放弃了对其注册商标所享有的一切权利。

三、商标权的特征

（一）专用性

专用性即垄断性、独占性，是商标权人获得的一种特殊权利。该权利一经获得，就是专用独占的。其他人未经商标权人的许可，不得在相同或类似商品或服务上使用与该注册商标相同或相近的商标，否则就构成侵犯商标权的行为。商标权受他人侵犯时，法律将保护商标权人，对侵权人追究法律责任。

（二）时间性

时间性是指商标权是一种有期限的权利，在有效期内受法律保护，有效期届满前可以续展，续展次数不限。期满不续展的，商标权即终止，不再受法律保护。各国商标法关于商标权期限的规定不一，一般为7~20年。比如：我国《商标法》规定商标权的有效期是10年；英国和大多数原英联邦国家及地区的商标法规定，商标权的保护期限为7年；法国、德国等欧洲大陆国家规定商标权的保护期限为10年；美国规定为20年。世界贸易组织《与贸易有关的知识产权协议》第18条规定了商标权保护期的最低标准："商标的首期注册及各次续展注册的保护期，均不得少于7年，商标续展注册次数应系无限次。"

（三）地域性

地域性是指商标权只在注册国范围内受法律保护。要取得某国的法律保护，必须按照该国法律申请注册，获得授权。符合国际注册条件的，经有关国家核准，可以一次性在多个国家同时申请注册，扩大商标权的地域保护范围。

四、商标权的取得

（一）商标权的取得方式

商标权的取得是指特定的主体对其商标以法律规定申请注册（包括转让注册），经核准后取得了商标权。商标权的取得也就是商标权法律关系的产生。根据商标权的取得是否以原商标所有人的商标权及其意志为依据分为原始取得和继受取得。

1. 原始取得。原始取得又称"直接取得"，即以法律规定为依据，具备法律规定的条件或者经商标主管机关的核准而直接取得商标权，也就是该商标的最初获得商标注册权人。商标所有人对其使用商标的商标权的取得是最初的,不是以原商标所有人的商标权及其意志为依据产生的。

2. 继受取得。继受取得又称"传来取得",即商标权的取得不是最初产生的,而是以原商标所有人的商标权及意志为依据,通过一定的法律事实实现商标权的转移。继受取得有两种方式:一是根据商标转让合同使受让人从出让人那里有偿或者无偿地取得商标权;二是根据继承程序,由法定继承人继承被继承人的商标权。

(二)商标权取得的基本原则

在国际上,对于商标权的取得原则各国商标法的规定不尽相同,但归纳起来大致有以下几项。

1. 使用在先原则。使用在先原则是以商标先使用确定商标权的归属,即对同一或近似商标在相同或者类似商品上申请注册时,谁先使用该商标,商标权就授予谁。即使该商标被人抢先注册,如果能够出示首先使用的证据,也可以对已经注册的商标提出异议,要求撤销。目前只有极少数国家的商标法采用使用在先原则。在我国,使用在先原则是辅助性的,一般在特殊情况下才可以使用。我国《商标法》第29条规定:"两个或者两个以上的申请人,在同一种商品或者类似商品上,以相同或者类似的商标申请注册的,同一天申请注册的,初步审定并公告使用在先的商标,驳回其他人的申请,不予公告。"

2. 注册在先原则。注册在先原则,又称申请在先原则,是按商标注册申请的时间先后来决定商标权的归属,即将商标授予最先申请商标的申请人。注册后取得的权利将压倒其他任何权利,包括商标的最先使用人。注册在先原则较使用在先原则有以下几个优点:①简便易行;②取得商标权有较大确定性;③发生侵权时容易取证。因此,目前世界上大多数国家都采用这一原则,如中国、德国、日本、法国等。根据注册在先原则,对于商标先使用者来说,如果不及时申请商标注册,就可能被人抢先注册,因而丧失该商标的专有权,给企业造成难以弥补的经济损失。

3. 无异议注册原则。无异议原则,是原则上承认商标注册在先者拥有商标权,但允许商标先使用者在规定期限内提出异议,请求撤销。如果超出规定期限无人提出异议,商标权属于注册人。这种原则既注重注册在先,又兼顾了先使用的因素,实际上是在吸收了注册在先原则和使用在先原则的优点后形成的一种混合原则。我国《商标法》规定:"对初步审定的商标,自公告之日起3个月内,任何人均可以提出异议。公告期满无异议的,予以核准注册,发给商标注册证,予以公告。"

4. 优先权注册原则。《保护工业产权巴黎公约》第4条规定:"签约国商标申请人可以在第一次提出商标注册申请后6个月又在其他国家提出同样的商标注册申请时，将第一次申请日期作为第二次申请日期的优先权。”

（三）商标权取得的条件

商标申请人需要符合一定的条件才能取得商标权，受到法律保护。对于取得商标权的条件，各国的规定不尽一致，但大体上有以下几点内容。

1. 商标必须符合法定的构成要素和形式。商标的构成要素和形式必须符合法律规定。比如，我国《商标法》第8条规定：“商标的构成要素主要包括使用的文字、图形、字母、数字、三维标志和颜色组合，以及上述要素的组合或两者的组合。”商标只有具备了上述要素，才能使其本身取得一定的形式，并被人们所识别，从而起到作为区分商品标志的作用。凡不具备上述法定要素构成的商标，不能获准注册。再如，《与贸易有关的知识产权协议》规定：“成员可要求把‘标记应系视觉可感知’作为注册条件。”这就意味着音响、气味等非形象商标不属于法定的商标构成形式，商标法不能对其提供保护。

2. 商标必须具备显著性特征。商标作为区别商品和服务的标志，必须具有识别性和显著性特征。例如，我国《商标法》第9条规定：“申请注册的商标，应当具有显著特征，便于识别。”商标的显著特征要求商标的文字、图形等不仅应具有一般标识的显著性，还应具有个性特征，表现内容和表现形式都要具有一定的独创性。商标的显著性一般有两种情况：一种情况是用做商标的标记本身就是显著的，因而商标具有固有的显著性；另一种情况是用做商标的标记本身并不显著，但通过使用而获得了显著性。

3. 商标不得使用法律禁止使用的标志。世界各国的商标法中都有对禁用条款的规定，即商标禁用条款。所谓商标禁用条款，也就是商标法中关于某类文字、图形不得作为商标使用或者注册的禁止性规范，适用于注册商标和未注册商标，分为禁止使用和禁止注册两种情况。

（1）我国《商标法》第10条规定，下列标志不得作为商标使用：①同中华人民共和国的国家名称、国旗、国徽、军旗、勋章相同或者近似的，以及同中央国家机关所在地特定地点的名称或者标志性建筑物的名称、图形相同的。②同外国的国家名称、国旗、国徽、军旗相同或者近似的，但该国政府同意的除外。③同政府间国际组织的名称、旗帜、徽记相同或者近似的，但经该组织同意或者不易误导公众的除外。④与表明实施控制、予以保证的官方标志、检验印记相同或者近似的，但经授权的除外。⑤同“红十字”“红新月”的名称、标志相同或者近似的。⑥带有民族歧视性的。⑦夸大宣传并带有欺骗性的。⑧有害于社会道德风尚或者有其他不良影响的。

县级以上行政区划的地名或者公众知晓的外国地名,不得作为商标。但是,地名具有其他含义或者作为集体商标、证明商标组成部分的除外;已经注册的使用地名的商标继续有效。

(2)我国《商标法》第 11 条规定,下列标志不得作为商标注册: ①仅有本商品的通用名称、图形、型号的。②仅仅直接表示商品的质量、主要原料、功能、用途、重量、数量及其他特点的。③缺乏显著特征的。

对上述规定中所列的标注,如果经过适用取得显著特征,并便于识别的,可以作为商标注册。

(四)不得与他人注册的商标相同或者相似

所谓相同商标,是指用于相同或者类似商品上的商标,其文字、图形或者读音相一致。所谓相似商标,是指在同一种或者类似商品上,作为商标的文字、图形和读音等构成要素相似的商标。如我国《商标法》第 28 条和第 30 条规定:"申请注册的商标与他人在同一商品或者类似商品上已经注册的或者初步审定的商标相同或近似的,由商标局驳回申请,不予公告;已经公告的,经商标局裁定异议成立的,不予核准注册。"

(五)不得和他人的在先权相冲突

所谓在先权,是指他人在先已经合法取得的权利,包括商号权、外观设计权、版权、地理标志权、姓名权和肖像权等。我国《商标法》第 31 条规定:"申请商标注册不得损害他人现有的在先权利,不得以不正当手段抢先注册他人已经使用并有一定影响的商标。"

五、商标权的丧失

商标权人应依法妥善使用和管理其注册商标,否则便有可能丧失其商标权。一般来说,导致商标权丧失的原因主要有以下四种。

第一,注册商标未使用。许多国家的商标法都规定,注册商标如果未在规定的期限内连续使用,就有可能被撤销。各国关于未连续使用的期限的规定不尽相同。例如:英国、瑞典、芬兰、马来西亚等国为 5 年;中国、日本、加拿大、澳大利亚等国为 3 年;美国、巴西等国为 2 年。我国《商标法》及其细则规定,注册商标连续 3 年停止使用的,任何人可以向商标局申请撤销该注册商标。商标局应当通知商标注册人,限期提供使用证明,逾期不提供使用证明或者证明无效的,商标局将撤销其注册商标。

第二，注册商标注册不当被撤销。如我国《商标法实施细则》规定，对于注册不当的商标，自该商标核准注册之日起一年内，任何人可以将《商标争议裁定申请书》一式两份寄送商标评审委员会申请裁定。该委员会裁定撤销的，移交商标局办理，予以公告。

第三，商标权有效期满而未及时续展。如我国《商标法》规定，注册商标自核准注册之日起，有效期为10年。需要继续使用的，应当在期满前6个月内申请续展注册。如果注册商标保护期满不再申请续展注册（超过半年宽限期），注销其注册商标。

第四，不符合法律规定的商标使用许可。商标注册人可以通过签订商标使用许可合同，许可他人使用其注册商标，但要求必须以核定的注册商标和商品为限，并由许可人监督被许可人使用其注册商标的商品的质量。被许可人需保证使用该注册商标的质量，标明被许可人的名称和商品产地，否则会违反商标法的规定，可能导致注册商标被撤销，从而丧失商标权。

六、商标权的利用

商标权既是一种无形资产，也是一种财产性的权利。商标权人可以将其转让、许可使用、质押和投资。

（一）商标权转让

商标权转让是指商标注册人将其注册商标的所有权，依照法定程序转移给他人的法律行为，转让的结果是商标权的主体发生了变更。商标权的转让，是市场经济发展的客观需要，是符合市场经济规律的交易行为，它有利于发挥商标的经济效益，有利于商标资源的充分利用，有利于商标专用权的延伸。因此，世界各国的商标法一般都明确规定商标权可以转让。

关于商标权转让的原则，各国的规定不尽相同，主要有连同转让原则和自由转让原则两种。所谓连同转让原则，是指商标注册人在转让其注册商标时，必须连同使用该商标的企业或者使用该商标的企业信誉一并转让，而不能只转让商标而不转让相应的企业或者企业信誉。目前，美国、瑞典和德国等国家的商标法采用此项原则。如美国《商标法》第10条规定："已经注册或者已经提出注册申请的商标，可以连同使用商标的企业的信誉，或者连同使用商标并由该商标部分信誉一并转让。"自由转让原则，是指商标注册人既可以连同其营业转让注册商标，也可以将注册商标与营业分开转让；既可以将该注册商标在非类似商品上的专用权按类别分割单独转让,也可以将该注册商标在所有商品上的专用权全部一起转让。目前,英国、法国等许多国家都采用这一原则。英国《商标法》第22条第1款就规定商标可以自由转让。法国《商标法》也规定,商标权可独立于使用或许可使用该商标的企业全部或部分转让。而我国商标法关于商标权转让的原则并没有明文规定。

关于商标权转让的原则,各个国际公约的规定也有所不同。《与贸易有关的知识产权协议》采用自由转让原则,其第21条规定:"注册商标所有人有权决定在其转让商标权时,是否将其企业一起转让。"欧洲共同体的商标条例则规定,商标权可以连同企业转让,也可以不连同企业转让;既可以全部转让,也可以部分转让。但是,如果企业全部转让,商标权必须一起转让。《保护工业产权巴黎公约》则采取了折中的规定,其第6条第4款规定,要求转让商标权必须以连同转让企业或者企业信誉为条件,但是如果按照某成员的法律规定,商标权的转让只有连同该商标所属的企业同时转让方为有效,则只需把该企业在该国的部分连同带有被转让商标的商品在该国制造或销售的独占权一并转让给受让人,就足以承认其效力,而不必将位于该国以外的企业同时转让。

(二)商标权许可使用

商标权许可使用是指商标权人可以将注册商标有偿或无偿地许可他人使用,自己仍保留所有权。注册商标的许可使用形式主要包括三种:独占使用许可、排他使用许可、普通使用许可。其中,独占使用许可,是指许可人只许可一个被许可人在规定的地区和指定的商品或者服务上独家使用其注册商标,许可人不仅不能再许可第三人使用其注册商标,自己也不能使用。排他使用许可,是指许可人承诺在商标许可合同存续期间,除许可人自己仍可以依法使用已被许可商标外,仅将被许可商标的使用权授予一个被许可人使用,不再将该商标许可给第三人。普通使用许可,是指许可人允许不同的使用人同时使用其同一注册的商标,取得普通使用许可的被许可人,不享有禁止其他被许可人使用该注册商标的权利。

商标使用许可必须遵循一定的原则,这些原则大体可以归纳为以下几个方面。

1. 商品质量一致原则,即被许可人必须保证其所生产的商品与许可人的商品或合同规定的商品质量一致。因此,在实践中,许可人应当慎重地选择被许可人。

2. 使用许可权利自由原则,即应当尊重和保护商标注册人的商标使用许可权利,任何人都不应该强制干涉商标注册人的正当权益。

3. 自愿自觉原则,即被许可方与许可方双方应当坚持自愿互利的原则,并认真履行该经济合同。

（三）商标权质押

商标权质押，是指商标权人依法将其商标权作为自己或他人债务的担保，在债务人不履行债务时债权人有权以商标权折价或者以拍卖、变卖该商标权的价款优先受偿。在商标权质押中，商标权人是出质人，债权人是质权人。

商标权质押有以下四个特点。

1. 商标权质押是一种权利质押，其质押的标的是商标权。

2. 商标权质押是融资的一种手段，是以商标权作为债务担保进行融资。

3. 商标权质押受时间和地域的限制，由于商标权的特点是具有时间性和地域性，因此其质押也只能在受保护的期间和地域内约定。

4. 商标权质押并不转移商标的占有和使用，即出质人仍占有、使用其注册商标，但未经质权人同意不得许可他人使用其注册商标。

（四）商标权投资

商标权投资，是指商标权人可以依法将其商标权用于投资。商标权是一项重要的工业产权，各国原则上都允许将商标权用于投资。我国《公司法》《中外合资经营企业法》《合伙企业法》等法律也明确规定，可以用商标权等工业产权投资。用商标权投资有两种方式可供选择：一种是用商标所有权投资，另一种是用商标使用权投资。但需要注意的是，用商标所有权投资并不同于商标权转让，用商标使用权投资也不同于商标权使用许可。

七、商标权的侵权行为及保护

（一）商标权的侵权行为

商标权的侵权行为，就是指侵犯他人注册商标专用权的行为。各国商标法关于侵权行为的规定如下所示。

1. 我国《商标法》和《商标法实施细则》以及最高人民法院《关于实体商标民事纠纷案件适用法律若干问题的解释》规定以下行为属于商标权侵权行为。

（1）未经商标权人许可，在同一种商品或者类似商品上使用与其注册商标相同或者近似的商标的，为侵犯注册商标专用权行为。

（2）销售侵犯注册商标专用权的商品的，属于侵犯注册商标专用权的行为。

（3）伪造、擅自制造他人注册商标标识或者销售伪造、擅自制造的注册商标标识的，为侵犯商标专用权行为。

(4)未经商标注册人同意,更换其注册商标并将该更换商标的商品又投入市场的,为侵犯商标专用权的行为。

(5)将与他人注册商标相同或者相近似的文字作为企业的字号在相同或者类似商品上突出使用,容易使相关公众产生误认的,为侵犯商标专用权的行为。

(6)复制、临摹、翻译他人注册的驰名商标或其主要部分,在不相同或者不类似商品上作为商标使用,误导公众,致使该驰名商标注册人的权利可能受到损害的,为侵犯商标专用权的行为。

(7)将与他人注册商标相同或者相近似的文字注册为域名,并且通过该域名进行相关商品交易的电子商务,容易使相关公众产生误认的,为侵犯商标专用权的行为。

(8)在同一种或者类似商品上,将与他人注册商标相同或者近似的标志作为商品名称或者商品装潢使用,误导公众的,构成商标专用权侵权。

(9)故意为侵犯他人注册商标专用权行为提供仓储、运输、邮寄、隐匿等便利条件的,构成侵犯商标专用权。

2. 英国《商标法》的规定。英国相关法律的规定具体包括以下三个方面。

(1)对A部注册的侵犯。对A部商标,只要发现仿冒,不论其使用方式如何,即作为侵权行为。英国《商标法》第4条规定:"下列情况,属于对商标权的侵犯,即除商标所有人或注册使用人外,任何人使用与该商标相同或近似的标志,以致在贸易过程中,会对该商标注册有关商品造成欺骗或混淆,且其使用方式会使人认为:①作为商标使用;②当使用在商品上或与商品相联系的实物上,或用在公开散发的传单或广告上时,会使人以为该人在贸易过程中具有商标所有人或注册使用人使用商标的权利,或以为该人与注册商品有联系。"

(2)对B部注册的侵犯。英国《商标法》第5条规定:"在B部商标的侵权诉讼中,除违背有关合同限制构成侵权外,如果经被告证实,原告控诉的商标使用情况,既不会造成欺骗或混淆,也不表明在贸易过程中被告人商品与有使用权的商标所有人或注册使用人之间存在联系,则法庭不得为原告颁发禁令或判给其他补偿。"

(3)违背合同限制的侵权。英国《商标法》第6条对违背合同限制的侵权做了较为详尽的规定,商品买主或商品所有人和注册商标所有人或许可使用人签订的书面合同有下列禁止条款:①禁止合同所载商品状态或质量、装潢或包装发生改变,仍在商品上使用该商标。②禁止将原粘贴在商品上的商标予以更改或部分地清除或涂掉。③禁止将原粘贴在商品上的商标,予以全部或部分清除或涂掉;但对表明在贸易过程中商标所有人或注册使用人与商品的关系的事物,并未全部清除或涂掉。④禁止商品上原已粘贴商标,又另粘贴其他商标。⑤禁止商品上已粘贴商标,又附加有损该商标信誉的文字。

3. 美国《商标法》的规定。美国《商标法》规定下列行为构成对商标专用权的侵犯。

(1)在其商品或商业经营上,如销售、经销、批发或广告上,复制、伪造、抄袭或仿冒一项已经注册的商标,可能引起混淆、讹误或欺骗者。

(2)复制、抄袭、伪造、仿冒已注册商标并在其商品或服务的商业经营上,如销售、经销、批发或广告上使用复制、伪造、抄袭或仿冒的商标于其标签、符号、印刷、包装、容器或广告上,可能引起混淆、讹误或欺骗者。

4. 法国《商标法》的规定。法国《商标法》认为构成商标侵权的行为主要有以下几种。

(1)伪造或冒用属于他人的商标的。

(2)即使加注"程式""式样""方法""方式""同类"等字样,但未经关系人允许,擅自使用商标者。但是,产品配件的制造者为了说明产品用途而使用商标者除外。

(3)无正当理由,持有明知贴有或冒用的商标的产品的,或故意出售、经销、供应或提供贴有此种商标的产品或服务者。

(4)不按对方所制定某注册商标的产品或服务,故意发售另一种商品或提供另一项服务者。

5. 德国《商标法》的规定。德国《商标法》规定下列几种行为属于商标权侵权行为。

(1)任何人在营业中,非法将他人的姓名、商号或受该法保护的商标使用于商品、商品的包装或包皮上,或者使用在广告、价目表、营业函件、说明书、发货单或其他类似文件中,或者把带有这类非法标志的商品投入市场或出售。

(2)任何人在营业中,把在一般将一种作为区别于他人相同或类似的商品外部标志非法使用于商品、商品的包装或包皮、广告、价目表及其他文件中,或者把带有这类非法标志的商品投入市场或出售。

(3)任何人在营业中,在商品、商品的包装上,对商品的原产地、质量或价格因故意或过失为不实的说明、足以使人发生错误的说明用于广告、营业函件或其他类似文件之中的行为。

此外,德国《商标法》还规定:"适用本法的规定,并不因商标在形式上的差异(文字商标或图形商标),也不因商标在其他方面有所改变,而受到影响。商标、纹章、姓名、商号与商品上的其他标志,不论以何种方式改变,只要在交易中引起混淆,均不影响本法的使用。"

(二)侵犯商标权的责任承担

国际上,侵犯商标权的责任承担主要有三种:行政责任、民事责任和刑事责任,其严重性以及处罚程度依次增加。关于责任承担的具体内容虽然各国的法律规定不尽相同,但可以我国的有关规定为例,了解侵犯商标权行为的责任承担。根据我国《商标法》以及《商标法实施条例》规定,侵犯商标专用权的法律责任分为行政责任、民事责任和刑事责任三种。

1. 行政责任。行政责任是指行为人实施行政法律、法规和规章禁止的行为所必须承担的法律后果,也就是行政违法行为所应当受到的行政处罚。行政责任适用于未构成犯罪的行政违法行为。根据我国《商标法》第53条的规定,对侵犯商标专用权的行为,工商行政管理部门可以采取如下措施。

(1)责令其立即停止侵权行为。

(2)没收、销毁侵权商品和专门用于制造侵权商品、伪造注册商标标识的工具。

(3)处以罚款。工商行政管理机关可以根据情节轻重处以非法经营额50%以下或者侵权所获利润5倍以上的罚款。对侵犯注册商标专用权的单位的直接负责人员,工商行政管理机关可根据情节处以1万元以下的罚款。

2. 民事责任。民事责任是指民事主体违反合同或者不履行其义务而应承担的法律后果。侵犯商标专用权的行为属于一般民事侵权行为。我国《商标法》对于侵犯商标专用权的责任问题规定了以下几点。

(1)赔偿数额。我国《商标法》第56条第1款规定,侵犯商标专用权的赔偿数额,为侵权人在侵权期间因侵权所获得的利益,或者被侵权人在被侵权期间因被侵权所受到的损失,包括被侵权人为制止侵权行为所支付的合理开支。

(2)即发侵权的制止。所谓即发侵权,是指正在实施但损害结果尚未显现出来,或者即将实施的侵权行为。制止即发侵权行为有利于最大限度地保护商标专用权人的利益,使侵权行为消失于未发之际,使其损害降至最低。

(3)证据保全。我国《商标法》第58条规定,为制止侵权行为,在证据可能灭失或者以后难以取得的情况下,商标注册人或者利害关系人可以在起诉前向人民法院申请证据保全。人民法院在接受申请后,必须在48小时内做出裁定;裁定采取保全措施的,应当立即开始执行。

3. 刑事责任。刑事责任是指行为人实施刑事法律禁止的行为所必须承担的法律后果,也就是犯罪行为要受到刑事制裁。我国《商标法》第59条规定:“未经商标注册人许可,在同一种商品上使用与其注册商标相同的商标,构成犯罪的,除赔偿被侵权人的损失外,依法追究刑事责任。伪造、擅自制造他人注册商标标识或者销售伪造、擅自制造的注册商标标识,构成犯罪的,除赔偿被侵权人的损失外,依法追究刑事责任。销售明知是假冒注册商标的商品,构成犯罪的,除赔偿被侵权人的损失外,依法追究刑事责任。”我国《商标法》主要涉及以下犯罪。

(1)假冒他人注册商标罪。

(2)销售假冒注册商标的商品罪。

(3)非法制造、销售非法制造的注册商标标识罪。

第三节　商标权转让及其转让合同

商标权的转让是指注册商标所有人根据自己的意愿,在法律允许的范围内把注册商标转移给他人专有使用的法律行为。在前面的章节中,我们简单地介绍过商标权的转让及其原则,由于商标权转让在商标权使用中具有重要的理论和实践意义,所以在本章中,我们将进一步介绍商标权转让的有关内容和实践操作。

一、注册商标转让的形式

注册商标的转让形式一般分为合同转让和继承转让两种。

(一)合同转让

合同转让,又称“契约转让”,是指注册商标转让当事人之间通过平等协商达成协议,完成注册商标的转让,即注册商标所有人和受让人订立合同进行注册商标转让,在合同中规定转让注册商标的内容、彼此的权利义务和违约责任等。这种转让可以是有偿的,也可以是无偿的,但一般情况下是有偿的。

(二)继承转让

继承转让,是指原注册商标所有人死亡或由于其他法定事由发生,由其法定继承人继承对该注册商标的专有权。这种转让必须按法定关系进行,如果受让人与转让人之间没有继承关系,则不属于法定继承转让。我国《商标法》对商标的继承未做出明文规定,但根据《继承法》的有关规定,作为知识产权的商标权是可以继承的,因此《商标法实施条例》第 24 条和第 26 条即可视为办理商标继承的法律规定。

二、注册商标转让的程序

商标的转让,必须按法定程序办理。凡以合同形式转让的,要依法办理申请转让注册手续,由商标局核准后,受让人才能享有商标权。凡以继承形式转让的,由受让人将依法继承的事实和证明报送商标局,经由商标局认可后,受让人即成为该注册商标的所有人。由于合同转让是注册商标转让的主要形式,所以下面主要介绍该种方式下的转让程序。

在国际商标转让实务中,虽然各国商标转让程序的具体规定繁简不一,但一般都分为申请、审查、公告三个步骤。

(一)申请

申请,是指注册商标转让人与受让人就该商标转让事宜向商标管理当局提交申请,各国一般都要求转让双方递交书面申请书及有关证件。如我国《商标法》第39条规定,转让注册商标的,转让人与受让人应当共同向商标局提出申请。向商标局提出注册商标转让申请时,应当交送《转让注册商标申请书》一份,申请书的内容包括转让注册商标的名称、注册号以及转让双方的名称、地址、营业执照等,并加盖双方的印章。同时还应交回原《商标注册证》,以及受让人营业执照的复印件,并按照规定缴纳费用。转让注册商标申请的具体手续由受让人办理,转让人应予以必要的帮助。再如,英国《商标法》规定:"商标所有人意图转让某项商品的注册商标,可以按规定方式向注册局长提出有关情况的陈述。"

(二)审查

审查,是指商标管理当局收到申请之后,按照规定程序进行审查,根据情况予以核准或拒绝。如我国《商标法》规定:商标局收到转让商标权的申请手续后,应当进行审查。对符合商标转让条件的申请,应当核准转让,将原《商标注册证》加注发给受让人,并进行公告;对可能产生误认、混淆或者其他不良影响的转让申请,或认为不符合商标权转让其他法定条件的转让申请,应当不予核准,予以驳回,并书面通知申请人。对商标局驳回转让申请不服的,申请人可以在收到驳回通知之日起15天内,将《驳回转让复审申请书》一份交送商标评审委员会申请复审,同时附送原《转让注册商标申请书》。商标评审委员会做出终局决定,书面通知申请人,终局决定核准转让的,移交商标局办理。如果转让申请人对商标评审委员会的决定不服,可以自收到通知之日起30日内向人民法院起诉。

(三)公告

公告,是指商标管理当局对符合商标转让条件的申请核准后,予以公告。如我国《商标法》第39条第2款规定:"转让注册商标经核准后,予以公告。受让人自公告之日起享有商标专用权。"受让人享有受让的注册商标的有效期,为该注册商标剩余的有效期限(即10年)减去已经过去的时间。

美国《商标法》规定:"转让认可书或专利商标局有关转让记录均可作为完成转让的初步证据。一项转让如未经公告,对于随后为了获得报酬进行购买的买主而言应属于无效,但转让后3个月内或在随后的购进之前已向专利商标局登记者除外,专利商标局对于转让事项应当设档案。"

英国《商标法》规定:"一项正在企业中使用于有关商品的商标,如果在指定日期或该日以后不连同企业商誉转让,必须符合以下要求,转让才能生效,即受让人应自转让之日起6个月内,或注册局长许可延长的期限内,请求注册局长对有关转让公告事宜予以指示,并按指示的格式、方式、期限刊登公告。"

日本《商标法》第24条第3款规定:"欲转让商标权时,须按通商产业省命令的规定在日刊报纸上公布其意图。"第24条第4款规定:"商标权的转移从按前项的规定发出公告之日起,必须经30天以后方可注册。"

三、注册商标转让合同

(一)注册商标转让合同的内容

注册商标转让合同指注册商标所有人与其他企业或者个人之间,为转让注册商标专用权而签订的合同。它是一种特殊的书面合同,一般只有经商标管理机构批准后方能生效。

注册商标转让合同一般应具备以下条款:①合同当事人(转让人与受让人)的名称、地址;②商标转让价格、支付方式、支付时间和支付地点;③转让商标的名称、样式、注册号码、注册国别、待续展的日期、注册商标使用的商品类别及商品具体名称;④当事人的权利和义务;⑤违约责任;⑥其他有关事项;⑦签约时间、地点及双方当事人的签名和盖章。

(二)注册商标转让合同范本

注册商标专用权转让合同

商标权转让方:(甲方) __________

商标权受让方:(乙方) __________

甲乙双方协商一致,对商标权的转让达成如下协议。

一、转让的商标名称: __________

二、商标图样:(贴商标图样,并由转让方盖骑缝章) ________

三、商标注册号:________,国别:________

四、该商标下次应续展时间:________

五、该商标取得注册所包括的商品或服务的类别及商品或服务的具体名称:________

六、商标权转让方保证是上述商标的注册所有人

在本合同签订之前,该商标曾与 ________ 签订过非独占(或独占)的商标许可使用合同。本商标转让合同生效之日起,原与 ________ 签订的商标许可使用合同转由受让方为合同当事人,原合同所规定的全部权利和义务由受让方享有和承担。所有权转让事宜由转让方通告________方。

七、商标转让后,受让方的权限

1. 可以使用该商标的商品种类(或服务的类别及名称):________。

2. 可以使用该商标的地域范围:________。

八、商标权转让的时间

在本合同生效之日起,或办妥商标转让变更注册手续后,该商标权 ________ 式转归受让方。

九、商标转让合同生效后的变更手续

由乙方在商标权转让合同生效后,办理变更注册人的手续,变更注册人所需费用由 ________ 方承担。

十、商品质量的保证

商标权转让方要求受让方保证标示该商标的商品的质量不低于转让方原有的水平,转让方应向受让方提供商品的样品,提供制造该类商品的技术指导或技术诀窍(注:可另外签订技术转让合同),还可提供商品说明书、商品包装法、商品维修法,在必要时还应提供经常购买该商品的客户的名单。

十一、双方均承担保守双方生产经营情况秘密的义务;受让方不得泄露转让方为转让该商标而一并提供的技术秘密与商业秘密

十二、转让方保证被转让的商标为有效商标,并保证没有第三方拥有该商标所有权

十三、商标权转让的转让费与付款方式

1. 转让费按转让的权限计算,共 ________万元。

2. 付款方式:________。

3. 付款时间:________。

十四、转让方保证不在该商标的注册有效地域内经营标示相同或者相似商标

的商品,也不从事其他与该商标的产销相竞争的活动

十五、违约责任

1. 转让方在本合同生效后,违反合同约定,仍在生产的商品上继续使用本商标,除应停止使用本商标外,还应承担赔偿责任。

2. 受让方在合同约定的时间内未缴付商标转让费的,转让方有权拒绝移转商标所有权,并可以通知受让方解除合同。

3. 其他约定: __________ 。

十六、其他条款或者双方商定的其他事项: __________

十七、合同纠纷的解决方式: __________

十八、本合同自签订之日起生效。但如果转让注册商标的申请未经商标局核准的,本合同自然失效,责任由双方自负

转让方:(章) __________
代表人: __________
地　址: __________
邮政编码: __________
开户银行: __________
银行账号: __________

受让方:(章) __________
代表人: __________
地　址: __________
邮政编码: __________
开户银行: __________
银行账号: __________
合同签订地点:
合同签订日期:____ 年 ____ 月____ 日

四、合同的变更与终止

商标转让合同的变更和终止,是指在商标转让合同履行的过程中,由于法定情形、约定情形的出现,或者是由于客观情况的变化,当事人双方经过协商或者由当事人一方单方面表示决定,而对合同的内容加以变更、修改或者终止合同关系的行为。

(一)商标转让合同的变更

商标转让合同变更的原因一般可由双方在合同中约定,合同变更的目的主要是考虑到合同履行过程中客观情况如果发生变化,不对原合同变更修改,会有失公平或者难以履行。在合同的履行过程中,由合同一方当事人请求变更,经过另一方当事人的同意,合同也可得以变更。

（二）商标转让合同的终止

商标转让合同的终止一般是指合同被撤销。商标转让合同撤销的原因一般是因为一方严重违约而使履行对于对方来说成为不必要。例如：受让人不按约定支付转让费而构成重大违约，或者转让人是以欺骗手段或者其他不正当手段取得的商标注册导致商标被撤销，或者因为发生意外事件，比如已经核准注册的商标又被商标局依法撤销等。另外，合同还可能因签订合同以外的原因而终止。例如：转让人与受让人应当共同向商标局提出商标转让申请，如果由于一方的行为而导致转让申请遇到阻碍，致使转让合同无法得到合法的登记注册而被撤销终止的，该行为方应对此负责，赔偿对方为此所受到的损失，且无过错方有权终止合同。

五、注册商标转让的限制

各国商标法除了对于注册商标转让的形式、程序等方面进行规定外，对于特殊类型的商标转让一般也做出了明确的限制。

（一）我国《商标法》的规定

1. 受让人必须符合商标注册申请人的条件，即必须是依法成立的自然人、企业、事业单位、社会团体、个体工商户、个人合伙以及符合《商标法》第 17 条规定的外国人或者外国企业。

2. 注册商标的受让人必须保证使用该注册商标的商品或者服务的质量。因为注册商标的转让不仅涉及转让人与受让人的利益，也涉及消费者的利益，为了维护商标的信誉，保护消费者的利益，《商标法》要求受让人必须承担保证商品或服务质量的责任。

3. 转让商标权的商标注册人对其在同一种或者类似商品上注册的相同或者相似的商标，必须一并转让。这也就是说，联合商标、防御商标和正商标必须一起转让。因为如果单独转让，一个商标在类似商品上由两个商标注册人同时使用，会造成混乱，误导消费者。

4. 商标注册人如果已许可他人使用其注册商标，转让注册商标时就必须征得被许可人的同意。因为已经许可他人使用的商标关系到被许可人的利益，如果允许原注册商标所有人不经被许可人的同意随意转让，可能会引起被许可人与受让人的矛盾，损害被许可人的利益，因此转让注册商标时须征得被许可人的同意。原受让人在取得转让的注册商标所有权之后，仍然可以与原先的被许可人订立注册商标的许可使用合同。

5. 集体商标专用权不得转让。集体商标是一种特殊的商标，涉及使用该商标的所有集体成员的利益，只能由集体商标注册人所属成员专用。所以，一般不允许将集体商标转让给非集体成员。

6. 政府、公益团体取得的商标不能转让。根据我国商标法的规定，申请注册商标与政府、地方公共团体或其机构和公益团体或其非营利事业的著名标志相同或者类似时，不能取得注册，只允许政府、该地方公共团体或其机构和该公益团体取得注册。因此，这种注册商标不得转让。

7. 转让国家规定并由国家工商行政管理局公布的，必须使用注册商标的人用药品、烟草制品和其他必须使用注册商标的商品时，受让人应当提供卫生行政部门颁发的《药品生产企业许可证》或者《药品经营许可证》，国家烟草主管机关批准生产的证明文件以及其他该食品生产或经营主管部门的批准证明文件。

（二）英国《商标法》的规定

1. 联合商标只能作为整体转让或转移。

2. 在下列情况下，一项商标不应当认为已经是可转让或可转移者，即转让或转移的结果，根据普通法或由于注册，出现一个以上的人对同样或同类商品或相同或近似的商标都享有专用权。

3. 如果一项商标转让或转移的结果，根据普通法或通过注册，会使商标使用人中的一人在联合王国境内限定的地方购销商品使用的商标享有专用权，同时又使其中另一人在境内另一地方购销同样或同类商品使用与上述商标相同或近似的商标也享有专用权，则不论是在指定日期或该日期后，该项商标都不得转让或移转。

4. 证明商标未经商务部同意，不得转让或移转。

（三）日本《商标法》的规定

1. 在有两个以上指定商品的商标进行商标权的转移时，可以按每个指定商品予以分开办理。但如被分开的指定商品与其以外的任何一个指定商品相类似时，此规定不适用。

2. 联合商标的商标权不能单独分开转移。

3. 国家或地方公共团体或机关，以及非营利的公益团体的商标注册申请中，凡与日本《商标法》第 4 条第 2 款规定有关的商标不得转让。其中，第 4 条第 2 款的规定是："国家、地方公共团体及其机关，或不以营利为目的的从事公益事业的公益团体涉及商标注册时，不受与国家、地方公共团体及其机关，或非营利的公益事业团体的著名标记相同或类似的商标不能取得商标注册的规定的限制。"

4. 从事不以营利为目的的公益事业者的商标注册申请中，凡与上述第4条第2款规定有关的商标权，除与其事业一同转让外不得转移。

六、容易与商标权转让混淆的其他概念

（一）商标转移

商标权的转让必须建立在转让、受让双方当事人主观一致的意思表示的基础上，而商标转移往往是由于转让以外的事由发生的商标权利转移，发生商标转移的情况主要有以下几种。

1. 因商标权人死亡继承商标的。自然人所有的商标权，在商标权人死亡后，依照法律规定享有继承权的继承人可以依法继承该商标。有的也认为它也是转让的一种，即继承转让。

2. 商标权人因分立、合并或改制等原因消亡后，分立、合并或改制后的企业需办理商标过户的。企业分立、合并或改制时，应在清产核资过程中明确核算商标权的价值，并在企业分立、合并或改制合同及有关政府文件中明确商标权利的归属，并办理商标转移手续。

3. 企业破产后由清算小组对破产企业的商标转移他人的。根据我国《破产法》和《民法通则》的有关规定，企业破产后，其财产的处理权归企业破产清算小组，因此破产企业商标强制执行转移过户。

4. 根据生效的法律文书对注册商标强制执行转移过户的。注册商标权作为执行标的被人民法院强制执行时，如果被执行人不按法院裁定执行，则依照相关法律文书享有该商标权利的当事人应依据法院向商标局发出的协助执行通知书，办理转移手续。

5. 其他因转让以外的事由发生注册商标专用权人转移的事宜。

此外，注册商标专用权转移的，注册商标专用权人在同一种或者类似商品上注册的相同或者相近似的商标，应当一并转移；未一并转移的，由商标局通知其限期改正；期满不改正的，视为放弃该转移注册商标的申请，商标局应当书面通知申请人。

（二）变更商标注册人申请人名义

变更商标注册人申请人名义是指注册商标所有人姓名或名称的变动或更改。这种更改仅限于注册人称谓的变化，与商标权的主体无关。这种变更是在商标属于同一主体所有的情况下发生的，不存在商标权利的转移，变更的原因是因为权利

人在有关登记部门登记的名称发生了改变,变更的后果是注册人的名称有所变化,但并不涉及商标权的主体。

第四节　商标权的使用许可及其使用许可合同

商标权的使用许可,是指商标权人通过签订商标使用许可合同,许可他人使用其注册商标。在商标权的使用许可中,商标权人或其授权的人为许可人,使用商标的人为被许可人。商标权使用许可制度是国际商标管理的通行做法,其意义在于,对于许可方来说,有利于其进一步发挥注册商标的作用,在获得应有的报酬之外,还可通过许可他人更多地使用其注册商标的商品扩大该注册商标的影响;而对被许可方而言,因为实践中商标使用许可往往伴随着管理经验、有关技术的传授与转让,这样就有利于被许可方提高产品质量,增强竞争能力,开拓市场。此外,通过注册商标使用许可,可以为消费者提供更多的名优产品,有利于消费者的消费选择。

在前面的章节中我们简单地介绍过商标权使用许可的有关概念,本章将对商标权的使用许可做进一步介绍,引入实际操作的合同内容。

一、商标使用许可的方式

(一)独占使用许可

独占使用许可是指许可人与被许可人签订注册商标使用许可合同后,在合同规定的地区和时间内,以约定的方式,在其指定的商品上,除被许可人有使用此注册商标的权利外,其他任何人均无权使用,包括注册商标人自己。

(二)排他使用许可

排他使用许可是指许可人和被许可人签订注册商标使用许可合同后,在合同规定的地区和时间内,以约定的方式,在指定的商品上,只有许可人和被许可人有权使用此注册商标的权利,其他任何人都无权使用该注册商标。

(三)普通使用许可

普通使用许可又称一般使用许可,是指许可人和被许可人签订注册商标使用许可合同后,在规定的地区和时间内,以约定的方式,在指定的商品上,许可他人使用其注册商标,并可以自行使用该注册商标以及再许可他人使用其注册商标。

二、商标使用许可合同

商标使用许可合同是指注册商标所有人将其注册商标的使用权许可给其他企业或者个人使用而签订的合同。在商标许可使用的实践中,一般都要求许可方和被许可方签订书面合同文件。在我国,除了使用许可合同之外,双方还要签订备案合同。例如:我国《商标法》第40条规定,商标注册人许可他人使用其注册商标,应当签订商标使用合同;合同签订后,应当报商标局备案,即签订备案合同。

(一)商标使用许可合同的内容

商标使用许可合同是企业法人之间订立的一种知识产权合同,属于经济合同的范畴。它一般包括以下内容:①商标许可人和被许可人的名称、地址;②双方法定代表人和委托代理人;③被许可人的营业执照号码及生产经营范围;④许可使用的商品名称和注册证号;⑤商标使用许可的性质(独占、排他或普通许可);⑥注册商标核准核定使用的商品及许可使用的商品;⑦注册商标的有效期限及许可使用的期限;⑧许可人监督商品质量的措施与被许可人保证商品质量的措施;⑨设备标识印制办法的约定;⑩许可使用商品生产者名义注标方式的约定;⑪商标使用许可费用的数额和支付方法;⑫合同终止或解除条件;⑬违约责任;⑭法律适用及争议解决方式;⑮合同约定的其他条款;⑯许可人、被许可人签字盖章;⑰签约时间、地点及合同文本数量。

(二)商标使用许可合同的基本条款

1. 商标内容条款。它主要是说明商标的名称,并附有商标图样、使用商标的商品类别。

2. 商标的合法性、有效性条款。为说明许可商标和商标权的合法性和有效性,合同中必须明确说明注册商标的国别、有效期和适用的地域范围,有时还要提供注册证明或批准的影印件。此外,许可方还应声明,许可方是该注册商标的合法所有者,有权授予该注册商标的使用许可。例如:“该商标已在________国登记注册,具有商标所有权,同意并有权授予被许可方在________产品上使用该商标的权利。”

3. 商标授权条款。商标授权条款包括授权的范围、授权的性质、授权使用的商品、注册商标的销售地域、授权使用期限等。

(1)授权的性质。商标使用许可分为独占使用许可、排他使用许可和普通使用许可三种,一般以后两者居多。

(2)授权使用的商品。授权使用的商品应该与注册商标的商品相一致,一般应加入有关商品的描述。

(3)授权的范围。商标使用有很多方式,包括产品制造、出售、分销,或其他商务活动以及广告宣传、商业文书、展览等。授权的范围需加以明确。

(4)注册商标商品的销售地域。授权被许可方在合同规定的国家或地区销售带有该注册商标的商品,被许可方同意不在其他国家或地区直接或者间接使用或授权使用这一商标。

(5)授权使用期限。授权使用期限一般为合同期限。

4. 被使用许可商标形式条款。许可方授予被许可方商标使用权的同时,要明确规定被许可方使用商标的形式。被许可商标的形式主要有以下几种。

(1)原样使用许可商标。它是指将许可商标原封不动地使用在被许可方产品上,不加任何改动。原样使用许可商标多用于知名度很高的商标,特别是世界驰名商标,但这种使用形式会对被许可方不利,因为原样商标带来的好处会因许可合同有效期满而丧失。因此,实际业务中,此种方式使用较少。在我国,原样使用商标主要使用在加工贸易中,如“定牌生产”,即商标标识由国外直接提供,由加工企业将商标直接粘贴或缝制在产品上。

(2)联结商标。它是指将许可方商标的主要特征与被许可方商标的主要特征联结在一起,组成一个新的商标,如“东立”电视机等。这种做法有利于使消费者产生联想,将被许可方的产品质量与许可方的产品质量和制造技术联系起来,逐步树立起新商标的信誉,扩大产品销路,又不会受许可合同有效期的影响。

(3)联合商标。它是指将许可商标与被许可方自有商标并列使用,如索尼与爱立信合并后生产的手机“Sony-Ericsson”等。这种使用方式与联结商标有类似的优点。

(4)在许可的商标下,注明由某国某厂根据许可证制造。这种使用方式一方面可以利用许可方商标的信誉,另一方面又便于与许可方自己制造的产品相区别。这种使用方式也比较符合我国《商标法》的规定,如我国《商标法》第40条规定:“经许可使用他人注册商标的,必须在使用该注册商标的商品上注明被许可人的名称和商品产地。”此外,如果产品质量出现缺陷,采用此种形式也易于查找到产品来源。

5. 质量控制和质量监督条款。被许可方使用许可方商标直接关系着许可方产品和企业的信誉,因此许可方十分重视被许可方生产产品的质量,并要求质量与许可方所生产的产品质量相同,避免因被许可方产品质量达不到要求,毁坏商标名誉,甚至影响许可方企业的声誉。保证被许可方产品质量与许可方产品质量相同的主要措施,就是对被许可方产品的质量行使控制权和监督权。质量控制和监督条款的主要内容应视合同内容而定，宽严程度一般是根据产品的特性和被许可方的技术水平加以规定。这一条款一般包括以下三方面的内容。

(1)监督方式：①抽查方式。对于那些数量大、体积小、重量轻的产品，由被许可方按约定的方法自行抽取一定数量的样品，即送到许可方实验室进行鉴定，提出评估和改进建议。②进厂检验。对于那些体积大、技术型强的产品，许可方派员前往被许可方产品生产现场，对生产设备和技术状况、生产工艺进行检查；许可方有权检查被许可方产品所使用的原材料，如用替代的或当地原材料，应以不影响产品质量为前提；跟踪检查被许可方产品质量，并严格控制被许可方产品质量与许可方商标代表的质量相一致。

(2)对产品质量不合格的处理：①如发生质量不符情况，许可方有权要求被许可方采取切实措施限期改进。②如在限期内产品质量仍不能达到要求的质量标准，许可方有权要求被许可方暂停使用许可的商标。

(3)拟订质量控制条款应注意的问题：①应防止许可方滥用质量监督权。防止许可方签订合同时或产品不合格时，提出过于苛刻、不合理的要求。比如，要求被许可方使用许可方指定的设备和原材料，必须雇用许可方指定人员等。这类要求都属于不合理的限制性规定，应予以反对。②在产品质量达不到质量标准时，许可方不应一味指责、限制，而应积极给予帮助。最好在合同中规定，许可方有提供技术服务的义务，在产品质量达不到质量标准时，许可方应提供协助，检查不合格的原因，寻求克服缺陷的办法。

6. 使用费支付条款。商标使用费的计算和支付办法主要有以下两种。

(1)商标使用权与专利或技术秘密使用权混合签订的许可合同，商标使用费一般不单独计算和支付，而是放到专利或技术秘密使用费总额中，一并计算，一并支付。

(2)单纯商标使用许可合同，商标使用费用一般采取提成支付方式。通常以产品净销售价作为提成基础，提成率通常为0.5%~1%。同时要根据商标的信誉程度、产品的数量和使用的范围进行调整。例如："被许可方同意向许可方支付其出售协议产品的净销售额的 ______ %作为使用费。净销售额指总额减去数量折扣和利润，但不包括现金折扣和不可收账折扣。"

7. 备案或变更注册条款。根据各国商标法的规定，商标使用许可合同签订之后，均需向被许可方国家主管当局办理备案或注册变更，以便许可商标在被许可商标方国家受到法律的有效保护。在许可商标受到第三者侵权时，合同当事人可以提起侵权诉讼，以制止侵权行为。否则，将使合同当事人处于不利地位。

办理备案和注册变更是有区别的。商标使用许可合同签订后，被许可方应向商标局进行合同备案。合同规定的商标使用方式不同于原商标,如联结商标或联合商标,该种商标已是一种新商标,需要变更商标注册人的名义、地址或者其他注册事项,应当向商标局提交变更申请书。商标局核准后,发给商标注册人相应的证明,并予以公告。

8.其他次重要条款。这主要指以下三方面的条款。

(1)第三方侵权条款。当被许可方所在地发生商标侵权案时,被许可方应立即通知许可方,由作为商标权人的许可方决定对侵权行为或不正当竞争是否诉诸法律。因为侵权案是发生在被许可方所在地的,侵权行为直接影响到被许可方的利益,因此,在处理侵权案的过程中,被许可方应该对许可方采取的行动给予积极配合。

(2)广告宣传条款。在本许可证授权的被许可方市场内做宣传广告,当事双方可能都希望在协议中包括这样的条款,规定各方的广告类型和费用分担份额。关于广告的形式、规模和布局,被许可方要得到许可方的保证。而许可方在被许可方的市场内做许可商标货物或服务广告,可能又希望得到被许可方的帮助。

(3)保险条款。许可方为了保证所授予的权力产生的索赔能够得以兑现,要求被许可方参加保险,以便一旦发生索赔问题,由保险公司承担。

(三)商标使用许可合同范本

商标使用许可合同

中国__________公司(以下简称"被许可方")为一方,__________国__________公司(以下简称"许可方")为另一方:

鉴于许可方拥有一定价值并经注册的商标;

鉴于被许可方希望在制造、出售、分销产品时使用这一商标;

双方授权代表通过友好协商,同意就以下条款签订本合同。

第一条 定义

1.1 "注册商标"——指本合同附件一所指的在中华人民共和国商标局注册登记的商标,该注册商标的编号为__________。

1.2 "许可方"是指__________国__________公司,或者该公司的法人代表、代理和财产继承者。

1.3 "被许可方"是指中国__________公司,或者该公司的法人代表、代理和财产继承者。

1.4 "合同产品"是指合同附件二所列的产品。

1.5 “净销售价”是指合同产品的销售发票价格扣除包装费、运输费、保险费、佣金、商业折扣、税费、外购件等费用后的余额。

1.6 “合同生效日”是指本合同双方签字日。

第二条　合同范围

2.1 根据以下条款的规定,被许可方同意从许可方取得,许可方同意向被许可方授予单独使用附件一所指定的注册商标的许可权力,且只在制造和出售、分销合同产品时使用。合同产品的名称、型号、规格和技术参数详见本合同附件二。这种权力是独占性的,是不可转让的权利。许可方同意在合同的有效期内不在合同有效区域再授予别人销售合同产品时使用这一商标。

2.2 许可只在 ________ 地区有效。被许可方同意不在其他地区直接或间接使用或授权他人使用这一商标,且不在知情的情况下向有意或有可能在其他地区出售合同产品的第三者销售该产品。

2.3 许可方负责向被许可方提供注册商标的有关资料,包括注册商标的文字、图案、申请情况和编号等,具体的资料详见本合同附件一。

2.4 被许可方同意在出售合同产品或在合同产品的广告、销售和展示材料中根据规定标明“注册商标________公司 ______ 年”,或其他许可方要求的标志。

第三条　合同价格

3.1 按照第二条规定的内容和范围,本合同采用提成方式计算使用费,计价的货币单位为美元。

3.2 本合同使用费的计算时间从合同生效之日后的第 ______ 个月开始,按日历年度计算,每年的十二月三十一日为使用费的结算日。

3.3 使用费按当年度合同产品的净销售额计算,提成率为 ______ %。

3.4 在使用费结算日后 ______ 天之内被许可方应向许可方提供完整、精确的报告,说明被许可方上一年度合同产品的销售数量、净销售额和应支付的使用费,净销售额和使用费的具体计算方法见本合同附件三。如发现报告或支付中有不一致的错误,许可方应在收到该报告 ______ 日内提出质疑,被许可方应及时改正。

3.5 被许可方同意建立和保留所有有关本合同项下交易活动的会计账本和记录。许可方如需查核被许可方的账目,应在接到被许可方根据 3.4 条规定开出的书面报告后 10 天内通知被许可方,具体的查账内容和程序详见本合同附件四。

第四条　支付条件

4.1 本合同第三条规定的使用费,被许可方将通过 ________ 银行(此处为被许可方的业务银行)和 ________ 银行(此处为许可方的业务银行)支付给许可方，支付中使用的货币为美元。

4.2 许可方在收到被许可方按第3.4条的规定发出的书面报告后应立即开具有关的单据，被许可方在收到许可方开出的下列单据后三十天内，经审核无误，即支付使用费给许可方。

A. 使用费计算单一式四份；

B. 商业发票一式四份；

C. 即期汇票一式二份。

4.3 按本合同规定，许可方需要向接受方支付罚款或赔偿时，接受方有权从上述支付的费用中直接扣除。

第五条　资料的交付

5.1 许可方应按本合同附件一的规定向被许可人提供注册商标的名称、内容，以及许可方向中国商标局申请注册的有关情况。

5.2 许可方应在签订本合同的同时，将5.1条中规定的资料交付给被许可方。

第六条　商品质量

6.1 被许可方同意合同产品将符合高标准，其式样、外观和质量将能发挥其最好效益，并能保护和加强商标名誉及其所代表的信誉。被许可方保证合同产品符合附件二所规定的质量标准，同时合同产品的生产、出售、分销将符合销售地的法律规定，并不得影响许可方以及其商标本身的名声。

6.2 为了达到6.1中所述目标，被许可方应在出售合同产品之前，免费寄给许可方一定数量的产品样品和其包装纸箱及包装材料，以取得许可方的书面同意。合同产品及其纸箱和包装材料的质量式样需得到许可方同意。向许可方提供的每份产品得到其书面同意前不能视做通过。样品按本条所述得到同意后，接受方在未得到许可方的书面同意前不能做实质变动。而许可方除非提前60天通知被许可方，否则不能撤销其对样品的同意。

6.3 在被许可方开始出售合同产品后，应许可方的要求，将免费向许可方提供不超过________件的随机抽样样品及相关的纸箱、包装箱和包装材料。

第七条　侵权和保证

7.1 许可方保证是本合同注册商标的合法持有者，并且有权授予被许可方使用，在合同的执行过程中一旦发生第三方指控侵权，则由许可方负责与第三方交涉，并承担由此引起的一切法律和经济上的责任。

7.2 被许可方负责为自己和/或许可方就其非经授权使用合同产品商标、专利、工艺、设计思想、方法引起的索赔、诉讼或损失，就其他行为或产品瑕疵导致的索赔、诉讼或损失进行辩护，并使许可方免受损失。

7.3 被许可方同意向许可方提供必要的帮助来保护许可方就该商标拥有的权利。被许可方在可知的范围内应书面告知许可方就合同产品的商标的侵权和仿制行为。双方可以各自以自己的名义或者双方的名义针对这样的行为提起诉讼或索赔。

第八条　促销材料

8.1 在任何情况下，被许可人如果期望得到合同产品的宣传材料，那么生产该宣传材料的成本和时间由被许可人承担。所有涉及本合同商标或其复制品的宣传材料的产权应归被许可方所有。如果许可方要求使用或将其许可给他方使用，许可方应支付有关费用。届时双方可另行协商签订合同。

8.2 被许可方同意，在没有得到许可方的事先书面批准的情况下，不在电台或者电视台做使用本合同商标的合同产品的宣传和广告。许可方可以自由决定同意批准或者不批准。

第九条　分销

9.1 被许可方同意将恪尽勤勉，并且持续制造、分销或销售合同产品，而且还将为此做出必要和适当的安排。

9.2 被许可方在没有得到许可方的书面同意前，不得将合同产品销售给那些以获得佣金为目的、有可能将合同产品当做促销赠品的，以促进其销售搭售活动目的的销售方式的有问题的批发商、零售商、零售店及贸易商等。

第十条　破产、违约

10.1 如果被许可方在达成协议后__________月内未开始生产和销售合同产品，许可方可书面通知被许可方终止合同。

10.2 如果被许可方提出破产申请，或被宣告破产，或有关方对被许可方提起破产诉讼，或被许可方无偿还能力，或被许可方为其债权人的利益而转让或依照破产法做出安排，或被许可方停止经营，或有人接管其经营，则本合同自动终止。除非得到许可人书面表示的同意，被许可方、其接收者、代表、委托人、代理人、管理人、继承人或受让人无权出售、利用或以任何方式经营合同产品，或相关的纸箱、包装材料。这是必须遵守的。

10.3 任何一方违反本合同条款下的义务，另一方在提前10天书面通知对方后有权终止合同，除非违约方在10天内对其违约行为所造成的损失做出全额赔偿，并令对方满意。

第十一条　最后报告

11.1 在合同期满前60天内，或收到终止合同通知的10天以内，或是在无须通知的合同终止的情况下10天以内，被许可方应向许可方出具一份报告以说明手中的和正在加工中的合同产品的数量和种类。

11.2 许可方有权进行实地盘存以确认存货情况和报告的准确。若被许可方拒绝许可方的核查，将失去处理存货的权利。

第十二条 存货处理

12.1 合同根据第十条的规定终止后，在被许可方已支付使用费，并已按照第三条要求提供报告的情况下，如合同中没有另外规定，被许可方可以在收到终止合同通知后________天内处理其手中的和正在加工的合同产品。

12.2 如果被许可方生产的合同产品的质量、式样不符合许可方的要求而导致合同终止，被许可方不得再生产、出售和处理任何合同产品。

第十三条 税费

13.1 中华人民共和国政府根据其现行税法向被许可方征收的有关执行合同的一切税费，由被许可方承担。

13.2 中华人民共和国政府根据其现行税法向许可方征收的有关执行本合同的一切税费，由许可方承担。

第十四条 不可抗力

14.1 合同双方的任何一方，由于战争或严重的水灾、火灾、台风和地震等自然灾害，以及双方同意的可作为不可抗力的其他事故而影响合同执行时，则延长履行合同的期限，延长的期限相当于事故所影响的时间。

14.2 受不可抗力影响的一方应尽快将发生不可抗力事故的情况以电传或电报通知对方，并于 14 天内以航空挂号信件将有关当局出具的证明文件提交给另一方进行确认。

14.3 如果不可抗力事故的影响延续到 120 天以上，合同双方应通过友好协商的方式解决合同的执行问题。

第十五条 争议的解决

15.1 因执行本合同所发生的或与本合同有关的一切争议，双方应通过友好协商解决。

15.2 如双方通过协商不能达成协议，则应提交中国国际经济贸易仲裁委员会，按照申请仲裁时该会现行有效的仲裁规则进行仲裁。仲裁裁决是终局的，对双方均有约束力。

15.3 仲裁费用由败诉方承担。

15.4 在争议的处理过程中，除正在进行仲裁的部分外，合同的其他部分继续执行。

第十六条 合同的生效及其他

16.1 本合同由双方授权代表于______年______月______日在__________

签字。并自签字之日起开始生效。

16.2 本合同的有效期从合同生效之日起算共______年,有效期满后,本合同自动失效。

16.3 本合同失效后,除第十二条所述的情况外,被许可方不得在制造、出售、分销其自己的产品时使用该商标或类似的设备。许可方可自由地向他人转让在生产、出售、分销协议产品过程中使用该商标的权利。

16.4 本合同执行中,对其条款的任何更改、修改和增减,都须经双方协商同意并签署书面文件,作为合同的组成部分,与合同具有同等效力。

16.5 本合同期满后,双方的未了债权和债务不受合同期满的影响,债务人应对债权人继续完成未了债务。

16.6 本合同由第一条至第十六条和附件一至附件四组成,合同的正文和附件是不可分割的部分,具有同等的法律效力。

16.7 本合同双方各持两份。在合同的有效期内,双方通信以英文进行。正式通知应以书面形式,航空挂号邮寄,一式两份。合同双方的法定地址如下:

A 被许可方:____________

地址:____________

电话:____________

传真:____________

B 许可方:____________

地址:____________

电话:____________

传真:____________

被许可方授权代表(签字)

许可方授权代表(签字)

三、商标使用许可合同当事人的权利和义务

在签订商标使用许可合同后,许可人和被许可人均必须履行合同,同时均享有权利并承担义务。

(一)许可人的权利义务

在商标使用许可合同中,许可人的主要权利是向被许可人收取使用费,其应履行的主要义务有以下三项。

1. 保持注册商标的有效性。在商标使用许可合同的有效期内,许可人不得将注册商标向第三人转让,只有经过被许可人同意后方能转让,不得放弃续展注册,不得申请注销其注册商标。

2. 维护被许可人合法的使用权。许可人必须为被许可人合法使用其注册商标提供便利条件,当第三人侵犯注册商标时应采取有效措施予以制止。在发生第三人侵犯注册商标时,被许可人也可以通过诉讼途径维护自己的合法权益。

3. 监督被许可人使用该注册商标的商品质量。

(二) 被许可人的权利义务

被许可人的主要权利是按照合同约定使用被许可人的注册商标,其应履行的主要义务有以下四项。

1. 未经许可人的书面授权,不得将商标使用权转移给第三人。

2. 保证使用许可人注册商标的商品质量,维护商标信誉,并在其商品或包装上注明产地和被许可人的名称,保证消费者能够将许可人与被许可人使用相同商标的商品区分开来。

3. 如被许可使用的商标被他人侵权,被许可人应协助许可人查明事实。

4. 按合同的约定缴纳商标许可使用费用。

四、签订商标使用许可合同的注意事项

影响商标使用许可合同效力或成立的问题主要来自五个方面。

第一,使用许可合同中,因主体资格不具备而影响合同效力或成立的有以下六种情况。

(1)注册商标有效保护期已过而没有续展的,许可人(原注册人)丧失对该注册商标的专用权。

(2)注册商标已转让,许可人(原注册人)丧失对该注册商标的专用权。

(3)商标注册人已消亡,他人通过不正当手段与被许可人签订商标使用许可合同的;如果商标注册人死亡或终止,那么自死亡或者终止之日起一年期满,该商标专有权没有办理转移手续的,任何人都可以要求注销该商标。

(4)商标未注册,或虽已提出注册申请但尚未取得注册商标专用权。

(5)许可使用的商品或服务超出商标注册证所核定的范围。

(6)商标注册人(许可人)名义或其他注册事项已变更而未办理商标变更事宜。按照商标法规定,这种情况将被撤销注册商标。此外,连续三年停止使用注册商标的也将被撤销注册商标。

第二,未约定许可使用费金额的。根据人民法院的审判实践,对商标使用费的金额或者计算方法没有约定或者约定不明确的,应认定该商标使用许可合同没有成立。

第三,未备案的合同效力问题。我国《商标法》虽然规定商标使用许可合同强制备案,但未规定未备案的合同无效。根据我国《合同法》有关规定,依法成立的合同自成立时生效。所以,备案与否并不影响合同的效力。尽管如此,我们在进行商标使用许可时,还是应当按照有关法律要求,在签订完商标使用许可合同后,及时向商标局备案,为以后一旦出现纠纷提供法律依据。

第四,无效的商标使用许可合同。它包括许可人或被许可人不具备相应的合同主体资格;一方以欺诈、胁迫手段而订立的损害国家利益的商标使用许可合同;以合法形式掩盖非法目的所签订的商标使用许可合同;恶意串通,损害国家、集体或第三人利益的商标使用许可合同;违反法律、行政法规的强行性规定的商标使用许可合同。

第五,可撤销的注册商标使用许可合同。它包括因重大误解订立的商标使用许可合同,显失公平的商标使用许可合同,因欺诈、胁迫而订立的商标使用许可合同。

第五节 商标的国际注册

一、基本概念

商标专用权具有地域性,在哪个国家或地区注册,只能在该地域范围内得到保护。要想得到他国的法律保护,必须到外国申请注册。现代企业积极取得商标的国际注册,不仅能够有效地享有法律赋予的商标专用权,从而有效打击仿冒货侵权行为,还能利于企业在国外市场扩大销售,实行品牌战略,长期稳定地占领国际市场,成为消费者喜爱的名牌产品。

如果一个商标想在多个国家和地区取得保护,其途径有两个:一是在各个国家逐一办理注册,即商标所有人一个国家一个国家地办理商标注册,具体程序依各个国家的商标法规定进行;二是通过国际条约,主要是《商标国际注册马德里协定》(简称《马德里协定》)和《商标国际注册马德里协定有关议定书》,办理国际注册。商标国际注册,即马德里商标国际注册,就是根据《商标国际注册马德里协定》和《商标国际注册马德里协定有关议定书》及其共同实施细则进行的商标注册。其中,优先适用马德里协定。由于采用商标国际注册,商标注册人只要使用一种文字向一个主管部门进行一次申请并交付申请费,就有可能取得在两个以上国家的注册，从而大大简化了注册手续并减少了费用，对商标权的国际保护起了促进作用。

二、《马德里协定》规定的商标国际注册一般程序

（一）商标国际注册的前提

申请商标国际注册的前提是申请人的商标已在原属国正式注册。根据《马德里协定》第 1 条第 3 款的规定，申请国际注册的相关商标必须已在原属国注册。商标注册申请人的原属国，应当按照“真实有效的工商营业所得协定成员国”“住所所在的协定成员国”“国籍所在的国家”的先后顺序确定。

（二）商标国际注册的申请

1. 申请程序。商标国际注册的申请，是指申请人提出申请，经原属国主管机关，送达世界知识产权组织国际局，即申请过程分为两个环节：一是从申请人提交申请至原属国主管机关（我国为商标局），二是从原属国主管机关至国际局。

2. 申请表的填写和要求。申请人申请国际注册时，应当严格按照规定的格式提交申请表。申请表由国际局免费提供，一式两份，由原属国主管机关注明日期并签字送出。根据《商标国际注册马德里协定实施细则》第 8 条的规定，国际注册申请必须写明以下内容：

（1）商标的原属国。

（2）申请人的名称、地址、工商营业所或住所。

（3）代理人。

（4）原属国商标的申请和注册。这包括在原属国申请国家基础注册的申请日期、申请号、注册日期、注册号，以及必要的申请人的声明。

（5）黑白或彩色商标的复制件。如果申请人要求将颜色作为其商标显著成分保护的，应当声明要求该项保护，并在申请书中注明请求保护颜色和颜色组合。

（6）商品和服务及其所在类别。商品和服务的填写应根据《商标注册用商品和服务国际分类尼斯协定》制定的分类表，指明相应的分类。如果“分类表”没有申请人所需填写的词条，应尽量使用与此相类似的词条。

（7）商标类型。申请人应注明申请的商标属于哪种类型（商品商标、服务商标、立体商标、集体商标、证明商标等）。

（8）商标保护的国家。

（9）商标保护的期限。商标国际注册的有效期为 20 年，申请人可将此期限分两个 10 年注册，也可以按 20 年注册。

此外,在提交申请表的同时,还应按规定预缴国际注册费。

(三)商标国际注册申请的审查

商标国际注册申请的审查是指原属国主管机关和国际局对申请所做的形式审查。

1. 原属国主管机关的审查。商标原属国的审查主要是保证申请注册的商标在国家注册,并保证申请人有权申请国际注册。其重点审查基础国家注册的注册人是否与国际注册的申请人一致;国际申请书中的商标与申请人在国内已经获得的商标是否一致;申请人是否附送了有关材料;申请人是否缴纳了有关费用等。审查核准后,原属国商标主管机关在自收到申请之日起20天内将申请寄交国际局。

2. 国际局的审查。国际局对商标国际注册申请的审查主要是审查申请是否符合《马德里协定》及其细则的要求。如果申请未能通过形式审查,国际局将通知申请人所在国的主管机关,要求在三个月内修改申请,否则将予以驳回。如果通过了形式审查,应立即予以注册。国际注册的商标应按注册申请的内容在国际局出版的刊物上公告。

3. 商标国际注册的期限及续展。商标国际注册的有效期为20年,国际注册期满后可以续展,续展的次数没有限制,但续展注册的内容必须与上一期注册的内容完全一致。商标所有人在其国际注册期满的前一年内可以申请续展,在注册保护期满前6个月,国际局应寄送非正式通知书,以提醒商标注册人及其代理人确切的届满期。已缴纳规定附加费的,应给予国际注册续展6个月的宽展期。

4. 商标国际注册变更、撤销。商标国际注册变更和撤销的内容如下所示。

(1)国际注册的变更。商标国际注册的变更是指在商标国际注册后由于各种原因而导致该商标国际注册的变更。商标国际注册的变更的类型主要包括:①商标国际注册之后,对于商标国际注册时因各种原因而未延伸到有关国家的,可以就全部或部分商品或服务申请领土延伸,这样的申请属于范围的变更。②转让。转让分为全部转让和部分转让。全部转让是指国际注册商标所有权的全部转让;部分转让是指国际注册商标或服务在部分有关国家的所有权的转让。这两种转让均应在国际注册簿进行变更注册。③删减商品或服务。删减商品或服务实际上是部分转让的一个方面,因此也在变更注册范围之内。④变更所有人名称和地址。国际注册所有人名称、地址变更需要在国际注册簿上进行变更注册。

国际注册的商标变更以上事项,需由原属国主管机关向国际局提出申请,填写国际局提供的申请表格,经原属国主管机关签字并注明日期后寄交国际局。

(2)国际注册的撤销。商标国际注册的撤销,是指国际注册不在录的某商标在所有商品和服务上并在所有有关国家的撤销。国际注册撤销的原因主要有：①商标所有人同意并经原属国主管机关请求。②商标在原属国注册的五年内被撤销，从而导致国际注册失效。《马德里协定》规定，从国际注册日算起的五年内，如果商标在本国的注册被撤销，则它在其他指定国的注册也将被撤销，只有在五年以后，商标（如果在本国的注册未被撤销）在各指定国的注册才算是独立的，一国对该商标注册的撤销不影响该商标在他国注册的效力。③如果国际注册的商标转让给一个无权申请商标国际注册的人，则不能在国际注册簿登记该转让，并且转让人原属国主管机关有权要求国际局在国际注册簿上撤销该商标。

5. 商标国际注册保护的拒绝驳回。国际局在向《马德里协定》缔约国发出某项商标注册或者根据协定有关规定提出延伸保护申请的通知后，该缔约国的主管机关依其国家法律授权，有权声明在其领土内对保护的申请予以拒绝，不能给该商标以保护。

（1）法律依据。被指定保护的国家，其商标主管机关有权根据本国法律的规定对保护申请予以驳回。在对商标注册申请进行实质审查的国家中，可以因违反禁用条款驳回保护申请。但根据《巴黎公约》的规定，对国际注册保护的拒绝，只能对申请本国注册的商标同样适用的利用为根据，不得仅依其国家法律之准予在一定的类别或者一定的商品或服务上注册为唯一理由，拒绝予以保护，即使是部分拒绝也不可以。

（2）驳回声明的时限。被指定保护的国家的商标主管机关对商标国际注册申请驳回后，需向国际局声明驳回。声明驳回的期限最长为 1 年，即从指定该国保护之日起到指定国商标主管机关声明驳回之时，相隔的时间不得超过 1 年。若超过 1 年，被指定保护的国家的主管机关不得行使驳回权利。如果指定保护申请在 1 年内未遭到驳回，则该申请在该国（指定保护国）自动生效。

被指定保护国家的商标主管机关在驳回声明中，应说明驳回的全部理由。国际局收到拒绝声明后，应立即将其抄件各一份转给原属国主管机关和商标所有人。如果该主管机关已向国际局指明商标所有人的代理人，则应转给其代理人。国际局应依有关当事人的请求，通知其拒绝保护商标的全部理由。

（3）对驳回的申诉。商标所有人或代理人收到驳回抄件后，如果不服，可以按驳回国家的法定程序进行申诉。

三、商标国外逐一注册制

商标国外逐一注册制，即商标所有人到国外一个国家一个国家地办理商标注册，具体程序依各个国家的商标法规定进行。世界各国商标法的审查制度虽不尽相同,但一般都包括以下几个程序:申请、审查、公告、异议、注册五大部分,有一些还设有撤销程序。商标国外逐一注册制度适用的国家包括:不属于马德里体系的国家以及属于马德里体系的国家但并未通过国际注册来提出商标注册申请。向这些国家申请注册,应了解该国的商标注册要求。

案例研究

案例一 “红牛”商标权权属纠纷案

2020年12月21日,最高人民法院就红牛维他命饮料有限公司(以下简称“红牛公司”)与天丝医药保健有限公司(以下简称“泰国天丝公司”)“红牛”商标权权属一案做出终审判决,驳回红牛公司“红牛公司对红牛系列商标享有合法权利”的请求,明确泰国天丝公司为红牛系列商标的所有者。

泰国天丝公司于1995年与案外人签订合资合同,约定成立合资公司,即红牛公司,泰国天丝公司为红牛公司提供产品配方、工艺技术、商标和后续改进技术。经法院查明,17枚“红牛”系列商标的商标权人均为泰国天丝公司。其后,泰国天丝公司与红牛公司先后就红牛系列商标签订多份商标许可使用合同,红牛公司支付了许可使用费。此后,红牛公司针对“红牛”系列商标的产品进行了大量市场推广和广告投入。红牛公司和泰国天丝公司均对“红牛”系列商标进行过维权及诉讼事宜。

商标许可授权于2016年10月6日到期后,泰国天丝公司认为红牛公司仍继续使用红牛系列商标生产、销售红牛产品,是对其红牛系列商标专用权的侵犯,为此,泰国天丝公司发起商标侵权诉讼。作为反击,红牛公司向北京市高级人民法院提起诉讼,请求法院确认红牛公司对红牛系列商标享有所有者的合法权益,并判令泰国天丝公司向红牛公司支付广告宣传费用共计人民币37.53亿元。

一审法院判决驳回红牛公司的全部诉讼请求。红牛公司不服,上诉至最高人民法院。最高人民法院认为,原始取得与继受取得是获得注册商标专用权的两种方式。判断是否构成继受取得,应当审查当事人之间是否就权属变更、使用期限、使用性质等做出了明确约定,并根据当事人的真实意思表示及实际履行情况综合判断。在许可使用关系中,被许可人使用并宣传商标,或维护被许可使用商标声誉的行为,均不能当然地成为获得商标权的事实基础。泰国天丝公司对红牛公司是商标许可使用而非商标转让,泰国天丝公司作为红牛技术配方和商标提供者,应保有对其所涉及的红牛配方、技术工艺以及商标的控制权。

经审理,最高人民法院做出驳回上诉、维持原判的终审判决。

案例思考与讨论:

1. 什么是商标权许可使用?
2. 侵犯商标权的责任怎样承担?

案例二　乐高诉"乐拼"商标侵权案

2021年4月,广东省高级人民法院对"乐高"诉"乐拼"系列标识商标侵权及不正当竞争案做出终审判决,认定"乐拼"生产厂商广东美致智教科技股份有限公司(以下简称"美致公司")、广东美致智教科技股份有限公司第二分公司、汕头市智乐拼玩具有限公司等构成商标侵权及不正当竞争,且程度恶劣,判令其立即停止侵权,赔偿乐高博士有限公司(以下简称"乐高公司")经济损失及为制止侵权行为所支付的合理开支共3 000万元。

2015年起,美致公司法定代表人李某某等人复制乐高玩具,生产出大量含有"乐拼"中文及英文字样系列标识的玩具产品,其中多款标识侵犯了"乐高"商标标识,构成商标侵权;一个商标名称与乐高公司有一定影响力的商品名称相似,构成不正当竞争。一审法院判决美致公司等三被告赔偿乐高公司经济损失及为制止侵权行为所支付的合理开支共300万元。

判决后,双方均对赔偿金额有异议,向广东高院提起上诉。

广东高院二审查明,"乐高"系列商标经长期使用与宣传,在玩具市场上具有极高知名度,早已成为相关公众用于识别乐高商品的主要标识。美致公司一系列产品使用"乐拼"标识,在颜色组合、表现形式、整体视觉效果等方面均与"乐高"极为相似,极易导致公众混淆,从而削弱了"乐高"系列商标的显著性,对其市场声誉造成毁贬。美致公司复制乐高玩具持续4年之久,侵害乐高公司8个注册商标和1个具有一定影响的商业名称。该公司负责人李某某指使他人注册系列侵权商标,组织工厂进行生产,通过在美致第二分公司经营场所、广州国际玩具及模型展览会、代理商经营场所等实地陈列和大量销售,还通过邮件、公司网站、微信公众号以及发展代理商等多个渠道进行宣传、销售。

根据相关刑事裁定书认定,仅自2017年9月11日至2019年4月23日,美致公司生产销售侵权产品的非法经营额已达到3.3亿元,另依据浙江淘宝网络公司提供的"乐拼"商品销售数据,可合理推定侵权产品的销售金额超过5亿元。经参考相关行业利润率合理估算，所涉侵权产品的整体获利应远超1.6亿元。

据此，广东高院认为，美致公司侵权持续时间长、规模大、获利多，且极富设计性和组织性，攀附和模仿乐高公司的恶意明显，属严重侵权行为，应从重判赔，遂对乐高公司提出的赔偿主张予以全额支持，改判"乐拼"赔偿"乐高"相关经济损失3 000万元。

此前，最高检发布一起因复制乐高玩具售卖被判侵犯著作权案，涉案金额高达3亿余元，9人获刑六年至三年不等，并处罚金9 000万元至20万元不等。

一段时期以来，我国着力在知识产权领域构建与落实惩罚性赔偿制度的举措。2013年修订《商标法》，首先尝试建立了针对恶意侵权的惩罚性赔偿制度；2019年修订《反不正当竞争法》，新增了惩罚性赔偿制度，同期再次修订的《商标法》保留了惩罚性赔偿规定；2020年先后完成修订的《专利法》《著作权法》也都明确建立惩罚性赔偿制度；2021年3月，最高人民法院出台《关于审理侵害知识产权民事案件适用惩罚性赔偿的解释》，并适时发布了侵害知识产权民事案件适用惩罚性赔偿典型案例六项。我国知识产权领域惩罚性赔偿制度的体系化构建与实施，为新时代以强化知识产权保护推动中国特色社会主义科技创新事业的发展提供了有力抓手，是我国由知识产权大国向知识产权强国迈进过程中的一项重要制度突破。惩罚性赔偿制度所独有的赔偿到位特点和惩罚威慑作用，能够让受害的权利人得到充分救济，让加害者得到应有的惩戒，可以有效遏制假冒伪劣盗版产品的制售和流通。

案例思考与讨论：

1. 什么是"驰名商标"？
2. 当商标权受到侵犯时，应该运用何种手段维权？

思考与练习

1. 商标按照构成要素来分，可以分成哪几类？
2. 集体商标、证明商标、联合商标、防御商标的作用分别是什么？
3. 商标权的内容和特征是什么？
4. 简述商标权取得原则中使用在先原则、注册在先原则以及无异议原则的内容、特点及其评价。
5. 商标权转让与商标权许可的区别是什么？
6. 商标使用许可的方式有哪些？

第六章 商业秘密

Trade Secret

商业秘密是权利人通过一定的投入所获得的一种信息。在市场竞争中，拥有一定的商业秘密可以获得与维护企业的优势地位。通过本章的学习，学生应了解国际上对商业秘密的各种不同定义，熟悉侵犯商业秘密权的行为以及法律对商业秘密的保护，掌握商业秘密的要件与范围。

学习要点

Trade secrets are a kind of information which always has to be got by the obligees through dedication.In market competitions, companies are able to obtain and keep their advantage with certain trade secrets in their hands.By learning this chapter, students are supposed to know various definitions of trade secrets in the world, be familiar with actions infringing the trade secrets and safeguards enforced by laws, and master the conditions and the range of trade secrets.

第一节 商业秘密的概念及范围

一、商业秘密的概念

商业秘密是一种特殊的知识产权，是指可以为权利人带来经济利益或能使权利人取得竞争优势、经权利人采取保密措施加以保护的技术信息和经营信息。知识经济时代，商业秘密已经成为人类智力成果的最重要表现形式之一。随着经济全球化、一体化发展的趋势日益明显，企业应当巧妙地掌握并运用商业秘密来提升自己的国际竞争力。

目前国际上尚未对商业秘密形成一个统一的定义，各国以及各国际组织对商业秘密的范围、其构成要件等方面还存在不同的理解，尚未达成共识。当今国际上对商业秘密的定义有如下几种。

（一）世界贸易组织的定义

世界贸易组织在《与贸易有关的知识产权协议》（TRIPS）中对“未披露信息”做出了相应的规定。目前，理论界大部分观点都认为 TRIPS 中的“未披露信息”就是指商业秘密。世界贸易组织在 TRIPS 中规定，满足以下条件的信息即可称之为未披露信息，应当得到相应的保护。

1. 在一定意义上，其属于秘密，就是说，该信息作为整体或作为其中内容的确切组合，并非通常从事有关该信息工作领域的人们所普遍了解或者容易获得的。

2. 因其属于秘密而具有商业价值。

3. 合法控制该信息之人，为保密已经根据有关情况采取了合理的措施。

（二）世界知识产权组织的定义

世界知识产权组织在其国际局拟定的《反不正当竞争示范法》第 6 条中将商业秘密称为秘密信息，并给出了以下定义：“具备下列条件的信息才被认定为‘秘密信息’：①作为一个整体或作为其组成部分的具体构造或组合，它未被通常从事该类信息工作的领域内的人们普遍知悉或者容易获得；②由于是秘密而具有商业价值；③权利人根据情况采取了合理措施以保持其秘密性。”

（三）美国法律中的定义

100 多年前工业化的初期，美国法院就已经开始承认商业秘密是一种财产权，并开始加以保护。

1939年,美国法律协会制定了《侵权行为法第一次重述》(简称《侵权法重述》),首次以列举的方式陈述了商业秘密的定义:"一件商业秘密可以包括任何配方、样式或任何信息的编辑产品,其在某人的商业活动中被使用,且由于这种使用给该人以机会,相对于不知或未使用该商业秘密的竞争对手,可以取得优势地位。商业秘密可以是一种化学混合物的配方,一种材料的加工、处理、储存工艺,一种机器或其他装置的样式,或一份客户名单。""商业秘密应该是在某人的商业活动中连续使用的一种工艺或者装置。"

1979年,美国统一州法律委员会制定了《统一商业秘密法》,拓宽了《侵权法重述》对商业秘密的定义范围,将包括方法和技巧在内的富有商业价值的信息也纳入保护的范围,对权利人的保护更为有力。具体的条款为:"'商业秘密'意为特定信息,包括配方、样式、编辑产品、程序、设计、方法、技术或工艺等。"相关条款还规定可以被列为商业秘密的信息必须将独立导致实际的或潜在的经济价值,不为公众所周知,无法由他人通过正当方法轻易获得,然而可以从这种信息的解释或使用中获得经济价值;而且,持有人在特定情势下已经尽了合理的努力去维持它的秘密性。

1996年,美国国会制定的《经济间谍法》对商业秘密也做出了定义:商业秘密是权利人采取了保密措施,不为普遍知悉,公众不易通过正当手段获取,具有独立经济价值的任何金融的、商业的、科学的、技术的、经济的、工程的信息。

(四)日本法律中的定义

日本的《不正当竞争防止法》的第1条对商业秘密进行了定义:"商业秘密是指作为秘密进行管理,尚未众所周知的生产方法、销售方法及其他经营活动中使用的技术上和经营上的情报。"

(五)中国法律中的定义

在我国,"商业秘密"最早作为一个法律术语出现是在1991年的《民事诉讼法》中,但该法没有从立法上对商业秘密的内涵和范围做出明确的规定。

1991年4月12日,中美两国签订了《关于延长和修改两国政府科学技术合作协定的协议》,该协议在附件中对商业秘密进行了定义:"符合下列条件的信息应当确认为商业秘密:拥有该信息的人可以从中获得经济利益或者据此取得对非拥有者的竞争优势,该信息是非公知的或者不能从其他公开渠道获得,该信息的拥有者未曾在没有保密义务的安排的情况下将其提供给他人。"

1992年,最高人民法院在《关于适用〈民事诉讼法〉若干问题的意见》中规定,商业秘密“主要是指技术秘密、商业情报及信息等,如生产工艺、配方、贸易联系、购销渠道等当事人不愿意公开的工商业秘密。”这是我国首次对商业秘密做出司法解释。

1993年12月1日起施行的《反不正当竞争法》第一次从立法上界定了商业秘密的含义。其中第10条将商业秘密定义为:“不为公众所知悉,能为权利人带来经济利益,具有实用性并经权利人采取保密措施的技术信息与经营信息。”

1995年11月23日,国家工商行政管理局颁布了《关于禁止侵犯商业秘密行为的若干规定》,其中对《反不正当竞争法》中关于商业秘密的定义做出了进一步的阐释:技术信息和经营信息包括设计、程序、产品配方、制作工艺、制作方法、管理诀窍、客户名单、货源情报、产销策略、招投标中的标底及标书内容等信息。

2010年3月25日国资委出台了《中央企业商业秘密保护暂行规定》以下简称《暂行规定》。这是我国第一部关于商业秘密保护的部门规章,进一步加强了中央企业商业秘密保护管理。《暂行规定》的出台为中央企业商业秘密保护提供了重要的法律依据,确保企业核心经营信息和技术信息安全,为国有资产保值增值发挥了重要保障作用。其中关于商业秘密的定义更加具体化:是指不为公众所知悉、能为中央企业带来经济利益、具有实用性并经中央企业采取保密措施的经营信息和技术信息。主要包括:战略规划、管理方法、商业模式、改制上市、并购重组、产权交易、财务信息、投融资决策、产购销策略、资源储备、客户信息、招投标事项等经营信息;设计、程序、产品配方、制作工艺、制作方法、技术诀窍等技术信息。

以上几个国家及国际组织对商业秘密概念的表述并不完全相同,但通过比较我们可以看到这些定义是具有一些相同点的。比如,定义中的商业秘密基本上都涵盖了技术信息和营业信息,这些信息都不为公众所知并且可以为权利人带来竞争优势,权利人对其都进行了保密措施加以管理等。可以说,各国在商业秘密基本属性方面的规定是大体相同的。

二、商业秘密的范围

各国在对商业秘密涵盖的范围方面意见比较统一,即将商业秘密分为技术性商业秘密和经营性商业秘密。

(一)技术性商业秘密

技术性商业秘密也称专有技术、技术诀窍等,这一术语来源于英文的“know-how”,指应用于工业目的的、没有得到专利保护的、仅为有限的人所掌握的技术知识。1969年在布达佩斯召开的保护工业产权国际联盟会议上,匈牙利代表团就专有技术定义提出了一个提案,认为:“专有技术是指享有一定价值的,可以利用的,为有限范围的专家知道的，未在任何地方公开过其完整形式和未作为工业产权取得任何形式保护的技术知识、经验、数据、方法或其组合。”这一提案普遍被认为是迄今为止对专有技术所做的最有影响的定义之一。

德国学者赫伯特·斯顿夫将技术信息的表现形式进行了罗列。他认为技术信息的表现形式包括：结构图、研究结果与记录、发展工作的记录、专门应用于特定产品的通用图表和计算结果、统计报表（计算）、处方和配方、零件清单、材料质量的详细资料、含有结构细节的零件图、反映工作成果信息的说明书、有关连续技术改进的情报、工作进展表、制造规范、图纸、制造数据、生产报告、标准零件的最佳尺寸、检查和试验规范、建设报告和设备、外部建设的数量计算、有关工作进展和安排的资料、对其他公司人员的培训。

20 世纪 60 年代中期，我国在技术引进合同中开始使用这一术语；1985 年财政部公布了《中华人民共和国中外合资经营企业所得税法实施细则》，这是我国首次在官方文件中把“know-how”称做专有技术；1985 年 5 月，国务院在发布的《技术引进合同管理条例》及其《实施细则》中对专有技术的引进做出了相关规定。

按照相关法律规定，技术性商业秘密是指未公开过，未采取工业产权法律保护的，以图纸、技术资料、技术规范等形式提供的制造某种产品或者应用某项工艺以及产品设计、工艺流程、配方、质量控制和管理方面的技术知识。技术性商业秘密是人们从生产实践经验或者技艺中得来的具有实用性的技术知识，具体可以表现为以下几种形式。

1. 设计图纸。各种工艺流程或者产品的设计图纸是技术性商业秘密的主要组成部分之一，权利人有权将其自行开发设计的图纸作为商业秘密进行保护。

2. 配方。各种工业配方、化学配方、药品配方都是商业秘密常见的表现形式，通常在某种配方中各种成分的比例也属于商业秘密。

3. 工艺流程。机器设备本身是不具有秘密性的，但是在经过了特定的组合之后可能会产生出新的工艺、衍生出先进的操作方法而导致生产效率的提高，这就有可能成为技术性商业秘密。某些生产厂商所保有的“技术诀窍”就属于这一类型的商业秘密。

4. 研究成果和研究报告。记录研究和开发活动内容的文件也属于技术性商业秘密，如蓝图、图样、实验结果、设计文件等。

5. 技术的预测。对技术水平、技术潜力、新技术前景、新技术影响的预测等均属于技术性商业秘密。

6. 公式和方案。特定主体对某些数据进行测算时推导出的公式，或是经研究针对某些特定问题提出的方案属于技术性商业秘密。

除了以上几种形式外，技术性商业秘密还包括一些数据、操作技巧、计算机程序等。技术性商业秘密作为一种处于保密状态的信息，既可以表现为具有信息载体的技术成果，也可以表现为存在于科技人员头脑之中的某些思想；既可以表现为文件性载体，也可以表现为实物性载体。

（二）经营性商业秘密

经营性商业秘密是指一切与企业营销活动有关的具有秘密性质的经营管理方法和与经营管理方法密切相关的信息及情报。经营性商业秘密从涉及的内容上可以分为经营秘密和管理秘密。经营秘密通常是指企业的一些职能部门在日常经营活动中发生的一些相关的信息情报，比如企业的投资计划、财务收支、推销计划、销售渠道、客户名单等；管理秘密则涉及一个经济实体在组织管理方面的一些信息，如企业组织机构的变更计划、企业的管理经验、管理模式等。同样，赫伯特·斯顿夫将经营性商业秘密的表现罗列为：供应商一览表、用户一览表、有关销售和销售组织的资料、广告宣传的方法、对其他公司商务人员的培训等。

作为商业秘密的两个组成部分，技术性商业秘密和经营性商业秘密各自具有不同的特点。技术性商业秘密侧重于工业中的技术知识和经验，而经营性商业秘密则侧重于经营、管理中的知识和经验。除了工业领域之外，经营性商业秘密还涉及商业、服务业等产业领域。技术性商业秘密比经营性商业秘密具有更明显的财产价值，对技术性商业秘密的认定相对于经营性商业秘密来说会容易一些，而经营性商业秘密在构成条件和范围上则存在较多不易确定的地方。

客户名单是经营性商业秘密中的一个重要组成部分，在商业秘密侵权案中最易引起纷争。客户名单的泄漏主要是由于人才的流动造成的。在现代经济社会中，人才的流动性非常高。随着人才的流动往往会出现某些企业的技术秘密、经营策略、管理诀窍、客户名单等秘密情报被泄漏的事件。客户名单由于具有秘密性不高的特点，又常处于动态变化中，内容和范围都不易确定，其秘密属性的认定在国内外商业秘密案件中都是一个难点。通常在判断一份客户名单是否具有秘密性时需要考虑以下两种因素。

1. 客户名单的可获得性。如果一份客户名单可以轻松取得，比如可以从公开的刊物、网站、黄页等载体上获得，非权利人的个体或组织在获得该客户名单时并没有耗费多少人力、财力和智力，则该客户名单并不属于经营性商业秘密。

2. 权利人采取保密措施的程度。权利人应对相应的商业秘密采取一定的保密措施，努力保持其秘密性。权利人采取的保密措施是否合理，应依具体情势进行判断。

第二节　商业秘密的构成要件

现代社会充斥着各种信息，并非任何与技术、经营或商业有关的信息都是商业秘密。某种信息，只有在具备了商业秘密所要求的构成要件时才可以被看做是商业秘密。商业秘密的构成要件是指与社会竞争和物质利益有关的信息，在想要得到相关法律的保护时必须要满足的相应法律条件。与竞争和物质利益有关的信息是商业信息，当商业信息进一步符合商业秘密的构成要件时，该商业信息就成为商业秘密，可以受到商业秘密法的保护。商业秘密的构成要件使商业秘密同国家秘密、个人隐私等其他秘密区别开来，同时也使商业秘密同专利、商标等其他知识产权进行了区分。

目前，国际上广泛接受的商业秘密的构成要件包括秘密性、新颖性、实用性和价值性。

一、秘密性

秘密性包括两层含义：一是不能为公众所知悉，二是权利人采取了合理保密措施予以保密。商业秘密的秘密性是商业秘密得以存在的关键，是其区别于其他知识产权的主要标志之一，也是商业秘密受到法律保护的事实基础。

（一）不为公众所知悉

1. 秘密性的相对性。“不为公众所知悉”表明商业秘密是一定范围内的人所掌握和知晓的信息。从这里我们可以看到，商业秘密其实是一种相对秘密，不需要绝对不被权利人所公知，只要求其确切的内容为负有义务的特定范围内的人所知。由于商业秘密是一种具有价值性的信息，只有通过实施才能体现其价值，而在社会化大生产的条件下，其实施往往需要借助诸多具有实施能力的人。如果商业秘密的秘密性必须是绝对的，那么则意味着权利人只能一人独自实施，这在现代社会中是完全不具有现实性的。

2. 对“公众”的界定。到目前为止，不论是法律法规或是司法解释，对于“公众”的范围都没有一个明确的界定。在理论界存在着两种观点，一种认为“公众就是指任何人，即任何一个不特定的人。就是说商业秘密对于社会上的任何一个不特定的人来讲都是秘密的”，另一种则认为“公众是一个相对的而非绝对的概念，也不是泛指一般的社会公众，通常指相关信息所属领域的不特定多数人”。在现实中，越来越多的人开始倾向于第二种解释。

3. 对“公众知悉”的判断。在判断某一信息是否为公众所知悉时，通常应当考虑以下几个因素。

(1)是否在公开出版物中有记载。如果一项信息作为一个整体或者是其部分的具体排列组合已经在公开发行的出版物上有所刊登，则可认定该信息已为公众所知悉。

(2)是否通过使用而公开。当某种产品投入市场后，其尺寸、材料、结构、部件组合等通过人们观察产品本身就可直观得到的信息即视为通过产品的使用而公开的信息。但如果某一信息表现为一种产品的配方、制造方法等，在产品进入市场后他人难以直接获得这种信息，不能认为该信息通过使用而公开。

(3)获得该信息的难易程度。这方面的因素包括信息持有人获得或者产生该信息所付出的努力和代价，以及他人获悉该信息所付出的努力和代价。如果一项信息的各组成部分可以在有关公开出版物上得到，但要把这些组成部分完整组合起来使之成为一个整体并产生积极的效果却需要付出努力和代价，这样的信息仍可认为是不为公众所知悉的。

(4)是否容易被模仿。一项产品如果很容易被模仿，其制造方法在该产品公开销售和展示后不再是商业秘密。

(二)合理的保密措施

权利人要对相应的信息采取一定的保密措施，即指权利人对这些信息在主观上有保密意识，并在客观上采取了适当的、合理的保密措施。采取保密措施来保障商业秘密不为公众所知悉在法庭上是客观证据。商业秘密的诉讼过程是一个证据对证据的过程，如果商业秘密权利人平时注意采取各种保密措施，那么，这对于在日后可能发生的诉讼中获胜是非常重要的。

通常对商业秘密的保护措施包括以下几种。

1. 限定知悉商业秘密的人员的范围。例如，可以将商业秘密的一道工序或者一个配方分解为若干部分，只让雇员接触其必须完成任务的部分，不让其接触其他部分，可以采用密码柜、门禁系统等先进的硬件设备防止他人越权接触。

2. 限制其他人员接触知悉或直接使用商业秘密的人，或者是限制其他人员接触存放商业秘密的场所。例如，可以采用严格的门卫制度，当员工或前来办事的外部人员欲进入厂区时要进行登记，并防止参观者随意参观保密区，对员工也应禁止随意进入保密区域。

3. 制定保密规则，加强保密文件的管理。例如，可以对文件进行编号、划分等级，配置必要的保密、防盗设备，确保秘密文件及其所处区域的安全。

4. 采取数据加密、密码设定、数字签名、身份认证、防火墙等科技手段对网络信息的访问和传输进行限制，防止商业秘密通过高科技的手段泄露出去。

5. 与知悉秘密信息的人员，包括秘密文件的保管人员、接触秘密的人员，以及知悉秘密信息的第三人签订保密协议，防止这些人员将秘密信息对外泄露。

6. 对即将调离或退休的知悉某秘密信息的人员进行保密检查，提醒他们履行保密义务。

如果权利人采取了保密措施，但在执行时发生了失误使得他人的侵权行为得逞，若此时这种侵权行为只是导致了商业秘密的泄露，并没有引起该秘密的公开，则相关法律可以酌情考虑判定这种“意外的泄露”不造成商业秘密权的丧失。

二、新颖性

商业秘密的新颖性是要求作为商业秘密的信息应当具有一定程度的难知性、非显而易见性，即该信息达到了一定的技术高度或具有一定的难度，无论是所属技术领域的普通技术人员还是同行业竞争者，不经过一定的努力是无法从公开渠道直接获取的。这是将商业秘密与公有领域、公众技术和公众信息相区别的一个标准。

商业秘密的新颖性与专利的创造性在功能上有些类似，但在程度上有很大的差别。人们一般公认，商业秘密的新颖性要求低于专利技术的创造性要求。例如，我国的《专利法》中对专利的新颖性要求为“使之同申请目前的已有技术相比，该发明有突出的实质性特点和显著的进步”；而商业秘密的新颖性只是一个“不为公众所知悉”的否定性要件，只要该商业秘密不是本行业内众所周知的普通信息而且又能够与普通信息保持最低限度的不同性，就可以构成商业秘密。美国法律中也有类似的规定，美国《侵权法重述》第 757 条评论 B 做出了如下陈述：“商业秘密可以是一种可获得专利权的装置或工艺，但并非必须如此，其也可以是从已有技术中能明显预期的装置或工艺，或一个好的技工即可做出的仅仅机械方面的改进。商业秘密不要求像专利那样的新颖性和创造性，但这些要求对专利来讲是必要的，因为专利保护要禁止的是对专利装置或工艺的未经允许使用，甚至包括正当的独立开发者。专利垄断是授予发明者的一种奖励，商业秘密保护则并非如此。商业秘密保护不是基于回报或鼓励开发秘密装置或工艺的政策要求，其反对的仅是违反善意原则和以应谴责方式获取他人的商业秘密。对这种有限保护，要求专利那样的新颖性和创造性是不合适的。”

不同的商业秘密对新颖性的要求是不同的。有的信息仅仅通过对既存公知信息进行收集、整理、加工即可得到，与权利人处于同一领域的其他人只要以相同的方法进行相似的劳动也可以得到该信息，这种信息的新颖性就比较低。但如果同行未进行同样的行为，那么这种新颖性很低的信息仍可构成商业秘密，该信息的拥有人有权禁止他人用不正当手段获知及使用。有的信息新颖性很高，甚至已经构成专利所要求的水平，完全可以申请专利，但拥有者仍愿意以商业秘密这种方式对该信息进行保护。

在判断某一商业秘密是否具有新颖性时往往要考虑地域范围。目前体现在各国立法中的主要有三种判断新颖性的地域标准。

(1)全世界新颖性标准。法国、德国和英国的专利法是采用这种标准，他们认为，一项技术在全世界任何地方都没有公开过才可被称为具有新颖性。如果该项技术在世界某个地方已经进行了公开，无论采取的是怎样的形式，都认为其已经失去了新颖性。

(2)本国新颖性标准。澳大利亚等国的专利法采取的是这种标准。这种标准认为，一项技术成果只要在本国没有以任何方式公开过，就认为具有新颖性，它在外国的公开与否不予考虑。

(3)混合标准。美国、日本还有我国的专利法采取了这种地域标准。这种标准规定，某项技术在有形出版物上公开采取全世界标准，以其他方式公开采取本国标准。

三、实用性

商业秘密的实用性是指商业秘密可以在生产经营中应用，并为持有人带来经济利益。

（一）现实的实用性与潜在的实用性

商业秘密的实用性可以包括现实的实用性和潜在的实用性两种情况。现实的实用性要求商业秘密必须已经应用于生产经营活动，而潜在的实用性则仅要求该商业秘密具有应用于生产经营活动的潜质，可以但目前并未应用于实际生产经营活动。

世界大多数要求实用性的国家仅强调商业秘密能够付诸实施，而非要求已经实施，即仅要求潜在实用性。但是，日本的商业秘密法律制度则要求商业秘密必须具有现实的实用性，即商业秘密已经在经营活动中被实际运用。日本法律不保护束之高阁的商业秘密，意在促进商业秘密的使用与传播。但是如果要求商业秘密必须具有现实的实用性，则很可能会将某些信息产品排除在商业秘密法律保护的范围之外。

（二）实用性的表现方式

实用性是商业秘密能够在工业或产业上应用的本质特征，它的内涵主要表现在以下几个方面。

1. 具体性。具体性要求一项信息如果想要得到法律上的保护，就必须转化为具体的、可以据以实施的方案或形式，法律并不保护单纯的构想、大概的原理和抽象的概念。抽象的、模糊的原理或观念本身并不能直接转化为竞争优势和经济利益，因此没有保护的必要。而且，抽象的原理和概念覆盖范围极为宽泛，如果法律对之加以保护，很可能会束缚了他人的手脚，对整个社会的进步产生不利影响。

实用性的具体性主要包含以下几个方面。

(1)形式的可表现性。商业秘密的形式应该是可以表现的。很多商业秘密都表现为一个完整的方案，尤其是技术秘密，拥有特定的、完整的技术内容，可以构成一项产品或一道工艺。

(2)在时间与空间上具有具体性。一项完整的商业秘密在时间上通常可以表现为一系列连续的过程，包括项目的选定、论证，对项目进行研究投资，对成果进行测试与鉴定等。而一项商业秘密在空间上一般都要有明确和具体的范围，它可以表现为产品当中的个别部分、具体功能或作用原理等。

(3)内容具有可传授性。商业秘密的内容应该可以脱离主体而独立存在，并且可以借助交换活动顺利地由另一个主体所承接。

2. 确定性。确定性是指商业秘密权利人应该能够说明商业秘密的详细内容和划定其外延边界。例如，权利人须能够说明该商业秘密是由哪些信息组成，各组成部分都包括哪些具体内容，它们相互之间具有怎样的关系，该信息与其他相关信息之间具有怎样的区别，如何将该信息付诸实施等。如果商业秘密不具有确定性，权利人的权利无法明确，法律自然也就无法对该信息进行保护。

3. 客观性。商业秘密的客观性是指某项商业秘密对权利人必须是客观上有用的，具有形式的可表现性。如果某些主体仅是在主观上臆断某些信息对其具有价值，在客观上实际并没有这样的作用，那么这一信息并不构成商业秘密。

四、价值性

商业秘密的价值性是指商业秘密通过现在的或者将来的使用，能够给权利人带来现实的或者潜在的经济利益。价值性最本质的体现是权利人因掌握商业秘密而保持竞争优势。价值性是商业秘密受到法律保护的根本原因，一项商业秘密必须具有价值才有保护的必要。但这里所说的价值性仅仅是指信息具有经济价值或商业价值，如果一项信息仅具有精神价值、社会价值等其他方面的价值，也不能构成商业秘密。

（一）价值性的内涵

商业秘密的价值性主要包括以下几个方面。

1. 经济利益。对经济利益的追求是权利人取得商业秘密并努力维护所享有的商业秘密权的内在动力。商业秘密的权利人在开发研究商业秘密的过程中，已有明确的工业化或商业化目标，这无疑是出于谋求经济利益的考虑。

2. 竞争优势。竞争优势指竞争中的强势地位，是商业秘密价值性的另一种表现。从商业秘密的实施利用结果来看，权利人因使用了自己所掌握的技术秘密或商务信息，可以取得在市场竞争中的优势地位。例如，可以取得降低产品生产成本、提高产品质量、节约资源和能源消耗的经济效益，或是能够实现保护环境、减少污染、实行安全生产、加强劳动保护的社会效益等，这些都可以增强权利人在市场竞争中的竞争力，使其创造出更多的利润。

3. 独立性要求。这一点是美国相关的商业秘密法律中提出的要求。所谓的“独立”，是要求商业秘密可以独立存在，在实施商业秘密时能不依附于其他事物而单独存在。有些时候，权利人主张的商业秘密很可能紧密地附着于某些其不应该享有权利的公知知识，或者与他人的知识产权、劳动者的一般知识、技能、经验结合得非常紧密，同时在整体上处于从属地位。此时，保护了该权利人的商业秘密，就会不合理地损害社会、他人的合法权益，因此要求商业秘密在使用中可以独立存在，不必依附于其他信息、构思而存在，或者依附于劳动者的一般知识、技能、经验而存在。

（二）价值性的界定

在判断一项信息是否具有价值性时，可以从以下三个角度出发。

1. 现实的价值和潜在的价值。不论是现实的、可直接使用的商业秘密，还是正处于研究、试验、开发过程中具有潜在的、可预期的价值的信息，都可以构成商业秘密，在法律上受到保护。

2. 积极信息和消极信息。积极信息是指行为人经过实质性的研究开发获得的，对自己的生产经营活动直接有用的信息；消极信息是指行为人经过实质性的研究开发得知的，对自己的生产经营活动没有任何效用的信息，例如，对于自身已经撤退行业、领域中的科研、生产、经营等方面的信息。积极的信息可以直接为权利人带来经济利益，构成商业秘密；而消极信息虽然对其拥有者不能产生直接效用，但若被同行业竞争者获知，获得者就可以从中得到借鉴，避免重蹈覆辙，从而节省了许多无谓的浪费，强化了在市场竞争中的地位，由此会导致该信息原持有人的相对竞争优势被削弱。因此,消极信息也可以构成商业秘密。

3. 持续使用信息和短暂信息。信息使用时间的长短或是频率的高低只能影响价值性的高低,并不能决定信息价值性的有无。无论是持续使用的信息,还是短暂的信息,只要具有价值性就可以构成商业秘密。

第三节 商业秘密权

一、商业秘密权概述

(一)商业秘密权的界定

商业秘密是其原始持有者通过投入一定的人力、物力、财力所创造出来的劳动成果,能够为其持有者带来经济利益。商业秘密权是国家以法律形式赋予商业秘密持有人对其商业秘密的支配性权利,具体而言是指商业秘密持有人依法享有的控制、使用、收益、处分商业秘密,并排除他人非法侵犯的权利。商业秘密权依附于商业秘密存在,没有商业秘密就谈不上商业秘密权。

目前,对于商业秘密权是否属于知识产权范畴,理论界尚存在不同的认识。传统观点认为,知识产权具有专有性、无形性、地域性、时间性等基本特征,而商业秘密权不完全具有知识产权的这些基本特征。例如,商业秘密权利人无法排斥他人以合法方式取得或者使用商业秘密,而且商业秘密不受地域和时间的限制,其效力完全取决于保密的情况。持相反观点的人则主张,虽然作为商业秘密的技术信息本身不具有知识产权形式上固有的专有性、地域性、时间性等特征,但就技术信息或技术诀窍本身而言,商业秘密的确是一种实实在在的智力创造,与商标、专利或文学艺术作品并无本质上的区别,因此,将商业秘密纳入知识产权保护范围并无不当。

随着知识产权理论和实践的不断发展,商业秘密是一种特殊的知识产权、应得到法律充分有效保护的观点逐渐被越来越多的人所接受。世界贸易组织《与贸易有关的知识产权协议》的签订,更是将商业秘密权提升到了一个前所未有的高度,使其与著作权、专利权、商标权一起构成了现代社会知识产权的四大支柱。

(二)商业秘密权的特征

1. 客体的非物质性。客体的非物质性是知识产权的本质属性,也是商业秘密权的基本特征。商业秘密权的客体是一定的信息,通常包括技术信息和经营信息,是人类通过智力创造活动或者投入一定的物化劳动而产生的成果。虽然这些信息往往通过一些有形载体将之表达出来并为人们所感知,例如设计图纸、实验报告、经营策略、配方、公式、方案等,但商业秘密有别于动产、不动产等有形物质,本身不具有物质形态,不占据空间,不能发生有形控制的占有。物化载体所体现出来的内容本身才是商业秘密权的客体。

2. 权利取得的自发性与保护的自立性。商业秘密权的原始取得,单纯基于权利人的智力劳动,完全不需要任何法定程序予以确认或者授予,与著作权的取得方式相同。而作为工业产权的专利权和商标权却需要有关主体向专利或者商标行政管理部门就其所研制的发明创造或者使用的商标提出申请,经有关部门审核批准,颁发专门的证书并予以公告,申请人才可取得相应的专利权或商标权。

由于商业秘密权是自发取得的,因此权利人应当自己采取措施保障商业秘密不为公众所知悉,进而为其带来现实或者潜在的经济利益或竞争优势。这并不是说法律不保护商业秘密权利人的利益,而是指通常法律对商业秘密的保护并不深入到商业秘密的保密阶段。当发生对商业秘密的侵害时,商业秘密权利人享有请求法律对侵权人予以制裁的权利。

3. 相对专有性。商业秘密权的专有性具有极其明显的相对性特点。一项技术秘密或者经营信息,它的第一个获得者在无任何第三者掌握同一秘密时具有事实上的独占权。但如果其他人以合法方式(如自行研发)取得同一内容的商业秘密时,这些人便与第一人一样,在一定范围内对该商业秘密在事实上掌握着相对的专有权,即商业秘密权利人无法禁止他人通过正当手段获取或者自行研制出具有相同内容的技术信息和经营信息,也就是说,一项商业秘密权可以由不同的多个主体分别拥有,他们对同一项技术信息和经营信息所取得的专有权效力完全一样。实际上,由于信息渠道的隔绝,相同内容的商业秘密很可能被不同的主体所掌握,他们各自在主观上仍认为该信息在本地区或本行业可以带来经济利益或者竞争优势,因此对这一信息采取了相应的保密措施,这样一来就形成了多数主体同时拥有同一商业秘密的情形。

4. 保护期限的不确定性。相关法律对商业秘密权的保护期限并未做出统一的规定,其受保护的期限完全取决于保密的时间。一项商业秘密只要保护得当,就能一直为权利人带来经济利益或者竞争优势,就可以永久地成为权利人的无形资产。同时,一些技术经营信息也可能只有极为有限的生命周期,在很短的时间内就成为公知公用的信息资源,或者是为更新的先进技术所取代。

通常来讲,商业秘密权终止的原因主要有以下两方面。

(1)商业秘密权因权利人自身的泄密行为而终止。商业秘密权保护的自立性是其最重要的特征之一,如果权利人缺乏保密意识、保密制度不够健全,商业秘密权往往会由于权利人的无意泄密而终止。

(2)商业秘密权因其他外来原因而终止。我国的《反不正当竞争法》对商业秘密权因其他事由而终止的几种情形做出了规定:“以盗窃、利诱、胁迫或者其他手段获取权利人的商业秘密;披露、使用或者允许他人使用以前项手段获取的权利人的商业秘密;违反约定或者违反权利人有关保守商业秘密的要求,披露、使用或者允许他人使用其所掌握的商业秘密。第三人明知或者应知前款所列违法行为,获取、使用或者披露他人的商业秘密,视为侵犯商业秘密。”外来侵害虽然能通过司法途径获得救济,但商业秘密权人可能会因此而永久丧失自己的商业秘密权。

二、商业秘密权的主体、客体和内容

(一)商业秘密权的主体

商业秘密权的主体是指在商业秘密法律关系中享有商业秘密权利的一方主体,即商业秘密权利人。商业秘密权的主体,即商业秘密的合法控制人,可以是自然人、法人,也可以是其他组织,其中大多为开发并拥有该秘密的企业,也包括那些通过合法手段受让商业秘密的主体。

按照不同的标准,商业秘密权的主体可以做如下分类。

1. 自然人主体、法人主体与其他组织主体。自然人、法人以及其他组织可以通过开发拥有商业秘密,也可以通过其他合法途径获取、控制商业秘密,成为商业秘密权的主体。

2. 单一主体与共同主体。如果商业秘密的合法控制人是某一企业、组织或某个公民,则该商业秘密的主体属于单一主体;如果该商业秘密的合法控制人为两个或两个以上的企业、组织或公民,则该商业秘密权的主体为共同主体。商业秘密的转让可能形成共同主体,企业或自然人之间的协作、研制某种技术或共同经营行为也可能会形成商业秘密权的共同主体。

3. 原始主体与继受主体。根据商业秘密权利人取得权利的途径不同,权利主体可以分为原始主体和继受主体。原始主体是指通过生产、研发或反向工程等方式获得技术秘密,或者通过自身经营经验的积累而获得经营信息,或者通过委托、合作等合同约定而获取技术秘密和经营信息的权利人;继受主体是指通过合同转让、许可、受赠等其他合法手段获得商业秘密的权利人。

(二)商业秘密权的客体

商业秘密权的客体,是指商业秘密权利、义务所共同指向的对象,即商业秘密本身,包括技术信息和经营信息。技术信息或是经营信息都是人类创造性劳动的结晶,其获取都耗费了大量的脑力和体力,并且它们具有稀缺性的特点,可以为其拥有者带来巨大的效益。商业秘密本身具有的这些特点使其相应地成为商业秘密权的客体。

(三)商业秘密权的内容

商业秘密权是一种财产权,因此它相应的具备财产权的四项基本内容,即占有、使用、收益和处分。

1. 占有权。商业秘密所有人对其商业秘密进行事实上的管理和控制,未经所有人许可,他人不得以违法手段获取、披露、使用或许可他人使用权利人的商业秘密。占有权体现为当他人有侵犯所有人商业秘密权的行为时,所有人可采取相关措施加以保护,以避免自己的商业秘密失去控制。

2. 使用权。使用权是指所有人可以将其拥有的商业秘密用于自己的生产经营或贸易活动,商业秘密的经济价值主要通过权利人的使用得以实现。只要权利人的使用不损害国家、集体或者第三人的利益,不损害社会公共利益,不违反公序良俗和法律的强制性规定,其他人不得进行干涉。

3. 收益权。收益权是指商业秘密权人收取基于商业秘密而产生出来的新增经济价值的权利。商业秘密权人可以自己使用或者通过许可他人使用来获取经济利益,也可以转让商业秘密权,从受让人处获取经济利益。

4. 处分权。商业秘密处分权是指商业秘密权人依法对商业秘密进行处置,从而决定商业秘密命运的权利。处分权一般包括以下四项内容。

(1)转让权。商业秘密权人可以将自己拥有的商业秘密转让给他人所有,从而使受让人取代商业秘密的原所有人获得商业秘密权。

(2)许可权。商业秘密权人可以在保留所有权的前提下许可他人有偿或无偿地使用该商业秘密。

(3)投资权。商业秘密权人享有将商业秘密作为出资方式进行投资的权利。由于商业秘密权是一项财产权,商业秘密具有使用价值和交换价值,权利人可以将其作为出资方式进行投资。投资权也是一种特殊形式的转让权。

(4)公有化权。商业秘密权人有权决定将自己的商业秘密公之于众,使之进入公有领域。一般情况下,商业秘密的公有化有利于社会整体福利的增加,应当受到鼓励;但若在商业秘密权人已经将其所有的商业秘密转让给他人或是许可使用的情况下,这种权利应当受到一定的限制。

第四节　商业秘密的保护

一、商业秘密权的侵害

商业秘密是一种智力成果，是一种无形的存在，因此不像物的所有权那样容易控制，极易受到侵害。商业秘密侵权行为是指他人未经权利人的许可，以非法手段获取商业秘密并加以公开或者使用。通常对商业秘密的侵害行为包括以下四种。

（一）以不正当手段获取商业秘密

不正当手段是指违反诚实信用原则和公认的商业道德的手段，主要包括盗窃、利诱、胁迫等。

1. 以盗窃方式获取商业秘密是指行为人在认为权利人不知晓的情况下，采用复印、照相、监听等秘密方式窃取权利人的商业秘密。行为人对商业秘密的盗窃，既可以是将载有商业秘密的文件据为己有，也可以是复制后退回原件保留复制品，还可以表现为将商业秘密的内容记忆下来。

2. 以利诱的方式获取商业秘密是指利用报酬、工作待遇或其他物质、精神利益来引诱知悉商业秘密的人员泄露商业秘密。实践中，以高薪为诱饵，通过挖走知情雇员而取得商业秘密的现象较为多见。

3. 以胁迫方式获取商业秘密是指行为人对知悉商业秘密的人以生命、健康、荣誉、名誉、财产等进行威胁，以对其达到精神上的强制，迫使其披露商业秘密的内容或交出有关商业秘密的文件或其他载体。

与利诱不同，胁迫手段的对象范围不但包括一般的商业秘密知情人，还包括商业秘密权利人。

除了以上三种方式，以其他不正当手段获取他人商业秘密也构成侵权行为。由于获取权利人的商业秘密所用不正当手段的种类是一个不可穷尽的概念，所以只能根据诚实信用原则和公认的商业道德来认定手段是否得当。

（二）不正当获取商业秘密后的继续侵害行为

行为人在以不正当手段获取商业秘密后继续进行侵害的行为包括披露、使用或允许他人使用以不正当手段获取的商业秘密的行为。这类侵犯行为的危害后果更为严重。

1. “披露”是指行为人将其以不正当手段获取的商业秘密以口头、书面或者其他方式向他人传播的行为。依据传播的范围不同，披露行为可以分为有限范围披露和社会范围披露。有限范围披露是指行为人将该商业秘密向特定的对象或者特定的少数人进行公开；社会范围披露则是指行为人将该商业秘密向社会公众公开。

2.“使用”是指行为人自己或许可他人将不正当手段得到的商业秘密运用于生产经营活动中，实现预期经济目的的行为。运用在生产中可以表现为使用该商业秘密改进生产工艺、进行技术革新等，运用在经营中可以表现为拓宽销售渠道、加强广告宣传等。

（三）来源正当但违背诚实义务的行为

来源正当但违背诚实义务的行为主要是指行为人违反约定或违反权利人有关保守商业秘密的要求，披露、使用或者允许他人使用其所掌握的商业秘密。来源正当的行为人，其获取商业秘密的手段是正当的，但由于对权利人负有明示或默示的义务，因而不得披露、使用或允许他人使用已经知道的商业秘密。当这种行为人违反了约定或是违反了权利人有关保守商业秘密的要求擅自将该商业秘密进行了泄露或是使用时，就构成了此种侵害商业秘密权的行为。

实施这类行为的主体只能是因工作关系、业务关系、许可关系等受商业秘密权利人授权或委托，并与权利人订有保密约定的知悉、掌握、使用商业秘密的有关人员或单位。

（四）第三人的侵权行为

第三人是指直接获得权利人商业秘密的行为人以外的人，通常有善意第三人和恶意第三人之分。

1. 善意第三人的行为。善意第三人的行为是指第三人不知道且不应该知道第二人是通过侵权的方式获得他人商业秘密的行为。善意第三人由于不知道并且不应知道第二人的侵权行为，因此其获取、使用、披露他人商业秘密的行为在主观上并没有过错，通常不应承担法律责任；但自其知悉行为人的违法行为后，应当经权利人的同意才可继续使用，并向权利人支付相应的使用费用。

2. 恶意第三人的行为。恶意第三人的行为是指明知或应知第二人是通过侵权的方式获得他人商业秘密的行为。恶意第三人的侵权行为有两大构成要件。

（1）主观要件，即第三人对第二人的违法行为在主观上是“明知或应知”的。如果是“明知”，则该第三人在主观上是一种故意的状态；如果是“应知”，则该第三人在主观上是一种过失的状态。

（2）客观要件，即第三人自己在客观上实施了违法行为，包括从第二人那里获取商业秘密，使用或允许他人使用该商业秘密，披露该商业秘密。

二、侵犯商业秘密的法律救济

由于商业秘密对其权利人具有很高的价值，所以对商业秘密进行保护就显得尤为必要和重要。每个国家都通过制定法律法规的形式对侵犯商业秘密的行为加以规制，以确保权利人的利益，鼓励技术创新，尊重商业道德，维护竞争秩序。在现实中，对侵犯商业秘密行为的处理通常涉及民事救济、行政救济和刑事救济。

（一）民事救济

侵犯商业秘密的民事救济是通过追究民事违法者的民事责任体现的。由于商业秘密保护的基础有违反合同和侵权行为两种，因此侵犯商业秘密的民事责任包括违约责任和侵权责任。承担违约责任的主要方式是停止违约行为、支付违约金或者赔偿损失等；承担侵权责任的方式主要是停止侵权行为、赔偿损失、返还商业秘密附着物等；因侵权行为给权利人造成不良影响的，还应消除影响、赔礼道歉。

1. 消除危险。这是指法院判决、命令被告消除即将发生的商业秘密披露、使用危险，在商业秘密侵权责任中有重要地位。消除披露、使用危险还包括责令侵权人停止雇用权利人单位的职工或限制其工作岗位等。

2. 返还财产、恢复原状。侵权人应当返还或销毁侵害商业秘密权的一切文件或实物，对于已经散发出去的应当负责追回。

3. 恢复名誉、消除影响、赔礼道歉。对于因侵害他人的商业秘密造成名誉损失的，应当在侵权行为造成恶劣影响的范围内予以澄清，比如，通过新闻媒介做公开声明。

4. 停止侵害。法院责令侵权人停止侵犯商业秘密权的一切行为，不仅包括正在进行中的侵权行为，还包括将要进行、准备进行的侵权行为。这种救济方式主要适用于被侵犯商业秘密权尚未丧失秘密性的情况。如果商业秘密已经被广泛传播，责令停止侵权也就失去了意义。

5. 赔偿损失、支付违约金。责令侵权人赔偿权利人因侵权行为所受到的经济损失最常用到的救济是赔偿损失和支付违约金。

在进行损失赔偿时通常要考虑的赔偿范围包括权利人的直接损失和间接损失，以及侵权人侵权行为带来的利润。直接损失包括权利人为制止侵权人行为、防止损失扩大所支付的直接费用，还包括商业秘密权遭到侵害而受到的直接经济损失；间接损失是指权利人预期合理收入的减少，即通常所说的可得利益的减少。侵权人侵权行为带来的利润是指侵权人在侵权期间因侵权行为所获得的利润，此外，还应适当考虑侵权人因侵犯商业秘密所获得的竞争优势以及因此而节约的成本。

支付违约金发生在违反合同的情况下，如果当事人一方违反了对商业秘密的相应保密义务，则应承担支付违约金的违约责任。

（二）行政救济

商业秘密权是一种私权，对侵犯商业秘密的人进行行政处理，目的是通过惩罚侵犯商业秘密的行为人以维护行政管理秩序、维护公平的竞争秩序。

对侵犯商业秘密的行为进行的行政救济包括责令停止违法行为和罚款两种手段。

1. 责令停止违法行为。对于侵犯商业秘密的，监督检查部门应当责令停止违法行为。此处的"违法行为"包括正在进行的非法获取行为、使用非法获得的商业秘密的行为、非法允许他人使用商业秘密的行为等。相关管理机关对侵权物品可以进行如下处理：责令并监督侵权人将载有商业秘密的图纸、软件及其他有关资料返还权利人；监督侵权人销毁使用权利人商业秘密生产的、流入市场将会造成商业秘密公开的产品，但权利人同意采取收购、销售等其他处理方式的除外。

2. 罚款。罚款是一种选择使用的处理方式。是否罚款以及罚款的金额大小，应根据侵权人侵犯商业秘密的情节（如侵权手段的恶劣程度、商业秘密的经济价值大小、侵害后果的严重程度等）来决定。

（三）刑事救济

刑事责任是最严重的一种制裁方式，TRIPS 专门规定了刑事程序，其刑罚有监禁或罚金。目前，世界上已有不少国家的刑法对侵犯商业秘密的行为设立了专门的处罚规定。

我国刑法对侵犯商业秘密罪的处罚有两个量刑幅度：一种为 3 年以下有期徒刑或者拘役，并处或单处罚金；当造成的后果特别严重时，处 3 年以上 7 年以下有期徒刑，并处罚金。这两个量刑幅度是以"造成损失的后果大小"来区分的。

案例研究

案例一　盗用"香兰素"商业秘密侵权纠纷案

2021 年 2 月 26 日，最高人民法院知识产权法庭对嘉兴市中华化工有限责任公司（以下简称"嘉兴中华化工公司"）等与王龙集团有限公司（以下简称"王龙集团公司"）等侵害技术秘密纠纷上诉案进行二审宣判，判决被诉侵权人王龙集团公司因侵犯涉案全部技术秘密，赔偿技术秘密权利人1.59亿元。该案成为人民法院有史以来判决赔偿额最高的侵害商业秘密案件。

据悉，“香兰素”是一种全球广泛使用的香料。嘉兴中华化工公司系全球主要的香兰素制造商，具有较强的技术优势。自2002年起，嘉兴中华化工公司作为甲方与上海欣晨新技术有限公司（以下简称“上海欣晨公司”）先后签订了《技术开发合同》《技术转让合同》《关于企业长期合作的特别合同》，约定上海欣晨公司受嘉兴中华化工公司委托进行技术研发，合同中均有保密条款的约定。上海欣晨公司的法定代表人以及主要技术人员向嘉兴中华化工公司出具《承诺和保证书》，保证为嘉兴中华化工公司已开发的所有技术成果及其他知识产权不被泄露或披露给任何第三方。嘉兴中华化工公司按照合同约定向上海欣晨公司付清了相关费用。

双方合作期间，共同研发了乙醛酸法制备香兰素的新工艺，包括缩合、中和、氧化、脱羧等反应过程，还包括愈创木酚、甲苯、氧化铜和乙醇的循环利用过程，包括缩合塔的相关图纸、氧化装置的相关图纸、粗品香兰素分离工艺及设备等技术秘密，技术秘密的载体为：涉及58个非标设备的设备图287张（包括主图及部件图）、工艺管道及仪表流程图（第三版）25张。该工艺多次获奖，基于该工艺，在该案侵权行为发生前，嘉兴中华化工公司已占据全球“香兰素”市场约60%的份额。

傅某某为嘉兴中华化工公司员工，自2008年起作为“香兰素”车间副主任主要负责香兰素生产设备维修维护工作。2010年4月12日，傅某某与冯某、费某与王龙集团监事以嘉兴市智英工程技术咨询有限公司（以下简称“嘉兴智英公司”）作为甲方，王龙集团香兰素分厂作为乙方，签订《香兰素技术合作协议》，协议包括以其所持有国内外最新、最先进生产香兰素新工艺技术为该项目入股王龙集团香兰素分厂、提供有关的技术资料，进行技术指导、传授技术诀窍，使该技术顺利转让给乙方。乙方掌握所有产品的工艺技术，包括产品工艺流程图、设备平面布置图、非标设备加工图、涉及香兰素项目的所有技术资料等内容。傅某某收到相应款项后，交给冯某一个U盘，其中存有香兰素生产设备图200张、工艺管道及仪表流程图14张、主要设备清单等技术资料，冯某转交给了王某。2010年4月15日，傅某某向嘉兴中华化工公司提交辞职报告，同年5月，傅某某从嘉兴中华化工公司离职，随即与冯某、费某进入王龙科技公司香兰素车间工作。

王龙科技公司得到浙江省宁波市环保局香兰素年产量为5 000吨的批复后，于2011年6月开始生产香兰素，短时间内便成为全球第三大“香兰素”制造商。2015年，喜孚狮王龙香料（宁波）有限公司（以下简称“喜孚狮王龙公司”）成立，并持续使用王龙科技公司作为股权出资的香兰素生产设备生产香兰素。因王龙集团等公司没有实质性的研发成本投入，能以较低的价格销售“香兰素”产品，对嘉兴中华化工公司原有的国际和国内市场造成了较大冲击。

2018年5月23日，嘉兴中华化工公司、上海欣晨公司向浙江省高级人民法院提起诉讼，以王龙集团公司、王龙科技公司、喜孚狮王龙公司、傅某某、王某某侵害其享有的“香兰素”技术秘密、构成不正当竞争为由，请求法院判令上述被告停止侵权行为，并赔偿5.02亿元。

浙江高院于2020年4月24日做出一审判决，认定王龙集团公司、王龙科技公司、喜孚狮王龙公司、傅某某构成侵犯涉案部分技术秘密，判令其停止侵权、赔偿经济损失300万元及合理维权费用50万元。此外，浙江高院还在诉中裁定王龙科技公司、喜孚狮王龙公司停止使用涉案技术秘密生产“香兰素”。然而，王龙科技公司、喜孚狮王龙公司实际并未停止使用行为。

一审宣判后，除王某某外，各方当事人均不服一审判决，向最高人民法院提出上诉。

最高人民法院知识产权法庭二审认定，王龙集团公司、王龙科技公司、傅某某以不正当手段获取涉案技术秘密，并披露、使用、允许他人使用该技术秘密的行为，喜孚狮王龙公司使用涉案技术秘密的行为，均侵害了涉案技术秘密，构成不正当竞争，王龙集团公司、王龙科技公司、喜孚狮王龙公司、傅某某应当承担停止侵害、赔偿损失的民事责任。根据权利人提供的经济损失相关数据，综合考虑侵权行为情节严重、涉案技术秘密商业价值极大、王龙科技公司等侵权人拒不执行生效行为保全裁定等因素，判决撤销一审判决，改判上述各侵权人连带赔偿技术秘密权利人1.59亿元。此外，因涉案侵害技术秘密行为情节恶劣、后果严重，可能涉嫌刑事犯罪，最高人民法院依法将相关涉嫌犯罪线索材料移送公安部门处理。

案例思考与讨论：

1. 商业秘密包括哪些具体内容？

2. 目前在众多涉及商业秘密的案件中，原告获胜的数量相对较少，请分析是何种原因造成的？

案例二　侵害商业秘密获刑三年

TCL集团股份有限公司（以下简称“TCL公司”）是深圳市华星光电技术有限公司（以下简称“华星公司”）的母公司。2016年1月，TCL公司的网络专业员工在公司总部通过网络服务器监控到有人通过网络泄露华星公司的商业秘密。

林某翔、叶某呈入职华星公司时均签订了知识产权保密协议。协议及《劳动合同》中都明确规定了必须对华星公司的商业秘密进行保密，不得外泄，并明确了相关的法律责任，且华星公司通过拷贝限制、制度制约等措施对公司的商业秘密进行了保护。华星公司与重庆市惠科金渝光电科技有限公司(以下简称“惠科公司”)为同业竞争对手。2015年10月24日，华星公司员工叶某呈在明知林某翔已从华星公司离职并入职惠科公司的情况下，将包含附件“2016预算评估报告(对比2015)-TEST部-Ver.08”的邮件发送给对方，以供林某翔在惠科公司使用。2015年10月底至11月期间，林某翔接收叶某呈所泄露的华星公司商业秘密文件“200”后，又使用该邮箱将文件“200”发送到惠科公司的同事郑某鸿的邮箱，郑某鸿将该文件所包含的商业秘密在调查同行企业产品设备不良率数据时作为参考使用。另，林某翔还将包含了附件“原材料消耗品-化-零配件-分表测试处表单整理20151024”的邮件《测试处-提供2016至2019设备备品清单及费用》和包含了附件“技术需求书-AOH[orbotech]”“TBNAN新建厂设备评估报告20140506”的邮件《CSOT技术标书及评估报告范例》发送给惠科公司多名同事，以供上述同事在惠科公司生产经营中使用。经华星公司鉴别，林某翔、叶某呈所发送的以上邮件附件包含了华星公司“液晶显示屏在线监测”及“液晶显示屏阵列玻璃基板设计”的技术信息，均为华星公司不为公众所知悉的商业秘密文件。

因惠科公司产品实验有异常，郑某鸿要查询该公司产品实验异常的原因。华星公司离职员工王某(另案处理)得知该情况后，于2017年3月24日将其在华星公司获取的未公开的《PI不沾-CFITO改善报告》中包含的PI不沾生产工艺技术信息，以名为“PI不沾经验”的文件在郑某鸿所在部门的微信群内共享，郑某鸿将该文件保存至其本人邮箱，并将该技术信息在查询惠科公司产品实验异常中进行使用。经鉴定，以上附件《PI不沾-CFITO改善报告》中的四个方面技术信息属于“不为公众所知悉的技术信息”。

一审法院认为，被告人林某翔、叶某呈、郑某鸿以不正当手段获取并使用权利人的商业秘密，给商业秘密的权利人造成特别严重后果，三被告人的行为均已构成侵犯商业秘密罪。公诉机关指控的罪名成立。三名被告人是在同事群中转发披露以及在工作中参考使用他人的商业秘密，其行为目的，在主观上与以金钱为目的而出卖商业秘密有本质上的区别，其主观恶性较轻，此次触犯刑法有法律意识淡薄的原因，因此，量刑时酌情从轻。综合三名被告人的犯罪性质、情节、认罪态度，依照《中华人民共和国刑法》第二百一十九条、第五十二条、第五十三条、第六十四条之规定，认定被告人林某翔、叶某呈、郑某鸿犯侵犯商业秘密罪，分别判处有期徒刑四年六个月、四年四个月、四年四个月并处罚金。

三被告不服，以量刑过重为由提起上诉，2019年12月31日，惠州市中级人民法院依法对林某翔等三人侵犯商业秘密罪案做出二审判决。二审认为原审判决对各被告人定罪准确，三被告人的行为均已构成侵犯商业秘密罪，但认定部分事实不清，对各被告人量刑不当，对林某翔、叶某呈、郑某鸿分别改判有期徒刑三年至三年六个月，并处罚金。

侵犯商业秘密犯罪案件中，被告人侵犯商业秘密行为导致被害人损失的认定向来是案件的焦点与难点问题。本案合议庭严格依据《最高人民法院关于适用〈中华人民共和国刑事诉讼法〉的解释》第八十四条规定，对鉴定意见与案件待证事实之间是否存在关联性进行了着重审查，在全面细致甄别、比对大量原始证据的基础上认定案件事实，确定被告人侵犯商业秘密行为导致被害人的损失数额。

案例思考与讨论：

在何种情况下，跳槽员工带走客户资料会涉嫌泄露商业秘密？

思考与练习

1. 国际上主要有哪几种商业秘密的定义？各有什么特点？
2. 商业秘密的范围包括哪些？
3. 商业秘密的要件主要包括哪些？
4. 商业秘密权包括哪些内容？
5. 侵害商业秘密权的行为可分为哪些种类？
6. 法律上对商业秘密侵害存在哪些救济方法？

第七章 国际技术贸易的其他标的

Other Objects of International Technology Trade

本章介绍国际技术贸易中的其他标的，如计算机软件、工业品外观设计、版权和版权邻接权、工业产权、集成电路布图设计。通过本章的学习，学生应了解它们的基本知识；熟悉集成电路布图设计专有权的含义、计算机软件保护的相关规定以及我国计算机软件行业的发展情况；掌握版权和邻接权的含义与范畴、工业品外观设计的条件、保护工业品外观设计的目的等。

学习要点

Some other objects of international technology trade are introduced in this chapter, such as software, industrial product appearance, copyright and related neighboring right, industrial property, layout designs of integrated circuits.By studying this chapter, students are expected to understand the basic points of the above mentioned objects; be familiar with the concept of layout designs of integrated circuits right, the related regulations about software protection and the development of Chinese software industry; master the concept and scope of copyright and related neighboring right, the condition of industrial product appearance and the purpose of industrial product appearance protection,etc.

第一节 计算机软件

一、计算机软件的概念

目前,世界上对于计算机软件的概念并没有完全一致的表述,通常比较流行的是世界知识产权组织的定义。根据其定义,计算机软件的概念可以描述为:能使计算机执行特定作者或产生一定结果的信息处理指令的集合,以及有关说明和解释。

我国2002年1月1日起实施的新的《计算机软件保护条例》规定:"计算机软件是指计算机程序及其有关文档。"

计算机程序是指为了得到某种结果而可以由计算机等具有信息处理能力的装置执行的代码化指令序列,或者可以被自动转换成代码化指令序列的符号化指令序列或者符号化语句序列。计算机程序包括源程序和目标程序。源程序是指用高级语言或汇编语言编写的程序;目标程序是指源程序经编译或解释加工后可以由计算机直接执行的程序。同一程序的源程序与目标程序应视为同一作品。与程序相关的文档是指软件开发过程中用自然语言或形式语言所编写的,用来描述程序的内容、组成、设计、功能规格、开发情况、测试结果及使用方法的文字资料和图表,如程序设计说明书、用户手册、流程图等。

文档是指用来描述程序的内容、组成、设计、功能规格、开发情况、测试结果及使用方法的文字和图表等,如程序设计说明书、流程图、用户手册等。

二、计算机软件的分类

计算机软件可以从不同角度划分为三大类。

(一)按构成程序的语言不同分类

按照构成程序的语言不同,计算机软件可分为以下两类。

1. 源程序软件,是由人类可读的高级计算机程序设计语言,如FORTRAN语言构成的。

2. 目标程序,是把源程序译成计算机可读语言后的产物。

(二)按软件在计算机系统上的不同用途分类

按照在计算机系统上的用途不同,计算机软件可分为以下三类。

1. 系统软件,即系统程序、控制程序或管理程序,比如用于启动与中止输出输入部件的运行，分配中央处理器在各终端机的使用权等，均属该类软件的功能。

2. 应用软件，即为解决具体的计算问题及数据处理、信息存储等问题而设计的程序。

3. 数据库，即为计算机存储、安排及检索数据而使用的软件。

（三）按软件标准化程序的不同分类

按照软件标准化程序的不同，它可分为以下三类。

1. 专用软件，即计算机的用户为解决自己的专门问题而专用的软件。

2. 通用软件，也叫软件包，是同类计算机的所有用户在解决同一类问题时都可以使用的软件，如国际上通用的统计与统计分析使用的 SAS 和 SPSS 等，都属于通用软件。

3. 定做软件，是按用户的需要特殊设计，或把原软件做特殊修改以适应用户需要的专用软件。

除上述分类方法以外，还有其他分类方法，如我国的计算机软件。

三、计算机软件的性质和特点

（一）计算机软件的性质

计算机软件是一种编辑的作品，其性质与文字作品或图形作品一样。这一点在国际保护知识产权公约中均有反映，如《保护文学艺术作品伯尔尼公约》《世界版权公约》，以及世界贸易组织《与贸易有关的知识产权协议》。特别是《与贸易有关的知识产权协议》第 10 条明确指出："无论以源代码或目标代码表达的计算机程序，均应作为《伯尔尼公约》1971 年文本所指的文字作品给予保护"。

（二）计算机软件的特点

1. 软件是一种逻辑实体，不是具体的物理实体，具有抽象性。人们可以把软件相关程序记录在纸面上，保存在计算机的存储器内部，也可以保存在磁盘、磁带和光盘上，但却无法看到软件本身的形态，而必须通过观察、分析、思考、判断，才能了解其功能、性能和其他特性。

2. 软件的生产与硬件不同，在其开发过程中没有明显的制造过程，也不像硬件那样，一旦研制成功，可以重复制造，在制造过程中进行质量控制。软件是通过人的智力活动，把知识与技术转化成信息产品。一旦某一软件项目研制成功，即可大量复制，所以对软件的质量控制，必须着重在软件开发方面下功夫。也正是由于软件的复制非常容易，才出现了对软件产品的保护问题。

3. 在软件的运行和使用期间，不会出现硬件的机械磨损、老化问题。任何机械、电子设备在使用过程中，其失效率大都遵循“浴盆曲线”。在刚投入使用时，各部件尚未做到配合良好、运转灵活，容易出现问题，经过一段时间的运行，即可稳定下来。而当设备经历相当长时间的运转后，就会出现磨损、老化，使失效率越来越大，当到达一定程度时，也就达到了寿命的终点。而软件不存在磨损和老化问题，只存在退化问题。在软件的生命周期中，为了使它能够克服以前没有发现的问题，适应硬件、软件环境的变化以及用户的新要求，必须多次修改（维护）软件，而每次修改又不可避免地会引入新的错误，导致软件失效率升高，从而使软件退化。

4. 软件的开发和运行常常受到计算机系统的限制，对计算机系统有着不同程度的依赖性。软件不能完全摆脱硬件而单独活动。有些软件依赖性大，常常为某个型号的计算机所专用，有些软件则依赖于某个操作系统。

5. 软件的开发至今尚未摆脱手工艺的开发方式。软件产品大多是“定做”的，很少能做到利用现成的部件组装所需的软件。近年来，软件技术虽然取得了很大进展，提出了很多新的开发方法，例如，利用现成软件的复用技术、自动生成系统研制了一些有效的软件开发工具和软件开发环境，但在软件项目中采用的比率仍然很低。由于传统的手工艺开发方式仍然占统治地位，软件开发的效率自然就受到很大限制。

6. 软件本身是非常复杂的。软件的复杂性一方面可能来自它所反映的实际问题的复杂性，例如，它所反映的自然规律或人类社会的事物，都具有一定的复杂性；另一方面，也可能来自程序逻辑结构的复杂性。软件开发，特别是应用软件的开发，常常会涉及其他领域的专门知识，这就对软件开发人员提出了很高的要求。软件的复杂性与软件技术的发展不相适应的状况已越来越明显。

7. 软件的开发成本相当昂贵。软件的研制工作需要投入大量的、复杂的、高强度的脑力劳动，因此其成本比较高。美国每年投入软件开发的费用要高达几百亿美元。

8. 相当多的软件工作涉及社会因素。许多软件的开发和运行涉及机构、体制及管理方式等问题，甚至涉及人的观念和心理。

9. 计算机软件的价值在于软件编制者的总体设计思想，它是软件的精华，而不在于表达形式。软件的表达形式十分有限，因此，与一般著作权的保护不同，计算机软件的保护更多的是要求保护内容，而不光是保护形式。另外，计算机软件可援引多种法律保护，文字作品则只能援引著作权法，而且计算机软件的法律保护是有条件的。文字作品的保护遵循“自动保护原则”，计算机软件虽也采用自动保护原则,但一般要履行登记手续。登记不是取得著作权的前提,却是依法提出软件权利纠纷行政处理或进行法律诉讼的前提,因此,登记对计算机软件的法律保护具有重要意义。

四、计算机软件产业的发展

计算机软件是相对计算机硬件而言的。在计算机产业发展的初期,计算机软件通常与计算机硬件一起发售。随着科学技术的迅猛发展和 PC 机的迅速普及,计算机软件逐渐与计算机硬件分离,生产计算机硬件的企业与编制计算机软件的企业分离,从而出现专门从事计算机软件编制和软件贸易的公司。同时,随着专门从事计算机软件编制的公司日益增多和壮大,在一些国家就形成了一个重要的产业部门,即“计算机软件产业”。另外,在工业发达国家和一些智力资源比较丰富的国家还出现了软件市场,最早是在美国、欧洲,后来则是在印度、中国等国家或地区。

世界计算机软件产业的发展大体可分为四个阶段。

第一阶段(1949—1969 年),计算机软件基本上是随着计算机硬件的发展而发展的,到 1969 年 6 月 23 日,美国 IBM 公司才首先将计算机软件单独计价出售,使计算机软件成为一个独立的商品,开始了计算机软件产业的新纪元。

第二阶段(1970—1983 年),计算机软件走上了产业化、系统化的轨道,计算机软件设计、生产逐步与计算机硬件制造分开,陆续出现了许多计算机软件专业公司,如 Microsoft,CA,Novell,Lotus 等,国际上的主要计算机软件公司都是在这一时期成立的。

第三阶段(1984—1995 年),计算机软件平台化、开放化的阶段,一些重要的计算机软件,如 Windows,Java 等计算机软件形成平台,成为计算机软件开发的基础和发展的基点。

第四阶段(1996 年至今),计算机软件向集成化、网络化发展,用户可以根据需要,随时从网络中调用程序或设计各种解决方案。目前,世界计算机软件产业已进入蓬勃发展时期,其前途不可限量。

五、计算机软件的贸易方式

计算机软件的贸易方式主要有三种。

(一)软件使用许可

软件的著作权人或其受让者,在软件著作权保护期内,根据有关法规,与被许可方签订书面合同,许可被许可方在合同规定的方式、条件、范围和时间内行使软件著作权人或其受让者拥有的使用权。一般软件使用许可的标的多为专用软件,如银行财会软件、项目评估软件、质量控制与检测软件等。

(二)软件使用权转让

在软件著作权保护期内,软件著作权人和使用许可权的享有者,可以把使用权和使用许可权转让给他人。转让之后,著作权人和使用许可权的享有者即不再享有软件的使用权和使用许可权。软件转让只涉及软件使用权,不涉及软件的人身权利,人身权利不能转让。软件使用权转让需根据我国有关法律规定,以签订和执行书面合同的方式进行。

(三)交钥匙合同

计算机软件交易中还包括一种综合的贸易方式,即计算机硬件与软件使用许可或转让结合,通称为"交钥匙合同"(System Turnkey Agreement)。计算机交钥匙合同的内容一般涉及:有关计算机系统的详述;硬件、附件和外围设备;系统软件与应用软件;硬件与软件测试;技术服务;实现合同的规划等。

六、计算机软件许可合同的主要条款

计算机软件许可合同是计算机软件的许可方(Licensor)与被许可方(Licensee)为许可某项软件(专用软件、定做软件或通用软件)的使用权,经协商所达成的具有法律约束力的文件。由于通用软件可以大批量生产,软件公司与大量的用户之间所签订的合同大多是简单的格式合同,它通常会规定软件公司转让软件之后提供必要技术服务的义务,用户承担不复制、不自行转让有关软件的义务。因此,这里不准备对这类合同做过多的介绍。定做软件与专用软件的法律地位相同,用户获得的使用权也多是专用的,故以下着重介绍专用软件许可合同的主要条款。计算机软件贸易作为技术贸易的重要内容之一时间还不长,其许可合同也未形成完整固定的体系,正如其他技术贸易对象进行贸易的初级阶段那样,被许可方考虑的重点多是怎样获得和使用技术,而没有更多地考虑怎样使许可方承担更多的义务。因此,现在很多软件合同多是规定如何维护许可方利益的,例如,如何维护许可方对软件的专有权,被许可方不得复制、转让、转售等。随着软件贸易的不断发展,越来越多的被许可方感到这种"一边倒"式的合同是很不合理的,应该加以改变,应该订立更多一些能够保护被许可方利益的合同条款。由于软件许可合同的内容与结构和其他许可合同具有相同的结构和一些共性的条款,因此,在下面介绍中略去共同的部分,只就软件许可合同的特殊性条款进行介绍。

(一)鉴于条款(Whereas Clause)

鉴于条款(Whereas Clause)在软件许可合同中虽然并不是合同正文的组成部分,但起着合同导言的作用。其内容一般是分段叙述,最主要的是表明双方签订合同的目的和愿望,以及许可方拥有何种权利、准备授予何种权利、被许可方愿意获得何种权利等。例如:许可方开发了并作为一切权利的所有者对于所述的×××专用程序(Proprietary Program)拥有所有权和利益;许可方愿意给予被许可方在用于研究的非商业中使用该程序的有限的、非独占的使用许可;被许可方希望获得该程序的有限的非独占的使用许可,作为教学工具和非商业的内部研究及行政管理活动的工具,排他的、非独占的、非商业性的使用程序;被许可方承认许可方开发的程序的知识产权价值,承认许可方为本合同的主体并采取一切合理的措施,保护其在知识产权方面的利益。在计算机软件许可合同中,会涉及大量的计算机软件的专有名词和计算机技术上的术语,它们对于解释软件许可合同的有关条款,确定当事人的权利、义务和责任等,起着非常重要的作用。特别是在如今许多名词术语尚未规范化的条件下,对于软件许可合同中反复出现的名词术语首先在合同开头规定明确的定义,可以减少当事人之间的很多误解,甚至纠纷,也有助于合同整体上的一致性。经常需要下定义的名词术语有下面几个。

专用单元(Customer Unit),指供方所转让的软件可以用在哪种计算机上。

替用单元(Substitute Unit),指专用单元因维修暂停使用时,可以用哪些其他型号的计算机替代。

软件包(Enhancement Package),指特别设计的软件程序组,以此可以把源代码(Source Code)写成除本程序(即所转让的程序)以外的任何语言,但该软件包的使用没有本程序是不可能的。

使用(Use),指把本程序的任何部分输入到计算机中或为计算机指导书的加工、说明书的加工或本程序资料的加工,转换到计算机中的行为。

源代码(Source Code),指以适于由一台计算机、计算机组、转换机的计算机语言来表示的计算机程序。

缺陷(Bug),指由于偏离用户程序指导书说明的程序而引起的程序性的错误。

(二)许可的范围和被许可方使用程序的限制

许可的范围和被许可方使用程序的限制的条款主要是许可方为其本身的利益,对被许可方使用软件程序的范围所做的种种限制性规定,其规定往往非常具体,如只限被许可方一家使用,只限某些人使用,只限在某地点使用,只限在某些计算机上使用,等等。例如:被许可方同意,只由被许可方即其本系、学生和职员排他地、独占地使用该程序,并保证本系、学生和职员不将该程序的任何部分销售、转让、许可给境内外的任何其他第三者、公司、企业;被许可方进一步同意,将尽其最大努力保证本系、学生、职员和其他人不为其本人和境内外的其他任何第三者对该程序做商业上的使用;被许可方同意,只将该程序用在规定的计算机上;被许可方同意,被许可方及其系、学生或职员未经许可方授权代表的书面许可,都不对该程序做任何改变或扩展。

(三)提供的软件内容及软件的形式

许可方提供何种软件及该软件的表现形式是很重要的,也是许可方与被许可方争论的焦点。作为许可方,他通常只提供“结果程序”(Object Code),即计算机可读程序,而不愿提供“源代码”。这样被许可方就只能依赖许可方,很难修改或发展所接受的软件,因此,在专用软件的许可合同中,被许可方应坚持许可方提供“源代码”。此外,许可方还应提供程序说明书(Specification)和使用手册(Users Manual)或指导书(Supporting Material)。程序说明书一般包括:对软件功能的说明(即该软件所能完成的任务、数据处理要求、资料容量等);软件所适用的计算机、储存器、接口等要求;程序工作的条件;软件误差可修正和恢复的程度等。指导书主要包括:怎样输入数据;怎样运用程序;怎样处理意外事故;程序进入工作状态的流程图等。软件的形式包括:磁带、磁盘、穿孔卡片等,合同中要明确提供的形式和数量。例如:合同生效后30天内,许可方将向被许可方提供一套磁盘形式的计算机可读程序副本和每台计算机一套的使用说明书,但许可方规定并经被许可方同意,将不向被许可方提供“源代码”。

(四)使用软件的地点(Sites)

计算机软件通常只限于在某一特定地点使用,它不像其他类型许可合同中的“地域”概念,而是指某一通信地址、某一座建筑物。例如,使用本程序的指定计算机是:计算机制造型号,制造厂序号,工作系统放置地点(完整的街名、地址、城市、国家)。

(五)支付条款(Payment)

由于被许可方取得软件的许可后并不能通过软件的使用生产出直接上市的产品,因此,软件的使用费也无法按其直接的效益作为计算的基础。目前,软件使用费大多按以下几种方式计算。

1. 固定计价(Fixed Price),或固定使用费,即软件使用费为一固定数额,在合同有效期内不变。这笔规定的数额通常根据工作的进度,按比例分期支付。

2. 计时支付(Time Price),是指按照被许可方使用有关软件的时间计算使用费。这种支付方式是沿用了最早计算机软件以租赁方式使用时的做法。使用这种方式时,最好规定被许可方支付使用费的最高数额,这有利于被许可方支付满一定额度后,继续使用软件而不支付费用。另一方面,在计时支付条件下,许可方往往要求保留中途调整使用费的权利,如被许可方不同意,许可方有权中止合同,这种要求是不合理的,被许可方一般不应轻易接受。

(六)软件支持或支持服务

为了使被许可方更好地使用所提供的软件,许可方应该提供支持服务,一般包括:为适应被许可方使用的计算机,输入所提供的程序,许可方提供一套完整的书面说明;在合同有效期内,免费提供改进或更新的版本;为使用程序的每台计算机配备一套使用手册等。

(七)担保条款(Warranties Clause)

在软件许可合同中,许可方一般不承担担保责任,特别是赔偿损失的担保,也不担保使用程序的计算媒介的质量。但可以担保程序的功能,即担保功能与提供的说明书相符。为了使许可方提供的有限担保不致落空,最好在许可合同中规定担保期,并且把担保期与使用费的支付联系起来,以便对许可方有一定的制约。

七、计算机软件的法律保护

(一)计算机软件保护的条件

计算机软件是人类的智力劳动成果。软件的研制与开发过程复杂,特别是大型软件,开发工作量大、周期长、投资多、商品化难度大,但又易于复制或模仿。随着计算机软件及其软件产业的迅速发展,人们愈加关注对软件的保护。

计算机软件著作权的保护条件依照《计算机软件保护条例》(以下简称《条例》),中国公民和单位开发的软件,不论是否发表,不论在何地发表,均享有著作权。而且自软件产生起,“自动”受到保护。受保护的软件著作权应具备以下几个条件。

1. 原创性。软件必须由开发者独立开发,即具有独立性或原创性,而不是复制或抄袭他人已开发的软件。

2. 可感知性。计算机软件的核心是一种设计思想，其本身是无形的，只有将这种设计思想附着在某种有形载体上，才能使人们感知其存在，才能供人们在一定条件下反复地、稳定地加以利用。

3. 可再现性。即可复制性，可以把软件转载在其他有形物体上。

（二）计算机软件的国内法律保护

就保护计算机软件的国内法而言，保护的法律有以下几种。

1. 著作权法（Copyright Law）。目前，世界大多数国家均采用著作权法保护计算机软件，这种保护方式是20世纪70年代由菲律宾首先采用的，后来美国在修改版权法时也明确规定，计算机软件属于版权法的保护范围。不仅如此，美国还在国际上竭力推行这种保护制度，美国的这种做法纯粹出于保护自身利益的目的，因为重新制定保护计算机软件的专门立法需要较长时间，建立统一的国际保护体系需要更长时间，故选择著作权法保护计算机软件，易使美国这个最大的计算机软件出口国的利益得到有效保护。

著作权保护较之专利保护是有其优越性的。若用专利法予以保护，一则申请周期长，申请时的检索麻烦；二则软件产品中符合新颖性、创造性、实用性要求的不多。而著作权保护手续简单，花费少，而且有相当长的保护期限，不失为一种高效的方法。加之各国国内著作权法和国际上存在的著作权公约比较多，对著作权的国内、国际保护体系也比较完善。一旦软件取得著作权保护，软件的国际保护也较容易实现。美国于1976年和1980年两次修订《著作权法》，明确用《著作权法》保护计算机软件，并结合计算机程序的特点做了一些具体规定。此后，其他国家也纷纷效仿。通过著作权途径保护软件，在国际上已成为主流。根据著作权保护的基本原则，即思想（Idea）、表达（Expression）二分法，著作权法保护思想的表达，却不保护思想本身。如果思想被以某种有形的形式表达，那么这种表达受到著作权法的保护并且不可复制，但是该思想本身可以由他人自由使用。但由于计算机软件的开发本身具有"思想与表达相混合"的特点，所以要想在保护中严格区分思想和表达存在困难。在1992年美国CA公司诉Alt al公司一案中确立了"抽象检测法"，即抽象—过滤—对比测试法（Abstraction-Filtration-Comparison Test），这种方法的核心思想是将软件分为若干层，然后一层一层抽象出思想，过滤掉共有领域的内容，再将剩下的部分进行对比测试。这种方法虽已被很多专家认同，但对于思想表达复杂性强的计算机软件，在实际操作中仍较难把握。

实际上，用著作权法保护计算机软件也存在很多缺陷，有鉴于此，不少国家在著作权法下还制定了保护计算机软件的单项条例，针对计算机软件的特点，给予其更完善的保护。

2. 专利法保护。计算机软件既具有与文字作品相似的表现形式，又是一种技术方案。特别是软件中的“程序”，具有文字作品和实用工具的双重性。计算机软件的核心内容是计算机程序，而计算机程序的精华往往不在其表现形式，而在其内涵——计算机程序的设计构思原理、运算模型和运行方法等。因此，依著作权法予以保护，并非尽善尽美。基于计算机程序的特征，它也可以成为专利法保护的客体，也就是说计算机程序的开发思想、方案、程序以及执行步骤，或者以计算机程序为基础、以人类自然语言描述的完整方案，也可以寻求专利法的保护。目前，各国软件保护立法都或多或少地向着工业产权保护的方向发展。如率先采用著作权保护软件的美国，通过司法解释加进了工业产权的内容。1980 年 10 月，美国专利与商标局曾规定，涉及工艺方法、材料配方、计算机操作程序等可以实际应用的计算机软件可以申请专利，但仅包含数学计算公式、计算方法及抽象的理论概念的计算机程序不能申请专利。日本 1976 年颁布了计算机程序申请发明专利权的范围和审查标准，解决了计算机软件的法律保护问题。其在 1985 年之后增订版权法时，也加进了工业产权的内容。

美国将计算机软件作为产权受专利法保护，主要的目的是：①充分激发和保障投资开发计算机软件的合法权益；②促进计算机软件的广泛普及；③促进计算机技术的应用，提高生产和管理水平。

3. 商业秘密保护和合同法保护。计算机软件申请专利保护还是不能满足对软件思想内容的保护的要求。因为专利申请有许多限制和条件，比如，专利申请必须有技术内容，专利法不保护抽象的数学公式、算法和逻辑推理等，很多软件无法满足这个要求，而且专利的创造性、新颖性和实用性的要求也不是有技术内容的软件一定能达到的，所以有必要运用商业秘密保护和合同法保护。商业秘密保护和合同法保护的优点在于，既能保护体现软件作者思想的“表达”，又能保护软件作者的“思想”，也不需要履行任何手续。只要软件的思想不为社会所知，这种保护就是有效的。商业秘密保护与合同法的保护是分不开的，商业秘密的保护往往通过合同的方式实现。所以，要想有效地保护软件，一定要利用各种合同。我国的计算机软件著作权和转让合同登记制度为这种保护方式提供了条件。当然，商业秘密保护也存在一些问题，如对善意的第三方使用或销售的行为不能采取任何措施；再如，没有合同关系的第三方通过正当途径（如合法购买、转让）取得软件后，将软件技术扩散，那么，软件权利人对该第三人不能提出诉讼。显然，对于需要在市场上大量销售和使用的软件，这种保护方式就不太有效。因为，一旦了解软件的人增多,保护的可能性就会降低;如果他人独立设计出相同或相似的软件并申请专利,原软件权利人就不仅丧失了商业秘密权利,而且在专利法采取申请在先原则的国家中,原软件权利人的行为还要受到专利法的约束。

4. 反不正当竞争法保护。软件权利人利用反不正当竞争法的规定,即使在该国没有商业秘密法或软件权利人没有与他人签合同的情况下,也可以寻求到一定的保护。比如,如果为了达到获得软件开发技术秘密的目的,将竞争企业的“人才”挖走,就是反不正当竞争法所禁止的。

5. 商标法保护。对于大量投放市场的软件,商标保护也是一种必要的、有效的保护手段。软件产品的商标代表了产品开发者或开发企业的信誉,也是其重要的无形资产。商标制度的普及有助于软件开发者对软件的保护。综上所述,对于计算机软件这样的新生事物,简单地用某一种传统的、单一的方式已难以实现有效保护,软件权利人应该综合运用多种法律手段对计算机软件进行全面的、有效的保护。首先,商标的申请应该在新软件创作出来以前就进行。在这一点上,可以借鉴国外企业的经验。其次,一件计算机程序设计完成之后,可就其中的构思、方法、步骤等申请发明专利,并将其中较有价值的版本办理计算机软件登记。这样,在保护力度和快速占领市场上都取得了主动,特别是在发明专利尚未授权的情况下,必要的软件登记可以起到抑制盗版的作用。

(三)计算机软件的国际保护

在国际上,保护计算机软件的国际公约主要是《世界版权公约》和《保护文学艺术作品伯尔尼公约》,当然,这两个公约对保护计算机软件并不完备。因此,人们也希望有一个国际上统一的保护计算机软件的公约。世界知识产权组织(WIPO)1983 年提出了一份《计算机软件保护条约》草案,为缔结一项保护软件的国际公约开辟了道路。该草案提出了参加该条约的成员国国内法律必须达到的最低要求,其总原则是防止和制裁一切非法复制、使用或销售软件的行为。其核心内容有以下几点。

1. 不得用任何工具、以任何形式复制他人的软件。

2. 未经软件所有人同意,不得向任何人披露软件的内容,也不允许为任何人储存、复制、披露创造任何条件。

3. 不得利用一种计算机程序或程序说明书来制作(即设计)相同的(或实质上相同的)另一种计算机程序或程序说明书。

4. 不得把上述(即第三项)所指的仿制的计算机程序储存在计算机中,也不得用它来操作计算机。

5. 不得为出售、出租、进出口或发放许可证等目的，提供或存放非法复制、复印、仿制的软件。

从上面所介绍的关于计算机软件的法律保护形式可以看出，目前大多数国家对计算机软件的保护，基本上是采用专利法、版权法或工商业秘密的保护方式。国际上虽有世界知识产权组织提出了保护软件的条约草案，但尚未得到普遍响应。总之，对计算机软件的保护至今还很不完善，需要各个国家的共同努力，才能较好地解决计算机软件的保护问题。

八、我国对计算机软件的保护

随着信息经济的快速发展，计算机软件贸易在技术贸易中所占的比重也呈现出越来越大的趋势。因此，我国将对计算机软件的保护也提上了日程。目前，我国对于出口的计算机软件，无论是源程序还是目标程序，都是按《保护文学艺术作品伯尔尼公约》的规定将其作为版权来给予保护的，其保护期限为50年。此外，从国内法的角度来讲，我国目前对计算机软件进行保护的最有力的法律仍然是《著作权法》。这部法律对计算机软件的概念、特点和性质都进行了比较明确的定义，另外，该法也从中国的实际情况出发，对软件贸易中经常出现的侵权、仿冒等行为制定了相应的防范规范和惩罚标准。同时，国务院在以该法为依托的情况下，出台了《计算机软件保护条例》，从而使法律的执行得以具体化。

但是，应该看到，目前我国对计算机软件的保护仍然不强，国内软件侵权、盗版现象盛行，国际软件纠纷不断。因此，我国在计算机软件的国内国外保护上仍有相当长的路要走。具体来说，我国可以在如下方面寻找软件保护的最佳途径。

（一）加强国内立法，整肃国内软件气象

我国应该着重加强国内软件保护的立法，加大对软件侵权、仿冒等违法行为的打击力度。从而真正实现对国内软件的有效保护，使软件行业在国内形成良性竞争、合作有序的行业气象，使国内软件行业真正提升竞争力，并且借此减少其他国家与我国在软件知识产权及保护方面的摩擦。

（二）提高我国软件的国际保护力度

1. 向技术引进国著作权管理机构办理登记手续，以获取日后万一发生纠纷时，可用来提交行政处理或诉讼使用的初步证据。

2. 我方软件版权所有人在掌握了确凿的盗版侵权证据后，可通过受方国家相应的行政和法律机关对其盗版软件，不论其是进口还是出口，申请海关予以扣留或

销毁。

3. 为了防止我国出口计算机软件被任意扩散使用，我方应在软件许可合同中争取受方同意对软件的使用范围和地区给予合同的限制。另外，应对软件权利的归属、最终用户的授权限制（诸如不得进行销售、转租、转让等）、权利人所要尽的义务与免责条件等在合同中做出明确规定。

（三）充分发挥政策导向作用，引导技术贸易健康发展

我国应及时修订和发布利用外商投资方面的政策，合理引导外资投向，重点引进国外先进技术，鼓励我国软件产业的发展，并且促进高新技术及其产品出口。

1. 制定关于利用外商投资的新政策。实践表明，吸引外资已是我国引进国外先进技术的重要渠道。改革开放以来，我国利用外资已经取得了很大成绩。1997年底经国务院批准，由国家发展计划委员会、国家经济贸易委员会和对外贸易经济合作部发布的《外商投资产业指导目录》（简称原《目录》），在为引导外商投资的工作中曾经发挥了重要作用。然而，随着2001年12月我国加入WTO，成为WTO正式成员以后，为了履行我国加入WTO所做出的庄严承诺，我国的利用外资政策必须与世贸组织的相应国际规则相衔接。同时，为了进一步提高利用外资的质量和水平，通过吸引外资，重点引进国外先进技术、现代管理经验和专门人才，为促进新时期我国经济结构的战略性调整和国有企业的改革发挥更大的作用，《外商投资产业指导目录(2007年修订)》已经国务院批准并予以发布。根据国务院的要求，要进一步扩大利用外资规模、提升外资的质量，商务部会同发改委起草拟定了一个新的2011年版的《外商投资企业的产业指导目录》。2011年4月，商务部会同发改委在国务院法制办的网站上，对《外商投资企业的产业指导目录》征求公众意见，6月15日，商务部透露：2011年版《外商投资企业的产业指导目录》已经草拟完成，正在征询意见。

2. 制定关于鼓励软件产业和集成电路产业发展的政策。为了推动我国软件产业和集成电路产业的发展，增强信息产业的创新能力和国际竞争力，带动传统产业改造和产品升级换代，进一步促进国民经济持续、快速、健康发展，我国已于2000年7月11日发布了"鼓励软件产业和集成电路产业发展的若干政策"，并于2001年1月4日由对外贸易经济合作部、信息产业部、国家税务总局、海关总署、国家外汇管理局和国家统计局联合发布了《软件出口有关问题的通知》。2011年1月28日，国务院为继续完善软件产业和集成电路产业激励措施，明确政策导向，增强科技创新能力，提高产业发展质量和水平，制定实施了《进一步鼓励软件产业和集成电路产业发展若干政策的通知》。在知识产权保护方面，国家明确要求：①国务院

著作权行政管理部门要规范和加强软件著作权登记制度,鼓励软件著作权登记,并依据国家法律对已经登记的软件予以重点保护。②为了保护中外著作权人的合法权益,任何单位在其计算机系统中不得使用未经授权许可的软件产品。③加大打击走私和盗版软件的力度,严厉查处组织制作、生产、销售盗版软件的活动。公安部、信息产业部、国家市场监管总局、国家知识产权局、国家版权局和国家税务总局要定期开展联合打击盗版软件的专项斗争。另外,为了促进软件出口,国家已明确规定:①注册资金在100万元人民币以上(含100万元)的软件企业,可享有软件自营出口权,并可向对外贸易经济合作部申请设立境外分支机构。②软件出口企业可向外经贸主管部门申请中小企业和国际市场开拓资金,以扩大软件出口和开拓国际市场。③鼓励软件出口型企业通过GB/T19001-2000质量管理体系认证和专门针对软件行业的CMM(能力成熟度模型)认证,并可申请相应的认证费用资助。④软件出口企业将在信贷、出口信用保险、税收和结汇等方面获得相应的政策优惠。⑤在软件出口管理方面,将由中国电子商务中心的MOFTEC网站上设立的软件出口合同在线登记管理中心,实现软件出口合同的在线登记管理,并由中国机电产品进出口商会和中国软件行业协会共同负责协调和维护软件出口的经营秩序。

第二节　工业品外观设计

一、工业品外观设计的概念

工业品外观设计在英语国家一般被称为"industrial design",直译就是"工业设计",现今我国法律界以外的从事工业品外观设计理论研究与实践的人大多称其为"工业设计"。在工业机械化和生产线大规模运用到生产中之前,每一种物品的工艺在很大程度上都是相互独立的,不会有大规模的单一设计生产。每一件产品都根据工匠的技艺将实用和工艺结合为一体。

工业品外观设计多与工业相联系。工业品外观设计是工业革命的产物,工业革命的开始使得西方开始发展工业化的生产方式,其重要特点就是机器化的批量生产。也正是在这一时期,适应批量工业化生产相同产品的现代设计应运而生。工业品外观设计的最初发展是在纺织工业中发生的,这一方面表现在当时经济的发展,另一方面表现在工业品外观设计法律保护的发展。英法两国工业品外观设计先发于纺织等轻工业也可以从它们的工业品外观设计保护的产生看出来。无论是英国还是法国,其工业品外观设计的保护均是从纺织工业开始,而后又扩展到其他工业领域的。

工业品外观设计真正在理论和实践上获得长足的发展还是20世纪的事，从20世纪初期的“德意志工业联盟”对于标准化、大批量生产方式的探讨，到20年代“包豪斯设计学校”对现代设计教育体系的确立，经过了50年代功能主义和国际主义风格的流行，再到60年代的波普设计及80年代的后现代设计，以及今天所提倡的绿色设计、生态设计等，现代设计已发展成为一门交叉性的学科。在近200年的发展过程中，产生了许多有关现代设计的观念和思想，经历了多种风格和潮流的变化，也积累了丰富的经验。工业品外观的重要性不会随着机械化生产而减弱，而会加大新产品开发力度以迎合广大消费者的品位，同时适合大规模生产。

工业品的外观作为事实的创造性智力活动的成果，是民法和知识产权法的保护对象。工业品外观具有艺术性、技术性、显著性和可识别性等多重法律属性，依据著作权法、专利法和商标法分别规定的作品、外观设计专利和注册商标的条件，工业品可以获得相应的知识产权保护。同时基于诚实信用原则，工业品外观又可以作为产品的装潢得到反不正当竞争法的保护。法律对工业品外观的多重保护，全面、充分地保护了企业的无形财产。

综上所述，工业品外观设计是指，运用于一个产品上的形状、外形、式样或装饰的特征可以被观察、识别和辨别。制作程序和方法不属于此范畴。工业品外观设计必须是独创和新颖的。

二、工业品外观设计的性质

一般意义上，工业品的外观设计是为了使实用物品更加美观悦目，而对物品的外观、形状和颜色组合进行的装饰。在工业大生产的背景之下，各种外观设计都必须要适合机器大生产，这样才能称为工业品外观设计。只有同时具有艺术观赏性和工业大生产这两种特性的外观设计才能称为工业品外观设计并受工业产权法的保护。

依据工业品外观设计对工业产品性能的影响可以将工业品外观设计分为无实用性的外观设计和影响实用性的外观设计。

某些适用于批量生产产品的外观设计不增加产品的任何实用性，却可以迎合广大消费者的消费偏好，影响其对潜在购买者的吸引力。例如，纺织品所采用的图案并不影响纺织品的质量，但是不同的图案却可以对不同的消费者产生不同的影响力进而也就有了不同的市场效果。

有时，一件物品的外观设计不仅可以增加物品的美感，同时也可能降低或增强产品的实用性。例如，汽车挡风玻璃的不同流线形状既能够给人带来不同的美感，也能够使汽车的风动阻力不同，进而影响汽车的整体性能。

三、工业品外观设计保护的目的

工业品外观设计能够给企业和国家带来经济效益,能够促进工业和经济的发展。工业品外观设计会对商品的销路产生影响进而影响企业在该种商品上的盈利状况。那么,外观设计就会成为专业外观设计公司和使用这种设计的公司的重要产品。外观设计保护可以真正维护设计单位、外观设计使用企业和社会公众的利益。

(一)确定保护的存在及其范围

有比较明确的保护范围之后,适用外观设计的公司能够十分清楚地知道自己在生产过程中可以任意复制哪些设计。避免了由于特定设计保护的不确定性造成的阻碍。

(二)方便转让或许可使用

一种好的设计往往会成为大家争相效仿的对象,这样会对原创单位带来经济利益的损失。但是在确定了保护对象和保护范围之后,原创单位可以基于这些保护内容更好地保护自己的外观设计产品并取得相应的经济利益。

(三)防止某些单位过度保护而危害公共利益

过度的保护会对同一行业内其他企业的合法利益造成损害。为了防止这种现象的发生,其他公司可以根据法律规定采取行动反对或取消不公平待遇。

四、工业品外观设计活动的保护的条件

《知识产权协定》第 25 条第 1 款规定,国际贸易组织成员必须对工业品外观设计实施保护,并规定了要想获得工业品外观设计保护,该工业品外观设计必须满足以下条件:独立创作的、具有新颖性;独立创作的、具有原创性。

各个国家对于新颖性的规定不尽相同。一些国家规定了一种世界性新颖性标准,按照这些国家的法律规定,在申请注册日之前,一个工业品外观设计绝不能在世界上任何地方以任何形式预先使用过。有些国家通过立法确定了一种限制性的世界性新颖性标准:以印刷文件或任何其他有形出现的公开而言,新颖性标准是世界性的,但如公开使用、会展、销售等方式则属于国内性。

有些国家规定,如果外观设计注册申请是在一个特定的期限内,从可申请日算起 6 个月内提出,允许某些例外和特定的公开情况不被视为破坏新颖性。这些例外包括:在官方或官方承认的展览会上公开外观设计,由滥用、不守信用或其他违

背工业品外观设计所有人意愿而引起的公开可能也包括在内。

如果一个外观设计与一个已有的外观设计相同或实质上相同,仅有不足以改变后者性质或影响其相同性的改动,则不具有新颖性。外观上的微小差别或将某种外观设计用于另一种产品,不足以构成新颖性要素。

五、工业品外观设计的注册

工业品外观设计的保护并不是自动赋予的,而是依照法律的规定条件或正式要求,向工业品外观设计局提出注册申请后才赋予的。申请材料包括:申请人或代办人的身份证明和申请书;工业品外观设计的产品的样品;如是委托关系还应提交委托代理书。在提交上述申请材料之后,工业品外观设计保护的主管部门会对上述内容进行形式审查,有些国家还会进行实际审查。

在审查公示期间如果有人提出异议,工业品外观设计保护部门会将异议通知申请人,请他在 3 个月内提出自己的意见。主管部门如果认定异议合理,则拒绝提出的保护申请。

在一切审查通过之后,在外观设计主管部门进行备案登记即可取得法律赋予的权利。

六、专有权范围

各国对工业品外观设计保护立法的中心都在于其“外观设计”而非“产品”的功能及技术方面的保护。产品的功能及技术因素能对产品质量产生影响并给消费者带来消费满足,但它并不是工业品外观设计保护的重点。

颁发注册证或授予专利将给予工业品外观设计所有人利用其外观设计或授权他人利用外观设计的专有权。立法可以在许多方面对专有权加以限制,工业品外观设计注册授予的权力典型地是为未来工业或商业目的而进行的行为,科学或教育范围内的行为将被排除在外。例如:国家可以为公众利益,由政府或由政府授权的第三方进行征用、废除和使用。

七、工业品外观设计的保护期限

《知识产权协定》规定工业品外观设计的保护期不少于 10 年。这是对工业品外观设计保护的最短时间,是最起码的保护要求,并不排斥一些国家可以签订协议尽快推动对工业品外观设计实行较长时间的保护期。与工业产权的其他形式相比,这个相对较短的期限反映出工业品外观设计作为一种创造仅受到暂时保护的特点。

第三节　版权及邻接权

一、版权及邻接权的含义及范畴

版权又称著作权，它是指文学、艺术和科学作品的作者依版权法及相关法律所享有的权利。版权属于民事权的范畴，是知识产权的一个重要组成部分。版权是知识产权的传统形式。与专利权一样，版权持有者有权禁止或允许任何人在某一段确定年限内复制他的材料；他可以销售、遗赠或许可他的权利。

版权还有一些特点：版权只有在申请时才能确立，没有筛选或接受程序；版权可以跨越很长的时间段，通常是创作者的有生之年至其死后50年；版权争端要在法院解决；版权包含了对某个创意的独特表达方式，并非创意本身，例如，一本有关技术转让的书是可以被授予版权的，但书中的观点不能获得版权。

版权法是有关治理创造者权利法律的一个分支。版权规定了治理创造者对其创作品的权利。这些权利为大多数国际的法律确认，其目的是鼓励和激发个人创造力，保护通过包括物质和非物质载体形式表现出来的创造性知识成果并使这些成果发挥最大作用。在各国版权法中，版权所包含的内涵有狭义和广义之分。狭义的版权包括著作人身权与著作财产权；广义的版权包括著作人身权、著作财产权和著作邻接权。

（一）著作人身权

著作人身权的内容主要包括发表权、署名权、作品修改权和保护作品完整权。

1. 发表权。发表权是作者所享有的决定作品是否公之于众的权利。文学艺术作品完成之后，其作者有权决定是否将其公之于众，公开的时间、地点、地域范围以及公开的方式都应当取决于作者的意愿。

2. 署名权。署名权是作者在其创作的作品及其复制品上标示自己姓名的权利。署名权只能由作品的实际作者和被认定为作者的法人和任何非法人单位才能享用，实际作者以外的任何其他人都无权享受署名权。署名权说明了只有实际作者署名才是合法行为，其他人员未经允许署名都是非法行为；作者在自己的作品上署上其他人的姓名也是无效的法律行为，他人不能享受署名权及其他该作品的财产权或人身权。

3. 作品修改权。作品修改权即修改或授权他人修改作品的权利。作品在完成或发表之后，作者均可自行进行修改，也可以授权他人修改其作品。

4. 保护作品完整权。与作品修改权相对应的权利是保护作品完整权，即保护作品不受歪曲、篡改、贬抑或其他更改的权利。此处所讲的歪曲是指故意隐瞒事物的真相、事实或改变其内容；篡改是指用做假、伪造的手段对作品进行改动或曲解。

上述作者人身权亦称作者精神权利。根据《知识产权协定》的规定，各成员不对该精神权利的规定承担义务。

（二）著作财产权

著作财产权是著作权人依据著作权法及相关法律通过各种合法形式利用其作品从而享受其带来的经济利益的权利。由于著作权人可利用作品给其带来经济利益，故称为著作财产权或版权的经济权利。著作财产权因作品的创作由依法获得著作权的著作权人拥有，因法律规定的期限届满而消灭，并不是永久存在的。著作财产权可以分为复制权、演绎权和传播权三大类。具体而言，著作财产权至少可包括以下八项经济权利：翻译权、复制权、公演权、广播权、朗诵权、改编权、录制权、制版权。除了上述经济权利之外，版权法还赋予原作者道义权，以确保作者即使在经济权利转让之后也可以声明其作品的作者身份，反对任何歪曲或其他篡改行为，以防败坏或损害作者的声誉。

（三）著作邻接权

著作邻接权指与版权相邻近的权利。“主要包括唱片制作者对其录制的唱片、编演者对其表演的节目、广播电视组织对其广播的节目所享有的权利。”

广义的版权除了包括著作人身权、著作财产权之外，还应包括著作邻接权。文学艺术作品创作的目的往往是为了在大众中间传播，因此需要那些具有专业技巧和特长的人来赋予作品某种适当的形式，以便增加传播的效果并使社会公众较易接受。所以，除了保护作品的作者的权利外，还应对作品的表演者、唱片制作者和广播者的权利进行保护。这些中间手段的权利随版权而形成，而且这些权利的行使与版权行使紧密相连，故称为著作邻接权。

二、版权的主体和客体

（一）版权的主体

版权的主体指因创作成果而享有版权的人，可以是自然人，也可以是法人，少数情况下也可以是国家。就自然人来看，包括从事科学研究、文学艺术创作的专业人员及业余人员；成年人、未成年人以及少数创作了作品（如绘画、书法、表演）的少年儿童。

版权主体还有个人(独立创作作品)和集体(两人以上的作者合著作品)之分。合著中,有的是一部完整著作,其中各组成部分不能独立存在,全体合著人是版权主体;有的是各组成部分可以分别存在(如歌词与乐谱),全体合著人或各组成部分的作者可分别成为整部作品或组成部分作品的版权的主体。

就法人来看,作为版权的主体有编辑刊物、辞书等集体作品的编辑出版单位;也有制定写作计划、组织人员创作并以法人名义发表作品的机构。版权的主体还可分为原始的或继受的主体。前者是直接以创作活动完成作品的人,享有包括人身和财产权益的完整著作权利;后者是依据合同、继承等方式承受著作权利的人,只享有获得财产权益的部分版权。

就版权主体与版权客体之间的关系而言,版权主体还可以分为版权所有人和作者。作者是版权的原始所有人,但版权可以通过合同、继承等转归非作者所有。作者在出让版权(一般仅指经济权利)后成为非版权所有人,不能妨碍作为版权所有人的非作者行权。在国际范围内,一个受公约保护的作者可以将其权利转让。

(二)版权的客体

版权的客体表现为创作活动的某种客观形式。版权的客体是作品,一般认为其构成要件有三:一是思想或感情的表现;二是具有独创性和原创性;三是具有有形的表现形式。

首先,它必须是创作,而不是抄袭,否则应对剽窃人追究法律责任。作品中表现的思想不要求是新的,但其文学的和艺术的表现形式必须是由作者首创的。并且,版权与作品的质量和价值无关。

其次,作品内容必须运用一定形式加以表现,包括:文字形式(论著、翻译、创作、注解等);口头形式(演讲、报告、说唱等);其他形式(乐谱、绘画、书法、雕塑、舞蹈、摄像、电影、录像、图表等)。

关于计算机程序的保护,协定规定,计算机程序,无论是原始资料还是实物代码,应根据《伯尔尼公约》作为文学作品来保护。对于数据库或其他材料的集合体,无论是机器可读形式或者其他形式,只要内容的选取或者编排构成智力创作,也将给予保护。

三、版权的保护

(一)版权邻接权保护原则

1. 独立性原则。除《伯尔尼公约》的规定外,世界贸易组织成员版权及邻接权受保护的程度及为保护作者权利而提供保护的方式,完全适用提供保护所在国的法律。但各国不得以本原则为由拒绝为外国作品提供保护。

2. 国民待遇原则,即外国商品或服务与进口国国内商品或服务处于平等待遇的原则。

3. 自动保护原则,即作品不论来源于何国,只要享受及行使国民待遇,无须经过任何手续就可以自动受到保护。按照这个原则,世界贸易组织成员和《伯尔尼公约》签署国国民、在成员国有长期居住权的非《伯尔尼公约》签署国的国民,在其文学艺术作品创作完成时即应自动享有版权,如果非签署国国民在签署国无长期居所地,其作品首先在成员国出版时享有版权。

(二)最低保护标准原则

最低保护标准原则是各国进行版权保护时的最低原则。

第一,无论作品表现形式如何,都应当包括文学、科学和艺术领域的一切成果。

第二,各国版权法中的权利限制限定在一定的范围之内。可以未经作者许可将讲课、演讲等公开发表的口头作品以印刷、广播等方式复制并传播,但权利仍属于作者。

第三,只有在特定条件下才能行使限制权力。

(三)版权的保护范围

法律不仅保护智力作品创作者的权利,而且还保护帮助传播这些作品的辅助者的权利。辅助者对文化成果的传播和保护有十分重要的意义和作用,特别是在发展中国家,这些辅助者还起着承接国内外文化的桥梁作用。这有利于将国外的先进技术信息引进国内,同时还能够帮助保留本国的传统文化遗产。

四、版权保护的限制

(一)作品保护期限

一般作品保护期不少于作者有生之年以及死后的 50 年。其具体的保护时间如下。

1. 电影作品不少于与观众见面起 50 年,若 50 年尚未与观众见面则为摄制完成的 50 年。

2. 摄制作品及实用艺术作品作为艺术作品在《伯尔尼公约》成员国受到保护,该国即可自行立法决定其保护期,但该保护期至少维持到该作品完成之后 25 年。

3. 合作作品或被视为共同创作的作品的其他作品，保护期为共同作者中最后一个去世者有生之年直至死后50年。

4. 匿名或用假名作品，用合法方式证明其假名身份，则保护期为作者有生之年加死后50年。只要能够合理推断匿名或假名作者去世已超过50年，则不得再要求成员国对其作品予以保护。

《知识产权协定》第14条第5款规定：对于唱片表演者和制作者的有效保护期为录制或节目表演当年年底开始起算至少50年。对广播组织的保护，保护期限一般为广播开始那一年年底起至少20年。

（二）关于邻接权的保护范围

《知识产权协定》第14条规定了表演者、唱片制作者和广播组织的保护范围。

1. 表演者可以禁止下列未经其授权的行为：录制其未曾录制的表演并翻录这些录制品；以无线方式广播和公众播出其现场表现。

2. 唱片制作者拥有授权或禁止他人复制发行并获得报酬的权利。

3. 广播组织有权禁止未经其授权的下列行为：录制其广播、复制其广播作品、通过无线方式重播或广播、原样向公众播送电视广播。

4. 唱片制作者享有出租权。

（三）对邻接权保护的权利限制、例外和保留

《知识产权协定》允许各成员国对邻接权的保护做出例外，也允许成员国或地区降低对邻接权的保护标准。

（四）地域限制

作品版权所有人受到一国法律的保护，以禁止在该国内进行受版权限制的活动。为了在其他某个国家取得同样的保护以禁止这些活动，版权所有者必须求助于这个国家的法律。如果这两个国家都是国际版权公约的成员国，那么由于地理界限而产生的实际问题比较容易解决。

第四节 工业产权

一、工业产权的概念、内容与特征

工业产权是指，人们依法对应用于商品生产和流通中的创造发明和显著标记

等智力成果在一定地区和期限内享有的专有权。工业产权又称“工业所有权”，是国际通用的法律术语。

（一）工业产权包括的内容

工业产权是知识产权的组成部分，它是发明专利、实用新型、外观设计、商标的所有权的统称。有些国家的法律和国际条约还将服务标记、厂商名称、产地标记和原产地名称以及制止不正当竞争（最常见的是以专利为依据的专利权）的权利包括在内。此权利不仅适用于工业本身，也适用于商业、农业、矿业、采掘业以及一切制成品或天然品，如酒类、谷物、烟叶、水果、牲畜、矿产品、矿泉水、花卉和面粉等。在我国，工业产权一般就是指商标权和专利权。

（二）工业产权的特征

工业产权是一种无形财产权利。作为一种权利，工业产权由法律规定并由国家专门机关确认；作为一种财产权利，工业产权具有价值性、可转让性；作为一种无形财产权，工业产权与有形财产权相比具有以下法律特征。

1. 专有性。工业产权的专有性，也称独占性、垄断性，是指工业产权只能由权利人（专利权人、商标权人）享有，而排除他人享有同样权利的可能性。非经权利人许可或法律强制许可，他人不得行使；否则，即构成侵权行为，应受到法律制裁。

2. 地域性。工业产权的地域性是指工业产权的空间限制。工业产权属于无形财产，一个国家的专利法、商标法所保护的工业产权，除在一定情况下使用保护工业产权的国际公约以外，只在该国范围内有效，对其他国家不发生法律效力。

3. 时间性。工业产权的时间性是指工业产权的时间限制。工业产权的先进性随时间的推移而逐渐失去，因而法律赋予权利人的专有权利也应是有期限的，否则就会阻碍整个社会的技术进步。

二、工业产权保护的产生与发展

工业产权最早由各国单独立法并进行保护，但随着国际经济技术合作的不断加强和国际贸易的迅速发展，对工业产权进行有效的国际保护日益显得重要和迫切，各国单独立法已经不能适应世界经济发展的需要。各国对工业产权保护所使用的原则和具体规定存在的差别，使同一专利或商标在各国的申请注册手续和得到的保护往往不完全相同，使得各国的协同管理的复杂性加大。为了减少当事人为获得多个国家保护而在各国分别申请所耗费的时间、精力和费用，可通过签订国际条约和建立相应的国际联盟机构制定统一的保护工业产权的国际法规予以解决。

为了谋求工业产权的国际保护,从 19 世纪下半叶开始,各国先后签订了《保护工业产权巴黎公约》《专利合作条约》《欧洲专利公约》《商标国际注册马德里协定》《商标注册条约》等 10 多个条约,并建立了一系列与这些公约和协定相对应的国际联盟机构。目前,世界知识产权组织是保护工业产权的最大的国际联盟机构,1974 年 12 月 17 日该组织成为联合国的一个专门机构,总部设在日内瓦。我国于 1982 年 11 月 18 日成为该组织的协调委员会委员。

第五节 集成电路及布图

一、集成电路和布图设计的基本概念

(一)集成电路

集成电路,是指半导体集成电路,也就是我们平常所说的芯片,是整个电子工业的基础,是信息产业的核心。集成电路作为微电子技术的核心,是目前发展非常迅速的一种新技术,被广泛应用于多种产品。

世界知识产权组织《关于集成电路的知识产权条约》第 2 条规定,集成电路,是指"一种产品,在它的最终形态或中间形态全部或部分互联或集成在一块材料之中和/或之上,以执行某种电子功能"。集成电路具有下列特征。

1. 集成性。集成电路中的所有电子元件高度集中于一块芯片上。根据集成度(即一块芯片上有多少电子元件)的大小不同,集成电路可分为小规模、中规模、大规模和超大规模集成电路。

2. 整体性。集成电路中各元件同时制成,彼此互联,不可分割,任何一个元件的损坏都将导致整块集成电路的故障。

3. 工艺严格。如超大规模集成电路要将十几万个元件集成于一块 30 平方毫米的芯片上,其制作工艺要求极为严格,堪称"精工细作"。

(二)集成电路布图设计

集成电路布图设计(以下简称布图设计)即集成电路的拓扑图(Integrated Circuit Designs),是指集成电路中至少有一个是有源元件的两个以上元件和部分或者全部互联线路的三维配置,或者为制造集成电路而准备的上述三维配置。布图设计又称掩模作品或拓扑图。布图设计或是以掩模图形的方式存在于掩模板上,或是以图形的方式存在于芯片表面和表面下的不同深度处，或是以编码方式存在于磁盘、磁带等介质中。布图设计要受到保护必须具备独创性。

二、集成电路布图设计专有权的含义

（一）集成电路布图设计专有权的概念

布图设计专有权，是指通过申请注册后，依法获得的利用集成电路设计布图实现布图设计价值、得到商业利益的权利。权利人有权禁止未经许可人将受保护的布图设计、含有布图设计的集成电路或含有该集成电路的物品投入商业活动。布图设计专有权具有排他性和财产性的特征。

（二）集成电路布图设计专有权的性质

国际上对集成电路布图设计主要有以下两种保护方式。

1. 著作权保护。著作权保护的方式是人们最初的选择，但这种方式存在下列四方面的问题。

（1）版权法所保护的图形作品皆是一定思想、情感的表达形式，而布图设计则是由电子元件及其连线所组成，其根本任务是执行某种电子功能，而不是表现任何思想情感。

（2）造型艺术作品基于其“艺术性”而非“实用性”受到版权法的保护，与之相反，布图设计作为由多个元件合理分布并相互关联的三维配置则是基于其“实用性”而非“艺术性”受到法律保护的。

（3）即使将布图设计视为作品，版权法亦无法提供充分有效的保护。对集成电路布图设计的复制，是将解剖出的布图设计重新配置在芯片上，这种对立体作品的非表面化复制，在许多国家的版权法中是不被禁止的。

（4）版权法对作品的保护期较长，一般不少于 50 年。对处于版权保护期内的作品的修改须经版权人的同意。如果将集成电路布图设计作为作品进行保护，不利于集成电路的更新换代，会限制集成电路产业的发展。

2. 专利保护。布图设计旨在实现某种功能，达到某种技术效果。然而，通过专利法保护亦不合适，其理由有三。

（1）大多数布图设计很难达到专利法所要求的创造性。

（2）布图设计不决定集成电路的外观，因此亦不能通过工业品外观设计加以保护。

（3）集成电路技术发展迅速，产品更新换代很快，而专利的申请和审批周期又比较长，因此，通过专利法保护不利于布图设计的及时应用。

可见,布图设计是一种新生的智力成果,现有的知识产权法律保护形式均无法满足保护集成电路布图设计的需要。因此,必须突破已有的知识产权法的界限,采取专门立法予以保护。美国是世界集成电路的生产和出口大国,为了保持其半导体工业的优势和领先地位,1984 年由美国国会通过了《半导体芯片保护法》,从而确立了一种新型的半导体芯片法律保护制度。该法对布图设计专有权的保护,借鉴了版权法与专利法的有关规则和方法。

在美国的影响下,日本于 1985 年、欧盟于 1986 年先后做出了保护集成电路布图设计的法律规定。同时,国际组织也着手研究布图设计的法律保护问题。1989 年 5 月,世界知识产权组织在华盛顿召开的专门会议上通过了《关于集成电路的知识产权条约》。该条约对布图设计的客体条件、保护的法律形式及保护范围、国民待遇、权利限制等做了具体规定,并设专节规定了对集成电路布图设计的保护。2001 年,我国也颁布了《集成电路布图设计保护条例》及其实施细则。

(三)集成电路布图设计的保护取得的条件

布图设计要有独创性,布图设计应当是作者依靠自己的脑力劳动完成的,设计必须是突破常规的设计,或者即使设计者使用常规设计,但通过不同的组合方式体现出独创性时,都可以获得法律保护。

要取得布图设计的专有权,必须到相关管理部门办理登记手续,不履行登记手续,不能取得布图设计专有权。

(四)集成电路布图设计权的内容

1. 复制权。复制是指重复制作布图设计或者含有该布图设计的集成电路的行为。

2. 商业利用权。商业利用权是指专有权人为商业目的而利用布图设计或含有布图设计的集成电路的权利。

(1)为商业目的进口、销售或以其他方式提供受保护的布图设计。

(2)为商业目的进口、销售或以其他方式提供含有受保护的布图设计的集成电路。

(3)为商业目的进口、销售或以其他方式提供含有该集成电路的物品。

三、集成电路及布图的法律保护

(一)保护的主体和客体

1. 集成电路布图设计权的主体。集成电路布图设计权的主体有以下四类。

(1)布图设计专有权属于布图设计创作者,但条例另有规定的除外。

(2)两个以上自然人、法人或者其他组织合作创作的布图设计,其专有权的归属由合作者约定;未做约定或者约定不明的,其专有权由合作者共同享有。

(3)受委托创作的布图设计,其专有权的归属由委托人和受托人双方约定;未做约定或者约定不明的,其专有权由受托人享有。

(4)创作人依其职务进行集成电路布图设计,而且主要利用所在的法人单位或非法人单位的设备、材料、资料、场地、经费等进行设计工作,该布图设计的专有权由创作人所在单位享有,除非雇佣合同存在相反规定。

2. 集成电路布图设计专有权的客体。《关于集成电路的知识产权条约》第 3 条规定:每一缔约方有义务保证在其领土内按照条约规定对布图设计(拓扑图)给予知识产权保护。法律保护的是集成电路布图设计,而非集成电路本身,也不延及思想、处理过程、操作方法或者数学概念等。

(二)保护的必要性

1. 集成电路设计是作者以及相关团队智慧的结晶,是开发单位投入资金和精力的最终物化表现。新的集成电路设计可以减少原材料的使用量、发热量、体积并提高其性能。对集成电路设计的保护是对财产的保护。

2. 集成电路布图设计成为盗版行为的侵害对象,对集成电路布图设计进行法律保护可以减少因盗版而对开发造成的损失。

3. 加强集成电路布图设计保护有利于促进一国集成电路产业的发展。通过立法,建立布图设计专有权保护,保护布图设计创作者的合法权益,可以促进整个集成电路产业的良性发展。

4. 加强集成电路保护有利于促进新的布图设计的产生。集成电路在设计过程中会参考过去的设计方案,只有明确表示保护的形式和范围,才能够防止投入资金和精力设计出的产品有盗版之嫌。

四、集成电路及布图法律保护的限制

(一)合理使用

我国《集成电路布图设计保护条例》第 23 条规定,下列行为可以不经布图设计权利人许可,不向其支付报酬:

1. 为个人目的或者单纯为评价、分析、研究、教学等目的而复制受保护的布图设计的。

2. 在依据前项评价、分析受保护的布图设计的基础上，创作出具有独创性的布图设计的。该规定又被称为保护“第二布图设计”。

3. 对自己独立创作的与他人相同的布图设计进行复制或者将其投入商业利用的。该规定旨在保护独立创作的第三人的利益。

（二）权利用尽

我国《集成电路布图设计保护条例》第24条规定，受保护的布图设计、含有该布图设计的集成电路或者含有该集成电路的物品，由布图设计权利人或者经其许可投放市场后，他人再次商业利用的，可以不经布图设计权利人许可，并不向其支付报酬。

（三）非自愿许可

我国《集成电路布图设计保护条例》第25条规定，在国家出现紧急状态或非常情况时，或者为了公共利益的目的，或者经人民法院、不正当竞争行为监督检查部门依法认定布图设计权利人有不正当竞争行为而需要给予补救时，国务院知识产权行政部门可以给予使用其布图设计的非自愿许可。做出上述决定，应当及时通知权利人。非自愿许可的理由消除并不再发生时，应根据权利人的请求，经审查后做出终止使用布图设计非自愿许可的决定。取得使用布图设计非自愿许可的主体不享有独占使用权，无权允许他人使用并应向权利人支付合理报酬，数额由双方协商；双方不能达成协议的，由国务院知识产权行政部门裁决。对国务院知识产权行政部门的决定或裁定不服的，有关当事人可以自收到通知之日起3个月内向人民法院提起行政诉讼。

（四）反向工程

所谓反向工程，又称“还原工程”，是指对他人的布图设计进行分析、评价，然后根据这种分析评价的结果创作出新的布图设计。运用反向工程对布图设计进行复制，不构成侵权。

（五）合理使用

合理使用即为个人目的或者单纯为评价、分析、研究、教学等目的而复制受保护的布图设计的，可以不经布图设计权利人许可，不向其支付报酬。

（六）权利穷竭

权利穷竭，也称首次销售、权利用尽制度，其含义是指布图设计权利人或经其授权的人将布图设计或含有该布图设计的集成电路产品投放市场后，对与该布图设计有关的商业利用行为，不再享有控制权。

（七）善意买主

如果一个人在不知情的情况下购买了含有非法复制的受保护的布图设计的集成电路产品，并将该产品进口、销售或从事其他商业利用，不追究其法律责任。

（八）强制许可

1. 强制许可是指国家主管机关，根据法律规定的情形，不经布图设计权人的许可，授权他人布图设计的一种法律制度。

2. 强制许可实施的情形主要有三种情况：一是在国家出现紧急状态或者非常情况时；二是为了公共利益的目的；三是经人民法院、不正当竞争行为监督检查部门依法认定布图设计权利人有不正当竞争行为而需要给予补救时。

五、保护期限

《关于集成电路的保护条约》规定的保护期限是至少 8 年。但对于保护期限内从何时起计算，条约没有明确规定，自布图设计登记申请之日或者在世界任何地方首次投入商业利用之日起计算，以较前日期为准。布图设计成为以正当方式向主管机关提出登记申请的内容或登记的内容之前，任何缔约方均有不保护该布图设计的权力。但是，无论是否登记或者投入商业利用，布图设计自创作完成之日起 15 年后，不再受本条例保护。

案例研究

案例一 达索公司诉同捷公司计算机软件侵权获高额赔偿

上海知识产权法院继 2018 年 6 月初就一起软件著作权侵权纠纷案做出 900 万元高额赔偿的判决后，近日，针对同一系列软件的著作权侵权纠纷案再度做出 1 505 万元的高额赔偿。

法国达索系统股份有限公司（下称“达索公司”）是 CATIA 系列计算机软件作品的著作权人。达索公司发现，上海同捷科技股份有限公司（下称“同捷公司”）作为一家独立的汽车工程技术公司，在各大人才招聘网站发布招聘熟练运用CATIA软件的专业技术人员信息。达索公司认为同捷公司存在大量非法使用CATIA系列软件的行为，构成软件著作权侵权，故将其起诉至上海知识产权法院，请求判令被告立即停止侵害原告CATIA系列计算机软件著作权的行为，赔偿原告经济损失1 500万元并支付原告为维权所产生的合理费用，并向法院申请诉前证据保全。

上海知识产权法院经审查后做出裁定，对同捷公司实际办公地址处所有电脑中的CATIA系列软件的安装与卸载、使用等情况采取证据保全措施。2020年5月11日，上海知识产权法院执行法官到同捷公司办公场所，以抽样检查方式对同捷公司的电脑实施保全，并全程录像。根据现场保全的结果，同捷公司的电脑数量为180台，执行法官以10%的比例进行抽查。在抽检的18台电脑中仅有2台电脑没有安装过CATIA系列软件的记录。在证据保全过程中，法官发现同捷公司有删除电脑中CATIA系列软件的行为。

对于达索公司的起诉，同捷公司辩称：原告的软件著作权在国内没有进行著作权登记，且不属于《保护文学艺术作品伯尔尼公约》（简称《伯尔尼公约》）约定范围，原告不是本案适格主体；被告使用软件的行为属于合理使用；被告作为众多国内知名大学教学实验基地，承担辅助教学工作，并未商业使用原告软件；涉案软件的市场价格逐年下降，目前该套软件价格远远低于10万元；原告的损失赔偿诉请没有确切的计算方法，以抽查作为计算依据明显脱离实际，被告不会再使用原告软件，因此即使存在侵权行为，赔偿数额也只能在50万元以下。

法院认为，《中华人民共和国著作权法》第二条第二款规定，外国人、无国籍人的作品根据其作者所属国或者经常居住地国同中国签订的协议或者共同参加的国际条约享有的著作权，受该法保护。《计算机软件保护条例》第五条第三款规定，外国人、无国籍人的软件，依照其开发者所属国或者经常居住地国同中国签订的协议或者依照中国参加的国际条约享有的著作权，受该条例保护。原告系在法国登记注册的企业，中国与法国均为《伯尔尼公约》的成员方，该公约第五条规定，就享受本公约保护的作品而论，作者在作品起源国以外的本同盟成员国中享受各国法律现在给予和今后可能给予其国民的权利，以及本公约特别授予的权利。在本案中，原告提交的软件登记证明书、公证书等证据，可以证明其系涉案软件的著作权人。根据上述国际条约的规定，原告对涉案软件依法享有的著作权应受中国法律保护。

在确认同捷公司是否侵犯达索公司软件著作权方面，法院认为，根据证据保全现场勘验笔录、相关摄影摄像记录以及司法鉴定中心出具的鉴定意见书，可以认定同捷公司在其工作场所内的电脑上安装过CATIA系列软件。鉴定人在抽检的18

台电脑中通过日志文件的修改日期可以推定，同捷公司在证据保全过程中删除过相关软件，鉴于同捷公司存在毁灭证据的行为，法院对被控侵权事实做出不利于同捷公司的推定，即认定同捷公司在电脑上安装的CATIA系列软件系达索公司在该案中主张著作权的软件。该案中，无论是从同捷公司的经营范围、企业介绍，还是招聘信息内容来看，其均是专业从事汽车设计的商业公司，并非教育机构或公益机构，属于CATIA系列软件的商业用户，因此，同捷公司使用软件的行为并非属于合理使用。综上，上海知识产权法院认为，同捷公司未经达索公司许可，在其经营场所内的电脑上安装了达索公司主张著作权的涉案软件，侵犯了达索公司对涉案软件享有的复制权，依法应当承担停止侵权、赔偿损失的民事责任。

法院结合该案的证据情况，以双方提交的有关软件销售价格的证据作为参考，综合考虑已查明的侵权数量、达索公司CATIA系列软件的价格、同捷公司的侵权期间和主观恶意等因素，一审判决同捷公司停止著作权侵权行为，赔偿达索公司经济损失及合理费用共计1 505万元。

根据中国裁判文书网相关执行裁定书[(2020)沪03执15号之二]内容显示，同捷公司已于2020年底履行完毕该案全部义务。

案例思考与讨论：

结合本章知识，对上述侵权案件做简要分析，并对中国的软件保护现状提一些合理建议。

案例二 NX计算机软件著作权侵权案

西门子工业软件有限公司（以下简称“西门子软件公司”）与广州沃福模具有限公司（以下简称“沃福公司”）侵害计算机软件著作权纠纷案中，西门子软件公司为NX系列软件的著作权人，其以沃福公司未经许可使用涉案软件进行产品设计和制造构成侵权为由，向广州知识产权法院（以下简称“一审法院”）提起诉讼，请求判令沃福公司停止侵害并赔偿经济损失及维权合理开支2 712 827元。

西门子软件公司认为，其是涉案软件作品的作者，享有的著作权应受中国法律保护。该软件是世界上最先进的、面向制造业的高端计算机软件之一，可以用于进行3D设计、数字仿真检测及辅助制造。沃福公司主要从事模具产品的制造，其未经许可使用涉案软件进行产品设计和制造以营利。沃福公司的行为已经侵害了西门子软件公司涉案软件作品的复制权和获得报酬权，造成巨大经济损失。

根据西门子软件公司的申请，一审法院赴沃福公司送达了保全裁定，并向该公司在场管理人员详细说明了将采取的保全措施以及拒不配合法院保全的法律后果。经现场清点,沃福公司设计办公室共有26台电脑。在一审法院保全了17台电脑且其中9台电脑显示安装有涉案软件后,沃福公司突然采取对抗措施,通过拒不打开部分电脑、断电、扣留法院相机、阻止法院人员离开等方式阻挠保全工作,导致法院保全工作被迫中断,其余9台电脑未完成保全。

一审法院认为:根据西门子软件公司提交的美国版权局登记证书和官网信息,在沃福公司未提交相反证据的情况下,足以认定西门子软件公司在美国就NX8、NX10、NX11、NX12软件作品享有著作权。根据《中华人民共和国著作权法》(以下简称《著作权法》)第二条之规定,外国人的作品根据其作者所属国同中国签订的协议或者共同参加的国际条约享有的著作权,受本法保护。中、美两国均是《保护文学艺术作品伯尔尼公约》及《与贸易有关的知识产权协议》(TRIPS)的成员方,西门子软件公司就涉案软件作品享有的著作权,应受到我国《著作权法》的保护。

法院认为,沃福公司构成侵权,并以法定赔偿上限判令沃福公司停止侵权并赔偿西门子软件公司经济损失50万元及维权合理费用10万元。双方当事人均不服,向最高人民法院提起上诉。

根据《著作权法》第十条的规定,复制权是指以印刷、复印、拓印、录音、录像、翻录、翻拍等方式将作品制作一份或者多份的权利。该法第四十八条的规定,未经著作权人许可复制其作品的,除另有规定外,应当承担停止侵害、消除影响、赔礼道歉、赔偿损失等民事责任。

关于沃福公司是否侵害了涉案软件著作权,最高人民法院认为,原审法院在证据保全过程中,已经查明了17台保全电脑中显示了13套NX软件的版权信息和版本信息,部分软件显示版权人即为西门子软件公司,显示版本号为NX8的有8套,NX10有2套,NX11有2套,NX12有1套;该13套软件中有10套还显示了服务器ID信息,3套未显示服务器ID信息。在现有证据能够证明被诉侵权软件与西门子软件公司涉案软件具有高度近似性(包括具有相同名称、版本号及版权人信息)的情况下,可以初步认定沃福公司复制了西门子软件公司享有著作权的涉案软件,此时沃福公司应当提供相应反证以推翻上述认定。但是,沃福公司并未提供证据证明其购买过涉案软件,亦未就其安装的被诉侵权软件与西门子软件公司享有著作权的涉案软件有何区别提供证据或者做出合理说明。在此情况下,本案已无比对源代码之必要。原审法院关于沃福公司未经西门子软件公司许可,复制了涉案软件的认定并无不当,应予维持。

在综合考量侵权数量、涉案软件的价格、沃福公司的侵权情节等因素的基础上,最高人民法院于2020年11月19日判决:沃福公司赔偿西门子软件公司经济损失2 612 827元及维权合理开支10万元。

案例思考与讨论：

1. 计算机软件保护包括哪些内容？本案例中的术语属于哪个类别？
2. 结合本案例材料分析个人应该如何保护计算机软件的著作权？

思考与练习

1. 目前对计算机软件的保护主要涉及哪些方面？
2. 工业产权具有哪些特征？
3. 著作权的主体和客体是什么？
4. 版权及邻接权指的是什么？
5. 什么叫集成电路布图设计专有权？
6. 国际技术贸易各种标的保护的期限和限制是什么？

第八章 知识产权保护的国际机构与国际公约

International Institutions and Conventions of Intellectual Property Protection

学习要点

随着世界贸易的发展，国家之间的文化交流与技术输出日益频繁，知识产品的流通也相应地形成了自己的国际市场。为了更好地在全世界范围内对知识产权进行保护，国际上建立了各种专门的机构，同时也签订了许多专门的国际公约。通过本章的学习，学生应了解目前世界上知识产权保护的主要国际机构，熟悉各知识产权保护国际公约的特点，掌握《巴黎公约》《与贸易有关的知识产权协议》的基本内容。

As the world trade develops, the culture communication and technology transference among countries have been increased tremendously. The circulation of the intellectual products correspondingly forms its own international markets. In order to protect intellectual property worldwide more effectively, certain specialized organizations have been set up, moreover, lots of special international conventions have been signed. By learning this chapter, students are supposed to know the main international institutions for intellectual properties protection and be familiar with the characteristics of the related conventions about intellectual property protection, and master the contents of Paris Convention for the Protection of Industrial Property and the TRIPS.

第一节　知识产权保护的国际机构

一、世界知识产权组织

（一）世界知识产权组织的成立

世界知识产权组织（World Intellectual Property Organization，WIPO），是联合国系统下的16个专门机构之一。目前，WIPO管理着世界上现有的绝大多数全球性知识产权多边协议，是知识产权领域最重要的国际组织。

WIPO的前身是一个政府间组织。1883年《保护工业产权巴黎公约》签订，当时的14个成员方成立了国际局来执行行政管理任务，并由该国际局负责举办成员国会议。与之类似，1886年签订的《保护文学艺术作品伯尔尼公约》生效后，也成立了相应的国际局来执行行政管理任务。1893年，这两个国际局合并成立了保护知识产权联合国际局（BIRPI），总部设在瑞士伯尔尼，该组织即为世界知识产权组织的前身。随着对知识产权国际保护要求的提高，建立一个权威性的知识产权国际保护组织的必要性也日益显现。1967年7月14日，"国际保护工业产权联盟"（巴黎联盟）和"国际保护文学艺术作品联盟"（伯尔尼联盟）的51个成员方在瑞典首都斯德哥尔摩签订了《建立世界知识产权组织公约》，建立了世界知识产权组织。1970年4月26日，《建立世界知识产权组织公约》生效。1974年12月，世界知识产权组织成为联合国系统的专门机构之一。世界知识产权组织的总部设在瑞士日内瓦，在美国纽约联合国大厦设有联络处。

1995年12月，世界知识产权组织与世界贸易组织在日内瓦达成了《世界知识产权组织与世界贸易组织协议》，进一步扩大了WIPO在知识产权全球化管理中的作用。截至2022年3月8日，WIPO共有成员国193个。中国于1980年6月3日加入《建立世界知识产权组织公约》，成为其中的一员。

（二）世界知识产权组织的宗旨与职责

1. 世界知识产权组织的宗旨。《建立世界知识产权组织公约》第3条明确规定世界知识产权组织的宗旨为：

（1）通过国家间的合作，并在适当的时候与其他国际组织协作，促进世界范围内的知识产权保护。

（2）保证并加强各种保护知识产权国际联盟之间的行政合作。

2. 世界知识产权组织的职责。为了实现上述宗旨,《建立世界知识产权组织公约》第4条规定世界知识产权组织的职责为:

(1)促进旨在便利在全世界对知识产权的有效保护和协调各国有关这方面的法令的措施的发展。

(2)执行巴黎联盟及其有关专门联盟和伯尔尼联盟的行政任务。

(3)可同意担任或参加其他旨在促进知识产权保护的国际协定的行政工作。

(4)鼓励缔结旨在促进知识产权保护的国际协定。

(5)对请求知识产权方面的法律、技术援助的国家给予合作。

(6)收集和传播有关知识产权保护的情报,从事和促进这方面的研究,并公布这些研究的成果。

(7)提供促进知识产权国际保护的服务,适当办理这方面的注册并公布有关注册的资料。

(8)采取其他适当的行动。

除此之外,WIPO 的主要活动还包括:确定国际知识产权规范和标准,特别是通过国际条约确定标准;对那些体现出这类规范和标准的条约以及那些有助于保护发明、商标和工业品外观设计申请提出的其他条约进行管理;提供工业产权信息,特别是专利文件和国际标记注册中所载的法律和技术信息。WIPO 还实施向发展中国家和经济转型期国家提供法律和技术援助的实质性方案。

(三)世界知识产权组织的机构设置

世界知识产权组织设有大会、成员国会议、协调委员会和国际局。

1. 大会。大会是 WIPO 的最高权力机构,由参加公约的各联盟成员国组成。

大会的主要职责为:

(1)根据协调委员会提名,任命总干事。

(2)审核并批准总干事关于本组织的报告,并给其一切必要的指示。

(3)审核并批准协调委员会的报告及活动,并给其指示。

(4)通过各联盟共同的三年开支预算。

(5)批准总干事提出的关于同意担任或参加其他旨在促进知识产权保护的国际协定的行政工作。

(6)通过本组织的财务条例。

(7)参照联合国的惯例,决定秘书处的工作语言。

(8)邀请相关国家参加世界知识产权组织公约。

(9)决定那些没有参加本组织的国家和那些政府间和非政府性的国际组织可

派观察员参加会议。

(10)行使其他合于本公约的适当职权。

大会例会每三年由总干事召开一次;大会特别会议应由总干事按协调委员会的请求,或按大会四分之一的成员国的请求召开。

2. 成员国会议。成员国会议由参加 WIPO 的全体成员国组成,每一个成员国在成员国会议中应有一票表决权,成员国的 1/3 构成法定人数。

成员国会议的职责为:

(1)讨论知识产权方面共同有兴趣的事项,并且可在尊重各联盟的权限和自主的条件下,就此类事项通过建议。

(2)通过成员国会议的三年预算。

(3)在成员国会议预算的限度内,制定三年法律、技术援助计划。

(4)按 WIPO 公约第 17 条的规定,通过对该公约的修订。

(5)决定那些没有参加本组织的国家和那些政府间的和非政府性的国际组织可派观察员参加其会议。

(6)行使其他合于 WIPO 公约的适当职权。

成员国会议例会应由总干事召开,与大会同期同地举行。成员国会议的特别会议应由总干事按多数成员国的请求召开。成员国会议应通过自己的议事规则。

3. 协调委员会。协调委员会由担任巴黎联盟执行委员会委员,或伯尔尼联盟执行委员会委员,或两委员会委员的 WIPO 公约参加国组成。

协调委员会的职责是:

(1)就一切有关行政、财务以及其他对两个以上联盟,或一个以上联盟与本组织共同有关的事项,特别是关于各联盟共同开支预算事项,向各联盟的机构、本组织成员国大会、成员国会议和总干事提出意见。

(2)拟订本组织大会的议程草案。

(3)拟订本组织成员国会议的议程草案以及计划和预算草案。

(4)以各联盟三年共同开支预算和本组织成员国会议三年预算以及法律、技术援助三年计划为基础,制定相应的年度预算和计划。

(5)在总干事任期即将届满或总干事缺位时,提名一候选人以待成员国大会任命,如大会未任命其所提名的人,协调委员会应另提名一位候选人,这一程序应反复进行直到其最后提名的人被大会任命为止。

(6)如总干事在两届成员国大会之间缺位,在新任总干事就职前任命一代理总干事。

(7)行使 WIPO 公约赋予的其他职权。

协调委员会例会每年由总干事召开一次,一般都在 WIPO 总部举行。协调委员会特别会议,可由总干事以其个人名义倡议或应协调委员会主席的请求或 1/4 的委员国的请求召开。协调委员会委员的半数构成法定人数,一名代表仅能代表一国,并仅能以一国名义投票。

4. 国际局。国际局为世界知识产权组织的秘书处,由总干事指导,并辅以两个以上副总干事。总干事为 WIPO 的行政首脑,代表 WIPO。总干事有一定的任期,不得少于 6 年,可以连任。初次任期和可能的连任期以及其他任命条件由成员国大会规定。总干事负责准备计划和预算草案及定期的活动报告,并应将这些草案和报告寄送有关国家政府和各联盟及本组织的主管机构。总干事及其指派的工作人员应参加成员国大会、会议、协调委员会和其他委员会或工作组的一切会议,但无表决权。总干事或其指派的一名工作人员应为这些机构的当然秘书。

总干事应任命为有效执行国际局任务所必需的工作人员;应在协调委员会批准后任命副总干事。任用条件应在由总干事提出并经协调委员会批准的《工作人员条例》中规定。任用工作人员和决定服务条件应首先考虑必须保证最高标准的效率、能力和品德,并应适当注意在尽可能广泛的地域分布上任用工作人员的重要性。总干事和工作人员职责的性质应是纯国际性的,在他们执行职务时,不应寻求或接受任何政府或本组织以外的任何机关的指示。他们不应做可能妨碍其国际职员身份的任何行为。每一个成员国都要尊重总干事和工作人员职责的纯国际性,在他们执行任务时不去影响他们。

(四)世界知识产权组织管理的国际公约

由世界知识产权组织通过其国际局管理、生效的国际公约共有 21 个,主要分为以下 3 种。

1. 工业产权方面的公约,共 15 个,分别是:

(1)《保护工业产权巴黎公约》,1883 年签订于巴黎,截至 2022 年 3 月 10 日,共有 178 个成员方。

(2)《制止商品产地虚假或欺骗性标记马德里协定》,1891 年签订于马德里,截至 2015 年 12 月 31 日,共有 36 个成员方。

(3)《商标国际注册马德里协定》,1891 年签订于马德里,截至 2015 年 12 月 31 日,共有 55 个成员方。

(4)《商标国际注册马德里协定有关议定书》,1989 年通过,截至 2022 年 3 月 10 日,共有 110 个成员方。

(5)《工业品外观设计国际保存海牙协定》,1925 年签订于海牙,截至 2022 年

3月10日,共有77个成员方。

(6)《商标注册用商品和服务国际分类尼斯协定》,1957年签订于尼斯,截至2022年3月10日,共有91个成员方。

(7)《保护原产地名称及其国际注册里斯本协定》,1958年签订于里斯本,截至2022年3月10日,共有30个成员方。

(8)《建立工业品外观设计国际分类洛迦诺协定》,1968年签订于洛迦诺,截至2022年3月10日,共有60个成员方。

(9)《专利合作条约》(PCT),1970年签订于华盛顿,截至2022年3月10日,共有155个成员方。

(10)《国际专利分类斯特拉斯堡协定》(IPC),1971年签订于斯特拉斯堡,截至2022年3月10日,共有64个成员方。

(11)《建立商标图形要素国际分类维也纳协定》,1973年签订于维也纳,截至2022年3月10日,共有35个成员方。

(12)《国际承认用于专利程序的微生物保存布达佩斯条约》,1977年签订于布达佩斯,截至2022年3月10日,共有85个成员方。

(13)《保护植物新品种国际公约》(UPOV),1961年签订于巴黎,截至2022年3月10日,共有78个成员方。

(14)《商标法条约》(TLT),1994年通过于日内瓦,截至2022年3月10日,共有54个成员方。

(15)《专利法条约》(PLT),2000年通过,截至2022年3月10日,共有43个成员方。

2. 版权方面的公约,共5个,分别是:

(1)《保护文学艺术作品伯尔尼公约》,1886年签订于伯尔尼,截至2022年3月10日,共有181个成员方。

(2)《印刷字体的保护及其国际保存协定》,1973年签订于维也纳,截至2022年3月10日,共有12个成员方。

(3)《视听作品国际登记日内瓦条约》,1989年签订于日内瓦,截至2022年3月10日,共有23个成员方。

(4)《世界知识产权组织版权条约》(WCT),1996年签订于日内瓦,截至2022年3月10日,共有112个成员方。

(5)《世界知识产权组织表演和录音制品条约》(WPPT),1996年签订于日内瓦,截至2022年3月10日,共有110个成员方。

3. 其他方面公约1个,为:《保护奥林匹克会徽内罗毕条约》,1981年通过于内罗毕,截至2022年3月10日,共有54个成员方。

此外,还有由世界知识产权组织与其他国际组织共同管理的国际公约,共有3个,分别为:

第一个,《保护表演者、录音制品制作者和广播组织的国际公约》(《罗马公约》,1961年签订于罗马,由世界知识产权组织(WIPO)与联合国教科文组织(UNESCO)、国际劳工组织(ITO)共同管理,截至2022年3月10日,共有96个成员方。

第二个,《保护录音制品制作者防止未经许可复制其制品日内瓦公约》,1971年签订于日内瓦,由世界知识产权组织与联合国教科文组织、国际劳工组织共同管理,截至2022年3月10日,共有80个成员方。

第三个,《发送卫星传输节目信号布鲁塞尔公约》,1974年签订于布鲁塞尔,由世界知识产权组织与联合国教科文组织、国际劳工组织共同管理,截至2022年3月10日,共有38个成员方。

二、世界贸易组织

(一)世界贸易组织概述

世界贸易组织(World Trade Organization,WTO)建立于1995年1月1日,总部设在日内瓦,其前身为1947年创立的《关税与贸易总协定》(General Agreement on Tariffs and Trade,GATT)。世界贸易组织的宗旨是:提高生活水平,保证充分就业,大幅度和稳定地增加实际收入和有效需求,扩大货物和服务的生产与贸易,按照可持续发展的目的,最优运用世界资源,保护环境,并以不同经济发展水平下各自需要的方式,加强采取各种相应的措施;积极努力,确保发展中国家,尤其是最不发达国家在国际贸易增长中获得与其经济发展需要相称的份额。其具体目标是:建立一个完整的、更具活力和永久性的多边贸易体制,以巩固原来的关贸总协定为贸易自由化所做的努力和乌拉圭回合多边贸易谈判的所有成果。为实现这些目标,各成员应通过互惠互利的安排,切实降低关税和其他贸易壁垒,在国际贸易中消除歧视性待遇。

世界贸易组织是具有法人地位的国际组织,在法律上与联合国等国际组织处于平等地位。它的职责范围包括《关税与贸易总协定》中原本规定的组织实施多边贸易协议以及提供多边贸易谈判场所和作为一个论坛之外,还负责定期审议其成员的贸易政策和统一处理成员之间产生的贸易争端,并负责加强同国际货币基金组织和世界银行的合作,以实现全球经济决策的一致性。WTO协议的范围包括从农业到纺织品与服装,从服务业到政府采购,从原产地规则到知识产权等多项内容。

世贸组织的最高决策权力机构是部长大会，至少每两年召开一次会议，可对多边贸易协议的所有事务做出决定。部长大会下设总理事会和秘书处，负责 WTO 的日常会议和工作。总理事会设有货物贸易、服务贸易、知识产权三个理事会和贸易与发展、国际收支、行政预算三个委员会。秘书处设总干事一人。

（二）世界贸易组织与知识产权保护

1986 年以前，《关税与贸易总协定》主要是通过解决关税和非关税壁垒问题来促进国家间货物的自由流通，早期的 GATT 多边贸易谈判也大都集中在削减关税方面。20 世纪 80 年代起，随着参加国际贸易的产品中知识、技术含量的不断提高，投入大量资金和人力研制的高技术含量的产品进入市场后开始被人仿制或假冒，使得研制者、生产者失去了进一步取得报酬的机会。据美国国际贸易委员会（ITC）报告，美国制药业由于其贸易伙伴没有进行知识产权保护或保护不充分，每年遭受损失达 19 亿美元之多。1988 年，仅美国 10 家制药公司因专利和商标侵权就遭受了近 20 亿美元的经济损失。

此时，发达国家与发展中国家在国际知识产权制度方面产生了争论。以美国为代表的发达国家认为，知识产权是一种私有权利，应当受到其他财产权那样的保护；而发展中国家则认为，知识产权是一种公众物品，应当用于促进经济发展。基于认识上的差异，发达国家与发展中国家在对待是否将知识产权国际保护纳入 GATT 框架的问题上持完全不同的态度。发达国家一方主张将知识产权列入多边谈判的议题，在 GATT 的框架下解决知识产权的保护问题，将知识产权的保护纳入整个货物贸易、服务贸易、国际投资和技术转让等所有的跨国经济交流总体框架范围内，进行一体化保护。而发展中国家则担心保护知识产权会构成对合法贸易的障碍，成为继贸易壁垒、关税壁垒之后的第三道壁垒，进而影响公众福利。

在美国和其他一些发达国家的极力坚持与推动下，知识产权最终被列为 1986 年开始的乌拉圭回合谈判的新议题之一，并成立了知识产权谈判小组。谈判初期，由于各国代表的意见仍有很大分歧，致使谈判在知识产权问题上几乎没有任何实质性进展。直到 1989 年 4 月，在日内瓦举行的乌拉圭回合高级官员会议中期评审后续会议上各国代表才最终就知识产权等问题达成协议。1990 年 12 月，在布鲁塞尔部长级会议上各谈判方基本认同进一步推进知识产权的谈判，并开始起草知识产权守则草案。1991 年底，GATT 的总干事邓克尔提出了乌拉圭回合最后文本的框架，其中包括了《与贸易有关的知识产权协议》（Agreement on Trade-related Aspects of Intellectual Property Rights，TRIPS）草案，该知识产权协议草案基本获得了通过。1994年4月15日，在摩洛哥马拉喀什召开的部长级会议上乌拉圭回合谈判的各项议题均获通过，经104个参加方政府代表签署，于1995年1月1日起正式生效。由于1995年1月1日世界贸易组织诞生，自此知识产权保护开始成为WTO关注的一个重要方面。

《建立世界贸易组织协定》第4条规定了世界贸易组织设立一个总理事会，同时设有货物贸易理事会、服务贸易理事会、与贸易有关的知识产权理事会（简称TRIPS理事会）等。TRIPS理事会专门负责TRIPS执行的落实。

三、联合国教科文组织

（一）联合国教科文组织简介

联合国教科文组织（United Nations Educational，Scientific，and Cultural Organization，UNESCO），正式成立于1946年11月，同年12月成为联合国的一个专门机构，总部设在法国巴黎。

UNESCO的宗旨是通过教育、科学及文化促进各国间的合作，对和平与安全做出贡献，以增进对正义、法治及联合国宪章所确认之世界人民不分种族、性别、语言或宗教均享人权与基本自由之普遍尊重。为实现这个宗旨，联合国教科文组织设置了五大功能。

第一，前瞻性研究：明天的世界需要什么样的教育、科学、文化和传播。

第二，知识的发展、传播与交流：主要依靠研究、培训和教学。

第三，制定准则：起草和通过国际文件和法律建议。

第四，知识和技术：以“技术合作”的形式提供给会员国制定发展政策和发展计划。

第五，专门化信息的交流。

UNESCO是各国政府间讨论关于教育、科学和文化问题的国际组织，其主要机构有大会、执行局和秘书处。

1. 大会。大会为教科文组织的最高权力机构，每两年举行一次大会，由全体会员方参加。其主要功能是：审议总干事的工作报告，决定该组织的方针政策，审议并通过该组织的六年中期战略和双年度计划与预算，审议并通过国际公约、建议、宣言等准则性文件，修改《组织法》，接纳新会员国和准会员国，改选执行局成员及各政府间计划理事机构的成员国，任命总干事。

2. 执行局。执行局是大会闭幕期间的监督、管理机构，由58个经大会选举产生的会员国组成，任期四年，每两年改选半数，可以连选连任。其主要职能是：审议总干事关于大会通过的双年度计划与预算执行情况的报告,就编制下个双年度计划与预算草案向大会提出建议,就该组织的其他政策、业务、外联、行政、财务、人事等问题提出建议或做出决定,向大会提出新一任总干事人选。

3. 秘书处。秘书处为常设执行机构,负责执行大会批准的该组织双年度计划与预算,落实大会的各项决议和执行局的各项决定,起草编制下一个双年度计划与预算草案和六年中期战略草案,向执行局和大会提出工作报告和其他需要审议决定的事项。

秘书处由从各国招聘的各类国际公职人员组成,最高行政首长为总干事,由大会选举产生,任期 6 年,可连任一届。

(二)教科文组织与知识产权保护

教科文组织的基本目标之一就是保护文学、艺术和科学作品。1952 年,在教科文组织的主持下,《世界版权公约》在日内瓦通过,并由教科文组织负责管理。此外,教科文组织还主持或参与主持缔结了以下国际公约:①《罗马公约》;②《录音制品公约》;③《卫星公约》;④《避免对版权使用费收入重复征税多边公约》。

四、国际劳工组织

国际劳工组织(International Labor Organization, ILO)成立于 1919 年。联合国于 1945 年成立后,国际劳工组织成为其负责劳工事务的专门机构,是联合国机构中历史最悠久、地位十分重要的一个专门机构。国际劳工组织是联合国中唯一具有三方(政府、雇主和工人)代表性结构的机构,总部设在瑞士的日内瓦。

国际劳工组织的宗旨是:促进充分就业和提高生活水平,促进劳资合作,改善劳动条件,扩大社会保障;保证劳动者的职业安全与卫生,获得世界持久和平,建立和维护社会正义。国际劳工组织主要在下列领域提供技术援助:职业培训和职业康复、就业政策、劳动行政管理、劳动法和产业关系、工作条件、管理发展、合作社、社会保障、劳动统计和职业安全卫生。它倡导独立的工人和雇主组织的发展,并向这些组织提供培训和咨询服务。在整个联合国系统内,国际劳动组织拥有独特的三方结构,即工人和雇主代表作为与政府平等的伙伴参与本组织的活动。

国际劳工组织主要通过三个组织机构开展工作:①国际劳工大会。它是国际劳工组织的最高权力机构,每年 6 月在日内瓦召开。国际劳工大会制定和通过国际劳工标准,并作为一个论坛讨论全球重要的劳工和社会问题。②理事会。它是国际劳工组织的执行委员会,每三年经大会选举产生,在大会休会期间指导该组织工作,每年 3 月和 11 月各召开一次会议。③国际劳工局。它是国际劳工组织的常设秘书处和所有活动的联络处,总部设在瑞士日内瓦。

国际劳工组织是以国家为单位参加的国际组织,但在组织结构上实行独特的“三方性”原则,即参加各种会议和活动的成员国代表团由政府、雇主组织和工人组织的代表组成,三方代表有平等独立的发言和表决权。

20世纪初,录音和广播的出现与发展威胁到了演奏者的就业状况,他们开始向国际劳工组织求助,请求维护自己的权利。直至1961年《罗马公约》的签署,国际劳工组织在维护表演者和演奏者的利益方面起到了积极作用。它主张演奏或表演首先是一种劳动成果,所以表演者和演奏者的权利是建立在劳动法的基础上的,他们有权提出权利要求。国际劳工组织为脑力劳动者开展了一系列活动,一方面旨在保护受雇作者和发明者的权利,另一方面涉及就业条件和工作条件,以及艺术家的表演被二次使用时他们应享有的权利。

国际劳工组织与联合国教科文组织以及世界知识产权组织共同管理着一些保护知识产权的国际公约,在知识产权的国际保护上起到了一定的作用。

第二节 知识产权保护的主要综合性国际公约

一、《保护工业产权巴黎公约》

(一)《保护工业产权巴黎公约》概述

《保护工业产权巴黎公约》(简称《巴黎公约》),签订于1883年3月,于1884年7月正式生效,是世界上最早签订的关于保护工业产权的国际公约。《巴黎公约》自签订以来一共经历了6次修订,分别是1900年布鲁塞尔修订、1911年华盛顿修订、1925年海牙修订、1934年伦敦修订、1958年里斯本修订以及1967年斯德哥尔摩修订。

《巴黎公约》对全世界所有国家开放,只要自愿、直接向世界知识产权组织总干事提出申请,由总干事通知全体成员国,不经资格审查,3个月即可自动生效。截至2022年3月,《巴黎公约》共有178个成员方。我国已于1985年3月19日正式加入该公约,成为该公约第95个成员方,并且根据中国政府的声明,自1997年7月1日起,该公约适用于中国香港特别行政区。

《巴黎公约》保护的范围涉及专利、实用新型、工业品外观设计、商标、服务商标、厂商名称、产地标记或原产地名称、制止不正当竞争等。此处“工业产权”也应以广义理解,包括工业,也包括商业、农业和采掘业以及全部制成的或天然的产品。

《巴黎公约》是世界上最早的知识产权国际公约,后来许多工业产权领域的国际公约都是在它的基础上发展、延伸出来的,如《专利合作条约》《国际专利分类协定》《商标注册条约》等。这些条约或公约均规定只有先参加《巴黎公约》,才可以参加这些公约。由此,这些公约或条约被称为《巴黎公约》的子公约,而《巴黎公约》是工业产权的母公约。

(二)《巴黎公约》的基本原则

1. 国民待遇原则。《巴黎公约》第 2 条规定:"本联盟任何国家的国民,在保护工业产权方面,在本联盟所有其他国家内应享有各该国法律现在授予或今后可能授予各该国国民的各种利益;本公约所特别规定的权利不得遭受任何损害。因此,他们应和各该国国民享有同样的保护,对侵犯他们的权利享有同样的法律上的救济手段,但是以他们遵守对各该国国民规定的条件和手续为限,并不要求本联盟成员国国民在请求保护其产权的国家中设有住所或营业所才能享有工业产权的权利。本联盟每一国家法律中关于司法和行政程序管辖权以及指定送达地址或委派代理人的规定,工业产权法律中可能有要求的,均明确地予以保留。"第 3 条规定:"本联盟以外各国的国民,在本联盟一个国家的领土内设有住所或有真实和有效的工商业营业所的,应享有与本联盟国家国民同样的待遇。"

以上条款可以说明,有两类主体可以享受国民待遇:"本联盟所有其他国家的国民"以及"在本联盟一个国家的领土内设有住所或有真实和有效的工商业营业所的本联盟以外各国的国民"。本联盟成员国国民的权利受到侵害时,可依法享有和该国国民同等的保护,这实际上是《巴黎公约》保护工业产权的最低标准。享有国民待遇的人在被申请国获得保护所适用的国内法律,是指在该国有效实施的、有关工业产权保护的、具有强制执行效力的规范性文件,包括实体法和程序法,也包括相关的行政规章,以及该国与他国签订的相关国际性的、地区性的或双边的条约。

2. 优先权原则。《巴黎公约》第 4 条详细阐述了关于优先权的原则。

《巴黎公约》第 4 条规定,"已经在本联盟的一个国家正式提出专利、实用新型注册、外观设计注册或商标注册的申请的任何人,或其权利继受人,为了在其他国家提出申请",在"对于专利和实用新型应为 12 个月,对于外观设计和商标应为 6 个月"的期间内享有优先权。"在上述期间届满前在本联盟的任何其他国家后来提出的任何申请,不应由于在这期间完成的任何行为,特别是另外一项申请的提出、发明的公布或利用、外观设计复制品的出售或商标的使用而成为无效,而且这些行为不能产生任何第三人的权利或个人占有的任何权利。第三人在作为优先权基础的第一次申请的日期以前所取得的权利,依照本联盟每一国家的国内法予以保留。”“这些期间应自第一次申请的申请日开始;申请日不应计入期间之内。”“本联盟的任何国家不得由于申请人要求多项优先权(即使这些优先权产生于不同的国家),或者由于要求一项或几项优先权的申请中有一个或几个要素没有包括在作为优先权基础的申请中,而拒绝给予优先权或拒绝专利申请,但以在上述两种情况中都有该国法律所规定的发明单一性为限。”

优先权原则极大地方便了希望在若干国家取得保护的申请人。他们在本国提出申请后,可以有充分的时间考虑和准备向国外申请,不致因被人抢先申请而失去在其他成员国受保护的机会。优先权产生的基础是在巴黎公约成员国提出的“正规的国家申请”。享受国民待遇的国民在某一巴黎公约成员国第一次提出专利申请或商标注册申请后,在一定期限内又在其他公约成员国提出同一申请,可以第一次提出之日作为申请日,这一申请日被称为优先权日。

巴黎公约规定的享受优先权的范围限于发明专利、实用新型、工业品式样和商标,服务商标并不在这一范围内,但成员国可以自由决定是否给予服务商标优先权。《巴黎公约》第4条规定,优先权在一定条件下可依权利人的意思发生改变,包括适用对象的改变和权利期限的改变等。如经审查或依申请人自己的意思,一项专利申请被分开为几个申请主题的,优先权不变,即分开的各个申请主题均同等享有优先权,申请日不变,优先权期也不变。

3. 专利、商标独立原则。《巴黎公约》第4条第2款规定:“本联盟国家的国民向本联盟各国申请的专利,与在其他国家,不论是否是本联盟的成员国,就同一发明所取得的专利是相互独立的。”第6条则规定:“在本联盟一个国家正式注册的商标,与在联盟其他国家注册的商标,包括在原属国注册的商标在内,应认为是相互独立的。”

独立原则的制定,是对各成员国的法律及实施管理的一种尊重,同时也与国民待遇原则保持了一致。商标与专利权的独立保护,实际上体现了工业产权强烈的地域性特点,即各公约成员国可以独立地按本国的工业产权法规定对某项工业产权授权或驳回、撤销或宣布无效,但这并不影响该工业产权在另外一国被授权或驳回、撤销或宣布无效。

(三)《巴黎公约》关于专利权保护的规定

1. 署名权。《巴黎公约》第4条第3款规定,“发明人有权在专利证书上署名。”这一条是为保障发明人的“精神权利”而设的,当发明人与专利权人并不是同一个人时,这项权利尤为重要。

2. 对驳回专利申请(或撤销专利)的几点限制。《巴黎公约》第 4 条规定:"不得以专利产品的销售或依专利方法制造的产品的销售受到本国法律的禁止或限制为理由,而拒绝授予专利或使专利无效。"第 5 条第 1 款规定,"专利权人将在本联盟任何国家内制造的物品进口到对该物品授予专利的国家的,不应导致该项专利的取消";"除强制许可的授予不足以防止上述滥用外,不应规定专利的取消。自授予第一个强制许可之日起两年届满前不得提起取消或撤销专利的诉讼"。

这几项规定说明,法律限制某种商品的销售不能作为驳回和取消专利的理由,同样,专利产品的进口也不能作为取消专利的理由。

3. 强制许可。《巴黎公约》第 5 条第 2 款规定:"本联盟各国都有权采取立法措施规定授予强制许可,以防止由于行使专利所赋予的专有权而可能产生的滥用,例如,不实施。"该条款可以理解为在专利权人不实施(也不许可他人实施)其专利,或某项专利必须借助其他人的专利才能实施时,有权颁发强制许可证。设置强制许可是一种可以选择的规定,不是必须的要求。

第 5 条第 4 款确定了对发明专利进行强制许可的限制,这些限制是具有强制性的:"自提出专利申请之日起四年届满以前,或自授予专利之日起三年届满以前,以后满期的期间为准,不得以不实施或不充分实施为理由申请强制许可;如果专利权人的不作为有正当理由,应拒绝强制许可。这种强制许可是非独占性的,而且除与利用该许可的部分企业或商誉一起转让外,不得转让,甚至以授予分许可证的形式也在内。"

4. 对专利权的限制。《巴黎公约》第 5 条第 3 款提出了对专利权人行使权利的一些限制:"本联盟其他国家的船舶暂时或偶然地进入联盟其他成员国的领水时,在该船的船身、机器、船具、装备及其他附件上使用构成专利对象的器械,但以专为该船的需要而使用这些器械为限;本联盟其他国家的飞机或陆上车辆暂时或偶然地进入上述国家时,在该飞机或陆上车辆的构造或操作中,或者在该飞机或陆上车辆附件的构造或操作中使用构成专利对象的器械。"此时不应认为是侵犯专利权人的权利。

但如果交通工具上装载着其他国家的专利产品,或以其他国家的专利技术制作的产品,而又未获得有关专利权人的许可,此时专利权人可以行使自己的专利权。

(四)《巴黎公约》关于商标保护的规定

1. 商标的使用。在商标使用方面,《巴黎公约》第 5 条第 3 款做出了以下规定。(1)如果在任何国家,注册商标的使用是强制的,只有经过适当的期间,而且只有当事人不能证明其不使用有正当理由,才可以撤销注册。

(2)商标所有人使用的商标,在形式上与其在本联盟国家之一所注册的商标形式只有一些要素不同,而并未改变其显著性的,不应导致注册无效,也不应减少对商标所给予的保护。

(3)根据请求保护地国家的本国法认为商标共同所有人的几个工商企业,在相同或类似商品上同时使用同一商标,在本联盟任何国家内不应拒绝注册,也不应以任何方式减少对该商标所给予的保护,但以这种使用并未导致公众产生误解,而且不违反公共利益为限。

同时,《巴黎公约》第7条规定:"使用商标的商品的性质决不应成为该商标注册的障碍。"这条规定避免了因商品的销售活动而影响工业产权的获得。

2. 对驰名商标的特殊保护。《巴黎公约》第6条第2款规定:"本联盟各国承诺,如本国法律允许,应依职权,或依有关当事人的请求,对商标注册国或使用国主管机关认为在该国已经驰名,属于有权享受本公约利益的人所有,并且用于相同或类似商品的商标构成复制、仿制或翻译,易于产生混淆的商标,拒绝或撤销注册,并禁止使用。这些规定,在商标的主要部分构成对上述驰名商标的复制或仿制,易于产生混淆时,也应适用。"

《巴黎公约》没有从正面规定驰名商标的认定条件,但从解决法律冲突的角度突出了驰名商标的特点。

3. 禁用作为商标的标记。《巴黎公约》第6条第3款规定了禁用作为商标的标记:"本联盟各国同意,对未经主管机关许可,而将本联盟国家的国徽、国旗和其他的国家徽记、各该国用以表明监督和保证的官方符号和检验印章以及从徽章学的观点来看的任何仿制用做商标或商标的组成部分,拒绝注册或使其注册无效,并采取适当措施禁止使用。""上述规定应同样适用于本联盟一个或一个以上国家参加的政府间国际组织的徽章、旗帜、其他徽记、缩写和名称,但已成为保证予以保护的现行国际协定的对象的徽章、旗帜、其他徽记、缩写和名称除外。"

此外,《巴黎公约》第6条同时强调了以下几种关于商标禁用的例外。

(1)本联盟任何国家无须适用上述规定,而损害本公约在该国生效前善意取得的权利的所有人在上述所指的商标的使用或注册上,不会使公众理解为有关组织与这种徽章、旗帜、徽记、缩写和名称有联系时,或者如果这种使用或注册性质上大概不会使公众误解为使用人与该组织有联系时,本联盟国家无须适用该项规定。

(2)关于禁止使用表明监督、保证的官方符号和检验印章的规定,应该只适用于在相同或类似商品上使用包含该符号或印章的商标的情况。即对于官方管制和保证的标记的禁用,如果带有该种标记的商标并非企图用于同类或类似的商品上,就不属于禁用的范围。

(五)临时性保护与宽限期

1. 临时性保护。《巴黎公约》第 11 条对临时性保护做出了规定:“本联盟国家应按其该国法律对在本联盟任何国家领土内举办的官方的或经官方承认的国际展览会展出的商品中可以取得专利的发明、实用新型、工业品外观设计和商标,给予临时保护。”

临时性保护要求必须是国际性展览会,而且每一个国家认为必要时可以要求提供证明文件,证实展出的物品及其在展览会展出的日期。临时保护的保护期限与优先权期相同。在临时保护期内,各国均不允许展品所有人之外的人以展出的任何内容申请工业产权。

2. 宽限期。《巴黎公约》第 5 条第 2 款规定:“关于规定的工业产权维持费的缴纳,应给予不少于 6 个月的宽限期,但是如果本国法律有规定,应缴纳附加费”,“本联盟各国对因未缴费而终止的专利有权规定予以恢复”。

二、《与贸易有关的知识产权协议》

(一)《与贸易有关的知识产权协议》概述

《与贸易有关的知识产权协议》(Agreement on Trade-related Aspects of Intellectual Property Rights,简称 TRIPS),是在世界知识产权组织管理的知识产权国际条约之外,最重要的一部知识产权保护国际公约。TRIPS 与《货物贸易多边协议》《服务贸易总协议》一起共同构成 WTO 法律框架的三大支柱。

TRIPS 共有 73 条,分为 7 个部分:总则与基本原则,知识产权的效力、范围及使用的标准,知识产权执法,知识产权的获得、维持及有关当事方间的程序,争端的防止与解决,过渡安排,机构安排与最后条款。TRIPS 规定的是知识产权保护的最低标准,TRIPS 第 1 条第 1 款规定:各成员可以,但是无义务,在其法律中实施比本协定要求更广泛的保护,只要此种保护不违反本协定的规定。TRIPS 如何在国内法中使用,也没有强制性规定,“各成员有权在其各自的法律制度和实践中确定实施本协定规定的适当方法”。

(二)TRIPS 的基本原则

1. 国民待遇原则。TRIPS 第 3 条规定,“在知识产权保护方面,每个成员给其他成员国民的待遇不应低于它给本国国民的待遇,除非《巴黎公约》(1967)、《伯尔尼公约》(1971)、《罗马公约》或《关于集成电路的知识产权条约》中已分别有例外规定。对表演者、唱片制作者和广播组织,该项义务仅适用于本协定规定的权利”。

除了上述4个公约中规定的例外,TRIPS国民待遇的例外还包括有关知识产权在司法和行政程序方面的例外,包括指定服务地点和指定某一成员司法管辖内的代理人,但这些例外是为确保遵守不与本协定规定抵触的法律和规章所需,且实施这种做法不对贸易构成变相限制。

2. 最惠国待遇原则。TRIPS的第4条是最惠国待遇条款。根据规定,“在知识产权保护方面,一成员给任何其他成员国民的任何好处、优惠、特权或豁免,应立即无条件地给予所有其他成员的国民”。把最惠国待遇原则引入知识产权的国际保护,这是世界贸易组织首创的。

与大多数基本原则相同,TRIPS最惠国待遇原则也存在例外的情况,具体体现在以下四个方面。

(1)源于关于司法协助或一般性质的法律实施的国际协定,而不特别限于知识产权保护方面的。

(2)依《伯尔尼公约》(1971)或《罗马公约》所允许的,不按国民待遇、而按互惠原则提供的。

(3)TRIPS协定下未做规定的有关表演者、唱片制作者以及广播组织的权利。

(4)《建立世界贸易组织协议》生效之前业已生效的知识产权保护国际协议中产生的,且已将该协议通知“与贸易有关的知识产权理事会”,并对其他成员国的国民不构成武断的或不公正的歧视。

某一成员国在给予以上所述的好处、优惠、特权或豁免时,可以不适用最惠国待遇原则。

(三)TRIPS对有关知识产权的保护

1. 版权及相关权利。首先,TRIPS明确了与《伯尔尼公约》的关系:“各成员应遵守《伯尔尼公约》(1971)第1~21条及其附录的规定。然而,各成员对公约第6条第2款所给予或派生的权利在本协定下不具有权利和义务。”

TRIPS中版权及相关权利保护涉及的范围是:

(1)《伯尔尼公约》中指出的“文学艺术”,包括文学、科学和艺术领域内的一切作品(不论其表现形式或方式),例如书籍、戏剧、舞蹈、电影、摄影作品等。

(2)计算机程序及数据汇编。

(3)表演者、录音制品制作者和广播组织。

在对计算机程序及数据汇编的保护方面,TRIPS 规定:"计算机程序,无论是源代码还是目标代码,应作为《伯尔尼公约》(1971)下的文字作品来保护。""数据汇编或其他资料汇编,无论是机器可读形式还是其他形式,只要通过对其内容的选取或安排而构成了智力创造,就应作为智力创造加以保护;该保护不应延及数据或资料本身,并不应损害存在于数据或资料本身的任何版权。"

TRIPS 对表演者、唱片制作者和广播组织的保护体现在其第 14 条中,"就将表演录制在唱片上而言,表演者应有权阻止下列未经其授权的行为:录制其未录制过的表演和翻录这些录制品。表演者还应有权阻止下列未经其授权的行为:将其现场表演向大众进行无线广播和传播。""唱片制作者应享有准许或禁止直接或间接翻录其唱片的权利。""广播组织应有权禁止下列未经其授权的行为:录制其广播、复制其录制品及通过无线广播方式转播其广播,以及将同样的电视广播向公众再转播。如果有成员未授予广播组织这种权利,则应在符合《伯尔尼公约》(1971)规定的前提下,赋予广播内容的版权所有人以阻止上述行为的权利。"

此外,TRIPS 增加了一项伯尔尼公约中未加明确的权利,即"出租权"。TRIPS 照顾到完全不承认出租权和承认一切出租权的版权人均享有出租权这两种差距很大的传统,要求成员至少对计算机程序和电影作品给予出租权。

2. 商标。TRIPS 对商标进行了明确的定义:任何标记或标记的组合,只要能区分一企业和其他企业的货物或服务,就应可构成一个商标。这些标记,特别是单词,包括个人名字、字母、数字、图形和颜色的组合以及任何这些标记的组合,应有资格作为商标进行注册。

TRIPS 对商标授予权利的规定体现在其第 16 条中,"注册商标的所有人应有专有权来阻止所有第三方未经其同意在交易过程中对与已获商标注册的货物或服务相同或类似的货物或服务使用相同或类似的标记,如果这种使用可能会产生混淆,若对相同货物或服务使用了相同的标记,则应推定为存在混淆的可能。上述权利不应损害任何现有的优先权,也不应影响各成员以使用为基础授予权利的权利。"

TRIPS 规定,各成员可对商标许可和转让规定条件,但这应理解为不允许商标的强制许可,而且注册商标的所有人有权把商标与该商标从属的生意一起或不一起转让。

TRIPS 还对商标的保护期限、使用要求和其他要求等做出了规定,然而,它在商标保护方面最突出的进步表现在对驰名商标的保护上。TRIPS 比巴黎公约的进步体现在三个方面。

(1)宣布巴黎公约的特殊保护延及驰名的服务商标。

(2)把保护范围扩大到禁止在不类似的商品或服务上使用与驰名商标相同或近似的标识。

(3)对于如何认定驰名商标做出了原则性的简单规定。

3. 地理标记。TRIPS 所指的地理标记是指“表明某一货物来源于一成员的领土或该领土内的一个地区或地方的标记,而该货物所具有的质量、声誉或其他特性实质上归因于其地理来源”。由于某些货物的地理来源对其质量、信誉度与美誉度等方面具有相当大的影响,该地理来源在一定程度上会影响消费者的选择,因此对地理标记做出相应的规定是十分有必要的。

基于上述原因,TRIPS 在第 22 条对地理标记的保护做出了规定,要求各成员提供法律手段阻止以下两种行为。

(1)用任何方式在标示和说明某一货物时指示或暗示该有关货物来源于一个非其真实原产地的地理区域,从而在该货物的地理来源方面误导公众。

(2)任何构成《巴黎公约》(1967)第 10 条第 2 款意义下不公平竞争行为的使用。

如果一商标包含一个货物并非源自所表明领土的地理标记,并且如在该货物的商标中使用这一标记会使公众对其真实的原产地产生误解,一成员在其立法允许或有利益关系的一方请求下,可依职权拒绝或废止该商标的注册。

TRIPS 第 23 条特意强调了对葡萄酒和烈酒地理标记的额外保护,“每个成员应为有利害关系的各方提供法律手段防止把识别葡萄酒的地理标记用于不是产于该地理标记所表明的地方的葡萄酒,或把识别烈酒的地理标记用于不是产于该地理标记所表明地方的烈酒,即使对货物的真实原产地已有说明,或该地理标记是经翻译后使用的,或伴有‘种类’‘类型’‘特色’‘仿制’或类似表述方式”。

4. 工业设计。工业品外观设计是一种特殊的工业产权,既可以受专利法保护,也可以受版权法保护。

TRIPS 第 25 条规定,“各成员应为新的或始创的独立创造的工业设计提供保护。各成员可以规定工业设计不是新的或始创的,如果它们不显著区别于已知的设计或已知设计的特征的组合。各成员可规定该保护不应延及实质上由于技术或功能的考虑而产生的设计”。由于纺织品设计具有周期短、数量大、易复制等特点,因而得到了特别的重视。TRIPS 规定,对纺织品保护设置的条件,特别是有关费用、审查或公开方面的条件,不得不合理的损害寻求和获得这些设计获得保护的机会。

TRIPS 在保护工业设计方面的特点是在专门把工业品外观设计的保护加以强调的同时,又允许了各成员自由选择以什么样的法律加以保护。

5. 专利。TRIPS 第 27~34 条是有关专利保护的规定。

TRIPS 定义的专利的内容包括:“专利应可授予所有技术领域的任何发明,无论是产品还是方法,只要它们具有新颖性、涉及发明性的步骤,并可进行工业应用。”专利权的获得不应因发明的地点、技术领域、产品是进口还是当地生产而受到歧视和限制。

TRIPS 规定,专利所有人应具有以下专有权。

(1)在一专利的客体是产品时,阻止第三方未经其同意而进行制造、使用、兜售、销售或为这些目的而进口该产品。

(2)在一专利的客体是一项工艺时,阻止第三方未经其同意而使用该工艺,或使用、兜售、销售或为这些目的而进口至少是以此工艺直接获得的产品。

此外,TRIPS 还对专利申请人规定的条件、授予权利的例外、未经权利持有人授权的其他使用、专利的撤销与收回等方面分别进行了规定,并提出专利的保护期统一为不少于 20 年,自专利申请提交之日起算。

6. 集成电路外观设计(分布图)。集成电路外观设计亦属于知识产权法保护的内容,一般受版权法保护。TRIPS 中对集成电路外观设计保护的部分移植了《关于集成电路的知识产权条约》,各成员同意按《关于集成电路的知识产权条约》中第 2~7 条(第 6 条第 3 款除外),以及第 12 条和第 16 条第 3 款的规定,对集成电路外观设计进行保护。

TRIPS 规定,为商业目的进口、销售或分销受保护的外观设计、含有受保护的外观设计的集成电路、含有这样一个集成电路的物品,只要该集成电路仍然含有非法复制的外观设计,这些行为如果没有经权利持有人许可则视为非法行为。

对集成电路外观设计的保护期限应不少于 10 年。

7. 未公开信息。TRIPS 中没有“商业秘密”这个术语,但在其第 39 条中提到了“未公开信息”。TRIPS 中规定可以获得保护的“未公开信息”需要满足的条件为:

(1)保密性,即无论作为一个整体还是就其各部分精确的排列和组合而言,该信息尚不为通常处理该信息的人所普遍知晓,或不易被他们获得。

(2)因为保密而具有商业价值。

(3)该信息的合法控制人在当时的情况下采取了合理的步骤以保持其秘密性。

上述信息如果被以违反商业诚信原则的方式泄露或是获取使用,即为侵犯商业秘密权。

TRIPS 并未对“未公开信息”的保护期加以规定。

（四）知识产权保护的执法

同以往的知识产权国际保护公约相比，TRIPS 不仅保护范围更广泛、保护规定更严格，而且还特别规定了知识产权的实施程序。以往的国际公约都只规定了实体权利、获得与维持程序，却不能保证权利的实现。TRIPS 的第三部分比较详细地规定了各成员应向知识产权权利人提供的法律程序和救济措施，而且对这些程序和措施在实施中的有效程度也提出了要求，使得知识产权权利人可以有效地行使权利。任何歧视待遇和侵权行为在公平的非歧视性的执法程序保障下，都有机会得到及时有效的司法救济，同时侵犯权利人也可以为自己辩护。

TRIPS 第 41～61 条是对知识产权执法做出的规定，共分为五个部分：①执法程序应遵守的总义务（目的是保证执法程序的有效性和符合正当程序的基本原则）；②民事和行政程序及救济；③临时措施；④有关边境措施的专门要求；⑤刑事程序。这些条款的宗旨是要保证向权利持有人提供有效的执法手段，并保证执法程序的运用不会对合法贸易产生障碍，也不会产生执法程序的滥用。TRIPS 对一般性侵权活动（通常采用民事程序及救济）和假冒与盗版（情节严重的侵权，通常还采取附加的程序及救济）进行了区别。

实体权利规范和实施程序规范相结合是 TRIPS 最重要的特点之一。

（五）知识产权的获得和维护及相关程序

知识产权均存在获得、维持、保护与利用四个方面的问题。在“知识产权的获得和维护及相关程序”部分，TRIPS 允许成员以符合程序作为权利获得前提的仅指本协议第二部分 2～6 节中覆盖的知识产权，即商标权、地理标识权、工业品外观设计权、专利权与集成电路布图设计权。

TRIPS 规定，如果知识产权的获得以该权利的授予或注册为前提，各成员应确保在符合获得权利的实质性条件的情况下，有关授予或注册程序将允许权利在一合理期限内得以授予或注册，以避免无端地缩短保护期限。

（六）争端的防止和解决

在国际市场上，参与国际贸易的各方都企图使自己的利益最大化，由于贸易双方的利益是相对的，所以在国际贸易中出现争端是十分常见的事情。以往的相关国际公约都规定将争议提交国际法院进行解决，然而这种解决方式存在着一些缺陷。如果要提交国际法院，双方需就争议的程序、审理结果以及执行达成协议，这可能会导致争议久拖不决，给争议双方都带来困扰。由此，TRIPS 规定了一系列关于争端解决的办法。

首先,TRIPS 规定了争端预防的"透明度"原则,要求"各成员国实行的、普遍适用的、有关本协定内容(知识产权的效力、范围、获得、实施和防止滥用)的法律规章、司法终决和行政裁决应以本国语言予以公布,或者,若此种公布不可行,则应予以公开,以使各政府和权利持有人对其有所了解。一成员政府或政府机构与另一成员政府或政府机构之间缔结生效的有关本协定内容的协定也应予以公布",即都要有透明度。

若争端已经发生,TRIPS 规定相关成员国可采用原关贸总协定解决争端的总机制进行解决。

(七)过渡安排

TRIPS 是一个保护水平非常高的多边协议,其保护标准完全是按照发达成员的法律规定设立的。对于发展中国家或地区的成员来说,一时比较难以适应这样高的保护标准,TRIPS 中的过渡安排条款就是为了使发展中成员与最不发达成员适应从过去水平较低的保护向水平较高的、世界贸易组织中的保护过渡而制定的。

TRIPS 的过渡条款对发展程度不同的成员使用协议规定有不同的要求,同时要求适用过渡期规定的成员在过渡期内对其法律、法规和措施进行修改,逐渐达到协议的要求。TRIPS 从条款中体现出了对发展中成员的权益保护。

第三节　有关版权及其邻接权的知识产权国际公约

一、《保护文学艺术作品伯尔尼公约》

(一)《保护文学艺术作品伯尔尼公约》概述

文学艺术作品是作者的创造性劳动成果,作者享有的著作权是神圣不可侵犯的。而在 19 世纪下半叶,随着文化艺术交流的不断深入,一些优秀的文学艺术作品通过各种渠道流传到世界各地,但是作品的作者却不能因此而获益,此时,对于文学艺术作品跨国境保护的需求日益紧迫。1878 年,由雨果主持在巴黎召开了一次重要的文学大会,建立了一个国际文学艺术协会,并起草了一份关于版权国际保护的文件,这份文件后来成了《伯尔尼公约》的基础。

1886 年 9 月,由英国、法国、意大利等 10 国发起在瑞士伯尔尼召开的多边版权会议上通过了《保护文学艺术作品伯尔尼公约》(Berne Convention for the Protection of Literary and Artistic Works)，简称《伯尔尼公约》。《伯尔尼公约》的产生，标志着国际版权保护体系的初步形成。该公约1908年11月在柏林、1928年6月在罗马、1948年6月在布鲁塞尔、1967年7月在斯德哥尔摩、1971年7月在巴黎先后进行过修订。截至2022年3月，该公约已有181个成员方。我国于1992年10月15日加入该公约。

《伯尔尼公约》的保护范围涉及文学、艺术及科学领域中的各类作品。凡是文学、科学以及艺术作品，不论采取什么表现形式或表达方式，都受该公约的保护。现行《伯尔尼公约》的核心是规定每个缔约国都应自动保护在伯尔尼联盟所属的其他各国中首先出版的作品，以及保护其作者是上述其他各国的公民或居民的未出版的作品。公约从结构上分为正文和附件两部分，从内容上分为实质性条款和组织管理性条款两部分。正文共38条，其中前21条和附件为实质性条款，正文后17条为组织管理性条款。

《伯尔尼公约》是一个世界性的开放型公约，它确定的对文学、艺术作品的作者，就其作品享有的著作人身权和著作财产权的广泛保护构成了以后的著作权法律保护制度的基本框架。由于《伯尔尼公约》具有提供保护早、权利多的特点，所以在著作权国际保护中一直起主导作用，许多版权的国际公约都是在该公约的基础上建立的，《伯尔尼公约》也因此被认为是版权的母公约。特别是TRIPS中明确规定，缔约方应遵守《伯尔尼公约》1971年巴黎文本的有关内容，更加明确了《伯尔尼公约》在世界范围内保护知识产权方面的主导地位。

（二）《伯尔尼公约》的基本原则

《伯尔尼公约》主要确立了三个基本原则，即国民待遇原则、自动保护原则、版权独立性原则。

1. 国民待遇原则。国民待遇原则贯穿于《伯尔尼公约》的大部分实体条文之中，其中又集中体现在第3~5条。《伯尔尼公约》的国民待遇原则可以概括为以下几点。

（1）本公约成员国应按照本国法律现在给予本国作者的权利来保护其他成员国作者的权利。

（2）本公约成员国应按照本国法律今后可能给予本国作者的权利来保护其他成员国作者的权利。

（3）本公约成员国应按照本公约特别授予其本国作者的权利来保护其他成员国作者的权利。

（4）此外，对于非成员国的国民，如果在本同盟某一成员国有居住地，也享受

《伯尔尼公约》项下的著作权国际保护。

2. 自动保护原则。《伯尔尼公约》的第 5 条第 2 款规定："享受和行使这类权利不需履行任何手续，也不管作品起源国是否存在有关保护的规定。"这说明享有国民待遇的作者在公约成员国内受到的保护是自动生成的，其享受和行使这些权利不需要履行任何手续，也不管作品的"起源国"是否对作品进行保护。

所谓"手续"，是指一个国家就著作权的获得所规定的行政程序或其他义务，如登记注册、缴纳相关费用等条件。

3. 版权独立性原则。《伯尔尼公约》第 5 条第 2 款同时规定："除本公约条款外，只有向之提出保护要求的国家的法律方得规定保护范围及向作者提供的保护其权利的补救方法。"即本公约成员国可以按照本国著作权法保护其他成员国的作品，而不用顾及该作品在其他成员国是否受到保护。

（三）《伯尔尼公约》保护的客体

1.《伯尔尼公约》保护的作品范围。《伯尔尼公约》保护的作品范围涵盖了科学和文学艺术领域的一切作品，不论其表现方式或形式如何，诸如书籍、小册子及其他著作；讲课、演讲、讲道及其他同类性质作品；戏剧或音乐戏剧作品；舞蹈艺术作品及哑剧作品；配词或未配词的乐曲；电影作品或以与电影摄影方法类似的方法创作的作品；图画、油画、建筑、雕塑、雕刻及版画；摄影作品以及用与摄影方法类似的方法创作的作品；实用美术作品；插图、地图；与地理、地形、建筑或科学有关的设计图、草图及造型作品等。同时，公约明确规定，对日常新闻或纯属报刊消息性质的社会新闻该公约不予保护。

2.《伯尔尼公约》保护的作者权利。《伯尔尼公约》所保护的作者权利包括作者的精神权利和经济权利。

公约赋予作者享有的精神权利在公约第 6 条第 2 款得以规定，"不受作者财产权的影响，甚至在上述财产权转让之后，作者仍保有主张对其作品的著作者身份的权利，并享有反对对上述作品进行任何歪曲或割裂或有损于作者声誉的其他损害的权利"。即作者的精神权利实质上被规定为署名权与保护作品完整权，而且这些权利是独立存在的，不因经济权利的转让而转移。

经济权利是作者就其作品享有的具有财产利益的权利。《伯尔尼公约》要求各成员国至少要保护作者的以下经济权利：复制权、翻译权、公开表演权、无线广播与有线传播权、公开朗诵权、改编权、录制权以及电影制片权。公约就这些权利的范围进行了界定，并规定了作者可以享有的具体权利。

(四)《伯尔尼公约》的保护期限与追溯力

1. 保护期限。公约规定,对一般作品的经济权利保护期限不得少于作者有生之年加死后 50 年;电影作品的保护期为电影公映后 50 年或摄制完成后 50 年;摄影作品及实用艺术作品不少于作品完成后 25 年;匿名作品与假名作品均为与公众见面之后 50 年(著作者身份在保护期内披露的,按照一般作品计算);合作作品的保护期为作者有生之年加死后 50 年(以最后去世的作者去世后的次年 1 月 1 日起计算)。

作者精神权利的保护期至少与经济权利的保护期同样长。如果作者去世,继续存在的精神权利由国家法律所授权的个人或机构来行使。

2. 追溯力。《伯尔尼公约》对一切成员国在版权保护方面提供的保护,不仅适用于各成员国参加公约后来源于其他成员国的受保护作品,而且适用于各成员国参加公约之前已经存在于其他成员国、而在其来源国尚未进入公有公用领域内的作品。

(五)《伯尔尼公约》对发展中国家的优惠

同 TRIPS 类似,《伯尔尼公约》最初也是依照发达国家对版权的保护水平确立和签署的,许多发展中国家尚无法达到这样的保护水平。21 世纪 60 年代后,在发展中国家的强烈要求下,《伯尔尼公约》在附件中增加了对发展中国家的优惠条款。

公约规定,只要任何成员国被联合国大会承认属于发展中国家,该国在翻译与复制来源于其他成员国的作品时可以由主管当局依照一定条件颁发“强制许可证”。依照强制许可证翻译或复制之后,仍旧要按照国际标准向版权人支付酬金。

二、《世界版权公约》

(一)《世界版权公约》概述

《世界版权公约》是继《伯尔尼公约》之后又一个具有普遍性的保护版权的国际公约,是由联合国教科文组织管理的。该公约于 1952 年 9 月 6 日在联合国教科文组织的主持下于日内瓦签订,并于 1955 年 9 月 16 日开始生效。1971 年 7 月 24 日该公约在巴黎进行了修订,修订文本于 1974 年 7 月 10 日正式生效。1992 年 7 月 1 日,我国全国人大常委会第 26 次会议通过了我国加入该公约的议案,我国于同年 7 月 30 日正式向联合国教科文组织递交了加入申请,并于同年 10 月 30 日正式成为该公约的成员国。截至 2013 年 12 月,加入 1952 年文本的已有 100 个成员方，加入1971年文本的已有65个成员方。

该公约保护的版权主要包括文学、艺术和学术三个方面，维持了国民待遇和独立保护的原则。公约由7条实体条文与14条行政条文组成，核心为关于“©”条款的规定，即作品受到国际保护的要件为在作品各复制本的版权栏内标明作者姓名、初版发行年月，同时标有“©”这样一种符号。一个成员国对其他成员国的作品，只要是符合这一规定的，都须承认其著作权。

《世界版权公约》提供的保护水平同《伯尔尼公约》相比相对较低，其主要内容大都被《伯尔尼公约》所覆盖。由于《与贸易有关的知识产权协议》特别规定，加入世贸组织的国家都应遵守《伯尔尼公约》1971年巴黎文本的相关规定，因此在TRIPS生效后，《世界版权公约》的原有成员国在加入世贸组织后也必须将自己的著作权保护水平向《伯尔尼公约》看齐。

（二）《世界版权公约》的基本原则

1. 国民待遇原则。《世界版权公约》也规定了国民待遇原则。公约中规定，“任何缔约国国民出版的作品及在该国首先出版的作品，在其他各缔约国中，均享有同那一国家给予其本国国民于本国首先出版之作品的同等保护，也享有本公约特许之保护”；“任何缔约国国民未出版的作品，在其他各缔约国中，享有同该国给予其国民未出版之作品的同等保护，也享有本公约特许之保护”；“为实施本公约，任何缔约国可依本国法律将寄居该国的任何人看做本国之国民”。

此外，《世界版权公约》议定书中还规定，联合国所属各专门机构或美洲国家组织首次出版的作品，也享有其出版地成员国给予本国国民的保护。

2. 非自动保护原则。与《伯尔尼公约》的自动保护原则相反，《世界版权公约》采取的是非自动保护原则。公约规定，任何成员国依其本国法律要求履行特定手续作为版权保护条件的，对根据本公约加以保护的一切作品，和在该国领土以外出版而其作者又非本国国民的作品，只要这些作品是作者或版权所有者授权出版的，并且自初版之日起在所有各册的版权栏内标有“©”符号，注明版权所有者之姓名、初版年份等，应视为符合上述要求。

（三）《世界版权公约》的主要内容

1. 公约保护的作品范围。《世界版权公约》保护的作品包括文学、科学、艺术作品和文字、音乐、戏剧、电影作品，以及绘画、雕刻和雕塑的作者及其他版权所有者的权利。

2. 公约保护的作者权利。公约所保护的作者权利主要涵盖作者的经济权利，包括复制权、表演权、广播权、翻译权等,这些权利延及受本公约保护的各种作品。公约还允许各成员国在不违反公约精神和有关规定的基础上,根据本国立法对上述几项权利做出例外规定。

与《伯尔尼公约》不同,《世界版权公约》对作者的精神权利没有做出明确的规定。

3. 对作品的保护期限。公约中对一般作品的保护期限都规定为不得少于作者有生之年及其死后 25 年;若是某成员国在尚未加入该公约之前已将某些作品的保护期限规定为自该作品首次出版后的某段时间,或是该成员国还尚未根据作者有生之年确定保护期限,则对于这类作品公约规定其保护期限自作品首次出版之日或出版前的登记之日起算,不得少于 25 年。公约中规定对摄影作品和实用美术作品的保护期限不得少于 10 年。

4. 溯及力。该公约不具有溯及力,即不保护在该国加入公约时已经在该国超过保护期的外国作品。

三、《保护表演者、录音制品制作者和广播组织的国际公约》

(一)《保护表演者、录音制品制作者和广播组织的国际公约》简介

《保护表演者、录音制品制作者和广播组织的国际公约》简称《罗马公约》或《邻接权公约》,由世界知识产权组织、国际劳工组织与联合国教科文组织共同发起,于 1961 年 10 月 26 日在罗马缔结,1964 年 5 月 18 日生效。《罗马公约》是版权邻接权国际保护的第一个世界性公约,只有参加《伯尔尼公约》或《世界版权公约》的国家才能参加此公约。截至 2022 年 3 月,共有 96 个国家加入了该公约,我国尚未加入该公约。

TRIPS 规定,世界贸易组织所有成员的国民,在其他成员的领域内应理解为符合《巴黎公约》(1967 年文本)、《伯尔尼公约》(1971 年文本)、《罗马公约》和《关于集成电路知识产权条约》所规定的标准,是有资格获得各条约保护的自然人或法人。即就《罗马公约》而言,即使有些世界贸易组织的成员没有加入该公约,也应视为该公约的成员,遵守该公约的规定。因此,我国虽然没有加入《罗马公约》,但也应遵守该公约的相关规定。

(二)《罗马公约》的主要内容

1.《罗马公约》的邻接权保护与版权保护。《罗马公约》第 1 条规定:“本公约给予之保护将不触动也绝不影响文学和艺术作品的版权保护。因此,本公约的条

款不得做妨碍此种保护的解释。”由于邻接权公约是为传播作品的媒介提供保护的,因此该公约的条款必须保证作品版权不受损害。

2.《罗马公约》的基本原则。

(1)国民待遇原则。《罗马公约》定义了不同作品所应享有的国民待遇的内容,规定国民待遇是指被要求给予以下这些人的待遇:①其节目在该国境内表演、广播或首次录制的身为该国国民的表演者;②其唱片在该国境内首次录制或首次发行的身为该国国民的唱片制作者;③其广播节目从设在该国领土上的发射台发射的总部设在该国境内的广播组织。

公约同时也对非某一成员国国民的表演者、录音制品制作者、广播组织可以享受该国国民待遇应具备的具体条件进行了规定,并对公约中涉及的一些名词(例如“表演者”“唱片”等)进行了详细的定义。

(2)非自动保护原则。公约对表演者就表演享有的部分邻接权以及广播组织就广播节目享有的全部邻接权均采用自动保护,但对录音制品制作者权和表演者对其表演的录音制品所享有的邻接权则提出了形式上的要求。即要求受保护的已经发行的录音制品的一切复制件上必须标有“Ⓟ”的标记、首次发行年份以及主要表演者及权利人姓名。

3. 邻接权的内容及保护期限。《罗马公约》中没有涉及受保护主体的精神权利,所保护的权利内容仅包括经济权利。公约规定的邻接权包括表演者权、录音制品制作者权以及广播组织者权。公约规定了对这些权利的最低保护,同时也允许各成员国按其各自国内的法律自行做出一些保护规定。

公约要求成员国对各邻接权提供的最短保护期均不得少于20年,保护期的起算日依客体的不同而不同:录音制品和录制在录音制品上的节目为录制年份的年底;未被录制成唱片的节目为表演年份的年底;广播节目为开始广播的年份的年底。

4. 权利的限制与公约的追溯力。公约规定,在私人使用、时事报道中少量引用、某广播组织为了自己的广播节目利用自己的设备暂时录制、仅用于教学和科学研究之目的时,公约赋予的邻接权要被限制使用,即这些情况都可视为是合理使用。

《罗马公约》不具有追溯力。公约不影响任何成员国在加入之前已经受到保护的那些权利,也不要求任何成员国对其加入前已经发生的表演、广播或已经录制的录音制品给予保护。

第四节　有关专利的知识产权国际公约

一、《专利合作条约》

（一）《专利合作条约》概述

《专利合作条约》(Patent Cooperation Treaty,PCT),1970年6月19日于华盛顿签订,1978年1月24日生效,由世界知识产权组织管理。在签订《专利合作条约》的同时,还成立了专利合作条约联盟(PCT Union)。该条约签订之后先后于1979年9月和1984年2月进行过两次修订,截至2022年3月,共有155个成员方。我国于1993年9月正式向世界知识产权组织总干事提出申请加入专利合作联盟,并最终于1994年1月1日成为该条约的第64个成员方。原中国专利局同时成为PCT的受理局、国际检索单位和国际初步审查单位,中文也成为PCT的工作语言。

《专利合作条约》是在《巴黎公约》的原则指导下产生的关于统一国际专利申请的专门性公约。《巴黎公约》的签订解决了专利权的国际保护问题,但并没有就专利权的国际申请及审查程序做出国际性的统一规定。因此,如果一项专利需要在若干个成员方获得保护,申请人要分别到这些成员国去申请,由这些受理申请的各成员国分别进行审查,然后决定是否授予专利权。这种做法既不利于专利申请人,也不利于各有关国家的专利管理机构。为了减少专利申请人和有关国家专利管理机构的重复劳动,减少专利申请人的专利申请费用,简化专利申请手续和审批手续,加快国家间科学技术的交流,一些国家经反复磋商后,共同缔结了《专利合作条约》。该条约完全是程序性的,只对专利申请案的受理及审查程序做出国际统一规定,并不涉及专利的批准问题,因此不影响成员国的专利实体法。

《专利合作条约》是一个非开放性的国际条约,只有《巴黎公约》的成员国才可以申请加入该条约。

（二）《专利合作条约》的主要内容

《专利合作条约》规定了申请国际专利的主要程序,并为成员国政府及其国民,特别是为发展中国家的成员国提供专利情报服务和技术援助等做出了指导。

实现国际专利申请及审批合作的具体步骤如下。

1.提出国际申请。条约规定,成员国的所有居民或国民均可按本条约中的相关规定提出国际申请,国际申请的内容一般包括一份申请书、一份说明书、一项或多项的权项、一幅或多幅的附图(如果需要),以及一份摘要。

国际专利申请人应当向规定的受理局提出国际申请,由该受理局对此申请进行审查。审查合格后,受理局需将该国际申请材料提交世界知识产权组织和国际检索单位,同时自己保留一份。受理局应以收到国际申请的日期作为国际申请的提交日期。

此外,若某一国家是《巴黎公约》的成员国却并没有加入本条约,则该国的居民或国民在提出国际申请时需经大会同意。

2. 国际检索。进行国际检索的目的是为了检验现有的技术中是否有与申请专利的发明相同或类似的技术,因此,《专利合作条约》要求每一项国际申请都要经过国际检索。国际检索应在权项的基础上进行,并适当考虑到说明书和附图。

国际检索应由国际检索单位进行,该单位可以是一个国家专利局,或是一个政府间组织,如国际专利研究所。国际检索单位经过检索,应在规定的时间期限内按规定的形式撰写国际检索报告,报告做出后,检索单位应尽快将报告分送给申请人和世界知识产权组织国际局。被指定国的专利局,还可以对国际申请进行补充性检索,以审查专利的新颖性。

3. 国际公布。条约规定,国际局应在国际申请提出之日起算(有优先权的自优先权日起算)满 18 个月后对国际申请进行早期公布。公布即是将国际申请的全文以小册子的形式进行公布,以促进有关专利申请的技术情报的传播。国际局每周会出版公报,宣布有关公布的通知及索引等。

4. 国际初步审查。国际专利申请人收到检索报告后可自行决定是否要进入国际初步审查阶段。国际初步审查是依据申请人的请求对发明的新颖性、创造性以及工业实用性进行审查的实质阶段。根据条约规定,受理局有权确定进行国际初审的单位。国际初审单位的审查程序,应受到本条约、其附属规则以及国际局和该当局签订的服从于本条约及其附属规则的协议的管辖。国际初审也应在规定的时间期限内按规定的形式撰写国际初级审查报告。该审查结果对于被指定国的专利审查无拘束力,是否授予其专利权最终将由被指定国的专利局决定。

5. 指定国专利局的最后审查。国际初审通过后,国际初审单位需将国际申请的原件和初步审查报告送交国际局,由国际局对被选定的指定国进行告知,并送交该申请的译文给各指定局。最后各指定局按照本国专利法对该申请进行审查,做出是否授予专利权的决定。

二、《国际专利分类斯特拉斯堡协定》

（一）《国际专利分类斯特拉斯堡协定》概述

《国际专利分类斯特拉斯堡协定》简称《斯特拉斯堡协定》，是有关建立专利国际分类的专门协定之一，签订于1971年3月，1974年公布生效。该协定由世界知识产权组织管理，只有《巴黎公约》的成员国才可以参加该协定，截至2022年3月，该协定已有64个成员方。我国在1985年4月1日实施《专利法》时采用了该协定所确定的发明和实用新型专利的分类法，并于1997年6月19日加入了该协定。

《斯特拉斯堡协定》的签订是为了规范专利的国际分类方法。20世纪初，随着现代科学技术的迅猛发展，各种专利申请也层出不穷，逐年增多。到了70年代以后，上百个建立了专利制度的国家平均每年公布的专利文件共计达到了100万份左右。各国专利机构为了处理大量的专利申请和专利文献，迫切需要建立一个统一的、科学的国际专利分类方法。1954年，世界上第一个由几个国家统一适用的专利分类法——《发明专利国际分类欧洲公约》在欧洲委员会的主持下由几个西欧国家正式签订。但是，由于该公约限制欧洲委员会成员国以外的国家参加修改国际分类法，影响了许多国家参与的积极性。世界知识产权组织的前身（BIRPI）开始与欧洲委员会一起着手准备一个世界性的统一专利分类法。1971年3月，《斯特拉斯堡协定》正式签订，成为一部在《巴黎公约》框架内，对《巴黎公约》成员国开放的统一专利文献分类的世界性协定。

（二）《斯特拉斯堡协定》的主要内容

《斯特拉斯堡协定》正文共有17条，条文本身主要是对相关国际分类法的管理、加入该协定的国家应遵循的规章进行了规定。具体包括：专门联盟的建立；国际分类法的采用；分类法的定义、语言、使用；专家委员会；专门联盟的大会；国际局；财务；修订；缔约国；生效；有效期；退出；签字、语言、通知、保存职责；过渡条款等。

按照协定建立起来的国际分类法现行文本共有1 000多页，分别有英文和法文两种版本。分类法由9卷组成，第1卷是导言，指明了国际分类法的作用并对国际分类法的使用方法进行了介绍。其余8卷将专利技术分为8大类，20个分类，118个小类，617个细类，总共约有5.5万个细目。一个完整的分类号由代表部、大类、小类、组的符号结合而成，该分类号由专利局确定后标在每一份申请文件和每一份专利上。

三、《专利法条约》

（一）《专利法条约》概述

《专利法条约》(Patent Law Treaty, PLT)，通过于 2000 年 6 月 2 日，并于 2005 年 4 月 28 日生效，由世界知识产权组织管理，是继《专利合作条约》(PCT)之后的又一部国际专利条约。

1978 年生效的《专利合作条约》建立了一国申请、多国指定的国际保护制度，简化了国际专利申请的程序，但却并未解决统一各国和地区专利局的形式要件及简化取得和维持专利的程序问题。由此，世界知识产权组织从 1983 年就开始酝酿一项新的条约的制定，即如今的《专利法条约》。经过近 20 年的努力与磋商，《专利法条约》的文本已粗具雏形。2000 年 5 月 11 日，包括我国在内的 130 多个国家、4 个政府间国际组织、20 多个非政府间国际组织参加的《专利法条约》外交会议在日内瓦召开。会议最终就《专利法条约》的条款达成共识，并于同年 6 月 2 日通过了这一条约。根据《专利法条约》第 21 条的规定，《专利法条约》应在 10 个国家向世界知识产权组织总干事交存了批准书和加入书后的 3 个月期满之日生效，因此该条约在 2005 年 4 月 28 日即罗马尼亚递交加入文书 3 个月之后正式生效，截至 2022 年 3 月，该条约共有 43 个成员方。

（二）《专利法条约》的主要内容

《专利法条约》共有 27 条，除了条约宗旨、原则、修订、生效、保留条款等形式规定以外，主要对专利申请的程序与流程进行了规范。该条约对专利申请的形式要件进行了标准化和简单化，降低了专利申请过程中的错误率，并可以使得当事人较少丧失权利。

该条约规范的主要内容有：

(1)取得申请日的要件及避免申请人因未满足形式要求而失去申请日的有关程序。

(2)适用于各国和地区专利局的一套国际标准化形式要求，且该要求与《专利合作条约》的形式要求是一致的。

(3)标准申请表格。

(4)简化的审批程序。

(5)因非故意的原因未遵守期限而丧失权利的机制。

(6)适用电子申请的基本规则。

《专利法条约》规定了成员国专利局可以使用的最高要求，这意味着成员国可以自由地从申请人和权利人的角度规定对他们更有利的要求。

第五节　有关商标的知识产权国际公约

一、商标国际注册马德里体系

《商标国际注册马德里协定》与《商标国际注册马德里协定有关议定书》一起被人们称为国际商标注册马德里体系。两个条约虽然在产生时间上相差近100年，但其基本内涵均为方便商标的国际注册。《马德里协定》是体系的主要组成部分，构成了体系的基础；议定书则是对协定的补充，弥补了协定的不足，使商标的国际注册体系更加完整。马德里体系现已经被全球大部分国家所接受，而且新的成员国正在不断增加中，这必将给商标的国际注册带来越来越多的便利。

（一）《商标国际注册马德里协定》

1.《商标国际注册马德里协定》概述。《商标国际注册马德里协定》简称《马德里协定》，于1891年4月14日在马德里签订，并于1892年7月15日生效。该协定自生效以来先后经历了6次修订，因此相应产生了6个文本：1900年11月14日布鲁塞尔文本、1911年6月2日华盛顿文本、1925年11月6日海牙文本、1934年6月2日伦敦文本、1957年6月15日尼斯文本以及1967年7月14日斯德哥尔摩文本。目前，只有尼斯文本和斯德哥尔摩文本是有效文本。截至2015年12月，该协定共有55个成员方，我国已于1989年10月4日加入该协定。

19世纪末，国际市场日益扩大，商标的国际注册需求也与日俱增。然而，由于工业产权具有地域性的特点，商标所有人要在不同国家获得注册保护就必须分别在每个国家根据其各自的程序、格式、语言等进行申请，具体过程可谓耗时耗力、困难重重。为了应对上述种种弊端，就需要通过某种国际合作制定相应的法律法规，减少和简化注册手续并减少费用。由此，《商标国际注册马德里协定》应运而生。该协定适用的商标注册包括商品商标和服务商标；可以应用该协定提出国际注册申请的人须是该协定成员国的国民，或者是在成员国中有住所或实际营业场所的非成员国国民。

《马德里协定》生效一个多世纪以来，为其成员国提供了简便的商标国际注册途径，但是由于该协定也存在一定的弊端，使得许多国家（包括美国、英国、日本等重要国家）都未能参加到其中，在某种程度上限制了协定产生效应的范围。

2.《马德里协定》的主要内容。《马德里协定》共有 18 条 98 款，主要规定了商标国际注册的程序以及一些具体细节。该协定在第 1 条第 1 款中规定："本协定所适用的国家组成商标国际注册特别同盟"，因此协定后面部分的条款交代了一些联盟大会的组织结构情况。

(1) 商标国际注册的程序与条件：①申请人首先将自己的商标在本国商标主管部门取得注册，然后由原属国主管部门向世界知识产权国际局提出申请。②商标原属国注册当局应先对申请的项目进行审查，"证明这种申请中的具体项目与本国注册簿中的具体项目相符合，并说明商标在原属国的申请和注册的日期和号码及申请国际注册的日期"。申请人"应指明使用要求保护的商标的商品或服务项目，如果可能，也应指明其根据商标注册商品和服务项目国际分类尼斯协定所分的相应类别"；如果申请人要求将颜色作为其商标的一个显著特点，必须在申请书中特别说明并随申请书提交彩色图样。③国际局接到申请后即开始对该国际申请进行审查。如果审查合格，国际局应立即对该申请的商标予以注册。"如果国际局在向所属国申请国际注册后两个月内收到申请，注册时应注明在原属国申请国际注册的日期，如果在该期限内未收到申请，国际局则按其收到申请的日期进行登记。国际局应不迟延地将这种注册通知有关注册当局。根据注册申请所包括的具体项目，注册商标应在国际局所出的定期刊物上公布。" ④如果国际局没有通过对该国际申请的审查，国际局将通知申请人所在国主管部门，要求在三个月内修改申请案，否则将予以驳回。

(2) 国际注册的地域效力。某一国际申请取得了国际注册，并不等同于该申请人获得了实际权利。协定中规定，任何缔约国可在任何时候书面通知本组织总干事，通过国际注册所得到的保护，只有在商标所有人明确要求时，才得以延伸至该国。如果某一申请人要求将其通过国际注册所得到的保护延伸至有上述要求的国家之一，则"必须用规定的格式，通过原属国的注册当局提出"。"国际局应立即将这种要求注册，不迟延地通知有关注册当局，并在国际局所出的定期刊物上公布。这种领土延伸自在国际注册簿上已经登记的日期开始生效，在有关的商标国际注册的有效期届满时停止效力。"

对于国际局通知的对某一申请要求的领土延伸，相关国家"经国家法律授权的注册当局有权声明在其领土上不能给予这种商标以保护"。"根据《保护工业产权巴黎公约》，这种拒绝只能以对申请本国注册的商标同样适用的理由为根据，不得仅仅以除非用在一些限定的类别或限定的商品或服务项目上、否则本国法律不允许以注册为理由而拒绝给予保护，即使是部分拒绝也不行。"

(3) 国际注册的独立效力。协定规定，自国际注册的日期开始满 5 年时，这种注册即与在原属国原先注册的国家商标无关系。但在自国际注册的日期开始5年之内,如根据第一条而在原属国原先注册的国家商标已全部或部分不复享受法律保护时,那么,国际注册所得到的保护,不论其是否已经转让,也全部或部分不再产生权利。当5年期限届满前因引起诉讼而致停止法律保护时,本规定亦同样适用。

(4)国际注册的有效期及续展。在国际局的商标注册有效期为20年,但任何注册均可续展,期限自上一次期限届满时算起为20年。续展仅需付基本费用,需要时则应按照有关规定付补加费。续展不包括对以前注册的最后式样的任何变更。保护期满前6个月,国际局应发送非正式通知,提醒商标所有人或其代理人确切的届满日期;对国际注册的续展可给予6个月的宽展期,但要收缴根据细则规定的罚款。

(5)国际注册商标保护的放弃、变更和转让。商标所有人对商标所做的变更,如果影响到了国际注册,本国注册当局应同样将在本国注册簿中所做一切关于商标的取消、撤销、放弃、转让和其他变更通知国际局。国际局应将这些变更在国际注册簿上登记,通知各缔约国注册当局,并在其刊物上公布。

当在国际注册簿上注册的一个商标转让给一个协定内部成员国的人,而该国不是此所有人以其自己名义取得国际注册的国家时,后一国家的注册当局应当将该转让通知国际局。国际局应登记该转让、通知其他注册当局,并在刊物上予以公布。如果转让是在国际注册后未满五年时间内办的,国际局应征得新所有人所属国家的注册当局的同意,如可能,并应将该商标在新所有人所属国家的注册日期和注册号码公布。凡将国际注册簿上注册的商标转让给一个无权申请国际商标的人,均不予登记。

如果已通知国际局仅就部分注册商品或服务项目转让国际商标,国际局应在注册簿上登记。如果所转让的那部分商品或服务项目与转让人所保留注册的那部分商品或服务项目类似,每个成员国均有权拒绝承认转让的有效性。在上述情况下,如果在所有人的国家发生了变更,且如果在从国际注册之时开始不满5年的时间里,国际商标已经转让,新所有人所属国家的注册当局应按相关规定予以承认。

(二)《商标国际注册马德里协定有关议定书》

为了弥补《马德里协定》的不足,扩大马德里协定体系的成员国范围,1989年6月27日在世界知识产权组织的主持下在马德里通过了《商标国际注册马德里协定有关议定书》。截至2022年3月,该协定已有110个成员方。我国于1995年9月1日正式申请加入该议定书,成为第四个加入该议定书的国家。议定书中规定,当第四个国家加入该议定书满3个月时,该议定书自动生效,因此,《商标国际注册马德里协定有关议定书》于1995年12月1日正式生效。

议定书秉承了《马德里协定》的基本原则，但也对其存在的一些不合理的地方进行了改革，是《马德里协定》的补充。议定书中规定，如果某一国家既参加了《马德里协定》又参加了该议定书，则“该议定书的各项规定在同属本议定书和马德里协定（斯德哥尔摩）的任何国家内不产生效力”。

（三）《马德里协定》与其议定书的区别

1. 申请基础。《马德里协定》要求申请人只有在国内获得国家注册后才能进行国际注册，而议定书的国际注册既可以基于申请人的本国注册，也可以基于其本国申请，这样就缩短了注册期限，使得商标可以更早地得到保护。

2. 国际注册与国内注册的联系。《马德里协定》中规定在国际注册日起算5年内，如果某一成员国指定保护的国际注册商标在原属国国内注册已全部或部分被撤销，则无论国际注册是否已经转让，该国际注册同时被撤销。而议定书中则规定，如果国际注册在头5年内被撤销，只要其所有人在国际注册被撤销之日起3个月内提出申请，并按照各成员国的规定缴纳一定的费用，即可将该商标的国际注册转换为在该国的国家注册。

3. 驳回期限。《马德里协定》中规定，商标国际注册领土延伸时，相关国家商标主管机构有权驳回的期限为1年，而议定书中则将此期限延长至18个月。

4. 工作语言。《马德里协定》规定的工作语言仅为法语，而议定书的法定工作语言为法语、英语、西班牙语。

5. 费用的收取。议定书中允许各成员国对商标的附加注册费和补充注册费收取“单独规费”，不必完全按照马德里联盟大会规定的固定收费标准由国际局统一收取；一旦单独规费被收取后，国际局就不再收取补充费。

6. 注册期限。《马德里协定》规定，注册的商标20年有效，期满可以续展；议定书则规定注册商标的有效期为10年，期满可以续展。

7. 加入资格。《马德里协定》只允许《巴黎公约》的成员国加入，而议定书则扩大了这一范围，允许政府间组织加入该议定书。2004年6月，欧盟已经向世界知识产权组织提交了加入书，正式加入马德里体系。

8. 注册效力。根据《马德里协定》申请商标的国际注册，除非某一国家通知世界知识产权组织只有在申请人明确提出请求时该注册才能延伸到该国，该注册的效力对《马德里协定》的成员国具有普遍性；议定书中明确规定，除原属国外，一项国际注册只在申请人指定要求保护的国家得到保护。

二、《商标注册用商品和服务国际分类尼斯协定》

（一）《商标注册用商品和服务国际分类尼斯协定》概述

《商标注册用商品和服务国际分类尼斯协定》，简称《尼斯协定》，于1957年6月15日在法国尼斯市签订，并于1961年4月生效。该协定生效后，先后于1967年7月10日在斯德哥尔摩、1977年5月13日在日内瓦进行过两次修订，并于1979年10月2日在日内瓦进行过修改。《尼斯协定》由世界知识产权组织管理，只有《巴黎公约》的成员才可以参加该协定。截至2022年3月，已有91个国家及地区加入了该协定。我国于1988年开始采用该协定的国际商品分类法，1993年开始采用其国际服务分类法，并最终于1994年8月9日正式加入该协定。

《尼斯协定》的宗旨是统一国际上商标注册用的商品和服务的分类方法，为各国提供国际通用的分类标准，以便于商标的检索、管理以及商标的国际交流合作。《尼斯协定》允许没有参加它的国家使用依照它建立起来的商品与服务分类法，目前世界上已有100多个国家和一些国际组织的商标注册部门在使用尼斯分类法。根据《马德里协定》，进行商标的国际注册必须要采用《尼斯协定》所规定的国际分类法。

根据规定，《尼斯协定》的缔约国组成了尼斯联盟，这些国家在申请商标的国际注册工作中，必须使用商品和服务国际分类。相应地，尼斯联盟的成员可以参与分类表的修订，但非成员国无权派代表参加修改分类法的专家委员会。专家委员会和由专家委员会设立的工作小组委员会提出修改建议，由专家委员会讨论通过，然后纳入国际分类。

《尼斯协定》确立的分类由两种表组成：分类表（视需要附加注释）和按字母顺序排列的商品和服务表，并对每个商品和服务项目表明所属类别。分类使用英文和法文两种文字，具有同等效力。

（二）《尼斯协定》商品与服务国际分类原则

《尼斯协定》国际分类表共分为42类，包含两大部分：商品分为34类，服务分为8类。

1. 对于商品分类一般采取如下原则。

（1）制成品原则上按其功能、用途进行分类，如果分类表没有规定分类的标准，该制成品就按字母排列的分类表内类似的其他制成品分在一类，也可以根据辅助的分类标准，根据这些制成品的使用原材料或操作方式进行分类。

(2)原料、未加工品或半成品原则上按其组成的原材料进行分类。

(3)商品构成其他商品的一部分,原则上与其他商品分在同一类,但这种同类商品在正常情况下不能用于其他用途。其他所有情况均按上述标准进行分类。

(4)成品或半成品按其组成的原材料分类时,如果是由几种不同原材料制成,原则上按其主要原材料进行分类。

(5)用于盛放商品的盒、箱之类的容器,原则上与该商品分在同一类。

2. 就服务而言,所适用的分类原则如下。

(1)服务原则上按照服务分类类名及其注释所划分的行业进行分类,也可以按字母排列分类表中类似的服务进行划分。

(2)出租业服务,原则上与通过出租物所实现的服务分在一类。

三、《建立商标图形要素国际分类维也纳协定》

《尼斯协定》建立了关于商标注册时涉及的商品和服务项目的分类法,为商标的国际注册提供了便利。但一个商标往往由文字和图案组成,在进行注册商标的检索时,往往比较容易检索到文字商标,但检索图形商标就困难得多。如果在对商品和服务进行分类的同时,也建立起一个对商标图形的分类法,就可以进一步避免接受相同或相似的商标注册,有利于避免商标所有人之间的冲突。在这种需要的推动下,1973 年 6 月 12 日由巴西、奥地利、比利时、丹麦、法国和南斯拉夫等国在维也纳签订了《建立商标图形要素国际分类维也纳协定》(简称《维也纳协定》)。该协定于 1985 年正式生效,同年 10 月 1 日进行过一次修订。《维也纳协定》由世界知识产权组织管理,该协定规定只有《巴黎公约》的成员才可以加入。截至 2022 年 3 月,已有 35 个国家及地区加入了该协定。

《维也纳协定》中的许多条款与《尼斯协定》相近,协定规定其成员国商标主管机关应当在官方文件和出版物中按照商标图形要素国际分类标明注册商标的图形的大类、小类、细目的编号。参加协定后,成员国即有权派代表参加修订商标图形分类法的专家委员会。协定规定适用本协定的国家组成特别联盟,并对联盟的组织机构、管理运行模式进行了阐述。

《维也纳协定》对包括图形要素的商标建立了分类,该分类将商标图形要素按大类、小类、细目进行了分类,并根据情况加以注释。全部分类包括 29 个大类、144 个小类和约 1 569 个细目。实际上,在该协定生效之前,世界知识产权组织国际局在管理《马德里协定》和《商标注册协定》时就已经在国际注册程序中使用了按照该协定建立起来的商标图形分类法。

第六节　有关工业品外观设计的知识产权国际公约

一、《工业品外观设计国际保存海牙协定》

（一）《工业品外观设计国际保存海牙协定》概述

为了方便权利人就某一工业品的外观设计在不同国家获得专利，避免重复履行备案手续的麻烦，1925年11月6日在海牙缔结了《工业品外观设计国际保存海牙协定》，简称《海牙协定》。该协定由世界知识产权组织管理，于1928年生效后先后经历了几次修订，形成了以下这些文本：1934年伦敦议定书、1960年海牙议定书、1961年摩纳哥附加议定书、1967年斯德哥尔摩补充议定书、1975年日内瓦议定书、1999年日内瓦文本等。由于在财政开支的分摊、加入及退出该协定文本的条件等方面成员国尚未达成一致意见，1960年海牙文本一直没有生效，但该文本中的一些实体条文已经被收入1975年的日内瓦议定书。《海牙协定》规定，只有《巴黎公约》的成员才可以加入该协定。截至2022年3月5日，已有77个国家及地区加入《海牙协定》。

（二）《海牙协定》的主要内容

《海牙协定》共分五部分，分别由1934年伦敦议定书、1960年海牙议定书、1961年摩纳哥附加议定书、1967年斯德哥尔摩补充议定书、1975年日内瓦议定书组成。

《海牙协定》规定，缔约国的国民，以及虽非缔约国的国民但在缔约国领土内有住所或有真实有效的工商业营业所的人，可以向国际局提交外观设计保存。国际保存应包括外观设计，其形式或者是使用该外观设计的工业品，或者是该外观设计的绘图、照片或其他能充分体现该外观设计的图样。申请人只要向世界知识产权组织国际局提交了一次申请，就可以在想要得到保护的成员国内获得工业品设计专利保护。申请国际保存时，只要通过一次保存即可同时在几个国家得到保护，无须先在一个国家的专利局得到外观设计的专利批准。国际保存每五年可以续展一次，续展时只需在每五年期的最后一年内按施行细则的规定缴纳续展费。

此外，协定还声明加入《海牙协定》的国家组成海牙联盟，并规定了联盟的组织结构及各机构的职能。

二、《建立工业品外观设计国际分类洛迦诺协定》

《建立工业品外观设计国际分类洛迦诺协定》,简称《洛迦诺协定》,1968 年 10 月 8 日于洛迦诺签订,并于 1971 年生效。《洛迦诺协定》由世界知识产权组织管理,其宗旨是建立一个统一的工业品外观设计国际分类法。该协定规定,只有《巴黎公约》的成员才可以参加该协定,截至 2022 年 3 月,共有 60 个国家及地区加入了该协定。没有参加该协定的国家也可以使用按照该协定建立的国际分类法,但无权派代表参加修订分类法的专家委员会。我国在 1985 年 4 月 1 日实施的《专利法》中就采用了按照该协定建立的国际分类法,1996 年 6 月中国政府向世界知识产权组织递交了加入书,并于同年 9 月正式成为该协定的成员。

《洛迦诺协定》共 15 条,1 个附件。协定中对国际分类的使用做出了规定,并针对专门联盟的建立、机构组成及其管理运作设置了一系列条款来进行规范。主要条款包括:专门联盟的建立;国际分类法的采用;国际分类法的使用和法定范围;专家委员会;国际分类法及其修正和补充的通知与公布;专门联盟大会;国际局;财务;修正;批准和加入;生效;效力和有效期;修订;退出;领地;签字、语言、通知;过渡条款;附件;国际分类的大类和小类表。

《洛迦诺协定》规定的工业品外观设计国际分类法不是根据外观设计本身的样式进行分类的,而是根据该外观设计所应用的领域的产品进行分类。分类法将能够用于外观设计装饰的产品分为 32 个大类,223 个小类,所有的小类又分为约 6 831 个商品名称。该协定规定,每个缔约国的主要机关必须在记载工业品外观设计备案或注册的官方文件中,和在该主管机关发行的有关备案和注册的任何出版物里,标上适用的国际分类号。

案例研究

案例一 "平安"商标不正当竞争纠纷案

2020 年 8 月 26 日,广东省高级人民法院针对中国平安保险(集团)股份有限公司(简称"中国平安")与深圳平安国际大酒店有限公司(简称"平安国际大酒店")"平安"商标不正当竞争纠纷一案依法做出二审判决,判令维持原判、驳回上诉人(一审被告)平安国际大酒店的请求。

本案原告中国平安于1988年注册成立，通过持续经营，业务范围遍布全国并发展至海外多个国家和地区。中国平安在保险、银行和投资等服务类别上注册了多个“平安”商标，商标经过多年的使用和广泛宣传，在争议商标申请注册之前，已在保险、银行、资本投资服务方面享有较高的知名度。平安国际大酒店成立于2013年1月18日，在其位于深圳市福田区彩田北路的酒店醒目位置使用“平安国际酒店”标识，并通过www.szharmonyhotel.com网站、携程网等进行宣传推广，从事经营活动。中国平安认为，在平安国际大酒店成立时，中国平安第6974784号“平安”注册商标已属于“保险”“银行”“投资”服务类别上的驰名商标，平安国际大酒店将“平安”作为字号注册并使用，具有明显的攀附“平安”商标知名度的主观故意，构成不正当竞争行为。中国平安因此向深圳市中级人民法院提起诉讼，请求判令被告立即停止使用侵害原告第6974784号“平安”驰名注册商标专用权的企业名称、字号，立即变更企业名称，变更后的企业名称不得包含“平安”文字，赔偿原告经济损失200万元及维权合理费用5万元，并承担本案诉讼费用。

一审法院认为，平安国际大酒店使用“平安”作为字号，会造成相关消费者的混淆与误认，涉案“平安”商标属于驰名商标，在相关类别应得到保护，平安国际大酒店将企业命名为“深圳平安国际大酒店有限公司”，导致相关消费者无法正确判断平安国际大酒店与中国平安或中国平安关联企业的关系。据此，法院判决被告平安国际大酒店立即停止使用含有“平安”字号的企业名称，赔偿原告中国平安经济损失200万元及维权合理支出33 222元。平安国际大酒店不服一审判决，向广东省高级人民法院提起上诉。

广东省高级人民法院经审理认为，涉案第6974784号“平安”商标于2008年核准注册，在核准之前中国平安已在相关商品/服务注册并使用与“平安”相同文字的商标，在经营活动中商誉得以承载并延续。涉案商标注册后持续使用至今，伴随着中国平安经营业务的拓展、市场份额的提高、经营规模的加大，该商标已在全国范围广泛使用和宣传，相关公众对其知晓程度高。2004年，一审法院做出深中法民三初字第328号民事判决已认定中国平安第1327336号注册商标为驰名商标。2016年，国家工商行政管理总局商标评审委员会在对第9587089号“平安PINGAN及图”商标进行审查，在做出的无效宣告裁定书中，认定第6974784号商标已在保险、银行、资本投资服务上享有较高的知名度，属于在中国为相关公众广为知晓并享有较高声誉的驰名商标，该事实也反映了涉案商标曾被作为驰名商标受到保护。对于平安国际大酒店上诉主张第1327336号商标因未续展而失效，涉案商标失去认定驰名的事实基础，法院认为，注册商标不同，商标承载的商誉完全可能因为经营活动的开展和商标的使用得以相互辐射和传承，更何况涉案商标经过大量使用已获得相关公众广泛认知，平安国际大酒店的该上诉理由并不成立。而且，在“平安”商标具有较高知名度的情况下，平安国际大酒店于2015年2月开业，在紧邻中国平安重要建筑及经营地点开设酒店，在酒店广场、外墙等醒目位置使用“平安国际酒店”标识，该行为极易导致相关公众发生混淆误认。从携程网等第三方平台上查询酒店位置等信息，也非常容易产生误认。

二审认为，一审认定有事实和法律依据，体现了给予具有较高知名度的驰名商标相匹配的保护力度，以及净化市场环境、维护良好市场秩序的司法导向，且一审判决在酌定赔偿时，综合考虑了涉案商标的知名程度，侵权人主观过错程度，以及被诉行为的侵权情节、规模、持续时间等因素，一审判决确定的赔偿数额合法有据，数额合理。最终，广东高院做出驳回上诉、维持原判的终审判决。

法院认为，“平安”系普通而非臆造词汇，如何准确界定当事人对通用词汇的“合理使用”与侵权的界限，也即本案中平安国际大酒店对“平安”的使用是对“平安”第一含义（词汇本身的字面含义）的使用，还是对“平安”第二含义（“平安”所代表的可靠、可信赖、优质的保险、银行、资本投资服务）的使用？平安国际大酒店是否具有攀附“平安”驰名商标良好声誉的意图？本案判决对上述争议问题均有详细分析与论述，并综合考虑平安国际大酒店恶意、持续侵权等各项因素，判令平安国际大酒店赔偿中国平安经济损失200万元。

案例思考与讨论：

1. 对于“驰名商标”的标准认定，TRIPS 协议中有哪些相关规定？
2. 与 TRIPS 相比，《巴黎公约》对于驰名商标的保护有哪些不同？
3. 通过阅读“平安”商标不正当竞争纠纷案，你得到了哪些启示？

案例二　迪奥尔公司立体商标国际注册行政纠纷案

克里斯蒂昂迪奥尔香料公司（简称迪奥尔公司）是全球知名香水生产商，涉案申请商标为国际注册第1221382号商标。申请商标的原属国为法国，核准注册时间为2014年4月16日，国际注册日期为2014年8月8日，国际注册所有人为迪奥尔公司，指定使用商品为香料制品、香水、浓香水等，国际注册指定的商标类型为“三维立体商标”。

申请商标经国际注册后，根据《马德里协定》《商标国际注册马德里协定有关议定书》的相关规定，迪奥尔公司通过世界知识产权组织国际局（简称国际局），向澳大利亚、丹麦、芬兰、英国、中国等提出领土延伸保护申请。2015年7月13日，国家工商行政管理总局商标局（简称商标局）向国际局发出申请商标的驳回通知书，以申请商标缺乏显著性为由,驳回全部指定商品在中国的领土延伸保护申请。2015年8月30日,因不服商标局驳回通知书,在法定期限内,迪奥尔公司向国家工商行政管理总局商标评审委员会(简称商标评审委员会)提出复审申请。在迪奥尔公司于2015年11月30日提交的补充理由中有如下文字记载:申请商标为指定颜色的三维立体商标,申请人(迪奥尔公司)依法补交该立体商标的三面视图。如迪奥尔公司在复审理由中所述,申请商标是迪奥尔公司自行创作设计并使用在其著名品牌j' adore香水的三维立体商标。根据商标法的相关规定,三维立体商标须提交至少三面视图,说明使用方式。由于申请商标为国际注册,未能在申请书中向中国商标局进行说明,其后又未收到官方的补正通知。因此,迪奥尔公司一直未获得补正机会。迪奥尔公司在该理由书中同时贴附了申请商标的三面视图。商标评审委员会认为,申请商标是一个由瓶子构成的图形,易被识别为指定商品的常用容器,以此作为商标指定使用在第3类香水等商品上,消费者不易将其作为商标识别,申请商标难以起到区别商品来源的作用,缺乏商标应有的显著性,遂以第13584号决定,驳回申请商标在中国的领土延伸保护申请。迪奥尔公司不服,提起行政诉讼。

迪奥尔公司认为,首先,申请商标为指定颜色的三维立体商标,迪奥尔公司已经向商标评审委员会提交了申请商标的三面视图,商标评审委员会却将申请商标作为普通商标进行审查,决定做出的事实基础有误。其次,申请商标设计独特,并通过迪奥尔公司长期的宣传推广,具有了较强的显著性,其领土延伸保护申请应当获得支持。

北京知识产权法院及北京市高级人民法院均未支持迪奥尔公司的诉讼主张。主要理由为:迪奥尔公司并未在国际局国际注册簿登记之日起3个月内向商标局声明申请商标为三维标志并提交至少包含三面视图的商标图样,而是直至驳回复审阶段在第一次补充理由书中才明确提出申请商标为三维标志并提交三面视图。在迪奥尔公司未声明申请商标为三维标志并提交相关文件的情况下,商标局将申请商标作为普通图形商标进行审查,并无不当。商标局在商标档案中对申请商标指定颜色、商标形式等信息是否存在登记错误,并非本案的审理范围,迪奥尔公司可通过其他途径寻求救济。迪奥尔公司不服二审判决,向最高人民法院申请再审。最高人民法院裁定提审,并再审判决撤销一审、二审判决及被诉决定,判令商标评审委员会重新做出复审决定。

最高人民法院依法公开开庭并当庭宣判迪奥尔公司立体商标行政纠纷一案。最高人民法院认为,作为商标申请人的迪奥尔公司已经根据《马德里协定》及其议定书的规定,完成了申请商标的国际注册程序,履行了我国商标法实施条例规定的必要的声明与说明责任,在申请材料仅欠缺部分视图等形式要件的情况下,商标行政机关应当充分考虑商标国际注册程序的特殊性，本着积极履行国际公约义务的精神，给予申请人合理的补正机会，以平等、充分保护迪奥尔公司在内的商标国际注册申请人的合法权益。

最高人民法院通过本案的司法审查程序，纠正了商标行政机关关于事实问题的错误认定，强化了对行政程序正当性的要求，充分体现了司法保护知识产权的主导作用。此外，优化国际商标注册程序，是我国积极履行《马德里协定》在内的国际公约义务的重要体现。本案通过为国际商标申请人提供及时有效的司法救济，全面保护了境外当事人的合法权利，通过此案平等保护了中外权利人的合法利益，进一步树立了中国加强知识产权司法保护的负责任大国形象。

案例思考与讨论：

1. 与保护“商标权”相关的国际公约有哪些？它们之间有什么联系和区别？
2. 通过本案例，你有什么思考？

思考与练习

1. 世界知识产权组织的宗旨与职责分别是什么？
2. TRIPS 的基本原则是什么？
3.《伯尔尼公约》保护的客体包括哪些内容？
4.《专利合作条约》与《专利法条约》在对国际专利申请方面所起的作用有什么不同？
5. 国际商标注册马德里体系有何意义？
6.《工业品外观设计国际保存海牙协定》是由哪几个部分构成的？该协定对工业品外观设计提交国际保存做出了哪些规定？

第九章 许可贸易

Licensing Trade

学习要点

通过本章的学习，学生应掌握许可的概念特征、类型；熟悉包括定义条款，技术的内容和范围条款，技术修改与改进、发展条款，支付条款，保证与索赔条款，考核与验收条款，保密条款，税收条款，争端解决条款，适用法律条款以及合同有效期和终止条款在内的许可合同的主要内容；了解许可贸易合同的特殊条款，诸如专利、商标和专有技术许可贸易的条款。

By learning this chapter, students should know the notional characteristics and types of licenses.Also they should be familiar with the contents of the following clauses in a licensing contract: definition clauses, clauses of technology contents and scope, modifying and developing clauses, payment clauses, guarantee and claim clauses, checking and accepting clauses, secrecy clauses, tax clauses, disputes settlement clauses, applicable law clauses and clauses of period of validity and termination of the contract.Students should get to know the special clauses of a licensing contract, such as patent clauses, trademark clauses and clauses of exclusive technique licensing.

第一节　许可贸易概述

一、许可的含义

许可是指允许某人做某事。许可贸易有时被称为许可证贸易。它是指知识产权所有人作为许可方,在一定的条件下,通过与被许可方(技术引进方)签订许可合同,将其所拥有的专利权、商标权、专有技术和计算机软件著作权等授予被许可方,允许被许可方使用该项技术、制造、销售、进口合同产品的技术交易行为。在许可贸易方式下,转让技术的一方被称为许可方,技术受方被称为被许可方。

许可贸易是一项专业性、法律性很强的贸易活动,目前它已经成为国际技术贸易中最主要的方式。它既可以是仅以专利、商标、专有技术等知识产权权利作为合同标的的单纯的许可贸易,也可以是与国际工程承包、BOT 方式等相结合的一揽子交易。

目前,许可贸易被世界各国所采用,这主要是因为,从被许可方的角度来看,只想得到先进技术的使用权,而很少会有人去买其他人的专利所有权,因为购买专利的使用权要比购买其所有权便宜得多。对于一个资金不足、实力不强的企业来说,许可贸易显然是最好的选择。此外,有些技术贸易标的的所有权是无法转让的,许可使用便是一种较好的选择。

二、许可贸易的特征

许可贸易与其他的贸易方式相比,具有以下几个特征。

第一,许可贸易中所转让的技术通常比普通商品耗费更大量的资金、人力、物力和时间,许可方不仅想通过出让技术使用权收回其投资并获得一定利润,同时也希望在出让技术使用权后,最大限度地使自己仍处于技术上的垄断地位,以防被许可方获得技术使用权后获得竞争优势,从而威胁到许可方的经济利益。然而,正是这种许可方强加于被许可方的种种不合理限制,严重妨碍了公平竞争原则,特别是对技术引进国家的经济发展造成不利影响,破坏了国际经济新秩序的建立以及国际经济的良好循环。为此,很多国家通过国内立法或双边或多边国际公约形式,对某些限制性商业条款予以限制。

第二,许可贸易涉及的法律比较广。一般的货物买卖合同,主要适用合同法和买卖法的有关条文。而许可贸易除了以上法律的一般规定外,还适用工业产权法、国际贸易法、国际投资法,特别是技术转让法的有关规定。因为,技术的转让不仅仅是企业行为,它还与一个国家的长远经济发展战略与国民经济发展有着密不可分的关系,直接关系到社会的公共利益。

第三,由于技术贸易不仅仅是交易标的的买卖,还包括了技术的传授、吸收和实践并转化为生产力的整个过程,因而许可贸易合同的期限通常要比一般的商品合同长,通常都是一些长期合同。但如果许可贸易的转让期限过长,会对技术引进国及企业的科技进步及经济利益均有不利影响,因而,国际上有些国家在法律上规定了技术合同的最高年限,譬如,我国规定不得超过10年。

第四,许可贸易比一般的有形商品贸易复杂。许可贸易是一种综合性强、内容复杂的经济活动,通常涉及技术、投资、贸易、价格、税法、外汇管理、劳动管理等方面的问题。

第二节　许可贸易的类型

一、根据许可方授予被许可方的权利范围划分的类型

(一)独占许可

独占许可是指在许可贸易合同规定的有效期限和区域内,被许可方对许可证协议下的许可标的享有独占使用、制造、进口和销售等权力;许可方不得在该时间、该地区享受这些权力,也不得把该项标的转让给合同区域内的任何第三方。

(二)排他许可

排他许可是指在许可贸易合同规定的有效期限和区域内,被许可方有权利用许可标的从事使用、制造、进口和销售等活动;许可方可以保留这些权利,但许可方不得将这项技术转让给合同区域内的任何第三方。排他许可是授权范围仅次于独占许可的一种许可。

(三)普通许可

普通许可是指在许可贸易合同规定的有效期限和区域内,被许可方有权利用许可标的从事使用、制造、进口和销售等活动;许可方也可以保留这些权利;同时,许可方可以将这些权利转让给任何第三方。

普通许可是许可方授予被许可方权限最小的一种授权,这种许可的转让费比较低,因而,许多发展中国家在技术引进时较多采用这种形式。按照国际许可贸易

的惯例,如果在许可合同中没有特别指明是什么性质的许可,则视为是普通许可。

(四)可转让许可

可转让许可,又称分许可、再许可或者从属许可,是指在许可贸易合同规定的有效期限和区域内,被许可方有权利用许可标的从事使用、制造、进口和销售等活动;并经许可方同意,被许可方有权以许可人的身份允许第三方在规定地域内使用许可方获得的许可标的,即被许可方拥有许可标的的转让权。这种由被许可方向第三方授权的合同,称为“可转让许可合同”。

可转让许可合同是与原合同完全独立的合同,原技术许可方与再许可的第三方没有契约关系,原许可方对分许可方不负责任。同时,可转让许可合同是在普通许可合同下产生的,其授权的范围不得超过原合同的授权范围。如果许可方不愿意授予可转让许可权,一般会在合同中明确规定“许可权是不可转让的”。如原许可合同未明确注明授予可转让许可权,被许可方就不得与第三方签订可转让许可合同。

(五)交叉许可

交叉许可是指在许可贸易合同规定的有效期限和区域内,合同当事各方,均以其所拥有或持有的技术,按照合同所约定的条件交换技术的使用权,供对方使用,互为许可方和被许可方。许可各方的权利可以是独占的也可以是非独占的。双方权利对等,一般不需要支付使用费。

交叉许可常见于原发明的专利权人与派生发明的专利权人之间,后者要实施其发明,难免要侵犯前者的权利,因此要得到原专利发明人的许可;而前者要更新其专利产品时又须采用后者的派生专利技术,也要得到派生发明的专利权人的许可。除此以外,合作开发、合作制造合同以及技术贸易合同的反馈条款,也都有可能导致交叉许可。

在以上许可中,一般而言,提供同一项技术,独占许可的费用是最高的,排他许可次之,普通许可最低。究竟选择哪一种,主要依据在同一地域可能应用同一技术生产相同产品的竞争者的情况而定。如果竞争者较少,被许可方完全不必一定要取得独占许可。我们国家地域宽广,市场容量大,尽管不止一家同时使用一种先进技术生产某些产品,市场也未必达到饱和。如此一来,许可方保留了向其他人再发许可证的权力,对被许可方的威胁并不是很大。

另外,被许可方采用什么许可要根据自己的实际需要来决定。按照不同的许可,许可方向被许可方提供同一种技术时,授权范围是不同的。因而,采用不同的许可方式对许可方和被许可方而言,让与和享受的权利也就不一样。被许可方应当特别注意:许可的种类反映的是法律问题,即权利与责任问题,并不反映技术上的问题。许可方不会由于被许可方需要的是非独占许可,就仅仅提供给他少于独占许可的被许可人能得到的技术情报或技术服务,使他的生产达不到应有的效益。由于在过去的经济体制下,有许多垄断程度较高的独家经营的企业,他们在短期内基本上不会面临其他竞争者的威胁,也就没有必要通过采用独占许可来阻止对自己有竞争威胁的产品进入市场。

二、根据贸易标的划分的类型

许可贸易按其标的内容可分为专利许可、商标许可、计算机软件许可和专有技术许可等形式。在国际技术贸易的实践中,一项许可贸易可能包括上述一项内容,如单纯的专利许可,也可能包括上述两项或两项以上内容,称为一揽子许可。

(一)专利许可(Patent License)

各国《专利法》规定,任何其他人要使用专利技术时,必须与专利人签订专利许可合同,并向其支付专利许可费用。

(二)商标许可(Trade Mark License)

与专利许可相似,《商标法》规定任何人要采用商标权人的注册商标,必须与商标权人签订使用商标的许可合同。

(三)计算机软件许可(Software License)

计算机软件许可是指计算机软件的使用者应与软件所有者签订软件许可合同,并向其支付专利许可费用。

(四)专有技术许可(Know-how License)

专有技术并非工业产权,没有专门法律保护,从法律上讲不能称为许可,而称专有技术转让协议更为合适。但目前国内外许多专家认为,专有技术在某些国家受"保护企业秘密"等法律保护,也可称许可协议。这两种做法并存使用。

(五)一揽子合同(Package License)

一揽子合同,也可以称为"成捆许可""组合许可""混合许可"。它是指在一个合同中,同时包含专利、商标、专有技术三项内容中的两项或两项内容以上的许可。

这种形式是国际技术贸易中最常用的一种,特别是专利与专有技术捆在一起的许可尤为多。

第三节　许可贸易合同

一、许可贸易合同概述

在国际技术贸易实践中,实际应用的技术贸易合同形式多样,其中,许可合同是最为典型、最为普遍的一种。许可贸易合同,通常又称许可证贸易合同,或者许可协议。它是指从事国际技术贸易活动的双方以合同文本的形式,规定合同双方的权利和义务,允许被许可方使用其技术,实现特定技术转让目的的法律性文件。

从法律上说,许可证合同是一种"授权协议"。许可证,英文是"License",意思是根据法律规定得到所有者的允许后才能从事的行为。因而,在许可贸易中,技术的所有者或持有者在特定的时间和地域内授予被许可方使用其技术,而许可方支付酬金,予以回报。同时,被许可方还要承担保守秘密等义务。

二、许可贸易合同的基本条款

一般而言,许可贸易合同由下面四部分构成:前言,合同主体,尾部,合同附件。

(一)前言

在合同的正式条文之前,一般附有简要的前言。前言是合同的重要组成部分,它一般包括合同性、合同号码、签约时间和地点、双方当事人的名称和地址及鉴于条款。

1. 合同的名称要与合同的内容、类型和性质相符。譬如:"××专利申请许可合同";"生产××产品商标许可合同"等。为了方便合同的执行,便于立卷归档、查阅,也为了便于当事人双方通信往来,每个合同都有其特定的编号。

2. 要在合同中写明签订合同的时间和地点。需要注意一点,签约时间并不一定就是合同生效的时间,因为有些国家规定,合同签订后必须履行审批手续,经过批准后才能生效。但是,签约日期仍然是一个十分重要的日期,因为它既是履行审批手续的一个起算日期,又是适用法律的一个时间分界线。另外,前言中一定要写明签约地点。按照国际私法中的原则,签订合同的地点,可以成为日后发生合同争议时,法院或仲裁庭确定合同适用哪一国法律的依据。因而,地点的注明对于没有规定适用法律的合同尤为重要。

3. 由于合同双方是整个合同的权利、义务和一切法律责任的承担者，合同中的全部条款都是以这两者为中心拟定的，因而完整、确切地写明双方当事人的名称和法定地址有着重要的意义。当事人的法定地址，还关系到发生争议时对适用法律的选择。

4. 鉴于条款，英文以“Whereas”开头，用以说明合同双方当事人的背景，阐述当事双方签订合同的理由，表达双方想实现合同规定目标的愿望，陈述工业产权或专有技术的拥有情况、合法性和实施情况，及表明合同双方当事人为达到预期目标而共同合作的意愿。与其他部分相比，鉴于条款并不是特别重要，但它有助于对合同的解释和理解。

例如，“鉴于乙方拥有××技术”，“鉴于乙方拥有并能得到本国政府的许可，出让乙方的专有技术已涉及、制造、销售和出口××产品给甲方”，“双方本着诚信、互利的态度，通过友好协商，达成如下协议”。

（二）合同主体

合同基本条款即指合同的正文，它是整个许可贸易合同的主体部分。它包括以下 11 个方面的内容。

1. 定义条款。在国际技术贸易中，由于交易双方当事人所在国家不同，有着语言、文化、法律等方面的差异，各国对同一名词的使用和理解可能不完全一样。为了避免当事人日后在执行合同时产生分歧，便于当事人在合同中明确表达双方达成的一致意见，就必须对一些关键词语确定明确的定义，譬如合同产品、技术服务、技术资料、净销售价、专利、专有技术、改进与发明、子公司、附属公司、合伙人、第三方等。定义在合同中往往是单独作为一条列出的，一般置于各条款之首。

2. 技术的内容和范围条款。这是整个合同的核心部分，是合同中规定的当事人双方各项责任、义务和权利的基础。它主要规定了以下内容。

(1)对技术的基本说明。包括合同产品的名称、系列、型号、规格、地域（即可以销售和生产该项产品的国家和地区）、期限以及要达到的性能和技术指标等内容。

(2)被许可方使用技术的方式。例如，是独占许可还是排他许可，或是交叉许可，被许可方有无权利发放从属许可证等，以此明确许可证的种类。

(3)转让技术的方式。技术的转让可以有三种方式来完成。

首先，提供技术资料。许可方提供合同产品的设计图纸、数据，生产工艺的资料和说明，技术资料清单以及文字说明，还应包括使用公制度量衡制，以便技术引进方对许可方提供的技术资料可进行合理的修改和转化。

其次,提供技术服务。对于一些需要特殊技巧和诀窍的项目,被许可方就需要许可方提供技术服务,派遣有关技术人员到被许可方的合同工厂进行实际操作、安装调试、传授技术、提供技术指导和服务,这对被许可方迅速掌握技术会有很大帮助,但技术服务费也是相当高的。

最后,还可以采用技术培训的方式。技术培训是指许可方负责培训被许可方有关人员,使之掌握和运用技术。但是双方要在合同中把人员培训的目的、范围、内容、方法、人数、专业、工作时间和实施的条件规定清楚,使得合同双方都有章可循,以免许可方逃避责任,影响培训效果。

(4)其他说明。除了基本技术以外,是否还有其他技术转让,若有,应写明相应的条款。例如,在签订一揽子许可合同时,要写清楚转让的技术标的。

在订立这部分条款的时候,应注意以下四方面的问题。

第一,对合同标的和要达到的目标,要详尽地规定清楚,不要有任何遗漏。许可方提供的技术资料应该完整、可靠,并要求及时发送。完整是指许可方提供的技术资料应与他自己在其有关经营范围内所使用的一样,不应有任何删减。正确是指文件不得有任何差错,熟练人员按许可方所提供的技术资料加工出来的零部件不得有任何缺陷。可靠是指测量值不超过有关规范标准所规定的测量公差。同时,要规定被许可方获得的技术资料应具有永久使用权,除非由于被许可方的过失,否则不得终止被许可方的资料使用权,或要求被许可方退回资料。

第二,规定的技术指标要符合实际,要根据可行性报告的技术要求及被许可方的消化、吸收能力来确定,指标高低要合适、恰当。一旦被订入合同,双方均应保证做到。

第三,提供的技术资料应根据实际需要有所选择,许可方不要把自己掌握的,或被许可方不需要的资料也向被许可方提供,这将增加被许可方的费用支出。

第四,不能接受限制性采购条款。

3. 技术修改与改进、发展条款。技术的修改是指,如果许可方提供的技术资料不能完全适用于被许可方实际的生产条件,许可方应当允许被许可方根据本企业的实际情况做适当的修改,并给予必要的帮助。在订立合同时,应注明这一点。

事实上,被许可方能否对许可方提供的技术进行修改,这是合同双方当事人争论不休的问题。被许可方认为,为使引进的技术适应其自身条件,有权对许可方的技术进行修改,许可方应当给予必要的协助,并对此仍承担技术上的担保责任。而许可方认为,为保证技术的完整性、安全性和可靠性,被许可方不得擅自对引进技术进行修改,如若修改,必须事先征得许可方的同意,否则,对由此而产生的一切后果概不负责。从根本上说,双方争论的焦点在于对技术修改后产生的风险和责任由谁负责的问题。

技术的改进与发展在这里不是研究如何改进技术,而是关于许可贸易合同各方改进或发展了原技术并取得新的专利权之后,应当如何以优惠条件向对方提供新技术的问题。对此,各个国家的看法是很不一样的,争论广泛存在于发达国家与发展中国家之间。世界知识产权组织在其编著的《供发展中国家使用的许可证贸易手册》中指出,改进是指在不改变已有技术本质的基础上,对已有技术的工艺、性能进行非本质性的、局部的完善和提高。而发展则是指超出了原有技术的本质和主题,使原有产品或工业发生了实质性的进步。

技术改进与发展在这里是指在技术转让合同有效期内,一方或者双方在实施专利或者使用技术秘密成果中,对原有技术做出的改良和创新。这种技术改进和技术创新,有可能是一项重大的突破性科技成就,也可能只是在技术细节上有实质意义的改良和革新。技术转让合同的订立和履行,不仅实现了现有技术的转移、推广和应用,而且也是当事人双方进行研究和技术创新的基础。在合同期限内,许可方或被许可方都有可能对所转让的技术做出某种改进或发展,双方对技术的改进和发展有什么权利和义务,应该充分协商,并在合同中确定下来。如合同规定,许可方应将改进和发展的技术,无偿地提供给被许可方,习惯上把这种行为称为继续提供技术援助;而被许可方无偿地将自己改进和发展的技术提供给许可方,则被称为技术反馈,或称"回授"。

这一合同条款应该包括以下内容。

(1)改进和发展技术的所有权和使用权。我国法律明确规定,互相提供改进和发展技术,是使用许可的问题,不应是所有权的转让。除非合同另有约定,改进和发展技术的所有权应属于做出改进或发展的一方,另一方享有使用权,如另一方意欲将使用权许可转让给第三方,应征得做出改进一方的同意。

(2)当事人之间应按互利、互惠和权利与义务相一致的原则,约定相互提供后续改进的信息,彼此互惠利用后续改进的成果。首先,有关后续改进和发展的技术成果分享的约定必须是自愿的,而不是强迫的,任何一方不得通过欺诈或者胁迫手段设定不合理改进和发展条款。其次,双方给予对方使用其技术授权的性质和条件应该是相同的,而且这种授权的性质在原则上应与合同中许可方给予被许可方授权的性质相一致。最后,要防止技术许可方规定"片面回授"的不合理、不对等的条件和要求。

(3)约定分享改进和发展的技术成果应当是有偿的。完成改进和发展的一方有义务向另一方提供这一新的技术,并有权利按照合理的商业条件取得收益。改进技术通常免费提供给对方,而发展技术可以是有偿的也可以是无偿的。

一般来说,在合同有效期内,双方均承担互相交换改进和发展原有技术的义务,对于双方发展相互间的合作、更好地完成技术转移是有利的,双方均可受益。

4. 支付条款。许可贸易合同价格又称使用费,技术价格的构成与商品价格的构成有很大差异,影响技术价格的因素也与一般的贸易标的价格很不一样,比一般商品要复杂得多。因而在合同中规定的交易标的的价格,不能简单地照搬照抄一般商品价格的确定方法。

在国际许可贸易中,通常有三种支付方式:一次总付,按提成费支付,入门费和提成费结合支付。目前国际许可贸易中普遍采用的是第三种方式,即入门费加提成支付。但具体到某一笔贸易究竟采用哪一种支付方式,要由当事人双方来协商决定。

在计算技术使用费时应注意:许可方在被许可方所在国内因取得该使用费而应支付的所得税额,包括在该使用费之内,不应由许可方另行负担。在许可方要求以外汇支付,而使用有关技术生产的产品系用于内销时,销售和与外汇的兑换率以哪一天官方公布的汇兑率为准,必须在支付条款中明确规定。否则,如外汇汇率发生较大波动,合同双方难免在支付时发生争执。

对于被许可方来说,支付条款是一切合同条款中最重要的,因而在签订这个条款时要格外慎重。签订支付条款的主要工作由被许可方的会计师、审计师承担,因为它的计算涉及许多财务上的技术性问题。但参加合同谈判的被许可方法律顾问则必须注意不能在这个条款中订入对被许可方不利的内容。譬如过高的入门费,使被许可方承担过多技术转让带来的风险。

5. 保证与索赔条款。在许可贸易中,合同工厂是否能生产出合格的产品,是否能达到签订合同时的预期目的,关键取决于许可方提供的技术是否成熟可靠,取决于许可方是否为被许可方做好了相应的配套服务,譬如提供详尽的资料,提供技术服务和人员培训等。所以,在许可合同中签订保证与索赔条款主要是为了被许可方的利益,防止许可方在执行合同时以次充好,以假乱真,或者对应该履行的合同义务采取不认真、不负责的态度。为此,被许可方会在许可合同中要求许可方对技术的合法性、可靠性和有效性承担保证责任。对于非故意违约,而确系技术上或者其他客观原因所导致的而未能履约的或达不到合同中的某些规定标准的,被许可方有权向许可方索取经济赔偿,这就是索赔。因此,索赔是一种在合同不能按规定执行时,对被许可方的损失进行补救的处理方法。

在许可合同中,许可方承担的保证主要有以下两个方面。

(1)许可方权利的担保。许可方权利担保的含义与内容随着交易的技术内容、授权的性质而异。但一般而言,许可方权利的担保是指:①许可方是其所转让技术的合法所有者或持有人。②许可方有权进行转让,并在合同所确定的范围内保证此种转让没有侵犯任何第三者的权利。③如果在执行合同的过程中,发生任何第三方的指控,许可方应负责与此侵权行为有关的一切谈判事宜,并按照约定承担由此引起的一切后果。

(2)许可方对技术资料的担保。许可方的另一项义务是,对其所转让的技术及相关设备的性能和质量进行保证。它包括:①保证所提供的技术是许可方实际使用的最新技术;②保证该技术资料是完整、正确和清晰的;③保证许可方将按合同规定的时间和内容交付技术资料;④保证被许可方在正确应用技术资料时,能达到双方规定的技术目标和各项性能指标;⑤保证在产品达不到合同规定时能与被许可方共同分析原因,采取措施,消除缺陷,争取在再次考核时能达到合同要求。若许可方交付的资料内容有错误,数量有短缺,许可方还要保证按期更换和补齐。

如果许可方未能很好地履行上述合同保证条款,在法律上就构成了违约行为,受损害的一方有权要求对方承担损害赔偿责任。所以,在合同中还要规定具体的索赔条款。其主要包括以下三方面的内容。

其一,对技术资料迟交的罚款。被许可方可根据造成损失的多少,要求许可方支付一定比例的罚款。这一般以时间来计算,迟交时间越长,罚款比例越大,但合同中一般都应规定一个最高罚款额和最长期限,超过一定期限,被许可方可按许可方违约而终止合同。譬如:迟交1~4周,每周按合同总价的0.2%~0.3%计算罚款;迟交5~8周,每周按合同总价的0.3%~0.5%计算罚款;迟交8周以上,每周按合同总价的1%计算罚款。

其二,对产品达不到性能指标的罚款。如果许可方违反技术保证义务,或经过许可方多次努力,仍达不到合同规定的性能指标,则根据所转让的技术或合同产品的具体情况,按以下几种情况进行罚款:①合同按一次总付计价时,合同产品的性能指标每降低1%,按合同总价X%罚款;②合同按提成费计价时,合同产品的性能每降低1%,按降低提成率X%罚款;③合同按入门费与提成费相结合计价时,合同性能指标每降低1%,按合同入门费的X%和降低提成率X%两项合并计算罚款。

其三,由于资料错误或许可方专家指导错误,致使产品零部件返修或报废的损失补偿。

6. 考核与验收条款。考核和验收是对许可方是否按照合同规定交付技术资料、提供技术服务、正确有效的履行合同义务的最终检验。对产品的考核和验收可以起到对技术转让的各个环节进行综合考核的作用。该条款主要包括以下六方面的内容。

(1)考核验收的时间和地点。这一般在引进方生产出第一批合同产品时,在合同工厂进行。

(2)考核验收的内容。这主要是指合同产品的型号、规格、数量技术指标和经济指标。

(3)考核验收的标准。这是指当事人双方在合同中所规定各种质量和数量的参数和指标。

(4)考核验收的组织工作,即由谁来进行考核。这一般是由双方派人组成专门的考核小组,要具体规定该小组成员的组成情况。

(5)考核验收的方法。这一般在附件中加以规定。对产品的考核一般可允许进行1~3次,考核合格后,双方签署验收合格证书。若考核不合格,应检查原因,分清责任,限期进行下一次考核。如果不合格的责任在许可方,下一次考核所需费用应由许可方负担;反之,则应由被许可方负担。若规定的最后一次(一般是第三次)考核仍不能通过验收,并且责任在许可方,被许可方有权视情况要求许可方给予经济补偿(对许可方罚款或要求降低合同价格),或按许可方违约终止合同。具体处理方法可参照"保证与索赔"条款中的规定。若责任在被许可方,而且被许可方愿意继续完成合同,许可方仍有义务协助被许可方查出原因,继续调试,直至考核合格为止。

(6)拟订考核验收条款应注意的问题。这主要包括:①考核验收的内容、标准、方法的规定应与技术内容和范围条款中所规定的技术指标、技术参数相适应,不能有任何矛盾。②考核验收的标准要在签订合同前就确定下来,不要留到合同签订后再协商解决,否则极易产生纠纷。③对被许可方最重要的是应要求许可方权利尽量合理。例如,因产品质量达不到标准而终止合同前,必须有一个提前的警告,即要求被许可方提高质量,只有在一定时期内仍提高不上去时,才可终止合同。

7. 保密条款。保密条款包括两方面的内容。

(1)被许可方为许可方的专有技术等秘密技术保密。在签订合同时,许可方会要求把保密条款规定得尽量细密。而且,在尚未正式签订合同之前,就会先谈保密问题。否则,一旦谈判不成,许可方已经告知被许可方的部分秘密技术也有被泄露的危险。订立了这种合同后,在合同因故中止时,被许可方仍应继续保密;合同正常履行完毕后,如果有关秘密尚未进入公共领域,也要继续保密。但是,技术保密也不单纯是被许可方的义务,许可方也必须保证不泄密。尤其是在独占许可合同的情况下,一旦技术从许可方那里泄露给第三方,独占就失去了意义。

(2)双方均有义务为对方的经营状况保密。因为在合同履行过程中,双方当事人都有可能会掌握对方的经营信息。例如,许可方为了保证质量需要检查被许可方的产品,还有可能为了了解销售额而检查被许可方的账目等,这些情况都需要许可方承担保密义务。

8. 税收条款。由于税收问题直接关系到技术转让的价格和收益,因而税收条款是贸易合同极为重要的一个条款。

由于国际技术贸易当事人涉及在不同国家纳税,因而不可避免地要产生双重征税问题。所谓双重征税,是指两个或两个以上国家政府,根据各自的税收管辖权,在同一时期,对同一个跨国纳税人,就同一笔跨国所得按同一税种征税。许多发达国家为了鼓励本国的对外投资者发展对外贸易,都制定了许多税收优惠政策,并以法律的形式固定下来。避免双重征税的方法有两种:一是实行税收抵免;二是实行税收饶让。税收抵免是指对国外如果在收入来源国已经缴纳所得税款的,允许在支付给本国政府的应税所得额中加以抵免,抵免的范围是所得税,并且需是双重征收并在收入来源国已支付的才能抵免,这种抵免是相互给予的。所得税的抵免实行的是限额抵免原则,即对国外所纳税款的抵免额不得超过按本国税法规定的税率所应缴纳的税款额。税收饶让是指居住国政府对跨国纳税人从非居住国得到减免的那部分税收,视同已经缴纳。税收饶让是一种特殊的税收抵免,是对非居住国引进外资和技术的税收优惠政策的一种积极配合,使之具有实际的意义。

由于税收抵免或税收饶让涉及国家之间的税收关系,因此要使之真正得到贯彻落实,仅仅有各国的法律规定还不够,一般还要通过收入来源国和居住国之间有关避免双重征税的双边协定,因而许多国家相互之间都签有避免双重征税的协定。双边协定所遵循的一般原则是,发生于缔约国一方而支付给缔约国另一方居民的特权许可费可以在该缔约国另一方征税。然而,这些特权许可费也可以在其发生的缔约国按照该缔约国法律规定征税。

截至2015年12月30日,我国已经与美国、英国、日本等100多个国家签订了避免双重征税的双边协定。我国对外签订的避免双重征税的协定都明确规定,中国居民在对方国家取得的所得,按照协定规定在对方国家缴纳的所得税,应允许在对其征收的中国税收中抵免。但是,抵免额不得超过对该项所得按照中国税法和规章计算的中国税额。

9. 争端解决条款。在合同的执行过程中,当事双方发生争议的解决办法通常有四种:友好协商、调解、仲裁和诉讼。

(1)友好协商。在合同双方当事人发生纠纷以后,由双方进行直接的接触,尽量在友好的气氛中,在彼此认为可以接受的基础上,相互让步、协商,最终达成一致意见形成和解协议,解决双方争端。

(2)调解。如果通过友好协商不能达成和解,可以把争议提交给第三方,由其提出解决办法,从中调解。双方当事人可以在合同中指定一名独立的专家作为调解人,并对这位专家应具备的条件、专家指定的方式、专家提出的解决方案及其法律效力、专家费用的分担等,都做出具体的规定。

(3)仲裁。争议也可以通过仲裁方式解决。仲裁是指合同当事人双方达成协议,在双方发生争议时,愿将有关争议提交双方所同意的第三者进行裁决,裁决的结果对双方都有约束力,双方都必须遵照执行。仲裁条款是合同当事人双方同意把争议提交给仲裁机构审理的协议,它是仲裁机构受理争议案的法律依据。若合同中未设仲裁条款,合同双方必须另行签订仲裁协议,否则仲裁机构是不受理双方的争议案的。仲裁协议内容要明确、全面,一般包括:①仲裁机构和地点;②仲裁规则;③仲裁的事项及范围;④仲裁裁决的效力和费用的负担。

(4)诉讼。如果当事人双方不能以合作协商方式予以解决,而双方当事人之间又没有订立仲裁协议,任何一方当事人都可以向有管辖权的法院起诉。但是,一般而言,并不鼓励合同双方采用诉讼方法解决争端,因为诉讼会破坏双方当事人的友好合作的气氛,不利于双方的长期合作。

10. 适用法律条款。合同的适用法律条款是指合同的成立和条款的解释受哪一个国家法律的约束,双方当事人的义务应以哪个国家的法律为准。由于各国法律不同,按照不同国家的法律处理争端,可能产生不同的结果。一般情况下,许可合同的当事人都各自熟悉本国的法律,因而都会希望合同能选择自己所在国的法律为适用法,以便在发生合同争议时可以自己国家的法律对合同做出解释。由此可见,合同适用法律条款是一个重要条款,合同的当事人双方都十分重视法律适用问题,在谈判过程中,常常在这个问题上相持不下,不容易达成协议。

世界上大多数国家都允许当事人有选择合同所适用法律的自由,订明法律选择条款的目的在于,使合同在法律上具有确定性,以免将来发生争议时在选择适用法律上发生分歧。

当事人选择适用法律时应了解有关的法律规定,并且不能违反本国的法律规定。如果合同当事人协商选择了合同的适用法律,则意味着合同的签订、效力、解释、履行等均以该法律为准。在订立这一条款时,应注意知识产权的法律特性,如地域性特点,即它们仅仅在自己依法产生的那个国家内才有效。

在当事人未明示或默示表明其愿意以何种法律适用其合同的情况下,可由法院根据合同以及一切与合同有关联的事项,或从合同的其他条款推测当事人的意向,来确定合同适用的法律准则。

11. 合同有效期和终止条款。许可贸易合同都会规定一个有效的期限。有效期的长短可由双方当事人根据具体情况协商,但一般而言,不会超过10年。有效期太长必定限制某一方当事人或双方当事人选择与其他人进行交易的自由,尤其对技术更新快的技术领域,将会造成技术已过时还需要支付提成费的不合理现象,因而有些国家对许可贸易合同的最长有效期限做了规定。

在许可合同期限届满时,如果双方当事人同意,可以适当予以延长。但通常国家会在审批条例中规定,如果需要延展许可合同的期限,必须提出申请,经过有关部门审批通过后才能延展。

合同的终止一般有三种情况:①自然终止。合同规定的有效期届满,双方当事人不准备延展合同,则合同自然终止。②不可抗力终止。合同签订后,某一方当事人遇到了不可抗力事故,致使合同无法执行,则可以中途终止,双方当事人可以免除法律责任。③违约终止。因一方违约造成合同中途终止,后果的处理比较复杂,一般会在保证与索赔条款等许多条款中,对何种情况下一方如何行使终止权,分别做出规定。所以,终止条款有时并非一个独立的条款,而是分散在许多条款之中。终止条款中最重要的是双方应协商好合同终止后的善后工作应如何安排,例如,许可方还有无权利取得使用费;如有权取得,以多少数额为限;被许可方是否应归还技术资料;被许可方有无权利继续使用有关技术;如不能继续使用,已建成的生产线如何处理等。

(三)合同尾部

合同尾部主要包括合同生效与签字等内容。

合同成立与合同生效是两个概念,不能简单地等同。我国《合同法》规定:“依法成立的合同,自成立时生效。法律、行政法规规定应办理批准、登记等手续生效的,则依照其规定。”

所以,许可合同经双方代表签字后即告成立。如果双方签字日期不同,则以最后一方的签字日期为签约日期。但是,根据大多数国家的法律规定,国际技术贸易合同须经国家有关部门审查批准才能生效。所以,一般会在合同中规定:“本合同于某年某月某日在某地经双方代表签字,并须经双方政府批准,以最后批准一方的批准日期为本合同生效日期。彼此应以电传或其他方式及时通知对方,并以信件确认。”

(四)合同附件

合同附件是附在合同之后用以说明合同正文不便详细罗列内容的部分,其地位与合同正文是同等的。双方当事人有必要在合同中明确这一点,例如,“本合同附件系合同不可分割的一部分,与合同正文同样有效”。

许可贸易合同的附件至少要有技术附件与产品附件。技术附件包括许可方将提供的各种技术的名称、资料细目、向被许可方发送的步骤及具体日期等。产品附件中包括适用该技术生产的产品将在性能、功能、质量等方面达到怎样的指标。许可方日后如不能履约,一般都表现为不能按时或按量送交技术文件,或所提供的技术并不能使被许可方产品达到应有的指标。因此,附件本身虽是技术性的东西,但它们在合同争议诉讼中往往成为重要的依据。

所有附件应与合同正文提到的附件相对应,并按前后顺序一一排列,不可任意颠倒。

三、许可合同的特殊条款

专利、商标和专有技术作为技术贸易的主要标的,它们各有其特点,并且在交易过程中,所涉及的问题也有所不同。因此,除了前面介绍的许可贸易的基本条款外,还应针对合同中的具体转让标的,在许可合同中加入一些特殊条款。

(一)专利许可合同的特殊条款

1. 专利条款。在签订专利许可合同时,由于专利问题涉及许多别的法律方面的问题,应要求许可方把项目中所包含的专利内容一一列出,并且包括专利号、申请国别、申请时间和有效期限。这么做的目的是使被许可方便于鉴别专利的真伪,并能较准确地支付应支付的专利技术使用费。

2. 专利有效性的保持。按照各国专利法的规定,专利申请后,专利人应按期向主管部门缴纳一定的费用,称为年费。年费的缴纳金额通常采取累进制,即越接近专利末期,年费越高。所以,为了保持专利在合同有效期内的有效性,合同应规定,许可方应按期向专利主管部门缴纳年费。这样做对于当事人双方,特别是被许可方是有利的;否则,合同有效期尚未届满,专利却可能因为未缴纳年费而失去法律的保护,当第三者利用该专利时,当事人均无法援引法律,要求法院或专利局追究第三者的法律和经济责任,而且当事人之间亦会因此而发生纠纷。

3. 关于侵权的处理。侵权是指未经专利权人许可,第三者即实施其专利,而专利权人或者其利害关系人被指控侵犯了第三者的专利时所产生的一种违法行为。

在许可方为转让专利权而与被许可方签订合同时,被许可方利用许可方专利技术生产并出售产品时,有时会受到第三者的指控,从而发生侵权纠纷。合同中一般规定:“如果第三方指控侵权时,由许可方负责与第三方交涉,并承担由此产生的法律和经济上的全部责任。”

对于侵犯专利权的诉讼问题应当如何解决,双方当事人应在许可合同中做出明确的规定,一般应包括以下三方面内容。

(1)通知的义务。被许可方如发现有可能引起专利权诉讼的情况,应及时通知许可方,以便其采取相应的对策。双方都应该有相互通知对方的义务。

(2)起诉或被起诉的义务。当该许可方项下的专利权受到第三者的侵犯,或被第三者提出异议或指控时,许可方有义务对该第三者提起诉讼,或对第三者的控告出庭应诉。在某些情况下,也可规定由许可方承担费用,而由被许可方提起诉讼或出庭应诉。

(3)关于诉讼期间提成费的支付。在专利权诉讼期间,引进方有权暂时停止支付提成费,或只按约定的百分比支付提成费。

4. 专利被宣布无效时的处理。对此,通常有以下三种处理方法。

(1)如果合同签订后出现双方尚未执行而专利被宣布无效的情况,被许可方可以宣布合同无效。

(2)如果合同签订后出现专利被宣布无效,但被许可方仍认为所转让的技术是有用的,则可要求许可方提供担保,即担保许可方本人是专利所有人。

(3)如果出现专利被宣布无效,但合同仍有存在价值的情况,则应对原签订的合同进行修改,以使双方当事人的权利、义务规定适应已经变化了的情况。

(二)商标许可合同的特殊条款

商标是工业产权的一种,商标所有人可以将商标转让给他人使用。在商标许可合同中,须明确规定以下几项内容。

1. 商品的内容条款。商品的内容主要说明商品的名称,并附有商标图样、使用该商标的商品类别。

2. 商标权的合法性和有效性条款。为说明商标权的合法性和有效性,合同中必须明确说明商标注册的国别、有效期和适用的地域范围,必要时还要提供注册证明或批准的影印件。此外,许可方还应声明,许可方是该注册商标的合法所有者,有权授予该商标的使用许可。

3. 授权的性质及许可使用的地区和商品条款。商标许可使用主要分成独占许可和非独占许可,一般多为非独占许可方式,也就是商标权人许可被许可方在合同规定的地区销售带有该注册商标的商品,许可方自己保留使用该商标的权利,即有权销售带有该商标的商品。

4. 被许可方使用商标方式条款。在一项商标许可或包含商标许可的合同中,究竟采用哪种方式,我国法律和政策都没做限制性规定。被许可方应该从企业的长远发展考虑,同时要根据自己产品的销售情况及市场需求决定采用的方式。

被许可方使用商标的方式,大致有以下几种。

(1)原样使用许可方商标。原样使用许可方商标是指将许可商标原封不动地使用在被许可方的商品上。原样使用的一般是商标知名度很高,特别是国际驰名商标,以不改变原有形式为宜。我国在加工贸易中大多采用这种方式,如“定牌生产”或“贴牌生产”,即商标标识由国外直接提供,我国的加工企业将商标直接粘贴或缝制在产品上。但是这种使用形式对被许可方来讲存在很大缺点。因为使用原商标带来的好处会在合同到期时消失,一旦许可合同期限届满,或许可方终止合同不让被许可方继续使用其商标,被许可方就必须改用其他商标,而改用新商标则往往会在相当一段时间内影响商品的销路。所以,在实际业务中,这种使用形式是很少的。

(2)联结商标。联结商标是指将许可方商标的主要特征和被许可方商标的主要特征联结在一起,组成一个新的商标,而联结商标的所有权属于被许可方。这种做法有利于使消费者产生联想,将被许可方的产品质量与许可方的产品质量和制造技术联系起来,逐步树立起新商标的信誉,扩大产品销路,又不会受许可合同有效期的影响。

(3)联合商标。联合商标是指将许可方原商标与被许可方自有商标并列使用。如上海汽车制造厂和德国大众汽车公司进行合作生产,其小轿车的商标使用“上海—桑塔纳”;又如“索爱”手机是索尼公司和爱立信公司共同生产的。这种商标使用形式与联结商标的优点基本是一样的。

(4)将许可方的商标与制造地点联系起来的商标,即注明由××国××厂根据××号许可证制造的商标。这种使用形式一方面可以利用许可方商标的信誉,另一方面又便于与许可方自己制造的产品相区别。如果产品质量存在缺陷,则易于查找产品来源。这种使用形式在国际转让中是比较常见的。

企业在实际操作中,一般选择上述可供选择使用形式的后三种,因为这涉及企业的商标战略问题。被许可方引进商标使用权的主要目的在于利用许可方商标的信誉,以利于产品的推销,并且希望以此建立被许可方自己产品的信誉。而第一种形式由于在合同期满后,被许可方不得继续使用许可方的商标,这就大大影响将来产品的销路和市场。为了避免这一情况的发生,也可以在合同中规定若干年先用许可方商标,若干年后改用许可方和被许可方的联合或联结商标,再过若干年后变为完全使用被许可方的商标。

5. 质量控制与监督条款。被许可方使用许可方商标直接关系着许可方的产品和企业的信誉,因此,许可方十分重视被许可方生产产品的质量。为了保证其质量与许可方所生产的产品质量相同,避免因被许可方产品质量达不到标准而毁坏商标名誉,甚至影响许可企业的声誉,许可方会要求对被许可方产品的质量行使控制权和监督权。

质量控制和监督条款的主要内容应视合同内容而定。这一条款的规定的宽严程度,一般是根据产品的特性和被许可方的技术水平加以规定,有的只笼统规定,有的则比较详细具体。一般而言,这一条款通常包括以下五项内容。

(1)许可方对被许可方生产的产品有定期或不定期抽查的权利。抽查的方式可根据商品特性,由许可方派人员前往被许可方生产现场抽查,或由被许可方按约定的方法自行抽取一定数量的样品,寄送到许可方实验室进行鉴定,提出评估意见和改进的建议。

(2)许可方有权派人员前往被许可方产品生产现场,对生产设备和技术状况进行检查。

(3)许可方有权检查被许可方生产产品所使用的原材料,如用替代的原材料,应以不影响产品的质量为前提。

(4)严格控制被许可方产品质量与许可方商标代表的质量相一致。

(5)如发生质量不符情况,许可方有权要求采取措施限期改进,如在限期内仍不能达到要求的质量标准,有权要求被许可方暂停使用许可的商标。

另外,拟定质量控制条款还应注意以下事项。

其一,应防止许可方提出过于苛刻、不合理的要求,甚至是限制性的要求。如必须使用指定的设备和原材料,必须雇用许可方指定的人员,达不到质量标准不允许生产和销售等。这类要求都属于不合理的限制性规定,应予以反对。

其二,在产品质量达不到质量标准时,许可方应持积极态度,不能单纯指责和限制。最好在合同中规定,许可方有提供技术服务的义务;在产品质量达不到质量标准时,许可方应提供技术协助,如协助检查不合格的原因,寻求克服缺陷的办法等。

6. 备案或注册。根据各国商标法的规定,商标使用许可合同签订之后均需向被许可方国家主管商标的管理机关办理备案或注册,使许可的商标在被许可方国家受到法律的有效保护。在许可商标受到第三者侵权时,合同当事人可以提起侵权诉讼,以制止侵权行为,否则,将使合同当事人处于不利地位。

办理备案和注册一般是有区别的。合同许可的商标已在被许可方国家注册过,只需办理备案。如果合同规定的商标使用方式不同于原商标,譬如联结商标或联合商标,那么,这种商标便已是一种新商标,需要办理注册手续,以得到被许可方国家法律的批准。

合同应明确规定由谁来履行注册或备案手续,这一手续可由被许可方或双方共同委托商标注册代理人办理。

(三)专有技术许可合同的特殊条款

秘密性是专有技术的特点之一,专有技术的商业价值就在于保密。由于保密,企业获得了商业竞争力。专有技术一旦被外界所知晓,其商业价值就立即降低,甚至完全消失,因此,许可方转让技术时,必将根据技术的发展情况和需要保密的程序,要求被许可方承担保密义务,限制被许可方扩散或泄露专业技术内容。保密条款,是专有技术许可合同的特征条款,是许可方减少风险的一项保护性条款。

1. 初期保密协议。在专有技术转让谈判的过程中,被许可方必须取得必要的技术情报资料才能对拟议中的项目进行评价,这难免要涉及一些技术细节,许可方不得不透露一些技术秘密。而许可方往往由于担心日后谈判破裂对自己不利,而不愿意把技术细节告知对方。为了避免这种两难的境地,双方在开始谈判的阶段,应在合同正式签订之前首先签订一项初期保密协议,以此约束对方,维护自身的利益。这是国际技术贸易中较为通常的做法。

初期保密协议的具体内容由双方商定,通常包括以下三方面的内容。

(1)应明确规定被许可方有义务对从对方获得的一切技术情报予以保密,不得利用和扩散,否则就要承担经济上和法律上的责任。

(2)应确定协议的保密期限。

(3)可以在协议中规定一定数额的保证金,即要求被许可方在初期保密协议签订后,立即支付给许可方一笔款项作为其履行保密义务的保证。一旦被许可方在规定期限内违约,许可方则没收这笔保证金,同时要求追究对方的违约责任。

2. 被许可方的保密义务。被许可方的保密义务如下。

(1)保密的范围。保密的范围就是指被许可方应当对哪些技术内容承担保密责任。

在技术转让中,许可方提供的技术资料包括两类,即非机密资料和核心资料。合同订立时,既要保证许可方的秘密没有被泄露,也应防止对许可方提供的所有资料不加区分,一概要被许可方承担保密义务和保密责任,束缚被许可方的发展。对被许可方应当承担的保密责任,一般在合同附件中一一列出。这一方面有利于使保密的内容具体化,另一方面有利于将不需要保密的部分排除在外。

被许可方应该对技术的核心部分,即基本设计、工艺和图纸等保守秘密。一般情况下,应被保密的资料包括:被引证的机密资料;公众不知悉,被许可方亦不知悉的资料;以书面形式提供的资料;口头形式传授的可以采取措施加以控制的无形知识和经验。

一般而言,对以下四种情况,被许可方不需要承担保密责任:①被许可方取得专有技术时已经拥有或掌握的技术；②非因被许可方过失已为公众所知晓的技术；③许可方公开或被他人窃取而泄密的技术；④许可方或第三方已发表的技术资料。

(2)保密的地域范围。保密的地域范围是指保密者承担的不向任何第三方泄露所负责保密的技术的区域范围。这个区域范围取决于合同的性质，即取决于该合同授权条款中规定的授权性质。如果该合同授权条款规定的授权属于普通许可，那么，被许可方承担的保密义务则不受地域范围的限制；如果合同中的授权是一种分许可，被许可方有权根据合同规定将许可方转让的技术向第三方转让，则被许可方承担的保密义务的地域范围就是有限的，不包括合同规定的分许可地区。

(3)保密的期限。保密的期限，即被许可方承担保密义务的期限。保密期限的长短应根据所转让技术的实际寿命，以及国家的有关法律规定来确定。对一般技术，保密期限与合同有效期相等。对尖端、先进技术或经济价值很大的技术，保密期可以长于合同有效期，特别是合同有效期届满后，专有技术的内容仍未被公众所知晓，而且该技术在当时仍是很有效的，被许可方可以承担长于合同有效期一定时限的保密义务。例如，某些西方国家法律或判例允许合同届满后，保密期继续延长3~5年。

保密的期限也可以续展，这指的是在合同执行过程中，由于某种情况的发生，合同当事人双方同意将合同原定的保密期限予以延长。在许可合同中，一般都规定技术的改进和发展条款，当许可方在合同有效期内根据合同规定将其新发展的技术提供给对方时，保密期的续展也就随之发生。一般来说，续展的时间为该合同已经实际执行的时间。如某一合同规定的保密期为10年，当合同执行到第5年时，许可方将新发展的技术提供给被许可方，被许可方对新发展的技术的保密期也同样为10年，自被许可方收到许可方提供的新发展的资料之日起计算，由此该合同的保密期的续展时间为5年。

(4)保密的措施。保密措施可根据专有技术本身的特点，做宽严不同的规定。对于一般技术，保密措施的规定可以简单、笼统一些；对于尖端专有技术或经济价值很高的技术，保密措施应该严格。合同中规定的保密措施通常有以下两种。

第一，规定技术资料的复制和使用办法以及技术资料的回收。例如：合同规定被许可方不得以任何方式复印、复制和抄录许可方提供的技术资料；被许可方应妥善保管技术资料并详细记录每次使用技术资料的情况，以备许可方检查；许可方有权对被许可方的保密工作进行监督；在合同执行完毕，或是因故不能继续执行时，被许可方应将许可方提供的某些秘密资料退回等。

第二，限制接触核心技术秘密的成员。在被许可方使用资料的过程中，要限制接触资料的人员，如仅限于某些具体执行该合同的技术人员接触资料。必要时可以与凡是接触技术资料的人签订保密协议或保证，并可以规定雇员在职期间和离职后一定时间内，不得以论文、著作形式泄露专有技术内容，不得向无关人员或第三者谈论专有技术内容。

(5)泄密的责任。在合同中规定承担违反义务的违约责任条件，实际上是规定不承担违约责任的例外情况，即免责条件。哪些情况可以作为免责条件由双方约定，一般仅限于由于保密义务人自身以外的原因，使继续执行保密义务成为不必要或不可能等情况才能免除承担违约责任。

在合同的有效期内，泄密不但可能发生在被许可一方，也可能发生在许可一方。就合同当事人的责任而言，被许可方泄密即构成违约行为，应承担违约责任，赔偿给许可方所造成的经济损失。反之，许可方泄密，如全部泄密，被许可方有权终止合同，并要求赔偿损失；如属部分泄密，被许可方对泄密的部分不再继续承担保密义务，并可要求降低技术使用费。如泄密非合同当事人所为，而是当事人雇员的行为，则应追究泄密人员的刑事责任，可根据情节轻重，移交司法部门进行查处。

确定违约赔偿的范围是个复杂的问题。违反合同保密义务的后果同违反其他合同义务的后果不尽相同，其实际后果很可能是使转让的技术秘密失去商业价值，所以，泄密的违约赔偿范围直接或间接的涉及确定该技术的可得利益的损失。而可得利益是未来可能获得的利益，对它的确定更是一个复杂的问题，一般只能对其做相对合理的估算而无法精确计算。为了避免一旦发生违约而在赔偿范围问题上纠缠不清，应尽可能在合同中对违反保密义务的赔偿范围及计算方法做出明确的规定。

3. 许可方的保密义务。在国际技术贸易中，许可方也要承担一定的保密义务。许可方的保密义务至少表现在以下三个方面。

(1)许可方对被许可方提供的合同工厂的厂址情况、水文和地质资料、生产能力、产品种类、经销渠道等生产经营情况应承担保密义务。因为合同工厂的厂址环境、生产经营情况等属于该厂的重要经济情报或商业秘密，一旦泄露，势必有碍于该厂在商业上的竞争地位。

(2)许可方在订立合同后，一般也应对其转让的技术进行保密，不得以危害被许可方为目的将其技术公开。被许可方与许可方签订专有技术转让合同后，为了最大限度地从其购买的技术中获得利润补偿，被许可方会要求许可方对其所转让的技术予以保密，以防一旦泄露或公开，增加强有力的竞争对手，或者丧失该技术的商业价值，遭受损失。

(3)在被许可方将其发展的技术回授给许可方时，许可方应承担保密义务，不得泄露被许可方回授的技术内容。

案例研究

案例一　无线通信标准必要专利“禁诉令”案

2018年1月，华为技术有限公司、华为终端有限公司、华为软件技术有限公司（以下统称“华为公司”）向江苏省南京市中级人民法院提起诉讼，请求确认未侵害康文森无线许可有限公司（以下简称“康文森公司”）三项中国专利权并请求确认中国地区标准必要专利的许可费率。

康文森公司为一家注册于卢森堡的公司。2012年，芬兰诺基亚公司将其持有的涉及无线通信技术的专利包拆分出一小部分出售，康文森公司购得该专利包。该专利包中包括欧洲专利、美国专利、中国专利等。该专利包中全部专利的原始专利权人芬兰诺基亚公司作为ETSI（欧洲电信标准化协会）的参与者和标准贡献者，已经按照ETSI的知识产权政策提交了愿意在公平、合理、无歧视（FRAND）原则下提供许可的承诺，并且根据ETSI的知识产权政策，即使在专利权转让的情况下，专利的受让方仍应受到FRAND原则的约束。

2014年4月29日，康文森公司通过邮件致函原告华为技术公司，告知其通过购买获得了原属于诺基亚公司的涉及2G、3G、4G等通信标准的部分SEP（标准必要专利），且主张多项华为移动终端产品涉及侵害该专利包的专利权，需要获得其许可。康文森公司提供了10件美国专利及其技术比对资料作为双方技术谈判的样本，但要求原告华为公司获得其专利包的全球打包许可。之后双方多次通过邮件或在中国境内的面谈等形式沟通该事宜。2017年12月12日，康文森公司以致函方式向华为公司提供了其主张的真实标准必要专利清单，该清单表明其主张在中国拥有10族11件现行有效的标准必要专利。

华为公司主张，根据调查分析，包括ZL0081××××. 1、ZL20058003××××. 8、ZL20068001××××. 7等专利在内的诸多中国专利已被国家知识产权局专利复审委员会宣告无效且不属于3GPP技术标准的标准必要专利，因此，华为公司在中国制造、销售、许诺销售移动终端产品的行为未侵害被告的这些专利权。同时，华为公司请求法院在查明就被告所有以及有权做出许可的、声称并实际满足2G、3G、4G标准或技术规范并且由原告实际实施的全部中国必要专利的技术价值的情况下，判令确认许可给原告的符合公平、合理、无歧视原则的许可条件，包括费率。

2018年4月，为反制华为公司的本案诉讼，康文森公司向德国杜塞尔多夫法院提起专利侵权诉讼,请求判令华为公司停止侵权并赔偿损失。2019 年 9 月 16 日,一审法院判决确定华为公司及其中国关联公司与康文森公司所涉标准必要专利的许可费率。康文森公司不服一审判决,向最高人民法院提起上诉。在最高人民法院二审审理期间,2020 年 8 月 27 日,德国法院做出一审判决,认定华为公司及其德国关联公司侵害康文森公司欧洲专利,判令禁止华为公司及其德国关联公司提供、销售、使用或为上述目的进口或持有相关移动终端,销毁并召回侵权产品等。该判决可在康文森公司提供 240 万欧元担保后获得临时执行。该判决认定,康文森公司向华为公司提出的标准必要专利许可费率要约未违反公平、合理、无歧视(FRAND)原则。康文森公司的前述要约中多模 2G/3G/4G 移动终端产品的标准必要专利许可费率约为本案一审判决所确定中国标准必要专利许可费率的 18.3 倍。

当日,华为公司向最高人民法院提出行为保全申请,请求禁止康文森公司在最高人民法院终审判决做出前申请执行德国法院判决。最高人民法院在要求华为公司提供担保的基础上,做出行为保全裁定,即:康文森公司不得在最高人民法院终审判决前,申请执行上述德国判决。如违反本裁定,自违反之日起,处每日罚款人民币 100 万元,按日累计。该裁定于当日送达。康文森公司在复议期内提起复议。最高人民法院组织双方听证后,裁定驳回康文森公司的复议请求。2020 年 11 月,华为公司与康文森公司就此案达成和解后撤诉。

本案是我国知识产权诉讼首例具有“禁诉令”性质的行为保全裁定,明确了采取禁止申请执行域外法院判决的行为保全措施时应考虑的必要性、损害程度、适应性、公共利益以及国际礼让因素等,并首次探索日罚金制度,初步构建起中国“禁诉令”的司法实践路径。本案裁定促成当事人最终达成全球一揽子和解协议,结束了在全球多个国家的平行诉讼,取得了良好的法律效果和社会效果。

案例思考与讨论:

你从该案例中得到了哪些启示?

案例二　苹果与爱立信 5G 专利许可纠纷

近日,爱立信对苹果提起诉讼,要求法院声明其向苹果提供的 5G 无线专利许可费率符合公平、合理、无歧视的 FRAND 原则。事实上,双方早在 2008 年就在无线专利领域有密切合作。从当初的“合作伙伴”到如今的“对簿公堂”,爱立信与苹果此次“撕破脸”更像是技术专利领域规则制定者和重构者之间的一场抗争。

在无线专利领域,爱立信与苹果“相爱相杀”多年。2008 年,苹果首次发布

iPhone时就获得了爱立信的无线专利授权。2015年,爱立信公司向美国国际贸易委员会申诉,要求向美国市场销售的苹果产品颁布禁售令,原因是苹果产品侵犯了爱立信41项技术专利。这些专利除了移动通信设备基础技术,还涉及用户界面、省电和操作系统等领域。2015年12月,双方签署全球专利许可“七年协议”:苹果先向爱立信支付一笔专利使用费,此后定期向爱立信支付专利费,以此结束双方之间所有的专利侵权索赔,同时宣布在多个技术领域展开合作,包括5G研发、视频网络流量管理和无线网络优化等方面。

如今,协议到期,双方未能逃过“七年之痒”的魔咒。2020年末,爱立信又开始与苹果谈判新的许可协议,但苹果认为爱立信的许可费率违反了FRAND原则。近日,爱立信就5G专利许可费再一次起诉苹果,爱立信认为自己在2017年公布了5G标准费率,遵守了欧洲电信标准化协会(ETSI)的知识产权政策,遵守了法院的在先判例和行业惯例,提供给苹果公司的是符合FRAND原则的专利许可费率。

双方之所以在续约时谈崩,离不开专利授权模式和专利授权中公平、合理、无歧视原则这两个方面。在移动通信领域,手握移动通信技术专利的企业通过向手机制造商授权必要专利来获得收入。与同行按照手机售价3.25%~5%收取专利授权费率的模式不同,爱立信采用的是按手机销售部数乘以固定费用的计价模式。

然而,苹果认为这种模式并不合理。在苹果看来,一方面,因为爱立信专利主要涉及手机的通信模块,很多专利苹果完全不需要,“打包”卖专利的方式不合理。另一方面,不应该按照最小销售单元的理论来计算专利费用,因为在使用相同专利的情况下,苹果手机通常比其他品牌手机卖得贵,所以专利费要比其他品牌高。苹果还表示,2019年其在官方网站上公布了一套自己的“FRAND的核心原则”。这些观点和做法相当于否定了爱立信现行的专利授权体系。

从表面上看,这次纠纷是爱立信和苹果谈“钱”色变,但从本质上来看,是手握通信专利的老牌通信企业和急需专利授权的新兴移动厂商之间的一场对抗。爱立信曾表示,对于在早期研发方面进行大量投资的技术领先企业来说,通过专利许可获得公平报酬对确保其在创新方面的新投资以及开放式协作标准化的持续成功至关重要。事实上,在通信设备制造企业的激烈竞争中,爱立信的市场地位备受挑战,但其拥有大量专利。截至2021年5月,爱立信的知识产权组合已有超过57 000项授权专利。根据IPlytics的全球5G技术专利清单,截至2021年2月,爱立信拥有全球4.6%的授权专利和在用专利,对5G技术标准的贡献率为14.47%,位列全球第二。

案例思考与讨论:

1.思考非排他案例专利许可协议的特点。

2. 思考签订专利许可协议时应注意的问题。

思考与练习

1. 许可贸易与其他技术贸易相比有哪些特征？
2. 什么是排他的许可？
3. 独占的许可指的是什么？

第十章 其他国际技术贸易方式

Other Patterns of International Technology Trade

在国际技术贸易实践中，除了前面介绍的有关知识产权的技术贸易之外，还有很多重要的贸易方式，如技术服务、技术咨询、国际生产、国际合作开发、国际工程承包、BOT 和特许经营、补偿贸易等。本章分节介绍阐述了这些贸易方式的基本概念和业务程序。通过本章的学习，学生应该掌握其他国际技术贸易方式的内容、特征，以及需要注意的问题。

学习要点

Besides the technology trade related to the intellectual property referred to in the previous chapters, there are other important trade patterns in international technology trade practices, such as technology service, technology consultancy, international production, international cooperative development, international project contracting, BOT, franchising and compensation trade, etc.In this chapter, we sectionalize the basic concepts and functional processes of these trade patterns.Through this chapter, students should know the contents, characteristics and related issues of these trade patterns.

第一节　技术服务与技术咨询

一、技术服务与技术咨询的含义

技术服务是指受托方应委托方的要求,针对某一特定技术课题,运用所掌握的专业技术技能和经验、信息、情报等向委托方所提供的知识性的服务。所谓的技术课题,是指有关改进产品结构、改良工艺流程、提高产品质量、降低产品生产成本、减少原材料和能源消耗、安全生产操作、治理污染等特定的技术问题。

技术咨询,是指受托方应委托方的要求,针对解决重大技术课题或特定的技术项目,运用所掌握的理论知识、实践经验和信息,通过调查研究,运用科学方法和先进手段,进行分析、评价、预测,为委托方提供建议或者几种可供选择的方案。技术咨询课题或项目一般包括科技与经济、重大技术工程项目、专题技术项目的可行性论证、软科学研究课题、促进科技进步和管理现代化、提高经济效益和社会效益的课题等。

二、技术服务与技术咨询的异同

(一)技术服务与技术咨询的相同点

1. 技术服务与技术咨询都是解决技术课题。技术服务与技术咨询是针对特定技术项目、技术课题所提供的技术性服务;其他服务或咨询是针对技术以外的问题,如经济问题、法律问题、医疗保健问题等非技术领域的问题,不属于技术服务或咨询的范围。

2. 技术服务与咨询所用的知识都是普通知识。技术服务与技术咨询所用的知识是现成的、成熟的、实用的,甚至是经验性的一般知识,只要能解决约定的技术项目和技术课题,就足以满足要求。因为,技术服务与技术咨询项目或课题并不一定是新问题,有的可能是他人早已解决而委托方尚未解决的问题。再者,技术服务与咨询如需要使用专利和专有技术,则需要通过签订专利实施许可合同或专有技术许可合同加以解决。

3. 技术服务与技术咨询机构是完全独立的。技术服务与技术咨询的价值在于它的科学性和可靠性,而科学性与可靠性来源于从事服务、咨询机构与人员的独立性。要对一个技术课题做出科学的判断,得出正确的结论,从事服务、咨询的机构和人员必须排除外界利害关系的干扰,凭借其广泛的专业技术知识和高尚的职业道德进行研究,绝不能有所偏颇,这样才能获得正确、可靠的技术解决方案和客观的咨询结论。因此,技术服务和技术咨询机构的独立性是咨询行业赖以生存的最重要的前提之一。

4. 技术服务与技术咨询机构同委托方的关系是买卖关系。在技术服务与技术咨询业务中,受托方转移给委托方的成果是咨询报告、技术方案及技术课题的最终解决方案等。服务和咨询成果提供给委托方后,其所有权即属于委托方,受托方无权使用或允许其他人使用。所以,技术服务与技术咨询类似于买卖交易。

(二)技术服务与技术咨询的不同点

技术服务与技术咨询是相互联系、难以严格区分开的,但是它们之间又确实存在着很大差别。在实际业务中,当事人不应混淆两者的界限,否则难以确定合同的性质及当事人的权利和义务。

1. 技术服务与技术咨询适用的范围不同。技术服务应用于单项的具体技术课题,如产品质量控制、产品设计、材料鉴定、工程计算等。技术咨询则适用于工程项目的新建、扩建、技术改造等大中型项目或重大技术课题,一般属"特定的技术项目"。

2. 技术服务与技术咨询机构的责任不同。技术服务机构不仅仅提出技术问题的解决方案,而且还必须负责方案的实施,使委托方的技术问题得到圆满解决,成果必须达到规定的技术指标。如技术方案实施结果未达到规定的技术指标,或者给委托方造成经济损失,技术服务机构应承担赔偿责任。

技术咨询机构仅负责预测、评估、论证、建议等,按约定的时间提供符合咨询合同要求的咨询报告,并不负责咨询报告的实施,实施的责任在委托方。即使委托方完全按咨询报告实施,而结果不理想或造成失败,也是一样。除非这种结果是由咨询机构在咨询过程中未遵守职业道德、未恪尽职守或故意行为造成的。

3. 技术服务与技术咨询适用的知识范围不同。对于技术服务来说,只需要使特定的技术问题得以解决即可,即需要有解决实际问题的知识和能力。因而,技术服务中被委托人向委托人提供的技术通常不包括专利技术和专有技术,而是大量的人们在日常专业技术工作中反复运用的现有技术。这些技术大都是些早已公开的技术,不涉及专利和专有技术的权利归属和争议问题。由于技术服务一般不具有创造性,常常表现为科技人员在其熟悉的专业范围内,对自己已经掌握的知识、技术、经验、信息的重复运用。

而技术咨询则需要理论知识、实践知识和技术前沿信息,在科学分析和调查研究的基础上,提出建设性的意见和建议。这些意见和建议必须在经济上合理、技术上先进、生产上具有可操作性。

4. 技术服务与技术咨询的成果的形式不同。技术服务是以专业技术知识，解决特定技术问题，并实现委托方所期望的结果，最终使技术课题圆满解决。技术咨询是为委托方提供特定技术项目预测、评估、论证意见，其成果形式是书面咨询报告、建议书等。

5. 技术服务与技术咨询的时间不同。技术服务业务一般是在项目建成以后，而技术咨询业务一般是在项目建成之前。

三、技术服务与技术咨询的主要方式

几乎在一切的技术课题领域都能找到相应的技术服务与咨询的机构来提供服务。因而，技术服务与技术咨询的涉及范围非常广，下面仅介绍几种主要的技术服务与咨询的方式。

（一）技术服务的方式

1. 培训。现代社会的节奏越来越快，经济发展和科技进步步伐的加快使得从事各种行业的人们都不得不加入到终身学习的大军里来，从医生到工人，从企业高层管理人士到技术骨干，都需要不断提高素质，充实自己，以适应和迎接社会的新挑战。而公司为了增强其对外竞争的能力，纷纷开设专门的课程对其员工进行培训或把培训工作交给专业的机构来完成。培训可以就某项专题知识来进行，也可以为全面提高企业的人才素质而进行。培训对象也可根据实际需要来安排，如为提高企业的高层管理人员应对风险的能力，进行高级管理人才培训；或为了提高工人对新机器掌握的熟练程度，进行操作技能方面的培训等。

2. 设备的测试、分析和验收技术服务。这种方式有两种情形：一是在成套设备合同和其他设备进口合同中，需要由设备的提供方负责安装调试，一般作为一个合同的条款；二是设备引进方从多家厂商进行配套的，需要同行业有经验的专家安装调试服务，那么应该单独签订服务协议。例如：新产品、新材料性能的测试分析，非标准化的测试分析，有特殊技术要求的技术成果的测试分析，还包括为国内研发或者国外引进的先进仪器设备、成套装置及生产线的关键性技术调试。

3. 设计服务。设计服务包括：改进现有产品结构和工艺流程的设计；专用工模量具及安装的设计；有特殊技术要求的非标准专用设备的设计；引进设备和其他先进设备仪器的测绘和关键零部件及国产化配套的设计。

4. 代理雇主起草、拟定技术文件、商业文件，如草拟公司章程、合同、招标书等技术服务。

5. 代理雇主进行贸易谈判、法律诉讼、财务审计等技术服务。

6. 计算机技术应用服务。这主要包括计算机系统软件编制和辅助设计等智力密集型服务。

7. 特定项目的信息加工、分析和检索。它主要是指为技术开发和特定技术项目服务的科技信息的收集、整理、分析和检索。

(二)技术咨询方式

技术咨询服务的形式有许多种,下面是几种常见的方式。

1. 提供技术资料。由咨询公司或由咨询公司委托其他有关的单位提供。雇主首先要向咨询公司提供咨询清单,即所要进行咨询的内容及有关详细说明。咨询公司接受之后,双方共同商定技术资料的交付时间、交付的方式及费用,并签订合同。

2. 项目咨询。咨询公司应雇主的要求对某一工程项目进行设计,设计的最终成果必须保证符合双方签订合同的规定,如果达不到雇主原本在合同中提出的技术指标和经济指标,确实属于咨询公司的责任时,应该由咨询公司采取措施予以补救;造成损失时,应由咨询公司负责赔偿。而雇主在合同签订时,要向咨询公司提供必要的资料、数据,例如水文、地质、地图、交通运输、气候条件、主要建筑物和设备的情况以及原料、能源、供水、排污设施、技术人员的技术水平等情况。

3. 可行性研究。可行性研究是指对某种特定的经济技术项目的先进性和合理性进行综合分析和研究。它是分析、判断某一事物在社会、政治、经济、技术关系等变化情况下可能出现的后果,再应用科学方法寻求的定量和定性结合的可行解,同时运用优化方法寻求最优解。可行性研究一般分为机会研究、初步可行性研究和技术经济可行性研究三个阶段。可行性研究所设计的技术项目,可以是对一个完整工程项目的系统咨询服务,也可以是对某一具体的技术开发项目的咨询服务。在工程建设项目、投资项目、项目扩建、技术改造等开始前,咨询服务机构应雇主的要求客观、科学地对其进行技术经济分析和评价,提出可供选择的方案,撰写项目可行性研究报告。

4. 技术评估。技术评估是指根据一定的价值标准,以预测的方法分析某一技术的发明、革新对于环境和社会的影响,以及该技术实施后可能带来的社会经济效益的全部活动。通过对技术的预期结果的分析,可以为企业和政府制定关于技术发展方面的决策提供可靠的依据。

5. 企业管理咨询。在现代经济社会中,企业为了改善经营管理,获得竞争地位,扩大销售,占领市场份额,在很多方面都会邀请专业的咨询公司介入,为企业在以下方面提供建议和指导服务：确定企业的目标和经济方针；财务管理和财务决策；管理机构和管理制度的建立；提高生产率和降低生产成本；进行财务管理和财务决策；建立人事协调和培养人才各项管理制度；企业长远规划和战略等。借此，咨询公司可以协助企业改善经营管理，评价企业的生产计划和市场开发系统并提出改革方案，制订合理的销售计划等。

6. 政策咨询。政策咨询是指为国家的经济、科技、社会发展战略提供宏观的决策咨询。在国外，政府做出决策前，都要委托咨询机构进行咨询研究，以致出现了一批咨询机构，使政策咨询成为一种管理和制度。例如，美国的兰德公司和斯坦福国际研究所就主要是为客观战略决策服务，研究实现最优决策的新思想、新理论和新方法。他们的研究成果，对美国的战略理论有着深远的影响。政策咨询主要包括：

（1）为国家、地区、企业的发展战略和各种战略性问题，提供综合调查研究和系统设计方案。

（2）为国家、地区、企业的技术经济政策的制定，提供调查研究和建议方案。

（3）为科学技术发展规划的编制和大型科研项目的组织实施，提供科技发展水平和预测的综述，设计各种实施方案。

四、技术服务与技术咨询的业务程序

由于技术服务与技术咨询涉及的范围非常广泛，因而其业务因课题和项目的不同而有所差异，也会因复杂程度的不一样而有繁有简。但是，一般来说，为了保证技术服务与技术咨询的效果，最终达到委托方希望达到的目标，还是要遵循一定的业务程序。技术服务与技术咨询的一般业务程序包括如下四步。

（一）选择合适的技术服务与技术咨询的机构

目前在我国有许许多多技术服务与咨询的机构，其专业化程度及专业水平千差万别。在确定服务机构之前，委托方必须对各种技术服务、技术咨询机构进行详细的调查，并对技术服务与技术咨询这个行业进行了解，以便选择最能满足需要的、最能胜任解决自己难题的服务、咨询机构。社会上的技术服务和技术咨询机构有以下几种类型。

1. 独立开业的服务、咨询专家或专家组。有声望的专家大多是某个技术领域公认的权威，具有较深的专业造诣和较专业的知识水平，擅长解决专业性很强的技术课题，或对技术课题提出有价值的评估建议。这种专家或专家组的优点是他们能高质量、高速度、低费用、低成本、有针对性地解决某一技术难题。但是他们的缺陷在于组织不够严密、专业范围较为狭窄、缺乏先进的实验设备、办公条件较差等。因此,这种机构适合解决特别专门的技术课题。

2. 专业服务、咨询公司。专业服务、咨询公司是由多学科专业人才汇集组成的专门从事技术咨询的实体,有着完善的组织和固定的业务范围。这种专业服务、咨询公司的优点是学科知识面广、人员素质高、服务咨询经验丰富、公司组织严密、工作程序和管理规范、拥有测试实验手段和辅助人员。所以,这类机构有能力解决多学科、多专业的复杂技术难题,能独立承担大型项目的各种技术服务、咨询业务。但是这种机构的服务收费偏高。

3. 工程承包公司。工程承包公司主要是承担项目的建设和施工,并具有工程设计力量和项目前期准备的实际经验。他们除了可以承担整个项目的整体设计或关键部位的专业设计及现场勘测、施工监督外,同时还可以从事其所属领域的技术服务和技术咨询工作。

4. 专业科学研究机构。这些机构集中了大量专业人才,有很强的开发和研究能力,不但善于进行基础理论研究,而且善于进行技术应用研究,并能把研究成果转化、应用到工业生产领域。他们能接受委任,解决工艺改进、材料试验、质量控制、产品测定等课题。但是,他们的缺点在于:尽管有丰富的理论知识,但在实际生产方面的经验不足,并由于技术服务和技术咨询工作不是他们的主要业务,因而在接受服务和咨询任务后,往往没有给予足够的重视,没有足够的人力,在时间上难以保证。

5. 高等院校。大学是科学技术发展的一支重要力量,在大学里有各种类型、各种专业的人才,并有著名的专家、教授、学者,又有较强的实验手段。很多企业都委托他们进行专题研究、人员培训和计算机软件设计等。但是,由于他们的理论知识远比其生产实践经验丰富,因而,他们往往只善于解决技术咨询课题,并不善于解决技术服务课题。

总而言之,可供选择的技术服务和技术咨询的机构非常多,他们各有长处和缺点。因此,在挑选技术服务与技术咨询机构时,委托方必须根据所要解决课题的性质、范围、难易程度,选择最合适的机构。委托方应事先通过各种途径,了解各机构的组织规模、业绩、水平、人员构成、信誉及其经营状况,从中选择专业范围对口、经验丰富、解决问题的实际能力较强的专业机构来邀请其提供服务与咨询。

(二)拟定服务咨询任务书

服务咨询任务书是委托方向技术服务或咨询机构提出技术课题、咨询项目的初步说明书,其内容包括:课题的内容、要求、环境、条件、期限等。服务咨询任务书可由委托方做成标书，在主要的报刊上发布，让服务、咨询机构购买，通过招、投标程序，选择合适的技术服务与咨询机构。同时，既可以提交给有关的咨询公司，也可以通过询价方式向特定的咨询公司发出，以便使各咨询公司按任务书的要求提出报价。

技术服务与咨询机构收到或买到服务咨询任务书后，应认真研究任务书的内容，确定课题的难易程度，所需知识结构和知识水平，工作量大小，衡量本机构能否胜任这一咨询课题。如确定可以接受，就应着手拟定报价书，提出咨询的各项条件；并在规定的最后期限之前，向询价方或招标方提出报价书或投标书。询价方对报价书或投标书进行综合分析、比较，从中选择条件、费用最符合要求的机构作为合作者。

（三）磋商技术服务与技术咨询条件

在拟定好技术服务与技术咨询任务书和投标书，双方要就服务或咨询的条件进行反复磋商，以便澄清双方的立场，缩小双方条件上的差距，从而取得相互谅解，最终达成交易。磋商的主要内容一般包括：服务、咨询的主题和工作范围；成果形式及质量要求；双方的责任和义务；工作进度；成果验收与接受；受方提供的为具体咨询所需的技术数据以及有关部门的资料；服务咨询费的金额及支付方法；违约责任，等等。

（四）签订技术服务或技术咨询合同

服务或咨询合同是双方为某一技术课题的咨询，经过反复协商所签订的具有法律约束力的书面文件，是受托方执行技术服务或技术咨询工作的依据和考核服务或咨询成果的质量标准。因此，当事人应当仔细斟酌合同的各项条款，特别是双方的各项权利、义务以及违约责任等相关条款，以保证双方当事人的合法权益不受侵害，促使受托方按期完成技术服务、技术咨询服务，并且保证成果的质量达到委托方的目标和标准。

五、技术服务与技术咨询合同的主要内容和条款

技术服务和技术咨询合同与许可贸易合同不太一样。由于服务和咨询课题的性质、复杂程度差异很大，合同内容和合同条款也就没有一个固定的模式，其订立主要取决于课题的难易程度，服务、咨询期限的长短，服务、咨询费用金额的大小等。一般来说，服务、咨询课题难度越大，技术水平要求越高，受托方承担的责任越大，其合同条款也越全面、越细致。反之，合同条款则应比较简明概括，避免规定细

节过多致使合同重点模糊,或导致合同执行困难。

技术服务与技术咨询的主要条款必须包括:合同名称和编号、前言、合同的主题、服务咨询的要求、服务咨询方式、价格、支付、双方责任范围、税费、保证条件、违约及其补救的办法、不可抗力或情势的变迁、争议的解决、合同的生效及法定地址。另外,还根据合同的要求制定各种附件,作为合同的一个组成部分。以下仅对合同中的一些基本条款进行介绍。

(一)技术咨询与技术服务的基本内容

1. 范围。该条款主要规定委托方所需服务、咨询的主题和范围,及委托方希望达到的目标和技术要求。除了上述对技术服务项目的规定外,还要规定服务、咨询的具体要求,如合同内容细目、详细的技术指标和技术参数、咨询公司应该提交的资料等,通常以合同附件的形式将其逐项列明。

2. 项目名称。技术服务和咨询,是指技术服务合同所涉及的技术标的项目的全称。名称应反映出技术服务合同的技术特征和法律特征,项目名称一定要与内容相符。

3. 关于技术服务内容、方式和要求。其主要是指技术咨询与服务合同标的的特征和要求等内容。这些要求主要是指完成技术服务工作的具体做法、采用的手段和形式。

4. 合同履行期限、地点和方式。履行期限是指当事人双方约定的开始履行的日期和完成的日期,以及分阶段的各阶段的起止日期。合同应约定履行的地点。如果合同没有约定,则推定在委托方所在地履行。履行方式可以约定以工艺产品结构的设计,新产品、新材料性能的测试分析,新型或技术复杂生产线的调试,非标准化的测试分析以及利用技术和经验为特定项目服务等方式来完成。

5. 关于验收标准和方式。验收标准和方式是指技术服务合同实施完成后,当事人委托方确认所完成的技术成果是否符合和达到合同标的约定的技术指标和经济指标的活动。具体可以采取鉴定会、专家评估或由委托方认可等方式验收。

6. 工作条件和协作事项。在技术服务中委托方应向服务方阐明所要解决的技术问题的要点,提供有关背景资料、数据、原始设计文件,并提供必要的样品材料、场地和工作条件,同时双方还应在合同中明确规定双方协作的具体问题。

(二)受托方的责任

对于受托方的责任,合同内容主要有:完成服务、咨询的期限,担当服务咨询任务的人数,人员的资历,应提供的资料,最终报告、图纸、计算数据,最终审查的办法,委托方派遣培训人员的人数和培训时间等。其中,应特别注意解决以下问题的条款。

1. 保证服务、咨询工作的质量。就此,合同应作两方面的规定。

(1)受托方应尽最大努力,利用所掌握的技术知识,为委托方排忧解难。应该在客观、科学、全面分析客观事实后,为委托方提供经济上合理、技术上先进、生产上可靠、实践上可行的服务或咨询。

(2)委托方应派遣合格的服务、咨询人员。因为,最终的服务、咨询成果的质量在很大程度上取决于服务及咨询人员的专业知识、技能水平、职业道德、工作经验等综合素质。因而,受托方应保证派遣知识、技术水平达到要求,能满足服务、咨询任务需要的人员。

2. 负责解答委托方提出的问题。完满地解答委托方的疑问是受托方的重要责任之一。在服务和咨询过程中,咨询报告或建议书提出之后,委托方有可能对有的问题表示不明白或有疑义,或认为有错误,认为与其设立的目标相偏离,受托方有责任做出解释,充分阐明理由,让委托方了解或得到委托方的认同。报告中的错误,如明显由受托方疏忽所致,受托方有责任及时进行改正。

3. 按照合同规定的期限,完成技术服务或咨询任务。受托方的责任和义务就是在合同规定的期限内按质按量完成服务任务或完成咨询报告,并把它提供给委托方。服务任务或咨询报告的形式或内容应该符合合同的要求,必要时,负责解答委托方提出的问题,或者传授解决实际问题的知识。

4. 验收咨询结果。服务咨询成果完成后,委托方要组织成果鉴定或评估会议,按照合同约定,由受托人派人介绍咨询报告的内容并解答问题,经有关专家鉴定或评估后,确认受托人服务咨询报告或建议书是否符合合同规定的质量标准,如果得到与会专家的肯定和认可,委托方就必须接受。

如果受托方未能很好地履行以上责任和义务,通常根据违约的程度来进行处罚。违约情形不是十分严重的,采用扣减咨询费的方法;严重违约者,采用扣减或免付咨询费的方法,包括退回已经收取的服务咨询费,并按合同的约定支付违约金赔偿委托方的损失。

(三)委托方的责任

委托方的责任条款主要规定了以下五个方面的内容。

1. 说明咨询的主题。只有委托方向受托方阐述清楚技术项目所面临的主要问题,委托方自己所希望达到的目标及要求,才能使受托方真正弄清楚咨询的目标和方向,受托方才能有针对性地进行具体的咨询工作,才能使提出的咨询意见符合委托方的要求。

2. 迅速提供咨询课题的背景资料、有关的技术资料及数据。技术项目的背景资料、有关的技术资料及数据是受托方分析、研究咨询主题的基础和依据，委托方只有原原本本地将有关资料提供给受托方，才能使受托方明确了解咨询主题的出发点，找出问题的关键和解决问题的办法。如果委托方未按合同约定提供必要的资料或资料提供不足，或者提供的资料和数据有严重缺陷，就会影响受托方的工作进度和工作质量，或造成受托方咨询报告发生失误。在这种情况下，委托方应承担违约责任。

3. 在受托方调查研究的过程中为其提供必要的协助。在服务或咨询过程中，受托方专家一般都要对技术课题的所在地进行实地调查研究，这是发现问题、解决问题的必要环节。在这个过程中，委托方应派陪同人员、翻译，提供交通、办公条件、食宿等，并根据要求，由受托方承担费用，安排医疗、人身保险等。

4. 接受受托方的工作成果。受托方根据合同完成的服务、咨询报告及建议书，只要是在合同规定的时间内完成，其质量符合合同规定，并通过专家评审，委托方就应该接受。这是委托方的义务，同时也是委托方应该享有的权利。

5. 支付约定的服务、咨询费。技术服务和技术咨询是一种商业活动，是服务、咨询成果与服务费的交换，也就是说，委托方用货币购买受托方的服务、咨询成果。因此，支付合同规定的服务咨询费是委托方的基本义务。

如果委托方无正当理由，拖延支付或拒不支付服务咨询费，则其应承担违约责任。

（四）技术咨询与服务的计价与支付

由于技术服务、咨询不直接产生经济效果，其服务和咨询费的计算方法不能以成果的直接经济效益为标准，所以，技术服务、咨询费用的确定是很困难的。尤其是聘请技术高超、经验丰富、专业知识扎实的咨询专家，其服务费可能高得惊人。但由于他们可以为委托方提出获得最大经济效益的最佳方案，或提出不宜投资的权威建议，从而避免因盲目建设造成的巨大损失，因此，委托方一般愿出高价聘请。除了以上的特殊情况外，一般的技术服务、咨询费由基本费用和附加费用两部分构成。

1. 技术服务、咨询费的基本费用。服务、咨询费通常是服务、咨询成本加预期利润，因而，服务、咨询费的估计非常类似于商品价格的估计。具体构成主要如下。

(1) 专家服务费。专家服务费主要是专家的基本工资及附加工资（包括健康保险、人寿保险、退休金、社会福利金、出国津贴及其他补助等，不同国家的人员，标准不同)。

(2)直接的费用。直接的费用是指受托方为提供技术咨询与技术服务而实际支付的费用,其中包括专家出国准备费、旅费、通信费、交通费、资料费(包括购买、编印、复印、绘制资料的费用)等。

(3)间接的费用。间接的费用也叫经营管理费,包括直接咨询人员的管理费用和一般服务人员的工资、费用、咨询公司的办公费、固定资产(机器、用具)的折旧费等。

(4)预期利润(酬金)。预期利润是指支付给技术咨询公司的酬金,通常为上述三项费用之和乘以当事人双方协商的一定百分数。

2. 技术服务、咨询费的附加因素。以上是技术服务、咨询费的主要组成部分,然而,实际的服务咨询费还受到其他附加因素的影响具体如下。

(1)咨询项目的复杂程度。项目越复杂,知识的专业化水平越高,要求咨询人员的技术资格和技术水平就越高,基本费用的附加部分也越高。

(2)咨询项目的重要程度。此即该项目对委托方的重要程度,对委托方取得经济效益的影响程度。项目对委托方越重要,附加费用也越高。

(3)受托方的权威程度。权威来自受托方的业绩、信誉、成果质量以及委托方的认知和信赖。受托方的权威程度越高,邀请其服务、咨询的委托者越多,自然其收费也就越高。

3. 服务咨询费的计算。在实际操作中,服务咨询费的计算方式有许多种,最常用的有如下几个。

(1)计时收费方式。也就是说,按照受托方在进行咨询服务过程中所消耗的劳动时间,再结合咨询人员的威望和级别,来规定单位时间的收费标准。这种计费方式适合工作时间短、工作人员少、工作量不易固定的咨询项目。

(2)按工程费百分比计算方式。按工程项目总投资的一定百分比计算,首先定出最低投资费用的提成比例数,然后再按实际投资额、难易程度、承担的责任等加以调整。这种方式适合工程设计、工程咨询、项目投资等项目的收费。

(3)固定收费方式或一揽子收费方式。根据咨询工程总量,双方在合同中规定一个固定的服务费,或固定一笔总金额,或规定占工程费用的一个百分比,这笔费用总额在合同期内不变。这种方式适合任务明确、工作量比较固定、易于核算全部费用、可以分解分项核算的项目。

(4)固定费用加利润分成方式。签约后,委托方先付一笔最低固定的技术服务咨询费,然后再按咨询后委托方所得利润,支付一定年限的提成费。这种方式适合与产品有关的服务咨询项目。

4. 服务咨询费的支付。这部分的内容主要包括三个方面。

(1) 支付货币。支付货币可以采用受托方所在国的货币,也可以是委托方所在国家的货币,还可以是双方约定的第三国货币。支付货币一般与服务、咨询合同的计价货币相同。如果技术服务与咨询合同有效期较长,受托方为规避汇率下调带来的损失,一般会要求在合同中订立"外汇保值条款"及汇率基准。委托方是否接受这一条款,要视采用货币的具体情况而定。

(2) 支付时间。支付时间的确定有如下两种方式。

其一,一次支付。这是指在合同签订后一段时间内,或受托方所派专家抵达服务与咨询地点后,或受托方专家提供最终报告后一次支付服务咨询费。这种支付方式在实际操作中很少被采用,因为,在受托方具体服务与咨询之前,委托方对服务与咨询的质量尚无把握,故一般不愿过早支付,而希望在服务与咨询活动完成之后再支付。受托方对这种支付方式也不愿意接受,因为,最后支付意味着在支付之前受托方必须自己垫付费用,并且要承担咨询费不能按时收到的风险。所以,服务与咨询费的支付大多采用分期支付方式。

其二,分期支付。这是根据服务与咨询的工作进度及任务完成的情况,将合同下的支付金额分成若干批次支付的方法。例如,合同生效后支付合同金额的20%;中期检查后支付合同金额的20%;服务与咨询成果提出后支付合同金额的40%;通过专家评审后支付其余的20%。这种方法有利于促使受托方更好地完成服务与咨询任务,也可以减少委托方所承担的技术和经济风险。

(3) 支付的单证。委托方支付服务咨询费之前,受托方须先行提供有关单证。一般所需单证有:商业发票正本一式若干份;汇票(通常为即期汇票)一式若干份;资料及咨询报告的邮寄单或空运单一式若干份。委托方收到上述单据后,经审核无误,即通过双方同意的银行,将有关款项支付给受托方。

六、签订技术服务与技术咨询合同应注意的问题

邀请技术服务与技术咨询的目的是为了引进技术知识、管理方法或工程设计等。为了保证委托方目的的顺利实现,签订合同时应注意以下几点。

(一) 明确区分技术服务与技术咨询之间的界限

技术服务与技术咨询合同的主要区别在于受托方的责任不同。

在技术咨询合同中,受托方履行合同义务,按合同要求完成技术咨询报告和意见,并通过了验收。至此,受托方对委托方的合同义务已经履行完毕,受托方不保证咨询报告和意见的实施一定成功,咨询报告和意见的实施与否是委托方自己决

定的。因此,实施失败的后果,甚至因此造成的损失,完全由委托方承担。

技术服务与技术咨询合同不一样。受托方要提出技术方案,实施技术方案,保证委托方的技术课题在合同规定的时间内圆满地得到解决,如技术方案实施未达到合同约定的目标,或者给委托方造成损失,则要减免受托方报酬,情节严重的,受托方还要支付违约金赔偿委托方的损失。

(二)明确规定服务咨询时间

咨询服务一般按工作量来计算收费额,而工作量是以咨询服务人员每天每人的工作时间来计算的。在合同中要规定总的咨询服务时间和每周工作的时数及天数。

在咨询服务业务中,双方常常因对咨询服务技术人员加班规定得不明确而发生争议,有的咨询服务合同把加班时间计算在总的咨询服务时间之内,有的合同把加班时间不计算在总的咨询服务时间之内。究竟如何规定,应根据实际情况在合同中详细订明。无论采用哪一种计算方式,都要对"加班"的定义予以明确说明。

咨询服务时间要与咨询服务项目进度相衔接,在总的咨询服务时间下面要规定具体的工作进度,每天的工作进度要记载在"工作日志"上,每天由双方总代表监督审查,经双方总代表同意签字。"工作日志"一式两份,双方各执一份,作为支付咨询服务技术人员的技术服务费和加班费的根据。

(三)建立工作联系制度

建立工作联系制度是为了便于双方在执行合同中对有关事宜互通情况,加强工作联系,特别是监督服务项目的实施,发生问题时能通过联系及时予以纠正和解决。通常情况下,双方把建立工作联系制度订立在合同正文中或者作为合同的附件。

(四)对税费的规定应符合中国税法

技术服务与咨询合同通常会涉及技术服务费和咨询人员的个人所得税问题,中国有关公司应按税法规定扣缴所得税,并督促服务、咨询人员向税务当局缴纳个人所得税,以免漏扣、漏缴所得税,给委托方带来不必要的麻烦。

第二节　国际合作生产和合作开发

一、国际合作生产

（一）国际合作生产的概念

国际合作生产是指不同国家的企业之间根据所签订的协议，在某一项或某几项产品的生产、销售上采取联合行动，即双方共同研究、共同生产、互相提供生产中所需要的零部件，共同进行产品的销售并由双方共负盈亏的方式。

（二）国际合作生产的特点

1. 合作生产所涉及的当事人是多方的。合作生产的当事人不仅有合作生产的签约双方，还涉及合作生产产品的制造工厂和终端用户。所以在合作生产方式下，会以产品为中心，形成多方合作的合同关系。

2. 合作生产的各方当事人的权利、义务关系主要表现在交换技术、提供劳务和生产成果上。合作生产从其国际范围来看，其实只是专业分工的生产形式，通过合作，实现技术的转让，推动技术的进步。

3. 合作生产是双方生产或多方生产，分别核算。合作生产的环节很多，如技术转让，机器设备、配套件、零部件的提供。提供者可以是互相的，也可以是单方的。无论是哪一种，对于提供技术和其他零部件都要分别进行计价，按双方议定的价格，分别或单方支付价款。双方的关系是买卖关系，零件部分属于一次性卖断或买断。技术转让的计价和支付可以按许可贸易的形式进行结算。

（三）国际合作生产的基本形式

1. 当事人双方分别生产不同的部件，由一方或双方装配成完整的成品出售。这种方式通常是在生产的部件方面按各自的特长或技术力量强弱加以分工，一般由技术力量较强的一方生产关键性的部件，并提供全套图纸和技术指导，然后，互相提供各自生产的部件，分别组装成完整的成品出售。

2. 由技术较强的一方提供关键部分和图纸，并在其指导下，由较弱的一方生产次要部件，并组装成完整产品，在本国市场或国际市场销售。技术较强的一方不收取图纸资料费，其报酬从出售的关键部件中得到补偿；而技术力量较弱的一方可以在合作生产的过程中达到引进技术的目的。

3. 由一方提供生产技术或设备，按各自的专业分工制造某种零部件、配套件或生产某种产品。在这种合作方式下，技术与设备按技术转让办法和买卖关系处理。

（四）国际合作生产合同的内容

合作生产合同和许可合同有许多相同的条款，如侵权与保密、不可抗力、合同的生效、终止和其他条款等。除此之外，合作生产合同还要根据生产合同的特点及形式，对合作双方的合作内容、合作范围、合作各方的权利义务等加以明确规定。在此，主要介绍合作生产合同的一些特别重要的条款。

1. 定义条款。合同当事人双方也会在合同中对一些重要、关键的名词加以定义，以防止和减少因理解不一而产生的纠纷。具体对哪些名词加以定义，由双方协商而定。一般情况下，要对制造单位、最终用户、合作产品、技术服务等名词加以定义。

2. 合作生产合同的范围。合作生产合同的范围是说明合作生产的性质和内容，一般应规定，受托方向委托方或制造单位提供：专利技术和技术秘密及技术资料的种类、名称、份数和交付日期；提供的关键机械设备的型号和名称等；提供的技术培训的方法；对合作生产所提供的材料、配套件及劳务等；合作生产产品的名称、规格、重量、数量及交货的日期等。

3. 双方的责任和义务。委托方主要是要保证向受托方和制造单位提供正确、完整的技术资料；提供性能良好的机器设备、配套件和工具等。委托方要对合同产品的规格、性能和设计参数负责，并对因提供错误技术资料所造成的损失负责。受托方的主要责任和义务在于保证根据委托方提供的技术规定制造合同产品并按期向用户交货和支付技术服务费及机器设备、工具等价款。

4. 技术服务。在合作生产合同中的技术服务主要是技术培训，也就是由委托方培训制造单位的技术人员。要在合同正文或者附件中明确具体的培训方式，包括委托方的技术指导人员的责任、培训的内容和技术指导人员的生活待遇。

5. 技术资料的交付。技术资料的交付一般要规定技术资料交付的时间、地点、方式、份数、包装和包装标志。

6. 机器设备、配套件和工具的交付。进行合作生产的委托方除了负责提供技术外，有时还要提供机器、设备、配套件、工具等。这些机器部件的交付通常按陆运或海运的交货条件的规定办理，以陆运运单或海运提单的日期作为实际交货的日期。

7. 价格和支付。合作生产的形式很多，其计价和支付的规定也不尽相同。计价内容包括实物部分和技术服务部分。实物部分是指委托方提供的机器、设备、配套件、工具等，按一般商品买卖计价和支付。技术服务部分是指委托方提供专有技术，以技术资料和培训的方式转让给受托方。需要计价时，由受托方向委托方支付费用。有时委托方免费提供技术资料,另外收取技术培训费用。

8. 销售合作。合作生产一般是为用户制造合同产品或向市场销售合同产品。合作生产合同中订立销售合作的条款,其主要内容如下。

(1)合作产品的接收条件。接收条件包括合同产品向用户交货的质量担保,如果合同产品在保证期限内出现质量问题,经检验和鉴定属于哪一方的责任,就应由承担责任的一方向用户进行补救和赔偿。

(2)合作产品的销售范围。合作产品的销售范围要根据需求情况而定,可以专为受托方工厂企业制造机器设备,也可以将合作制造产品分别在双方国家销售,销往国际市场。无论在哪个范围进行销售,均必须在合同中予以明确规定。

(3)合作产品的销售价格和商标。合作生产一般是长期合作,双方合作制造的产品销售价格一般只能确定近期价格,长期生产的产品,其销售价格可能会发生变化,不能一次定死。

为了扩大合作产品的销售,往往要使用委托方产品的商标或双方联合商标或联结商标。

二、国际合作开发

(一)国际合作开发的概念

1. 国际合作开发的概念。国际合作开发是指不同国家的两个以上的自然人、法人或其他组织,为完成一定的研究开发工作,如就新技术、新产品、新工艺或者新材料及其系统的研究与开发,由当事人各方共同投资、共同参与研究开发活动、共同承担研究开发风险并共同分享研究开发成果。

2. 国际合作开发的特点。国际合作开发主要有以下三方面的特点。

(1)共同投资是合作开发的一个重要特征。投资的方式可以是资金、技术、设备、厂房等的投入。当事人投资额比例与其拥有研究开发成果的权利密切相关,因而,当事人须约定所有投资中各方所占的比重。

(2)合作开发的合作各方既可以约定共同进行全部的研究开发工作,也可以按照合同约定进行分工研究开发,分别承担设计、工艺和试验等不同阶段或不同部分的研究开发工作。不管是哪一种方法,当事人必须以自己的技术力量共同参与研究开发工作。

(3)由于合作开发方式是由当事人共同投资、共同参与研究开发工作,所以合作各方必须积极协作配合,使研究开发工作能顺利进行,最终实现合同的预定目标。

（二）国际合作开发的技术成果的归属和分享

在进行国际合作开发时，要注意技术成果的归属和分享的问题。技术成果的归属是指因技术成果所产生的专利申请权、专利权、非专利技术成果的使用权、转让权归谁所有。技术成果的分享是指技术成果和上述知识产权由谁使用和转让，以及由此产生的利益在当事人之间怎样分配。

作为合作开发的技术成果，是由合作开发人共同投资、共同研究开发的，在研究开发过程中，合同各方当事人共同承担开发风险。因此，依照合同权利义务相一致的原则，如合同中并无相反规定，则各方当事人对合作开发的发明创造同时享有权利。即合作开发的技术成果同时属于各方当事人，各方当事人共同享有该技术成果的各种知识产权。

除了发明创造获得的专利权，在技术研究开发中还存在许多专有技术。专有技术也是一种无形的财产权，可以为持有人带来经济效益，可以转让，具有商业价值。由于专有技术的所有权是以对其采取保密措施而形成的事实上的占有，所以当事人可以在合同中约定技术开发形成的专有技术的使用权、转让权和收益的分配办法，同时约定保密义务。如果合同中对此未做出相关规定，则当事人均有权使用和转让该项专有技术。

第三节 国际工程承包

一、国际工程承包的概念和方式

（一）国际工程承包的概念

国际工程承包是指通过国际劳务市场上的某一方式，譬如，通过投标或直接接受委托等，按照一定的条件，承包某项工程建设的项目。这类项目包括：工程项目的设计、制定工程技术经济指标、编制方案、技术文件、预算；购买设备和材料；承担工程项目的建筑、设备的安装、调整和试车，使工程项目达到设计指标等。以上整个过程，称为国际工程承包。在国际承包工程项目建设过程中，包含有技术转让内容，特别是项目建设的后期，承包公司要培训业主的技术人员，提供所需的技术知识，如专利技术、专有技术等，以保证项目的正常运行。

国际工程承包是从 20 世纪 50 年代后半期开始的。过去的工程技术服务仅限于提供技术咨询，而所有的建筑工程则由独立的建筑承包公司去完成。随着科学技术的迅猛发展，各种设备的结构越来越复杂，工艺要求也越来越高，需要有专门的机构来解决从工厂设计到投产的工艺和组织等技术问题。同时，各国为了寻求本国经济的独立发展道路，渴求他国的技术和经验，不仅要求技术咨询，而且要求完成整个工程建筑。这些原因使得工程技术咨询服务逐步发展成为国际工程承包。

（二）国际工程承包的方式

1. 单独承包。单独承包指承包公司从外国业主那里独立承包某项工程。这种方式下，承包公司对整个工程项目负责，工程竣工，经业主验收后才能结束整个承包活动。工程建设所需的材料、设备、劳动力、临时设施等全部由承包公司负责。

2. 总承包。总承包是指一家承包公司总揽承包某一项工程，并对整个工程负全部责任。但是它可以将部分工程分包给其他承包商，该分承包商只对总承包公司负责，而不与业主直接发生关系。国际工程承包上普遍采用总承包的方式。

3. 联合承包。联合承包是指几家承包公司根据各自所长，联合承包外国的一项工程，各自负责所承包的一部分建设任务，并各自独立向业主负责。

二、国际工程承包的基本程序

国际工程承包的成交主要有两种方式：一是委托成交，即通过谈判方式，就有关条件达成协议成交；二是招标成交。目前国际上以采用招标方式为多，下面就招标成交介绍一下国际工程承包的基本程序。

国际工程承包是一项涉及经济、技术、法律等方面的综合性劳务贸易。它具有合同金额大、周期长、风险大等特点。因而，在进行国际工程承包时，必须做好充分的准备，还要具备高水平的技术条件及管理经验，其基本程序包括如下五点。

（一）广泛收集招标信息，并对项目所在国进行各项调查

承包公司必须在参加投标前，通过各种渠道获取有关该工程项目的所有信息，包括通过驻外使领馆、国际金融机构、有关报纸杂志、驻外商务机构、中间代理人等，广泛收集有关国家的项目建设计划，并结合自身的条件和技术力量进行准备。

在投标报价前，承包公司必须对项目所在国的政治、经济、法律、自然条件和基础设施、市场行情等方面进行细致的调查，基本掌握这一项目的有利条件和不利因素，以便在谈判中占据主动。

（二）详细准备好报送的预审资料

为了确保参加投标者具备工程的承包能力，在国际工程公开招标时通常要对投标者进行资格预审。只有通过资格预审，才能购买招标文件，成为合格的投标者。因而，承包公司必须事先准备好各方面的资料，包括本公司的技术设备能力、施工经验和财务状况等，并根据招标者的工程特点，有针对性地报送给对方，以便符合招标的要求。

（三）深入研究招标文件并参加标前会议

招标文件体现了招标者对工程项目各方面的具体要求，也是投标人编制投标书的直接依据。通过对招标文件的深入研究，可以了解工程的各项技术指标和要求，并可明确承包这项工程的责任和报价范围。

标前会议是招标者提供解答招标文件有关问题的机会，所以承包公司应认真参加。可要求招标者对招标文件含糊不清的地方进行解释，并应要求招标者复发书面文件，作为招标文件的补充。

（四）正确确定报价水平

在国际工程承包市场上，投标者之间的竞争相当激烈。但是价格竞争仅仅是一个方面，更重要的是要看投标者的技术条件、施工经验及资信状况等综合因素是否符合招标者的要求。很多国际招标文件上都明确注明，报价最低者不一定就可得标，但并不公布理由，也就是说，招标者要参照很多其他因素来做决定。

因而，投标者在认真研究招标文件的基础上，应根据工程所在国和国际市场的原料和机械设备的价格、运输费、税率和汇率等情况，并参照国内外相似同类工程的施工成本或报价资料，再估计竞争对手们可能提出的报价范围，最后根据自己的技术力量和条件，在综合分析的基础上做出判断，确定自己的最终报价。投标者应尽可能地使这一报价做到低而适中，有自己的优势和竞争力，以争取中标。

（五）评价、中标后签订承包合同

招标者收到标书后，按照招标文件所规定的时间和地点，当众将所有标书逐一启封，宣读其中内容，并由评标委员会对所有投标书进行逐个审查比较，评选出符合招标书要求的价格和其他有关条件的最适合的承包人。最后，由招标者向中标者发出书面的中标通知，双方签订承包工程合同。

三、国际工程承包合同

（一）国际工程承包合同的种类

1. 按价格的构成和价格的确定方法来划分，国际工程承包合同可以分为总价合同、单价合同和成本加酬金合同。

(1)总价合同。总价合同是指在承包合同中规定承包价格，业主按合同规定分期或一次性支付给承包商的一种合同形式。总价合同中所确定的价格是根据工程的图纸和承包的内容计算出来的，其价格一般是固定不变的。如果采用这种合同形式，投标人必须将一些可能发生的风险考虑进去，如原材料价格的上涨、工资的上涨、自然原因导致的误工、政治变动等风险，否则投标人将蒙受难以估量的损失。在有些情况下，总价合同中规定有价格调整条款，即在原材料或工资上涨幅度超过一定的比例时，合同的价格也做相应的调整，这就等于将一部分风险转移给了业主。

(2)单价合同。单价合同是一种按承包商实际完成的工作量和合同的单价来支付价款的合同形式。合同中所确定的单价，既可以固定不变，也可随机调整，其主要取决于合同的规定。固定总价和单价合同的区别在于前者按总价投标承包，而后者则按单价投标承包。在总价合同中，虽然也要求投标人报单价，但不要求详细；而在单价合同中，所列的单价必须详细，其所报的总价只是在评标时用于与其他投标人做比较。

(3)成本加酬金合同。成本加酬金合同是以工程实际发生的成本(施工费和材料费等)，再加上双方商定的管理费和利润向承包商支付工程款的一种合同形式。在这种合同形式下，由于成本实报实销，所以承包商的风险很小，但这种合同的管理费和利润往往与工程的质量、成本、工期三项指标相联系，因此，如果承包商比较注重质量、成本和工期，业主便可从中得益。

2. 按承包的内容来划分，可以分为施工合同、设备的供应与安装合同、工程咨询合同、工程服务合同、交钥匙合同、交产品合同。

(1)施工合同。施工合同是业主与承包商签订的工程项目的建造实施合同。在国际工程承包活动中，这类合同所占比例较大。

(2)设备的供应与安装合同。这种合同的形式依承包商责任的不同而有所不同，一是单纯的设备供应合同，即设备的供应者只负责提供设备；二是单纯的设备安装合同，即承包商只负责设备的安装；三是设备的供应商既负责提供设备又负责安装的合同；四是设备的供应商负责提供设备，并负责指导业主自行安装的合同。

(3)工程咨询合同。工程咨询合同实际上是一种专业技术服务合同,业主咨询的主要内容有投资前的可行性研究、图纸的合理性、实施方案的可行性等。

(4)工程服务合同。工程服务合同是业主与能够提供某些服务工作的公司签订的合同,其主要目的是为工程项目提供服务,这类合同只有在建造规模较大而且较复杂的工程项目中签署。

(5)交钥匙合同。交钥匙(Turnkey)合同国际上也叫建造—设计(Design-Build,DB)模式,它是指承包商对项目的可行性研究、规划设计、勘察选点、工程施工、原材料的购买、设备的供应与安装、技术培训、试生产等一系列工作承担全部责任的一种承包方式,即承包商将已建成竣工的工程项目交给业主后即可投入生产使用。在这种承包方式下,承包商的风险较大,但收益较高,同时也可保证业主得到高质量的工程项目。

(6)交产品合同。交产品合同是指承包商不仅负责项目的可行性研究、规划设计、勘察选点、工程施工、原材料的购买、设备的供应与安装、技术培训、试生产等工作,还应负责指导业主生产出一定数量的合格产品,并在原材料及能耗达到设计要求之后才能正式移交给业主的一种承包方式。这种承包方式往往适合技术含量较高的大型项目。

3. 按承包方式划分,可分为总包合同、分包合同和二包合同。

(1)总包合同。总包合同是指从投标报价、谈判、签订合同到组织合同实施的全部过程(其中包括整个工程的对内和对外转包与分包),均由承包商对业主(发包人)负全部责任。采用这种承包方式签署的承包合同也叫总包合同。这是目前国际工程承包活动中使用最多的一种承包形式。

(2)分包合同。分包合同是指业主把一个工程项目分成若干个子项或几个部分,分别发包给几个承包商,各分包商都对业主负责。在整个工程项目建设中,由业主或业主委托某个工程师,或业主委托某个分包商负责各分包工程的组织与协调工作。在分包条件下,业主分别与各承包商签订的承包合同叫分包合同或分项合同。

(3)二包合同。二包合同是指总包商或分包商将自己所包的工程的一部分转包给其他承包商。二包商不与业主发生关系,只对总包商或分包商负责,但总包商或分包商选择的二包商必须征得业主的同意。总包商或分包商与二包商签订的合同叫二包合同。一般说来,总包商或分包商愿意把适合自己专长、利润较高、风险较小的子项目留下来,而把利润低、施工难度较大而且自己不擅长、风险较大的子项目转包出去。

（二）国际工程承包合同的内容

国际工程承包合同的内容虽依承建项目内容的不同而有所不同，但其主要条款大体一致，大多数国家也都为本国的承包活动制定了标准合同格式，目前，最广泛使用的合同格式是由国际顾问工程师联合会（Federation Internationale Des Ingenieurs-Conseils，FIDIC）拟定的《土木建筑工程（国际）施工合同条款》，亦称 FIDIC 条款。FIDIC 条款的第一版发行于 1957 年，1963 年、1977 年、1987 年和 1999 年又分别印发了第二、第三、第四和第五版。FIDIC 条款得到世界银行的推荐，成为目前国际上最具权威性的从事国际工程承包活动的指导性文件。1999 年的 FIDIC 条款由《施工合同条件》（简称新红皮书）、《EPC/交钥匙工程合同条件》（简称银皮书）、《永久设备和设计—建造合同条件》（简称新黄皮书）组成。

国际工程承包合同的内容，由于承包性质和范围的不同，其条款往往不完全遵照一个模式。但就合同的基本结构而言，大体还是一致的，主要包括以下三部分。

1. 合同首部，指合同签订双方名称、地址、签约的目的等。

2. 合同核心内容，一般分成三个部分，分别是：

（1）技术条款，如工程规模、范围、质量标准、检验、工期进度等。

（2）经济条款，如费用、支付和货币、奖励和惩罚等。

（3）法律条款，如适用法律、不可抗力、保险、争议和仲裁等方面。

3. 合同结尾，有签约时间、地点、合同的生效日期、采用文字、双方代表者职称及签字。

（三）签订国际工程承包合同应注意的事项

国际工程承包业务中，合同条款的商榷是至关重要的环节，一旦合同签订，双方的权利义务即以此作为行为准则。为了保证合同的签订，在合同的具体条款上，应注意以下几方面的问题。

1. 合理规定工程的工期和开工时间。工期的长短关系到工程的投资效益，因此业主十分重视合同工期，一般要求早开工、早完工。但是作为承包商，除了要考虑业主的要求外，还应根据本身的施工能力及自然天气如恶劣气候的影响等因素。因为施工期限已经确定，如不能在限期内竣工，则承包商要接受处罚。此外，还要注意工程开工日期的签订。这里需要考虑的因素很多，如材料、设备和施工器械能运达工地的日期，如不能如期开工，势必使实际施工期缩短，易影响最后的竣工日期。

2. 要明确规定工程范围和施工工艺要求。工程范围和施工工艺在承包合同中都非常重要,因为工程范围和工艺要求是承包商施工的依据及核定工程总价的基础,也是双方在工程竣工后对工程进行验收和交接的依据。一般而言,双方应在合同中详细地规定清楚哪些工程属于合同范围,哪些不属于合同范围,使用何种材料、施工工艺(包括特殊材料的技术标准和施工的特殊要求)等。

3. 必须明确工程师的职权范围。工程师的职权范围一般包括:下达开工命令,监督检查工程,审批承包商提出的权利与主张,裁决业主与承包商之间的争议,负责签发进度证书和竣工合格证书及付款通知书等。由于工程师拥有广泛的职权,其能力、品质以及对业主和承包商是否采取公正态度,对工程的施工和造价均有重大影响。如果工程师偏袒一方则对另一方不利。工程师虽然不是当事人,只是业主的代理人,但对业主不能言听计从,而要争取以独立、公正和合理的态度做出决定,他的决定对承包商和业主同样具有约束力。

4. 应在价格条款上列入增加条款。在国际工程承包业务中,如果双方订立的是总价合同,则工程总价事前已经固定了,总价是不允许调整的。但在建设过程中,由于工期跨度比较大,可能会遇到工料费、物料价格或其他费用上涨的情况,承包商也就会遭受损失。因此,在订立合同时,应争取列入一项增加条款,规定在某些特殊情况下,允许合同中的工程价格进行相应调整;否则,当承包商不愿意承担错误预测而带来的各种可能的风险时,他就只能适当提高合同总价来规避这一风险。

5. 争取以可兑换货币作为支付手段。在国际工程承包业务的实践中,承包商可能要使用多种货币。譬如,要用工程所在国的货币支付当地的物料、运杂费和雇用工程建设人员等;要用第三国的货币从其他国家进口设备或原材料;要用本国货币支付本国人员的工资和材料。因此,承包商往往会争取使用可兑换货币,而业主则通常愿意使用当地货币作为支付手段。除了可能要面对许多货币种类外,承包商还要处理货币汇率变化和货币兑换额度限制的问题。为了避免以后在这类问题上产生纠纷,双方应在合同中予以明确规定。

第四节 BOT 方式

一、BOT 方式的含义

BOT(Build Operate Transfer)方式有时被称为“公共工程特许权”,它是政府吸引非官方资本加入基础设施的一种投资、融资方式。其运行特征是:政府与非官方资本签订项目特许权经营协议,将基础设施项目的建设和投产后的一定时间内的经营权交给非官方资本组建的投资机构，由该投资机构自行筹集资金进行项目建设和经营，在特许经营期内非官方投资机构收回项目建设成本，并取得合理利润，经营期满后将该基础设施无偿移交给政府。由此可见，BOT方式不仅是一种投资方式，也是一种融资方式，它作为基础设施项目的建设方式，其融资性质比投资性质更明显。

由于公共项目一般集中在电力、通信、交通、市政、环保等基础产业和公共事业上，而往往这些项目所需投资额大，投资回收期长，政府或私营部门单方都难以完全独立承担。采用BOT方式利用外资有利于减少政府的直接财政负担，大大分散政府的投资风险，同时也避免了政府的债务风险，有助于吸收先进的设计、施工和管理技术，有利于提高项目运作的效率，减少乃至克服公共产品生产过程中"寻租"活动所带来的社会经济资源的浪费。正是由于BOT方式在基础设施建设方面具有巨大的优越性，因而它在世界各国都得到了迅猛发展。

二、BOT方式的主要特点

BOT方式是一国利用外资引进大型工业技术和进行基础设施建设的一种较新的、有效的国际经济技术合作方式，是国际经济技术合作发展到一定阶段的产物。自从20世纪80年代中期以来，BOT方式逐渐显现于国际社会，特别是被发展中国家广泛采用。BOT方式之所以受到发展中国家的青睐，是因为它具有以下两个特点。

第一，BOT方式的一方是政府部门（项目方），另一方是外国私营部门，对于采用BOT方式的政府部门一方来说，该项目具有引进技术与利用外资相结合的特点。

第二，国际BOT方式与传统意义上的合资、独资等方式有着一定的区别，这种区别体现在主体类别、经营管理方式、转让对象、项目复杂程度和成交方式上。①主体类别的不同指的是，传统利用外资方式一般发生在企业与企业之间，而BOT方式的主体为政府部门与外国私营部门；②经营管理方式上的差异主要在于传统利用外资方式是依照双方合同约定或项目方国家的有关法律进行的，而BOT方式下的经营管理模式是在项目方政府许可的范围内，由建设方依照自己的经营管理模式来进行的；③转让对象的不同是指在传统的利用外资合作方式期满后，合同项下的工程项目就会依照合同的约定被转让给另一方或合同约定的其他单位，而BOT方式合作期满后，建设方将把建成的基础设施转让给项目方的政府；④项目的复杂程度不同是指BOT方式项目的执行往往涉及经济和金融因素，而且由于BOT方式涉及公共利益，并需要一个大规模的"系统工程"，因此BOT方式项目的成功很大程度上要取决于能否获得项目方政府强有力的支持;⑤成交方式的不同指的是 BOT 方式一般采用国际招标来选择建设方,这也是 BOT 方式的一个特点。

三、开展国际 BOT 方式的程序

(一)项目的选择

项目的选择可以通过两种方式:一是由政府根据自己的经济发展程度、技术水平及法律上的可行性,确定适合进行国际 BOT 方式的建设项目;二是由私营部门经过对各种因素的分析,根据政府的需要,向政府部门提出项目建议。

(二)招标阶段

政府部门首先对候选承包商进行资格审查,分析候选公司的情况,确定有资格参加投标的公司名单;投标商提交技术及融资方案;政府部门根据自己的标准对各投标者的建议进行评价和选择,确定中标者。

(三)合同谈判阶段

政府部门同中标者就项目进行实质性的谈判。双方就项目的合同条款进行磋商,所有的法律文件都将在这一阶段形成,双方将签订项目合同作为谈判成果。

(四)项目建设阶段

由项目承包商负责项目的设计、施工、设备供应和安装,直至试生产等一系列工作,并在产品质量、产量和原材料消耗等方面完全符合合同规定标准的条件下移交项目。

(五)项目经营阶段

在项目经营期内,项目公司全权负责整个项目的生产与经营管理,在此阶段,项目公司要通过生产经营回收投资,包括负担经营成本、偿还贷款和进行股东分红。

(六)转让阶段

项目期限一到,项目公司即按照合同规定,把项目无偿移交给政府。至此,建设、运营和转让的全过程就结束了。

四、BOT项目涉及的合同

对于BOT方式的合作项目,有关的当事人之间要签订一系列的相关合同。其中主要包括以下七个方面的合同。

(一)项目协议

项目协议是指东道国政府与项目公司之间签订的合同。该合同的主要内容包括:东道国政府允许项目公司建设并运营某特定的项目;对项目公司设计、建设、运营、维护等提出一定的条件;确定项目公司运营期限、使用当地设施的条件等。项目协议是国际BOT项目的关键性的法律文件,是最基本的合同,其他合同均以它为基础。

(二)股东协议

股东协议是在股东之间签订的合同,它规定招股条件和合同文件。项目公司的主要股东一般为土建公司、设备供应商、国际贸易公司和金融机构。有的国家在特定的领域中,如石油、电力工业等领域,东道国政府作为股东参股的情况并不少见。

(三)工程承包合同

工程承包合同是项目公司与承包商签订的,该合同一般是固定价格的交钥匙合同。在许多情况下,交钥匙承包合同的生效,是以项目公司取得贷款为条件的。

(四)采购协议

如果东道国政府机构是某项目的唯一用户,项目公司则与政府机构洽谈单独的采购协议。该协议明确政府保证的最低采购数额并确定价格结构。这样,只要政府履约,按时付费,项目公司就有充足的资金承担项目成本,偿还债务并获取利润。

(五)贷款协议

项目公司与贷款人之间需签订贷款协议。国际BOT项目的融资方式和贷款条件各式各样,没有统一的模式。一般来讲,规避还贷的风险有两种方法:一种是标准形式的担保措施,如固定交钥匙工程的价格、提供履约保函和约定损害赔偿、不动产抵押、违约救济条款、保险合同的转让,等等。另一种是国际BOT方式项目的特殊担保措施，如政府对政府机构的履约担保、有条件的所有权转让协议和股东对项目的支持协议等。

（六）运营、管理合同

项目公司一般与专业的管理公司签订运营、管理合同。该合同规定经营人在一定期限内的经营范围、设备维护标准、经营成本和奖励等。

（七）保险协议

项目公司一般在项目建设和运营期间都要与保险公司签订保险协议，这样，一旦发生意外事故，项目公司就可以从保险公司得到补偿。

第五节　特许经营

一、特许经营的概念

所谓特许经营，也称经营模式特许，是指由一家已经取得商业成功的企业（特许方），将其商标、商号名称、专利、专有技术、服务标志和经营模式等授予另一家企业（被特许方）使用。被特许方用特许方的商业名称经营业务，遵循特许方制定的方针和程序。同时，特许方有义务不断地向被特许方提供资金、技术、商业秘密、人员培训或管理等方面的援助和支持；而特许方从被特许方处得到连续的提成费或其他形式的补偿，一般称为特许费。

特许经营是一种新发展起来的贸易方式，它可适用于商业、服务行业和工业，目前在欧美许多发达国家非常流行。服务特许是指特许方特许其他服务商按照它提供的服务商标、服务模式等从事服务型经营。工业特许是指特许方特许其他制造商按照它提供的商标、专有技术、生产规格等生产同类产品。

在特许经营合同中，特许方一般会在技术操作和经营方式上起到控制和监督被特许方的作用。特许方和被特许方之间既不是总公司和分支机构、母公司和子公司的关系，也不是独立企业的自由联合，而是各自独立经营、自负盈亏的企业。

特许经营涉及的行业类型相当多，在美国，它几乎包括了所有的零售业，例如：餐饮，旅店，休闲旅游，汽车用品和服务，零售商店，印刷、影印、招牌服务，人力资源开发、猎头，家庭服务，住宅装修等。

二、特许经营的基本原则

（一）以消费者为中心的原则

特许经营是特许方、受许方、供应商三方分工合作，共同为消费者提供有价值的服务的经营体系，整个系统的目的是为消费者创造更经济、更好的产品和服务。所以，一个成功的特许经营系统，必须把以消费者为中心的思想贯彻到每一个环节上。

（二）资源有效配置的原则

特许经营能够成功的根本原因在于它把现有的资源进行整合，实现了资源的优化配置和规模经济。由于每一家特许分店都是受许方自己投入资金、特许方提供已经成熟的经营方式来组建，所以特许经营系统可不受资金的限制而迅速扩张。在没有专业知识、管理经验和良好的商业信誉的情况下，受许方一旦取得特许使用权，即得到特许方的培训和帮助，极易获得成功。显然，这种优势互补关系促进了整个系统的良性互动。

（三）简单化、标准化、专业化的原则

特许经营可以快速发展扩大的原因在于它的体系经简单化、标准化、专业化后，整个系统的参与者分工明确。例如，要求有统一的品牌、统一的品质、统一的店面装修、统一的供货等。于是，各项工作便于掌握和考核，从而使整个系统处于高效运转的状态。

（四）多赢的原则

特许经营系统的本质是“品牌意识+团体精神”。它是由特许方、受许方、供应商组成的为消费者服务的体系。在这个合作体系中，每一方都应本着互惠互利和不损害对方利益的原则，并能够在不断重复的交易中，始终秉承共同发展的理念。只有这样，系统才能不断地拓展壮大。倘若任何一方为谋私利而不顾整个体系的长远利益，合作关系必然不能长久。所以一个成功的多赢系统，不仅特许方要“赢”，受许方和供应商也要“赢”，最大的受益群体则是消费者。

三、特许经营的优势

（一）技术优势

当某一受许方购买一项特许经营权时，他实际购买了特权授予者多年的业务经验和被证明是成功的运作方式。就像一个受许人说过的："我从特许方那里学到的东西的价值是我购买特许经营权付出的价值的十倍。"在任何一项新领域的经营中，人们总是要花很多时间和资金进行摸索，并承受失败的风险。然而，一个经过市场检验的特许经营权会帮助他们解决创业过程中的许多问题，使其即使在缺少行业经验的情况下也能较为顺利地开始经营。

此外，好的公司为了提高整个企业的信誉，会经常开发独创性强、附加值高的商品和服务，以差别化领先于竞争对手，各受许方可以不必自设技术研究和开发部门，而享受到企业技术开发的成果。

特许经营是一种知识产权的总体转让，这里的知识产权是最完整的知识产权，它不仅包括专利、商标等工业产权，也包括计算机软件、版权等著作权，以及技术秘密和商业秘密等专用技术。知识产权是一种无形资产，特许经营是将无形资产完全用有形资产体现出来的一种方式，例如麦当劳、肯德基。这使人们很容易看到这一无形资产的价值和全貌，并且最不容易让他人模仿。

特许经营的双方一般会在合同中规定，在特定期限内提供受许人进行经营所必需的所有信息、知识、技术和训练等，同时还要授予店名、商标、服务标志等在一定区域内的垄断使用权，对加盟店在经营上有持续控制权，开店后还要继续进行经营指导。

（二）服务优势

1. 培训。优秀的特许方应该为新的受许方提供培训。这个培训通常是在特许权的总部和受许方的经营过程中进行的。这种培训将使新店铺的拥有者认识经营的各方面的问题。无论是新的加盟店还是原有的加盟店，特许方都会在总部设有专职指导员对受许方和从业人员进行培训。

2. 采购经营广告宣传。大多数的小本经营者无力购买批量商品和做广告宣传，而受许方却买到了这些优势，也就是说，他们买到了特许权从而获得了较强的购买能力和广告优势。同时，为了达到促进加盟店的销售、提高特许经营体系形象和普及新产品的目的，总部还要开展各种促销宣传活动。

3. 不断地提供意见、调查结果和发展计划。受许方在努力进行实业活动的全过程中始终需要得到帮助。特许人能在事业活动的各个方面提供帮助,始终不断地向受许方提供市场调查结果和发展计划。他们提供的新产品和服务,会使受许方大为受益。

4. 提供金融援助。特许方对于财力较弱的加盟店,可以进行资金援助和融资活动,可以通过与融资机关协商,采取连带担保的方式,使受许方取得贷款。

(三)管理优势

特许经营在组织管理方面的优势,集中体现在总部的战略、规划、开发功能方面。特许经营总部是统率众多加盟店的组织,因此总部的体制极其重要。总部各部门可以分为加盟店开发和培育部门及市场营销与操作部门。加盟店开发和培育部门主要负责劳务与训练、新店铺选定、设计建筑、总务等机构,主要任务是不断扩展新兴店铺,保持和维护现有的加盟店。而市场营销和操作部门则主要负责广告宣传、研究开发、店铺营运指导等,还要负责统筹特许经营的营运体系。总部代理加盟店承担销售以外的日常的重复工作和繁重工作,这些工作主要包括以下三个方面。

1. 销售额、成本、费用、利润和薪金等的计算,福利和支付事务等。总部统一处理加盟店的经营统计,进行所有加盟店之间的经营实绩比较和分析。

2. 总部会进行开发和采购商品、原材料及加盟店需要的各种物资,以此来保证加盟店提供的产品或服务达到特许方的要求,同时实现规模效益。特许经营企业一般都实行联购分销,建立配送中心,所以采购成本降低,手续简化,货源充足。在这方面,特许经营比单体店有着明显的优势,它在商品供给和补充方面有一套系统安排,集中采购,批量进货,价格可以优惠。

3. 总部承担了商品与服务开发重任。这主要体现在三个方面。

(1)开发不同于其他特许经营体系和店铺的独特的新优商品。

(2)把其商品以合适的价格与合适的销售方法提供给加盟店。

(3)适应竞争条件和市场条件的变化,及时改变其商品质量、商品构成和销售方法。

通过总部的统筹规划,使得整个特许经营体系呈现一种既相互独立、自负盈亏,又相互联结、相互依赖,同时达到效率的提高和资源的合理配置的双赢。

四、特许经营的劣势

(一)经营自主权受到相当大的限制

由于特许方对受许方的一致性有着严格的要求,因而受许方想要完全独立自主地经营是不可能的。因为特许方拥有控制受许方的权力,以稳定由受许方提供给顾客服务或产品的质量。受许方有自己的事业,同时还要接受特许方的指导和帮助,其代价往往是接受特许方的集中控制。此外,受许方从货物采购、分装到送货、补货,甚至器材供应都由总部负责。

(二)由于合约期限而受制于特许方

实行特许经营,受许方就要和特许方签订合约,其中包括合约期限,时间或长或短,这在一定程度上会影响企业的投资和经营。一旦合同到期,受许方又要面临新的选择,经营的持续性没有保障。

(三)转让或转移特许经营业务较困难

如果受许方想将特许经营转让给第三者,或迁移他地,在未经得特许方同意前,是不允许私自行动的,即使该店工地和建筑物归受许方所有。特许经营合同条款往往限制其业务的转让,如果中途终止合同,特许方出于自身利益的考虑,往往不会轻易同意。

(四)受许方会对特许方过分依赖

在特许经营业务中,受许方与特许方的投资得失无形中已经连在一起,形成命运共同体。如果特许方不擅长业务和管理,会使受许方受牵连,使那些满怀希望、准备开张的受许方陷入经营与资金风险之中。

五、选择特许经营公司时应该注意的问题

在选择特许经营公司时,应该看看特许经营公司的简历,上面记有公司进行特许经营的条款和过往业绩。潜在受许方只有在了解所有相关情况之后,才能决定是否加入一个特许经营系统。因而,在选择特许经营公司时,应依据以下几个方面进行选择。

(一)良好业绩要素

良好业绩要素包括:①有一定声望的企业名称或商标;②好的经营理念;③良好的商业形象;④经过实践验证的产品或服务;⑤出色的运作系统;⑥高效的营销计划;⑦独有的技术诀窍。

上述要素有助于潜在受许方评估特许经营业务在特定区域的竞争力,受许方在做判断时,无须对方每一条都符合,但多多益善。

(二)实际投资成本

需要确定实际、而非预计的投资成本,对于租金、定金、交通、工资和保险等成本项目,尤其需要精确核对。如果潜在受许方对业务不熟悉,更应该如此。

(三)董事和主要经理人的经营记录

从记录中可以判断创立者是否在主持公司,行政总裁是否是主要股东,董事和主要经理人加入公司多长时间了,他们是否参加过失败的特许经营业务等情况。

潜在受许方还有必要与特许经营公司的员工谈谈,从与他们的谈话中了解到更多的关于该公司经营者的情况。

(四)特许方的过往业绩

特许经营公司不仅要表明它有一项良好的业务,还应表明它是一个优秀的特许者。特许方应提供的一些基本情况和统计资料包括:①公司从事特许经营的时间长短;②公司直营店的数目和地点;③特许经营网络中受许方的数目和地点;④如果有外国受许方,其数目和地点;⑤关门或转售的店铺数目;⑥特许经营网络的增长率;⑦诉讼记录。

(五)特许方提供的培训和支持水平

培训和支持可能是特许经营关系中最有争议的领域。如果特许方不加以精确说明,潜在受许方就很容易对所要提供的培训和支持水平产生误解。许多特许方承诺过多,却难以实现,因此,特许方的承诺都应以书面形式写下来。潜在受许方必须对特许方实际可能提供的培训和支持水平有清楚的认识。

(六)要求受许方承担的义务

受许方承担的义务也是特许经营业务中可能会产生争议之处。通常情况下,受许方的义务包含在特许经营协议中,因此具有法律约束力。这些义务的含义必须得到受许方的同意和理解。某些情况下,受许方义务繁多,还不如单独经营为好。

第六节　补偿贸易

当今世界各国的经济发展相当不平衡,发达国家科技先进,工业生产能力强,从而生产的机器设备往往显得过剩；而工业基础薄弱的发展中国家，为发展经济固然需要进口各种设备，但因缺少外汇，支付能力有限，因而无力购买先进的技术和设备。为了解决这一难题，在国际贸易交往中，人们创造了一种新的贸易方式——补偿贸易。

一、补偿贸易的概念

补偿贸易是指一方（技术设备出口方）提供机器设备、生产技术、原材料或劳务，在一定时期内，技术设备进口方用出口方提供的设备、技术、原材料或劳务所生产出来的产品，或双方商定的其他商品或劳务分期清偿出口方提供设备和技术等的债务贷款。这实际上是技术设备出口方把设备、技术等以贷款的方式提供给进口方，而进口方在一定期限内以产品分期偿付贷款的一种贸易方式。在补偿贸易中，通常要用引进技术、设备所生产的产品返销对方，进行直接补偿，如果直接补偿不可能，则应做间接补偿。

二、补偿贸易的形式

补偿贸易在20世纪70年代后，其形式和内容有了很大的发展。从偿付的形式上看，补偿贸易可以分为以下三种形式。

（一）直接产品补偿

直接产品补偿也叫直接补偿、产品返销。由技术设备进口方引进技术、设备、原材料等，把生产出来的产品返销给对方，以此分期偿还出口方的价款。采用这一贸易方式，进口方引进技术设备所生产的产品，除可直接向出口方抵偿价款外，也可售给供方事先约定的贸易商，由贸易商将货款偿还给出口方。

（二）间接产品补偿

间接产品补偿也叫产品反购、回购。技术和设备进口方不使用进口的技术和设备直接生产出来的产品偿还价款，而是用其他与该进口设备技术毫不相干的商品来偿还。这是目前东西方之间使用相当广泛的一种补偿贸易方式。一般来说，如果进口的技术和设备不直接生产产品，或生产的产品不是出口方所需要的，这个时候就往往使用间接产品补偿的方式。以这种贸易方式交易的商品，与直接产品补偿下的商品不同的是，由于它以现货居多，因而偿还期一般都比较短。

(三)劳务补偿

劳务补偿大多出现在加工装配中,如来料加工或来件装配。加工方通常要求对方以信贷的方式先提供设备、技术或生产线,其价款由加工方从每期应收的加工费中扣除一部分来进行偿还。

三、补偿贸易的特点

(一)补偿贸易和易货贸易的区别

补偿贸易是设备、技术和产品或所得利益之间的交换。从性质上看,这是技术和货物之间的交换,带有易货贸易的特点。但是,补偿贸易与易货贸易有着以下三方面的不同之处。

1. 补偿贸易往往要持续较长的时间,要进行多次以货物支付的行为;而传统的易货贸易往往是买卖同时一次发生或几乎同时完成的交易。由于补偿贸易进口的是设备和技术,待设备安装好正式投产后,再以产品分期、分批偿还,因而需要一段较长的时间,有的甚至长达数年。

2. 补偿贸易大多是以进口设备和技术所生产的产品来偿付货款,因而产品生产的质量水平会直接影响到出口方的经济效益;而传统的易货贸易,双方交换的商品仅是交换的价值贸易关系,交换之后无必然的联系。

3. 补偿贸易必须以信贷为基础,不是由出口方提供信贷,就是由银行或其他第三方提供信贷;而在传统的易货贸易中,双方不发生任何信贷关系。

(二)补偿贸易和一般商品交易的不同

1. 补偿贸易和一般商品贸易都是作价交易,是买卖关系,但补偿贸易是通过提供产品、劳务或所得收益的其他商品偿还价款,而一般商品贸易则是用货币偿付进口合同的价款。

2. 从支付的时间上看,补偿贸易又和一般商品贸易中的延期付款交易方式相似,两者都建立在信贷的基础之上。

(三)补偿贸易和来料加工、来件装配贸易的不同

补偿贸易的双方是买卖关系,加工贸易的双方是经济合作中的劳务关系。补偿贸易中,技术设备进口方对设备和原材料拥有完全的所有权和使用权。补偿贸易的性质是卖方信贷。来料加工、来件装配加工方通常只收加工费,而原料、零配

件乃至成品，其所有权均属出口方。如果出口方提供设备，没有办理买卖的手续，则其所有权仍不属于加工方，加工方只有使用权。

（四）补偿贸易和信贷的关系

补偿贸易通常以信贷为基础，除小额或技术设备出口方提供资金外，绝大多数情况下，由技术和设备出口方银行或国家的政府提供出口信贷。出口信贷有卖方信贷和买方信贷两种。

1. 卖方信贷。其具体做法是，由技术和设备出口商的开户银行向出口商提供信贷。技术和设备出口商利用信贷资金代替进口商垫付价款，并允许进口商以后分期偿还。技术和设备出口商为了安全起见，一般要求进口商在订货时，先付给技术和设备出口商合同金额10%～15%的定金。其余价款待卖方全部交货后付部分价款，或投产后以产品形式分期付清。技术设备进口方还清价款后，技术和设备出口商再把贷款归还给银行。

2. 买方信贷。由技术和设备出口方银行直接向进口商和进口方银行贷款。如直接向进口商提供贷款，则会要求进口方银行担保。进口商或进口方银行用此贷款向技术和设备出口商直接付款，以后再将贷款分期偿还给出口方银行。使用买方信贷需分别签订买卖双方的贸易合同，以及卖方银行和买方银行的信贷协议。

四、补偿贸易合作双方的利弊分析

（一）从出口方的角度来看

1. 有利的方面：

（1）利用本国或本企业资金的优势，推销自己的设备和技术。鉴于其处于有利地位，在信贷合同中常能得到优厚的利息，并且出口设备的价格往往要高于一般贸易的价格。

（2）发展中国家劳动力及原材料价格低廉，生产成本较低，因而补偿贸易的抵偿商品一般售价都较低。出口方可以把一部分产品转移到发展中国家去生产，并通过自己的销售网出售，可以创造较大的利润空间。

（3）通过补偿贸易达成较长期的贸易协定或合同，使自己所需的产品来源比较稳定，从而保证产品的供应，为扩大市场打下基础。

（4）通过提供设备、安装调试与技术培训及产品销售等手段，可以控制生产厂的生产，迫使进口方让步。

2. 不利的方面：

(1)由于合同时间跨度比较大,而外汇市场价格不断变化,汇率风险很大;且国际商品市场行情变化频繁,不稳定的因素较多,因而生产出来的产品的市场销售风险也很大。

(2)补偿贸易的偿付期很长,其合同条款涉及方方面面,比较复杂,同时手续烦琐,不如一般贸易简单。某一个环节出现问题,就可能导致损失。

(3)如果进口技术和设备方生产的产品达不到合同的规定,或者不能按时按量提供合同项下的产品,不仅补偿贸易合同本身会蒙受直接损失,而且还会影响到产品的市场销售,会带来更大的损失。

(4)设备出口方为了急于将抵偿产品脱手,低价在市场上抛售,这样势必将影响当地原来经营这项产品的贸易商的积极性。有时,国外公司在第三国市场低价抛售,也会给这项商品在国际市场上的正常销路带来十分不利的影响。因此,应尽量避免把销路正常和较热销的商品作为抵偿品,否则,从长远来看,这种做法会成为自我打击。

(二)从进口方的角度来看

1. 有利的方面:

(1)可以不使用外汇,直接利用国外的资金、技术、设备,然后用其生产的产品出口来支付货款。在某种情况下,还可以通过这种贸易方式取得国外的信贷,弥补进口先进技术和成套设备所需外汇的不足。

(2)由于产品的销售状况直接关系到出口方的利益,因而出口方出于本身利益的考虑,往往会主动关心设备的安装及使用情况,并关心产品的质量,同时在产品设计、生产、技术等方面给予积极配合,从而保证产品质量和生产效益的提高。

(3)补偿贸易中生产的是出口商品,一般来说,生产技术和产品质量要求相对比较高,对技术设备进口方的工人素质、干部管理水平的要求也比较严格。如此一来,补偿贸易无形中提高了技术设备进口方的技术水平和产品生产管理的能力。

(4)通过补偿贸易可以做到以进带出,利用国外的销售渠道,开拓出口产品的销售地区,并使一些原来不容易出口的商品进入国际市场,扩大外汇收入。一些出口产品在国际市场上竞争力不强的国家,通过补偿贸易这种进出口基本平衡的贸易方式,使抵偿产品建立在长期贸易合同的基础上,并因外国公司承担了销售业务,抵偿产品能够比较顺利地进入国际市场,使国际收支能够保持平衡,或减少逆差。所以,从短期目的来看,可解决贸易平衡;从长期目的来看,可以稳定出口,使商品进入国际市场。

2. 不利的方面:

(1)由于技术设备的进出口双方在资金、技术设备和产品销售上处于不平等的地位,对于进口方来说,信贷利息、设备和技术价格往往偏高,而产品出口价格则偏低。

(2)由于生产技术和产品的销售都在对方的掌握之中,进口方往往容易受到出口方的控制,被迫接受一些不合理条件。

(3)外国公司为了在国际市场上保持自己的有力竞争地位和优势,往往不愿把最新的技术和设备转让给进口方,总要"留一手",有时甚至想把自己淘汰下来的设备兜售出去。如果进口方信息不灵,就很容易上当。

案例研究

案例一 "中巴经济走廊"首个煤电一体化项目投入商业运行

据媒体报道,2019 年 7 月,"中巴经济走廊"首个煤电一体化项目——巴基斯坦塔尔电站一期 2×33 万千瓦 CFB 燃煤电站 1、2 号机组同时通过 168 小时试运行,正式投入商业运行。

巴基斯坦塔尔电站一期 2×33 万千瓦 CFB 燃煤电站是"一带一路"旗舰——"中巴经济走廊"首批优先实施项目,也是巴基斯坦首个煤电一体化项目、塔尔煤田能源规划中首个正式实施和实现发电的项目、巴基斯坦第一个燃用本地煤的电站项目。

巴基斯坦塔尔电站一期机组的顺利投产,是中巴携手合作的成果,是政府和社会资本合作(PPP)成功的典范。两台机组投产后,可实现年均上网发电约 45 亿度,能够满足巴基斯坦当地近 200 万户家庭用电需求,大大缓解了巴基斯坦电力短缺现状,改变了巴基斯坦依赖进口石油和天然气进行火力发电的窘境,并对巴基斯坦调整电力能源结构、降低发电成本、缓解电力供需矛盾、优化投资环境、促进基础设施建设和经济发展、改善民生等方面产生了深远影响。

案例思考与讨论:

1. 结合案例,说明国际工程承包概念和方式。
2. 谈谈签订国际工程承包合同应注意的事项。

案例二 2021年中国软件与信息技术服务业发展概况

工业和信息化部日前公布了2021年我国软件和信息技术服务业运行情况。数据显示,2021年我国软件和信息技术服务业运行态势良好,全国规模以上企业超过4万家,累计完成软件业务收入94 994亿元,同比增长17.7%,两年复合增长率为15.5%。业务收入保持较快增长的同时,盈利能力也在稳步提升。2021年,软件业利润总额11 875亿元,同比增长7.6%,两年复合增长率为7.7%;主营业务利润率提高0.1个百分点达9.2%,软件业务收入保持较快增长,盈利能力稳步提升,软件业务出口保持增长,从业人员规模不断扩大,“十四五”实现良好开局。

分领域来看,软件产品收入平稳较快增长。2021年,软件产品收入24 433亿元,同比增长12.3%,增速较上年同期提高2.2个百分点。其中,工业软件产品实现收入2 414亿元,同比增长24.8%,高出全行业水平7.1个百分点。信息技术服务收入增速领先。2021年,信息技术服务收入60 312亿元,同比增长20.0%,高出全行业水平2.3个百分点。其中,云服务、大数据等服务增速强势,共实现收入7 768亿元,同比增长21.2%,占比较上年同期提高4.6个百分点。信息安全产品和服务收入增长加快。2021年,信息安全产品和服务收入1 825亿元,同比增长13.0%,增速较上年同期提高3个百分点。

分地区来看,东部地区保持较快增长,中西部地区增势突出。2021年,东部、中部、西部和东北地区分别完成软件业务收入76 164亿元、4 618亿元、11 586亿元和2 627亿元,分别同比增长17.6%、18.9%、19.4%和12.1%。主要软件大省收入占比进一步提高,部分中西部省市增速亮眼。2021年,软件业务收入居前5名的北京、广东、江苏、浙江、山东共完成收入62 692亿元,占全国软件业比重的66.0%,比较上年同期提高1.2个百分点。软件业务收入增速高于全国平均水平的省市有15个,其中增速高于30%的省份集中在中西部地区,包括贵州、广西、山西等。中心城市软件业务收入增长加快,利润总额平稳增长。2021年,全国15个副省级中心城市实现软件业务收入49 540亿元,同比增长16.3%,增速较上年同期提高3.3个百分点,占全国软件业的比重为52.2%;实现利润总额6 403亿元,同比增长4.5%,增速较上年同期回落0.5个百分点。其中,杭州、青岛、济南和广州软件业务收入同比增速超过全行业平均水平。

2021年11月,工信部印发了《“十四五”软件和信息技术服务业发展规划》,为推动软件产业做大做强提供政策支撑。有行业内专家认为,在国家政策红利下,我国软件业产业规模将稳步增长,产业结构将持续优化,关键领域关键产品的供给能力有望进一步加强。在区域全面经济伙伴关系协定正式签署、服务贸易新业态新模式发展不断加快的背景下，我国软件和信息技术服务将进入自主创新、融合应用、协同突破的新时期，国际化拓展迎来崭新蓝图，“双循环”发展新格局将进一步清晰。

案例思考与讨论：

1. 结合案例说明什么是技术服务，其特点都有哪些。
2. 结合案例说明信息技术服务的方式有哪些。

思考与练习

1. 技术服务与技术咨询的主要区别是什么？
2. 签订国际工程承包合同应注意哪些问题？
3. BOT 方式的主要特点是什么？
4. 采用特许经营的优势和劣势具体表现在哪几个方面？
5. 国际合作生产的基本形式有哪些？

第十一章 国际技术的价格和技术转让税费

Costs of International Technology and Technology Transfer Taxation

通过本章的学习，学生应了解技术价格和税费的概念，熟悉技术价格的特点、影响技术价格的各种因素以及进行技术贸易时税费征收的方式和规定。同时，学生还应该掌握技术价格的基本估定方法，以便更好地为技术产品进行合适的定价，促进技术产品在国际市场上的流通，发展技术贸易。

学习要点

By learning this chapter, students should know the basic concept of technology costs and the expenses of taxation, be familiar with the characteristics of the technology costs, the factors that influence the technology costs and the meanings and regulations relative to the imposition of the taxation in technology trade.Meanwhile, students should master the evaluation of the technology costs to price technology products more appropriately,and facilitate its flow in international market and develop the trade of the technology products.

第一节 技术价格

一、技术价格的概念

在国际市场发展的早期,市场上的商品基本上是有形商品,它们的价格通过供给和需求就可以确定下来。但是,随着经济的发展以及国际市场结构的完善,市场上商品的种类也开始增多,不仅包括了有形商品,同时还有无形商品,诸如各种服务类和技术类商品,它们是无形的,没有实体可以依附去确定它们的价格,但是它们又具有价值和使用价值,因此它们是一类特殊的商品。

技术商品主要是指以知识产权(包括专利、商标、版权等)等专有权为贸易标的的商品。技术商品价格的表示方法与一般商品价格的表示方法有所不同,一般商品价格多采用固定价格,即由买卖双方约定一个固定的金额,技术价格则同技术商品受让方利用技术所取得的经济效益联系在一起,用一种计算方法来表示。因此,在进行技术商品的买卖时,买卖双方是根据当前经济形势下的各种因素来确定其价格的,随意性比较大。

世界知识产权组织在其编写的《技术贸易手册》中,给技术价格下了这样的定义:“技术的价格是指技术受让方为取得技术使用权所愿支付的、供方可以接受的使用费的货币表现,也可以从供、受双方所处的不同立场和所提供的技术内容出发,把技术的价格称为:补偿、酬金、收入、收益、提成费、使用费、服务费等,在不同的场合,补偿、酬金、使用费可以交替使用,但都是买方对卖方进行支付的货币表现。”

二、技术价格的特点

任何事物都有自己的特点,技术价格也不例外,而且技术价格的特点与技术商品的特点具有密不可分的关系。

(一)构成技术价格的生产成本可以得到多次的补偿

对生产企业而言,生产一般商品的目的是为了出售,只有在商品出售后,其在生产中的消耗才能得到补偿。而研制新技术的目的则不是以转让为出发点的,主要是为企业所用,因此高额利润主要是靠技术制造产品出售来获取的。这时,研制企业所支付的成本费用就可以从产品销售所获取的利润中收回。当技术许可给他人使用后,该企业仍继续保留着使用该技术的权利,研制费用同样可以继续得到补偿。一般商品被转让后,卖方就失去了对商品的所有权。但是对于技术商品而言,技术商品具有交易的重复性特点,也就是说,卖方在转让后仍然拥有对商品的所有权,转让的只是技术商品的使用权,因此,大多数技术商品都可以多次出售。即使出让方未利用该技术自行生产并出售产品,未从出售产品所获得的利润中回收技术研制费,该笔费用也可以在多次许可中得到补偿。这样,对每个技术受让方来讲,所承担的研制费用通常仅仅是其中的一部分,而不是科研费的全部。

(二)技术价格与其研究成本不成正比关系

技术价格与研究成本是相分离的,它并不真正反映成本。对于一般商品而言,生产成本越高,其价格也相应上升,基本上呈一种正比的关系。但对于技术商品而言,技术商品具有技术研究成果不确定性的特点,所以,即使某类技术商品投入巨大,其价格也可能很低,关键在于社会对该技术的承认程度。也就是说,决定技术价格高低的不是投入的多少,而是使用该技术的经济效果。这也就是有些花费了大量劳动和资金研制出来的技术,由于其效益低,不得不低价予以许可或转让,甚至无人问津的原因。

(三)技术的价格是不确定的

一般商品的价格常为固定价格(成本加成定价),此价格可由买卖双方共同约定。即使有些商品采用浮动价格,其实际售价也以固定价格为基础,根据劳动力和原材料价格等市场因素的变动情况在一定范围内进行调整,一般不考虑使用该商品后取得的经济效益。但对于技术商品而言,技术商品具有转让的周期性的特点,因此技术的价格在很大程度上取决于该项技术的使用效果。在许多情况下,技术转让费是根据该技术使用后所创造的经济效益来计算的,而创造的经济效益通常为一个变化区域很大的变量,人们事先很难做出准确的估计。此外,由于技术商品的定价目标的多样性和因素的复杂性,因此技术的价格还取决于社会、市场环境、受让企业的管理水平、生产规模和状况,对不同的受让方,其许可或转让的价格可以是不同的,甚至相差很大。

(四)垄断性

技术商品的独创性、新颖性和单件性及占有的独家性,加上专利法和技术合同法等法律制度的保护,在交易时,一般属卖方市场,具有很高的垄断性,因此,技术价格也具有垄断价格的特点。

三、影响技术价格的因素

由于技术这种商品的特殊性和其本身所具有的形式多样性，所以它不像其他商品那样可以简单地在市场中根据供求关系去确定价格的变化趋势。影响技术价格的因素有很多，除了直接构成技术成本的价格因素以外，还有很多其他的因素会影响技术的价格。具体表现在以下几个方面。

（一）技术的生命周期

技术作为一种产品，也符合产品的生命周期规律，即技术也有其发展阶段、成熟阶段和衰老阶段。因此，在不同的生命阶段里，其价格肯定也具有一定的差距。

在技术处于发展阶段时，由于它还没有被应用到实际的生产生活中，所以其价值在一定程度上体现不出来，技术的购买者只能通过对其价值的预期来确定它的价值从而决定它的价格。正是由于这种不确定性的预期使得在这个阶段的技术的公开程度较大，多以专利的形式加以保护，技术的转让价格较低，受方将其完全商业化仍需要付出很大的费用。

在技术处于成熟阶段时，其应用价值已经得到了市场的检验，如果它的应用能够带来很大的效益，其商业价值会比较显著，价格会比较高，由于技术本身的特性它可以被持有者合法的垄断起来，因此技术许可或者是技术转让的价格也会很高，有些核心或关键的技术可能不会被转让。

在技术处于衰老阶段时，可能由于技术进步过快、竞争比较激烈或是保护期限届满，技术产品的应用已经普及或是被淘汰，这时技术的许可或转让价格也会比较低。

这种技术产品的生命周期不仅体现在一个国家内不同时期的价格变化，而且也体现在不同国家、不同地区之间由于经济发展水平不同而产生的技术价格的不同。比如说，西方发达国家把他们处于衰退期的技术转移到经济发展不是很快或者不太发达的国家，这样，这种技术就可以在经济欠发达的地区卖出较高的价格，使得技术的生命周期得以延长，也可以促进世界经济的发展。

（二）技术自身的现状

1. 技术开发的成本。由于技术的开发不仅需要大量的财力、物力，而且需要大量的人力，尤其是优秀的人才，因此只有大型国企或者资金雄厚的外企才能担负得起这种高成本的投资和风险。同时，他们对于这种高成本的投资和风险会通过垄断、追求高技术附加值，来达到他们预期的收益目标。因此，在不同的生产研发阶段,他们也会制定不同的价格策略。比如说,在技术的发展阶段,技术开发者为了补偿研制开发的费用将会适当提高价格,费用的补偿量一般都会接近技术供方对技术受方独立自行研制该项技术费用的估计量,高于供方研制开发费用的实际花费。而在技术的成熟和衰退阶段,一般不会过多考虑技术的研制开发费用。由于技术的长期使用,其研制开发成本已从产品利润和多次技术转让的收益中取得。在特殊情况下,如技术供受双方的技术水平差距较大,供方仍会要求受方承担研制开发的费用。

2. 技术许可和转让的次数、方式。技术受让方一般比较关心技术许可或转让的次数,次数越多也就意味着他所能获得的利益越少,因而技术的价格相对就会越低。然而,一旦这种技术转让过多次之后,受让人在当前市场中已经获得了平均利润,那么它的价格就会趋于稳定。

由于技术许可方式的种类很多,在不同的方式下许可方和被许可方的权限会有不同,因此,技术许可的价格肯定不会相同。比如说,如果是独占许可,由于被许可方在合同规定的时间和地域范围内有使用技术、生产产品、销售产品和进口产品的权利,而且这种权利是专有的,连许可方都不得在合同期限和该地域范围内生产和销售,这将在一定程度上加强被许可方的垄断地位从而使其获得更多的收益,因此,在这种许可方式下,许可方会要求较高的技术价格许可费。一般来说,独占许可方式比非独占许可方式的价格要高20%~25%,而在非独占许可中,排他许可的技术使用费又比普通许可的高一些。

(三)技术的支付方式

技术转让过程中要涉及大量的人力、物力和财力,有时这又是一个较长的过程,时间长可能就会涉及一定的风险,因此采取何种技术的支付方式对技术双方都将是很重要的问题。自然而然地,不同的技术支付方式也会使得技术的价格不同。一般来说,一次付清全款的,价格最低;分期付清全款的价格稍高;入门费加提成的支付方式,价格居中;纯提成方式,技术价格最高。另外,如果技术许可或转让是在不同的国家之间进行的,那么双方采用何种货币作为支付条件,也对技术的价格有一定的影响。由于技术转让时间较长,即使是一次总付往往也需要很长的时间,在这期间不仅双方会共同经历汇率的风险,而且会由于利息的变化而影响到各自的利益,因此,在双方进行技术转让涉及支付货币不同的问题时,一定要审时度势地看好世界市场行情,从而选择对自己最有利的支付方式。

（四）外部社会环境因素

1. 经济体制和经济政策的影响。随着社会主义市场经济体制的建立，社会经济活动要以市场为中心，同时国家要对经济运行进行有效的宏观调控，因此，在这种市场经济体制下，为了促进有利于经济发展的新技术商品的开发、推广和应用，淘汰那些不利于经济发展的技术商品，并保证技术市场的正常秩序，国家必然要加强对应用技术商品、技术商品交易机构、交易范围、交易合同、交易价格、交易收入分配和技术商品所有权、进出口等方面的管理以及技术市场管理队伍的建设，这种管理和建设必然会影响技术商品的价格。

科技政策是国家经济政策的重要内容之一，对技术商品价格的制定也有直接影响。过去，我国否认技术是商品，对技术实行无偿使用，导致科技事业发展缓慢。当前，各国为了赢得经济竞争的优势，提高综合国力，都把技术商品的开发、推广作为主攻目标。因此，对于急需研究开发的高、精技术商品，各国都制定了一系列优惠政策，在价格上给予支持，往往把价格定得高一些；反之，不急需研究开发的技术商品，价格定得低一些。

2. 政府的干预政策和税收政策。在进行技术转让时，政府为了保护自己国家的利益，通常会采取一些干预手段来限制某些技术出口或者限制向某些国家技术出口，另外，一些发展中国家为了防止技术出口公司获取超额利润，对技术价格也规定技术上限，但这样限制一般不会奏效，供受双方可以用延长合同年限的办法来提高技术使用费。技术进口国政府也可以通过审查技术协议的办法干预技术成交价格，这种限制会增加技术出口方的市场风险，导致技术出口方提高定价。

由于在国际贸易中与价格相关的税有所得税、财产税、流转税和关税，因此，如对技术转让费用的税收征收采用预提税的方式，就容易产生双重征税的问题。在国际贸易中，政府征税一般遵循两种管辖原则，即来源管辖权和居民管辖权，技术供受方所在国双重征税对技术供受方都有不利的影响，会影响技术的价格。

总之，技术的价格受多方面以及多种因素的影响，并在这种多因素的条件下形成。随着国际技术贸易的理论趋于完善，技术在买卖时也就可以形成一定的规律，从而有利于人们掌握和应用。然而，有时理论和实践又存在着很大的差异，所以在进行技术贸易的过程中容易产生一些不规范的交易，加强和完善技术贸易市场需要一个过程。

第二节 技术价格的估定

由于技术贸易的种类和形式多种多样，诸如其包括工业产权的转让和许可、专有技术的许可、以专有技术为核心的技术转让、技术服务或技术咨询等。因此由上可知，技术的价格基本上就是技术的转让价格、技术的使用价格和技术的服务价格。

一、技术的价格构成

（一）技术开发成本

开发成本又称为沉入成本(sunk costs)。它包括研制该技术所耗用的材料费、设备费、科研人员工资、资料费、外协费、咨询费、培训费、差旅费、其他费用和管理费、折旧费、摊派费用等。由于技术成果可以多次转让，上述费用不应由技术买方一家支付，而应只支付其一部分。由于技术发明中智力因素和创新思路起着重要甚至决定性的作用，这些作用又难以测量和定价，其费用往往难以估计，因此无法包括在上述费用中。

技术开发可能遇到多次失败，有些成功的技术转让不出去也照样得不到回报。技术开发单位为维持正常的运作，必须把上述成本也摊入转让费之中。合作开发、委托开发、技术服务洽谈，有时需要列出开发成本清单；申请科技开发任务、科技开发贷款或拨款也要附上开发成本清单，但是技术转让项目的洽谈则较少涉及开发成本。

技术开发单位很难把某种技术的开发成本逐一记录得很详细，计算得很清楚。当多项技术同时开发时，也很难准确地把费用摊派到某一项技术上。连自己都说不清楚的事，要求技术买方理解和信服就更难了。技术卖方通常有夸大和强调开发成本的倾向，而技术买方往往不会承认它们是合理的成本，至少不接受卖方的估值。因此，技术开发成本的内涵和数额在技术价格谈判中是一个模糊问题，因此随机性就比较大了。

（二）技术转让成本

技术转让成本是指技术卖方在转让技术的过程中发生的费用，包括技术资料费（设计资料、图纸、说明书、维修手册等）、技术交易费（广告、差旅、公证、场租等）、合同履行中的培训费、专家技术服务费与指导费和其他费用。相比之下，技术转让成本比较容易确定，也比较容易被技术买方接受，这部分费用在技术商品价格中占10%左右。

（三）技术服务费

技术商品是一种系统的知识，技术商品的交易不仅是商品交换过程，而且是一个传播、学习和掌握的过程，因此也是技术买卖双方长期合作的过程。技术卖方在技术的实施和运用过程中还要付出辛勤的劳动，派人到现场进行安装调试、技术指导、培训人员、开拓市场，甚至承担“交钥匙”责任，拿出合格产品，交付成套的正常运转的生产线。这种技术服务和工程实施劳务的费用大约占技术价格的1/4。

（四）其他成本

1. 机会成本。因技术转让使技术卖方的产品可能失去某地区的全部或部分销售机会，从而可能给卖方造成损失。技术卖方要求在转让费里给予一定的补偿，这就是机会成本。机会成本很难准确估算。有的卖方很看重机会成本，甚至在自己产品的上市初期，只卖产品而不转让技术。在这种情况下，技术价格中机会成本的比重比较高。但是，如果卖方是纯技术转让，自己没有产品，而且也不打算生产这种产品，那么卖方的机会成本为零，不会影响转让价格。

2. 新增利润的分成。一项新技术的实施会给技术买方带来新增利润，新增利润可表现为：降低生产成本；提高质量或性能，提高销售价值；增加销售量三种方式。新增利润可以依据生产规模、合同期限和单位产品利润变化计算出来。

（1）由降低成本而产生的新增利润=成本降幅×年产量×合同期限。

例如，一家无线电厂利用引进的生产线技术使计算器的单位成本由10元降为6元，该计算器年产50万台，技术合同期为5年，则这项技术带来的新增利润为：

$$(10-6)\times 500\,000\times 5=10\,000\,000(\text{元})$$

应当说明，财务估算和经济可行性分析要求把未来的利润折成现值，即考虑通货膨胀的因素。而这里并没有折现，是一种粗略的测算（下同）。也正是因此，企业新增总利润实际小于1 000万元。

（2）由提高产品质量和性能而增加的利润=（价格增幅-成本增幅）×年产量×合同期限。

例如，一家灯具厂引进一种灯泡制造新技术，使灯泡寿命延长3倍，节电1/3，售价由3元/个提高到8元/个，生产成本由2元增加到4元，年产量500万个，技术合同期为5年，则该技术带来的新增利润为：

$$[(8-3)-(4-2)]\times 5\,000\,000\times 5=75\,000\,000(\text{元})$$

(3)由销售额增加带来的新增利润=销售增量×单位新增利润×合同期限。

有的技术对于产品的成本和售价没有显著影响,但是由于提高了产品知名度和竞争能力,会增加销售额。例如,捷克的“斯柯达”牌轿车,自从该厂被德国大众汽车公司收购后,车型和性能没变,喷漆和内装饰略有改进,在中国市场上的知名度增加,销售量也显著增加了,当然厂家的利润就增加了。

新增利润应有多大比例计入技术价格而归属技术卖方,不同行业、不同地区、不同项目有很大区别。按国际惯例为20%~30%,这种做法叫做利润分成法,是技术转让的普遍做法。

上述价格的构成是理论性的,也是预期的,因为最关键的新增利润部分要在技术转让实施之后逐步实现,是一个预期值。大多数情况下技术买方不可能按此一次付清,那么成交的价格是多少,付款方式如何,还要进一步落实。

技术买方很少能弄清技术卖方的成本和“赚头”,而主要关心的是购买技术后能够实现多少新增利润,即引进技术的经济效益。新增利润与技术购入价格之比越大,技术买方的购买欲望就越强。技术卖方也盯着这块新增利润,认为这是技术作用于买方生产和销售条件的结果,体现了技术的使用价值,就应该反映到技术的价格上。一项技术可能产生的经济效益越高,技术卖方的开价也越高。国际许可证贸易经营者协会(LES)规定过一种最普通的方法,即技术卖方和买方共同分享使用该技术后取得的经济效益,作为技术计价的基础。

二、技术价格评估的方法

(一)用市场法评估技术价格

市场法是将待评估技术与近期技术交易中的类似技术进行对照与比较,以后者的既知价格为基础加以修正,得出被评估的技术最可能实现的合理价格。其基本公式为:

技术的评估值=技术市场同类技术价格×(1-累计折旧比率)

折旧时间是同类技术交易时间至评估时间的时差。

市场法应用的前提条件是:①有一个充分活跃的技术市场;②发生过可比性强的同类技术交易,各项资料是可得的;③被选取的样本是在公平条件下的正常交易。

例如,一种新的节能灯制造技术,了解到3年前已有同类技术在技术市场上成交,转让价格为50万元,技术寿命周期为10年,试评估该技术转让的价格。

由于两项节能灯技术交易的相似性基本符合市场法的应用条件,按线性折旧

法计算,该技术剩余寿命为 7 年,则节能灯技术价格为:

$$节能灯技术价格 = 500\ 000 \times (1 - 3/10) = 350\ 000(元)$$

市场法看似简单明了,其实应用条件是苛刻的,主要是可比性和交易信息的可利用性问题。技术交易情况相当复杂,即使是同一科研单位转让同一技术,由于转让对象、转让方式、转让时间、配套服务等因素的区别,技术价格也会有很大差异。当交易样本少、技术相似性差、对交易背景不了解时,还是不能简单地套用上述公式。

我国技术市场中交易行为尚不规范,信息统计尚不够准确,必须通过广泛的寻求和详细对比,才能找到可靠的参照样本。

由于我国无形资产评估起步较晚,理论框架和数学模型还不够完整,可以参照的样本和数据也不够丰富,用技术评估方法计算出来的价格与技术市场上实现的价格差异就较大。技术交易是在实践中发展起来的,在买方和卖方的千百次洽谈中,以及不同卖方之间的竞争中,逐渐产生了技术商品的价格行情,也形成了一些习惯价格和产业规范。从这个意义上讲,市场法有着比较重要的实用价值,操作起来比较简便,习惯价格和产业规范也有着重要的参考价值。

习惯价格是指在过去成交的同类技术转让中形成的一些价格范围和惯例,可以作为价格谈判的参照。不同行业的不同技术价格差异很大,为了使价格谈判不离谱,靠近成交价格,了解本行业同类技术的价格惯例就是必要的。例如,食品行业转让一项新产品技术的价格在 5 000~50 000 元。如果对大型企业转让一项新产品技术,包括全套技术服务,综合收费可达 30 万~50 万元。某生物研究所向山东某厂转让一项蚓激酶生产技术,转让费 1 500 万元,这个价格给出了新医药产品和生物制品技术的价格数量观。

在国际上,技术提成比率在不同行业也形成了不同的惯例。比如,医药技术提成率是销售额的 10%~15%,信息处理技术是 3%~5%,日用消费品技术提成率是 2%,造纸和木材业为 4%~6%,石油工业是 1%或更低的 0.5%~5%。

(二)用收益法评估技术价格

收益法是通过一种适当的还原利率,将被评估的技术产生的未来效益折算为现值(折现)的评估方法。收益法不考虑技术商品的开发研制成本,而集中考虑技术商品在使用过程中所能带来收益的能力。收益法是建立在效用价值论的基础之上,通过对技术商品的经济效益进行预测来给技术定价。这种方法比较容易被技术买卖双方接受,可操作性较强,因而比较常用。

收益法的基本计算公式为:

$$V = \frac{R_1}{1+r} + \frac{R_2}{(1+r)^2} + \cdots + \frac{R_n}{(1+r)^n} = \sum_{i=1}^{n} R_i/(1+r)^i \qquad (11-1)$$

式中：V为被评估的技术商品的价值；R_i 为第 i 年的收益；r 为还原利率；n 为被评估技术商品的经济寿命周期。

从式(11-1)中可以看出，应用收益法对技术商品进行评估的三个基本要素：一是技术商品所能产生的收益大小(R 的确定)；二是技术商品收益的持久期(n 的确定)；三是还原利率(r 的确定)。

利用收益法进行技术商品价格评估包括以下几个步骤。

1. 市场调查。技术商品的收益，最终要通过产品上市，在市场上赚得超额利润来实现。因而收益法评估的第一项工作就是了解新产品或改进后的产品的市场需求情况，即系统地、客观地收集、整理和分析市场行情资料，为市场前景预测以及技术的经济效益分析打下基础。

2. 市场预测。此即利用市场调查的结果，采用现代预测方法和手段，对产品的市场前景进行估算，包括需求预测、供给预测和价格预测。

3. 新增经济效益预测。这里的新增经济效益是指企业采用新技术后所增加的经济效益。计算方法是用企业引进新技术后的年净收入减去企业不引进新技术的年净收入，其结果就是所获得的新增经济效益。

4. 把新增效益折成现值。按照经济规律，若干年后的 1 元钱，其价值必然小于现在的 1 元钱。为了便于计算和比较，就需要把企业今后若干年的新增经济效益折合成现值。这种办法叫做折现，也称为贴现。其计算公式是：

$$P = \frac{1}{(1+i)^t} \quad (t = 1,2,3,\cdots,n) \qquad (11-2)$$

式中：P 为现值；i 为贴现率；t 为年份代号。

例如折现率为 10%，那么 5 年之后的 2 元钱只相当于现在的 1.24 元。

折现率的确定应当考虑安全利率(例如国库券、定期存款利率)、通货膨胀因素和风险调整因素。

各年新增经济效益折现之后再求和，就得到了技术新增经济效益的净现值(NPV)。这个净现值就是上述式(11-1)中的 V。

值得强调的是，用收益法评估技术价格不是每一次都必须从大规模的市场调查开始。有的新技术采用后只是降低了成本、提高了售价，市场的销售不会产生什么波动，这时就可以直接用式(11-2)求得新增经济效益的净的现值。

例如，某工厂生产某种机械零件，年产 20 万件，每件售价 200 元。由于采用一项新技术，使成本下降 10 元，售价提高到每件 220 元。已知折现率为 8%，技术寿命周期 5 年,年产值不变,求该项技术的新增效益的现值。

解:由于年产量不变,可省去市场调查与预测,直接代入式中进行计算。每件产品新增效益 30 元,年新增效益 600 万元。

根据式(11-1),则有:

$$\begin{aligned} V &= \sum_{i=1}^{5} 600/(1+0.08)^{i} \\ &= \frac{600}{1.08} + \frac{600}{1.08^{2}} + \frac{600}{1.08^{3}} + \frac{600}{1.08^{4}} + \frac{600}{1.08^{5}} \\ &= 555.6 + 514.4 + 476.3 + 441.0 + 408.3 \\ &= 2\ 395.6(\text{万元}) \end{aligned}$$

由上述计算过程可以看出,采用新技术之后,每年新增效益虽然都是 600 万元,但是每年折现值递减,第 5 年只有 408.3 万元。新技术的价值则为 2 395.6 万元。

在工业技术经济学和资产评估的书籍中,一般附录有复利系数表,上述计算中的中间值和终值都可以在表中查出,从而省去烦琐的演算。

(三)成本法估定技术价格

成本法用于技术评估的含义是:运用现实费用标准,参照历史成本,重新研制开发一项技术所需要的成本。因此,该方法又称重置成本法。

成本法评估技术商品的价格,由下述几类因素组成。

1. 技术研制成本。这项成本具体又包括下述几个子项。

C——技术的研制成本。

C_1——材料费,指技术研制过程中各种材料、能源、动力、试剂以及辅助材料等支出。

C_2——专用设备费,指用于本项技术研究而购买并一次性计入成本的研究设备(如仪表、仪器、计量装置以及专用辅助工具等)费用。

C_3——资料费,指为本项技术的研究而购买图书资料、技术资料、参考文献和复印资料等的开支。

C_4——外协费,指在本项技术研究中,因委托、聘请其他科研服务机构从事某些研究或提供服务而发生的费用,如外加工费、制图和数据处理费、分项技术转包费等。

C_5——咨询费,指为解决有关技术难题而发生的技术咨询、技术鉴定等方面的费用开支。

C_6——培训费，指为完成本项技术研究而派人外出培训所发生的各种费用。

C_7——差旅费，指同本技术项目有关的人员因工作需要而发生的公务出差费用。

C_8——其他直接费用，如保险费、科研劳动保护费、物资运输费、存储费、专利申请手续费等。

C_9——管理费，指在本技术项目的研究中，因组织、管理、协调科研工作而发生的一切开支，如科研管理人员的办公费、差旅费以及管理人员的非工资性开支。

C_{10}——折旧费，指为研究本项技术而占用并分摊于本项目的机器、通用设备、专用设备、实验建筑物等固定资产的折旧费用。

C_{11}——分摊费，指用于多项技术研究而必须按一定比例分摊到本项目上的科研工具等不构成固定资产的购买费用以及科研机构办公用水电费等项支出。

2. 技术交易成本。它具体包括以下各子项。

T_1——技术服务费，指卖方为买方提供的专家指导、技术培训、设备仪器安装调试及市场开拓费。

T_2——差旅费和管理费，指谈判人员和管理人员参加洽谈会和交易过程中的食宿及交通费。

T_3——有关手续费，如法律咨询、公证、审查和注册发生的费用。

T_4——交易税金。

T_5——广告、宣传费。

T_6——其他费用。

3. 占用资金的利润。它具体包括以下各子项。

H——本项研究工作占用的全部资金。

h——平均资金利润率，指技术研制占用资金从发生至技术出售这一段时间里所带来的利润。

4. 风险分批成本：

$$\text{风险分批成本} = \left(\sum C_i + \sum V_i + Hh\right)r' \tag{11-3}$$

式中：r'为科技开发平均风险率，它是一定时间内全社会未成功科研项目开发总费用与全部科研费用的比例。

5. 对机会成本的补偿：M。

6. 使用技术产生的新增效益：R。

7. 技术商品评估价格：

$$\text{技术商品评估价格} = \left(\sum C_i + \sum V_i + Hh\right)(1 + r') + \sum T_i + M + Rm \tag{11-4}$$

式中：m 为技术卖方分成比例。

有时，在计算中会忽略 h, r', M，且 V 取平均值，将式(11-4)简化为：

$$技术商品评估价格 = \sum C_i + \sum T_i + Rm \quad (11-5)$$

但是，还要考虑到以下注意事项。

(1)所有的数据必须用评估的价格指数进行调整。例如，1984 年历史账面上的人工费成本为 2.5 万元，而 1998 年评估的物价指标为 2.48，则 1998 年的人工费成本为 2.5 万×2.48=6.2 万元。

(2)技术折旧问题。技术的价格随时间的推移而贬损。如果用直线折旧法：折旧=重置全价×已使用年限÷经济寿命周期。例如，某项技术价格 215 万元，已使用 3 年，预期经济寿命 10 年，年折旧率为 10%，则：

技术折旧=215 万×3÷10=64.5 万(元)

技术价格=215 万-64.5 万=150.5 万(元)

(3)成本法评估的结果通常为技术价格的下限(即最低价)，与实际使用价格有很大差异，应当根据使用时间和条件变化进行调整。有的技术由于巨大的市场需求，使实现价格远远超出开发成本。例如，英国的皮尔金顿公司于 20 世纪 50 年代发明了浮法玻璃生产技术，并陆续扩散到世界各国，如今该公司每年坐收许可费用 30 亿英镑。

(四)三种评估方法的综合运用

用上述方法求得的技术商品的评估值，很少能够直接成为技术交易的价格。这些方法各有其适用范围和局限性，因而评估结果与技术商品实际开发、交易、转让实施有着或大或小的差距，需要进行一系列修正，而修正过多，又使数学模型过于繁复。另外，修正系数又是虚拟的，导致了发生偏差的必然性。因此，了解上述各种方法的特征和局限性，在有些情况下进行综合运用是必要的。在选择了比较接近实际的评估值之后，根据技术定价的原则，可以初步确定交易价格的上下限和调整幅度，技术价格的洽谈也就有据可依了。

1. 成本法。直接以重置成本对评估对象进行评估和调整，具有评估准确性好等特点。但是，应用成本法的起始点是对一种技术商品重置成本的估计，其方法是考察历史成本及趋势，并折成现值表示出来。此法不考虑市场需求，不考虑与技术型资产相关的制成品的市场及经济效益量的信息。因此，缺乏对影响技术商品价值市场因素及经济效益因素的考察。

2. 市场法。市场法对评估技术商品的变现价格和清算价格是比较合适的，由于这两种价格均是高度依赖于市场的价格，在这种情况下，采用市场法具有较好的客观性和可验证性。但它也具有较大的局限性,它要求建立完善、规范的技术市场,而在目前,这只是我国正在努力的目标。完善、规范、活跃的技术市场是市场法应用的前提。没有这种技术市场,应用市场法所需的市场参照物、技术参数和交易中的技术经济信息和资料就难以获得,即使获得,交易资料的可信度与可用性也有限,这将影响技术商品评估的可靠性。特别是由于技术市场受国家政策、行业的科技发展速度、交易的环境与可比性等因素的影响,常常波动较大,交易中的价格未必就是公平市价,模拟市场更是扑朔迷离。当我们掌握到参照物及其交易的具体信息时,市场可能早已发生变化,过去的交易信息不再具有参考价值,以过去的交易价格作为现在进行技术商品交易的价值尺度,会造成较大的失真。

3. 收益法。收益法是一种最常用的资产评估方法,它比较真实地反映了技术商品获利的目的及获利大小,根据技术型资产所依托的实体——技术制成品的市场应用及收益大小,间接地确定技术商品的价值。这种方法较全面地考虑了影响收益的各种因素,如市场收益大小、技术商品获利期的长短、市场的风险三大要素,真实且较准确地反映了本金化的价格。与投资决策相结合,应用此法评估的技术商品的价格容易为供求双方所接受。但是,要准确地确定收益法的三大要素是困难的:收益的大小不仅取决于市场的需求和变化、技术本身的成熟度,还取决于技术应用单位相应的技术消化吸收能力、开发能力、企业整体素质等各种因素。此外,即使能对收益进行较准确地预测,但要区分企业的收益中哪些是由技术商品带来的,哪些是由有形资产和其他无形资产产生的,同样也是比较困难的。同时,正确地估计各种风险因素,确定还原利率、估计收益期等,都会对用收益法评估技术商品的结果产生影响。

三种方法从不同的角度和条件对技术商品进行评估,各有所长,将三种方法综合、比较地进行应用,将有助于相互验证、相互补充,使评估结果更加合理。

在采用成本法进行评估时,利用市场法对相类似的技术商品在市场上的交易情况进行比较,能够弥补仅用成本法忽略市场需求等因素对评估结果的影响,使被评估的技术商品的价格既体现其价值,又体现市场的供求关系,使评估结果更合理。

同样,在采用市场法时,由于市场波动较大,不确定因素较多,就可以通过比较应用成本法确定重置成本,再根据成本与价格的关系,为市场法的应用提供一个参考的价格基础,以平抑应用市场法可能产生的价格的较大波动。

应用收益法,由于要准确地预测收益量、风险大小和获利期是较困难的,因而应用收益法进行评估的结果也有一定的不确定性。此时,考虑成本法重置成本的大小,可以减小这种不确定性。

在市场上，收益法具有很大的不确定性或难以量化时，参照技术商品的重置成本进行综合比较，得出的结果比较合乎实际。

以上用三种方法分别进行评估，对三种结果进行了比较、综合、筛选和修正。此外还有一类方法是以重置成本为基础，以收益提成进行加成，有时也容易被交易双方接受。这类方法有成本—目标利润法、成本加成法、成本—收益现值法等，这些方法在有关资产评估的著述中都有介绍，此处不再详述。

三、技术价格的支付货币与支付方式

（一）支付方式

在国际技术贸易中，由于资金的转移是全球性的，因此采用何种支付工具来加快资金周转、提高资金使用效率是非常必要的。我们在这里就简要地介绍一下在国际贸易中需要用到的几种支付方式，如货币和票据，其中汇票是票据使用中主要的形式。

票据是指出票人约定自己或委托付款人在见票时或指定的日期向收款人或持票人无条件支付一定金额并可以流通转让的有价证券。票据包括汇票、本票和支票。在国际技术贸易中，主要采用的是汇票这一支付工具。

1. 汇票（Bill of Exchange/Draft）。汇票是指一个人（出票人）向另一个人签发的，要求付款人立即或定期或在可以确定的将来的时间，对某人或其指定人或持票人支付一定金额的无条件书面支付命令。

（1）根据出票人的不同，汇票可分为银行汇票和商业汇票。

商业汇票是指由出票人签发的，委托付款人在指定日期无条件支付确定的金额给收款人或者持票人的票据。在银行开立存款账户的法人以及其他组织之间，必须具有真实的交易关系或债权债务关系，才能使用商业汇票。它适用于同城或异地结算。商业汇票分为商业承兑汇票和银行承兑汇票。

商业承兑汇票是由银行以外的付款人承兑的票据。商业承兑汇票可以由付款人签发并承兑，也可以由收款人签发交由付款人承兑。商业汇票的付款人为承兑人。商业承兑汇票的出票人，为在银行开立存款账户的法人以及其他组织，与付款人具有真实的委托付款关系，具有支付汇票金额的可靠资金来源。

银行承兑汇票是由出票人签发并由其开户银行承兑的票据。每张票面金额最高为 1 000 万元（含）。银行承兑汇票按票面金额向承兑申请人收取万分之五的手续费，不足 10 元的按 10 元计。承兑期限最长不超过 6 个月。承兑申请人在银行承兑汇票到期未付款的，按规定计收逾期罚息。

银行汇票是汇款人将款项交存当地银行，由银行签发给汇款人持往异地办理转账结算或支取现金的票据。汇款人可以是单位、个体经营户或者个人。银行汇票结算方式是指利用银行汇票办理转账结算的方式。它的基本当事人只有两个，即出票银行和收款人，银行既是出票人，又是付款人。由于银行票据具有票据随人到、方便灵活、兑付性强的特点，因此人们普遍采用这种方式进行支付。

(2)根据付款的时间划分，汇票可以分为即期汇票(Sight Draft)和远期汇票(Time Bill/Usance Bill)。

即期汇票就是见票即付，是在提示或见票时就可付款的汇票。

远期汇票，是在一定的期限或特定的期限内付款的汇票，可分为定期付款汇票、出票日后定期付款汇票、见票后定期付款汇票三种。

(3)根据收款人抬头分类，汇票可分为限制性抬头、指示性抬头、来人抬头。

限制性抬头，是指汇票的抬头印有限制转让的字样。例如，“仅付甲公司”(pay to A Co. only)或“付甲公司，不准流通”，这种抬头的汇票不能流通转让，只限甲公司收取货款。

指示性抬头，是指汇票抬头印有“支付给指定人”(pay to the order of)字样。这种抬头的汇票，甲公司可以收取票据，也可以通过背书转让给第三者。

来人抬头，或称持票人抬头。例如，“付给来人”(pay to bearer)或“付给持票人”(pay to holder)。这种抬头的汇票，无须由持票人背书，仅凭交付汇票即可转让。

2. 本票(Promissory Note)。本票是出票人签发的，承诺自己在见票时无条件支付确定的金额给收款人或者持票人的票据。本票分为商业本票和银行本票。商业本票由于是工商企业或个人签发的本票，也称为一般本票，商业本票又可以分为即期和远期的商业本票，它们一般不具备再贴现条件，特别是中小企业或个人开出的远期本票，因信用保证不高，因此很难流通。银行本票都是即期的，在国际贸易结算中使用的本票一般都是银行本票。

3. 支票(Cheque)。支票是指由出票人签发的，委托办理支票存款业务的银行或者其他金融机构在见票时无条件支付确定的金额给收款人或者持票人的票据。开立支票存款账户和领用支票，必须有可靠的资信，并存入一定的资金。支票可分为现金支票和转账支票。支票一经背书即可流通转让，具有通货作用，成为替代货币发挥流通手段和支付手段职能的信用流通工具。运用支票进行货币结算，可以减少现金的流通量，节约货币流通费用。现在支票的种类很多，包括现金支票、转账支票、划线支票、保付支票、旅行支票等。因此，在进行国际技术贸易时，要选好进行支付的条件和方式，以便于技术的转让或许可。

（二）支付方式

1. 一次总算。一次总算是指在签约时当事人双方商定并在合同中规定合同总价。一次总算包括技术转让成本、技术研究与开发成本分摊、机会成本、技术资料费以及有形商品价格、商标许可使用费等。

一次总算对供方和受方而言各有利弊。

(1)对供方的利弊。一次总算计价方法对供方的好处是收入稳定，不受技术项目生产和产品销售情况的影响，可以避免查账、计算等麻烦。但是，由于技术价格事先一次确定，供方得不到生产和产品销售增加所带来的好处。

(2)对受方的利弊。一次总算对受方来说弊多利少，因此，许多国家通过立法对其加以限制。一次总算对受方的不利主要表现在以下几个方面：①采用一次总算方式，受方须在实际生产前付出大笔资金，负担融资费用，经济负担较重；②采用一次总算，供方的经济利益在受方实际生产前已经确定，因此，受方承担了市场和汇率变动、技术和生产的全部风险；③因为受方生产和销售的增加对供方无直接好处，即使合同中有规定，供方一般也不会向受方提供有价值的技术改进和技术情报；④从理论上讲，一次总算的技术价格应该低于入门费与提成费之和，但是，若赖以计算技术价格的估计产量或销售量高于实际产量或销售量，会导致一次总算数额大于入门费与提成费之和，受方反而会遭到损失。

由于一次总算对引进方的弊端较多，一些引进技术的国家，特别是发展中国家常用立法和合同审批等方式对一次总算的金额、条件和范围加以限制。一次总算虽然对引进方有更多的不利，但只要具备以下条件，一次总算还是一种妥善的支付方式：①转让的技术具有整体性，可以一次全部转移，并且能为引进方立即吸收；②技术引进方有较充足的资金或雄厚的技术力量，有尽快摆脱对技术许可方依赖的计划；③交易的金额相对较小或技术转让后效益的不确定性较小。

2. 供方和受方的作价原则。国际技术贸易是一种以平等互利为基础的国际商业活动。一笔国际技术交易应使供方和受方均能获得公平合理的经济收益，因此，供方和受方在确定一项技术交易价格时，不仅要考虑自身的利益，而且应该考虑对方的利益。LSLP (Licensor's Share on Licensee's Profit)作价原理是指在受方使用合同技术获得利润的条件下，供方才能获得技术许可使用费。若供方的技术许可使用费等于或大于受方使用合同技术所取得的利润，受方无利可图，甚至亏本，这是受方所不能接受的。若供方获得的技术许可使用费小于技术转让成本、R&D 成本分摊与机会成本之和，或者小于供方自己使用技术生产、销售产品的收益，供方不会转让此项技术。这样，便需要讨论供方和受方的作价原则。

(1)供方的作价原则：①若在该笔技术交易时技术研究与开发成本已经收回，供方技术许可使用费(合同总价)应等于或大于转让成本和机会成本之和。②若在该笔技术交易时，技术研究与开发成本尚未全部收回，供方技术许可使用费(合同总价)应等于或大于转让成本、技术研究与开发成本分摊和机会成本之和。③供方技术许可使用费中的机会成本应大于或等于供方自己生产和销售产品的收益。④供方技术许可使用费(合同总价)最低限额应等于转让成本、研究与开发成本的分摊与机会成本之和。⑤供方技术许可使用费(合同总价)应具有市场竞争力。⑥供方转让技术的目的不同，作价时考虑的因素也不同，若供方转让技术不是为了增加近期收益，而是为了开辟和占领市场或是为了利用东道国的劳动力和原材料等资源，供方作价应以实现其目的为原则。

(2)受方的作价原则。受方支付的技术许可使用费(合同总价)要低于自己研究开发该项技术的成本。受方的技术研究开发成本包括 R&D 成本和机会成本。受方引进技术的利润(全部利润减去供方分成的利润)应高于银行存款利息或借款利息。受方作价时，应充分考虑如何实现引进技术的目的。受方引进技术有时是为了填补技术空白、增加产品品种、提高产品资源配置、创造就业机会，有时是为了改善生态环境或工作环境。总之，受方为了达到引进技术的目的，作价时应综合考虑各种相关因素，既要考虑企业发展目标、企业效益、近期和远期利益，又要考虑国家经济发展战略目标和社会效益。利用技术供方之间的竞争，在引进技术效益相同时，选其价格低者；在引进技术费用相同时，择其效益大者。受方支付技术许可使用费(合同总价)的最高限额等于受方自己研究开发该项技术的成本与受方获得利润(利润率>利息率)之和。

3. 入门费加提成计算。入门费加提成计算是一次总算加提成支付相结合的支付方式。采用这种方式时，引进方需在合同生效后先向许可方支付一笔费用，这笔费用称为入门费，然后再按提成计算的方法支付其余的技术价格数额。

入门费系指签约后或收到第一批资料后若干天内受方按照合同规定支付给供方的约定金额，又称定金或初付费。技术供方要求技术受方支付入门费的主要原因是：尽快收回为技术许可交易所支出的直接费用；补偿供方因在技术许可交易中公开技术所受的损失而收取的技术披露费；补偿供方在许可交易中为受方提供的技术援助所支付的费用；在提成费无保证的情况下，供方借入门费以保证技术许可交易的一定收益。

在国际技术交易中，入门费金额的大小差异很大，但目前的趋势是少收取或不收取入门费。入门费究竟多少合理，应视具体情况和计价的其他条件而定。对供方而言，入门费越高越好；对受方而言，入门费越低越好。在实际交易中，通常以供方许可技术的直接费用作为入门费的标准,以此来衡量入门费是否合理。

在专利技术贸易实践中,以利润作为分成基础时,一般会将专利技术引进方的技术消化、投产和销售风险与技术许可方结合在一起,因此,许可方一般不愿接受以利润作为基础的计价方式。此外,还存在以下三点问题:第一,大多数公司出于保守商业秘密的考虑,一般不愿提供利润数据或允许许可方查账;第二,各国对利润的解释存在很大分歧,双方难以确定一个都能接受的利润值;第三,由于技术转让过程具有连续性的特点,而实施过程中的可变因素较多,引进方的利润是逐年不同的,引进方的利润就成为一个较难确定的因素。为了解决这些问题,在实践中一般采用较为简单的计价原则,即双方确定一个与产品销售价或产量相关的比例数,按此比例数计算许可方应收取的技术费用,此比例数即为提成率。使用提成计价方法时主要涉及提成基础、提成率、提成方法以及提成年限等问题。

(1)提成基础。在国际技术贸易实践中,计算提成费的基础包括按产量、按价格和按利润三种。

第一,以产量为基础提成。这种提成的方法是按所生产的产品的数量来计算提成金额,提成的方式是引进方按每单位产品支付给许可方规定的金额,这种提成方法的特点是,只凭每一单位产品付给规定的金额,这一金额不随成本、价格、汇率等的变化而变化,无论该产品的销售状况如何,是否有利润,均固定不变,因此,这种方式对许可方的风险相对较小。

第二,以价格为基础提成。一般而言,它又可分为三种方式:一是净销售价。它是指产品在正常交易中出售的实际价格减去与引进技术无关的各种价格因素。以净销售价为提成基价,是目前国际上公认的合理的方法。因为任何一种产品的价格构成中,都包含有与技术无关的费用,这些费用不应作为提成基价而支付提成费,以引进方使用许可技术制造产品而获得增值的部分作为提成的基础才能真正体现出对技术的补偿。二是实际销售价,即发票价格。它是指产品在正常交易中的实际价格。由于净销售价要扣除产品成本中的许多项目,对于这些项目的具体金额,许可方很难准确获知,因而许可方往往主张以实际销售价格作为提成基价。由于在实际销售价中不仅包含利用许可技术所创造的价值,而且包括不属于该许可技术所创造的价值,因此,这种方法对许可方较为有利,在实际的操作过程中,应相应地降低提成率。三是公平市场价。它是指引进方与无特殊关系的第三方所达成的实际销售价。使用公平市场价的目的是为了避免技术引进方将产品按低价卖给与其有特殊关系的第三者,而使技术许可方的提成费减少。

(2)提成率。提成率没有固定的数值,它与技术的复杂程度、产品的销售量以及具体的行业状况有关。一般而言,提成率大致应在净销售价的0.5%~10%。

提成率的计算公式为：

$$提成率=提成费\div技术产品销售价 \quad (11-6)$$

式中，提成的基础为产品销售价，因此提成率为提成费与技术产品销售价的比率。

(3)提成方法。提成方法主要有四种。

第一，固定提成。它可分为两种：提成率固定和单位产品的提成费固定。前者是在整个合同期内，提成率固定不变，后者则是单位产品的提成费在整个合同期内保持不变。

第二，滑动提成。它也称递减提成，是指随着合同产品产量或销售量或销售额的增加，提成率或单位产品的提成费随之降低，或是随着提成年限的推移而递减。

第三，最低提成。它是指合同双方约定在一定时期内，无论引进方的生产销售状况如何，均需向许可方支付一定数额的最低提成费。

第四，最高提成。它是指合同双方约定在一定时期内，当提成费达到一定金额时，即使作为提成基础的产量、销售额或利润增加，提成费也不再增加。

(4)提成年限。提成年限是指许可方收取提成费的年限，提成年限主要由许可技术的生命周期所决定，一般比技术合同的有效期短。在国际技术贸易实践中，要综合提成率、提成基价、入门费等因素，来决定提成年限。

入门费加提成支付方式实际上是引进方和许可方相妥协的一种产物。采用总付的方式不利于引进方，而采用提成支付的方式又使转让技术的风险更多地加在许可方身上。入门费加提成的支付方式既可减少一次总算给引进方带来的风险，又可减少全部提成支付给许可方带来的风险，因此可以将其视为对双方都有利的一种支付方法。在采用这种方法时，应在合同中明确规定入门费的金额和提成费的计算方法，以及入门费与提成费在合同总价中所占的比例。在支付入门费时，可以一次付清，也可以按照合同的进度，分期付清。

第三节　技术贸易中的税费

近年来随着我国技术贸易的迅速发展，越来越多的企业参与了技术引进、技术出口的贸易和经济合作活动，因此国际技术贸易涉及很多税收问题。不同的知识产权类型、不同的交易方式涉及的税种往往也不同，其中，所得税问题对技术转让当事人的影响最大，关系最密切。而所得税与技术贸易的成交价格是密不可分的，因此了解和研究我国技术贸易中的所得税问题，就要弄清楚技术价格和税费的关系。在签订技术贸易合同时，应遵循国内有关税法及国际税法和国际惯例，避免不必要的损失，进行合理避税，争取最大效益。

一、技术引进合同中涉及的主要税种

技术引进合同项下，买方从卖方购买生产线，包括设备、与制造和销售合同产品有关的专利、专有技术、商标的使用许可、使用有关计算机软件的许可、生产线的土建和工艺设计、技术资料、技术服务和技术培训等。因此,买方在合同项下向卖方支付的合同价款也相应可细分为设备费、特许权使用费、设计费、技术资料费、技术服务费和技术培训费。根据上述技术引进合同标的和价格分项的特点，技术引进合同所涉及的主要税种有外商投资企业和外国企业所得税、营业税、关税、进口环节增值税等。其中,外资企业所得税和营业税是对技术引进合同卖方征收的,征税对象是合同项下的特许权使用费、境内设计费、技术服务费;关税和进口环节增值税是对技术引进合同的买方、国内用户征收的,征税对象是进口设备,包括设备费、特许权使用费、设计费和技术资料费。同时,技术引进合同的买卖双方还应就技术引进合同缴纳印花税。

（一）所得税

所得税是以企业或个人的纯收入或纯利润作为征税对象的。在国际技术贸易中,征税的对象应该就是技术使用费收入的所得税。比如说,技术引进合同的卖方属于外国企业,根据税法规定,外国企业按是否在中国境内设立机构、场所的标准分为两类:一类是指在中国境内设立机构、场所,从事生产、经营的外国公司、企业和其他经济组织,就其取得的来源于中国境内的经营所得和与机构场所有实际联系的其他所得按收入减除成本、费用及损失后的余额,即应纳税所得额,征收33%(含3%的地方所得税)的企业所得税(以下称“外国企业所得税”);另一类是指在中国境内没有设立机构、场所的外国公司、企业和其他经济组织,就其来源于中国境内的利润、利息、租金、特许权使用费和其他所得,或虽设有机构、场所,但上述所得与其机构、场所没有实际联系的,按国家规定就全部所得不扣减费用征收10%(与中国政府签有税收协定的,按税收协定的规定执行)的预提所得税,由法定扣缴义务人,即支付人,在每次支付的款额中扣缴。

（二）营业税

技术引进合同的卖方根据合同在中国境内提供有关劳务而取得的技术服务费、设计费按5%税率计算缴纳营业税。同时，根据国家规定,合同未载明中国境外设计劳务价款或不能提供准确证明文件正确划分境内境外设计劳务的,均应全部按境内设计收入计征营业税。另外,技术引进合同的卖方根据合同提供专利、专有技术、商标等许可是在中国境内转让无形资产，其收取的特许权使用费（包括前文提到的应计入特许权使用费的有关的技术资料费、技术服务费和培训费）缴纳5%的营业税。关于特许权使用费的营业税，根据国家规定，可以在征收特许权使用费的预提所得税时予以扣除，即特许权使用费下合同卖方所得税和营业税总体税负为使用费的14.5%，上述营业税款由技术引进合同的卖方向其经营机构所在地（即提供劳务所在地）主管税务机关申报纳税。根据规定，境外单位或者个人在境内发生应税行为而在境内未设有经营机构的，其应纳税款以代理者为扣缴义务人；没有代理者的，以受让者或者购买者为扣缴义务人。关于何谓设有经营机构，营业税法及相关文件未做解释，笔者认为应等同于外资企业所得税法的机构定义，即包括提供劳务的场所。技术引进合同卖方在中国境内未设经营机构的，进口合同的买方是营业税的扣缴义务人，应向所在地主管税务机关申报缴纳其扣缴的税款。

（三）关税和进口环节增值税

关税是各国海关根据海关税则对进出口各国边境的物品征收的税。由于技术这种产品属于无形商品，所以一般不会被征收关税。但是当技术贸易涉及引进技术设备、仪器时，则应对引进技术设备、仪器征收关税。

根据我国有关法律法规，技术引进合同买方——国内用户是关税和进口环节增值税的纳税义务人，应依法就技术引进合同项下的进口货物（设备）按海关以成交价格为基础审定的完税价格和适用税率缴纳进口关税和进口环节增值税。同时，根据最新规定，完税价格包括与进口货物的生产和向境内销售有关的境外开发、设计等相关服务费用和作为该货物向中国境内销售的条件、买方必须支付的与该货物有关的特许权使用费。据此，技术引进合同项下的设备费、特许权使用费和设计费均应计入货物（设备）的完税价格。特许权使用费按该货物（设备）进口之日所适用的税率计征关税和进口环节税，因此，技术引进合同项下的特许权使用费不能再按介质适用税率报关纳税。

（四）流转税

流转税是以商品流转额或非商品营业额作为征税对象的。对于技术贸易而言，引进方利用引进技术生产的产品所缴的增值税属于国内税的范畴，与技术卖方并无直接关系，因此技术贸易谈判不必对增值税的承担方做出特别的规定，但双方在计算技术许可或转让而产生的经济租金时，仍应考虑增值税对卖方实际收益的影响。如合同中规定按利润分成时，则应明确是税前利润还是税后利润。

印花税也是流转税的一种,指对因商事、产权等行为所书立或使用的凭证征收的一种税。印花税的税率一般较低。依照国家相关税法规定,技术引进合同,无论其签订地是在中国境内还是在境外,买卖双方都应各自就所执的一份正本合同缴纳印花税。已缴纳印花税合同的副本,除非视同正本使用(根据国家税务总局的解释,所谓副本视同正本使用,是指已缴纳印花税的正本合同遗失或毁损而以副本替代),免纳印花税。需要注意的是,技术引进合同适用法规的情况应适用不同税目税率分别计算缴纳印花税,合同未分别记载金额的,按税率高的计税缴纳。对于印花税税目,目前实践中技术引进合同的印花税按万分之三税率执行的多,按不同税目税率或按从高税率执行的少。

二、国际技术贸易税费的征收规定

国际技术贸易所涉及的不只是一个国家的一种交易,因此,在交易过程中我们就不能只是依据一个国家的法律。作为贸易主体的自然人或法人,不仅要根据本国税法缴纳各种税负,还要依据所得税来源地的税法纳税。其中,诸如关税、营业税、流转税等税种,只涉及一方国家和一方当事人,而技术贸易中的所得税则会涉及当事人双方国家和双方当事人。因此,在世界上大多数国家对技术使用费征收所得税时,都是以居住地征收和所得来源地征收相结合为原则。从国际税收协定的发展来看,它在国际技术贸易税收征收中起到了一定的积极作用。

国际税收协定的内容主要有两个:一是协调国家之间的双重征税问题,二是避免国际偷税、逃税。在避免双重征税的问题上,国际税收协定一般遵循的原则是发生于缔约国一方而支付给缔约国另一方居民的特许权使用费,可以对缔约另一方征税。不过,这些特许权也可以在其发生的缔约国按照该国法律规定征税。在反避税方面,缔约国需要定期交换有关跨国纳税人的收入或经济往来资料,帮助对方了解跨国纳税人在收入和经济往来方面的变化,以正确核定其应税所得,也可以确定各方都同意的转让定价方法,以避免纳税人以价格的方式转移利润、逃避纳税。

在国际技术贸易中,技术贸易合同所规定的税费条款是根据合同双方当事人国家的税收法律规定的,其税收为所得税,征收的对象一般是技术供方。大多数国家对技术转让或实施许可采取预提所得税的征收方式,即在技术被许可方向许可方支付使用费时,由其代税务部门扣缴。目前大多数国家征收技术使用费所得税,都是采取预提所得税的征收方式。比如在美国,技术使用费的预提所得税税率为30%,法国为33%,英国为34%。这种征税对所得来源国和纳税人居住国均行使,这便意味着一笔技术转让费或使用费由两个国家重复征税,即双重征税,这加重了技术供方的税收负担,减少了实际收入。因此,双重征税对国际技术贸易的发展是非常不利的,由于重复征税,使供受双方的利益都受到了损害,双重征税迫使许可方提高技术使用费,以弥补税费增加带来的额外损失。而技术使用费的提高,削弱了许可方在技术市场上的竞争能力,而且由于许可方把增加的税收转嫁到被许可方身上,增加了被许可方的支付费用,降低了引进技术所带来的利润。为了解决这种问题,国际技术协定规定了以下的三种类型。

第一,居民所在国享有征税权。比如,比利时、瑞士、瑞典、丹麦、荷兰、卢森堡、德国等欧洲国家之间的双重征税协定规定:由技术供方行使税收公民管辖权,受方国家原则上放弃行使权。

第二,收入来源地国家拥有征税权。比如法国,为了鼓励企业对外投资或将其技术转让所得返回法国,规定由技术受方国享有征税权,供方国放弃征税权。

第三,居民所在国与收入来源国均享有征税权。这是目前国际上普遍采用的一种方式,由技术供方与受方同时行使征税权,供方在应缴纳的本国所得税中,适当地减去供方已在受方国缴纳的税款,这种方法称为税收抵免法。

三、中国对技术贸易所得税征收的规定和方法

在国际技术贸易中,法人或自然人在引进技术时,要依据中国税法向外国许可方征收所得税,在出口技术时,要依所得来源国法律缴纳使用费所得税。因此,我们必须在了解我国税法的同时,关注其他国家的税法,以更好地维护自身的合法权益。

自从中国在 1979 年 1 月 23 日与法国签订了《关于互免航空运输企业税捐的协定》起,我国就开始逐渐与其他国家签订各种对外协议来避免双重征税的问题。中国对外签订税收协议的基本原则是:既要有利于维护国家主权和经济利益,又要有利于吸收外资、引进技术,有利于本国企业走向世界。我国对于引进技术使用费所得征税的规定涉及以下三个方面。

(一)我国对外商投资企业和外国企业的所得税征收规定

根据《中华人民共和国企业所得税法》(简称《企业所得税法》)的规定,中华人民共和国境内的外商投资企业(包括在境内的中外合资企业或合作经营企业、外资企业)和外国企业(包括外国公司、企业和其他经济组织)的生产、经营所得和其他所得,外商投资企业的总机构设在中国境内而来源于中国境内、境外的所得,以及外国企业来源于中国境内的所得,都需要依法缴纳所得税。

为了鼓励先进企业技术的进步,中国对外国公司的技术转让或实施许可所获的报酬,实行税收减免优惠政策。比如,《企业所得税法》第二十六条规定,企业的

下列收入为免税收入:国债利息收入;符合条件的居民企业之间的股息、红利等权益性投资收益;在中国境内设立机构、场所的非居民企业从居民企业取得的与该机构、场所有实际联系的股息、红利等权益性投资收益;符合条件的非营利组织的收入。第二十七条规定,企业的下列所得,可以免征、减征企业所得税:从事农、林、牧、渔业项目的所得;从事国家重点扶持的公共基础设施项目投资经营的所得;从事符合条件的环境保护、节能节水项目的所得;符合条件的技术转让所得。第二十八条规定,符合条件的小型微利企业,减按20%的税率征收企业所得税。国家需要重点扶持的高新技术企业,减按15%的税率征收企业所得税。另外,第三十条规定,企业的下列支出,可以在计算应纳税所得额时加计扣除:开发新技术、新产品、新工艺发生的研究开发费用;安置残疾人员及国家鼓励安置的其他就业人员所支付的工资。

(二)我国对国内企业转让技术征收税费的规定

根据《中华人民共和国企业所得税暂行条例》(简称《企业所得税暂行条例》)和《中华人民共和国企业所得税暂行条例实施细则》(简称《企业所得税实施细则》)的规定,国内企业包括国有企业、集体企业、私营企业、联营企业、股份制企业、有生产经营所得的其他组织,其生产或经营收入、财产转让收入、利息收入、租赁收入、许可权使用费收入、股息收入及其他收入都应缴纳所得税,所得税税率为33%。在技术出口的交易中,当外国受让方向中国转让方支付转让费时,受让方经常依据当地的法律,扣除一定比率的预提税。《企业所得税暂行条例》第12条规定,纳税人来源于中国境外的所得,已在境外缴纳的所得税税款,准予在汇总纳税时从其应纳税额中扣除,但是扣除额不得超过其境外所得依照本条例规定计算的应纳税额。

(三)我国对个人转让技术征收税费的规定

当个人进行技术转让时,其所获得的收入就要缴纳个人所得税。根据我国《个人所得税法》的规定,在中国境内有住所或无住所而在境内居住满一年的个人,或者在中国境内无住所又不居住或无住所而在境内居住不满一年的个人,从中国境内和境外取得的所得,都要依法缴纳个人所得税。劳务报酬所得,特许权使用费所得,利息、股息、红利所得,财产租赁所得,财产转让所得,都属于应纳所得税的内容,其税率为20%。其中,劳务报酬一次性收入超高的,可以实行加成征收。

案例研究

案例一　苹果公司149亿美元避税案获胜

20世纪80年代，当苹果公司在全球高科技行业中初露头角时，便积极通过企业财务战略的调整谋求税后所得的最大化，其推出了一款避税工具，全称为“爱尔兰面包片荷兰夹心三明治”。这一避税工具为苹果节约了巨大的税收成本，例如，根据苹果公司对外披露的财务报表，截至9月30日的2012财年，苹果公司在美国之外获得利润368亿美元，而其缴纳的企业所得税仅为7.13亿美元，也就是说，苹果公司在美国以外的盈利所得税率仅为1.9%。2014年6月，欧盟正式对苹果在爱尔兰的避税问题进行调查，9月，欧盟在经过一段时间的调查过后声称将会对爱尔兰和苹果提出起诉。

2016年欧盟裁定苹果在爱尔兰非法逃税130亿欧元，要求苹果将税金返还给爱尔兰政府，两年后，苹果将全部税款存入爱尔兰政府设立的一个代管账户中，但是苹果和爱尔兰对欧盟的裁决并不满意，并提起上诉。

2020年7月15日，欧盟司法机构——欧盟普通法院站到苹果公司和爱尔兰政府一边，裁决苹果公司无须向爱尔兰政府补交130亿欧元税款。欧盟普通法院在裁决中称，欧盟委员会未能出具足够证据材料证明爱尔兰政府违反欧盟竞争法“禁止国家援助”条款，利用税收这一国家资源向苹果公司提供不当优惠，致使扭曲欧盟内部市场公平竞争，因此，2016年欧盟委员会做出的“补交税款”决定无效。

苹果与爱尔兰政府之间的“惺惺相惜”在全球化背景下并非例外：苹果、星巴克这样的跨国巨头通过转移利润以躲避母国的高额税收，爱尔兰等国则提供税收优惠以吸引前者将利润转移到本国。欧盟竞争事务专员玛格丽特·韦斯特格认为，如果欧盟成员国给予某些跨国公司特别的税收优惠，将会损害公平竞争。

苹果公司的避税模式为：调整经营架构，利用中间控股公司降低税负。具体为，苹果在爱尔兰投资设立两家公司，名称分别为“苹果国际运营公司”（AOI）和“苹果国际销售中心”（ASI）。AOI和ASI由在加勒比英属维尔京群岛这一国际离岸金融中心苹果设立的“鲍德温”的壳公司控制，而非苹果的美国总部。

由于美国企业海外子公司的经营所得，直到利润分配时才需要在美国缴税。而在爱尔兰注册的公司，只要其管理权和控制权都不在本国，就被认定为外国公司，不需要向爱尔兰缴税。爱尔兰企业所得税税率低，仅为12.5%。同时，由于爱尔兰和欧洲多国签有协议，部分跨境交易所得免征预提所得税。苹果拥有美国企业最多的离岸资金，如果苹果将所有的离岸资金带回美国境内，至少需要缴纳592亿美金的税收。苹果通过合理的方式，规避了这笔庞大的税务支出。

那么，企业合理节税的方式有哪些？

1. 选择适合的税收优惠政策园区。迈克尔·波特说过：企业的地点选择战略主要受成本、市场、政府等因素的影响。企业选址不仅要考虑自身的运营成本，还要考虑政府政策的影响：是否支持企业发展，是否有相应的税收扶持奖励。

不同的地区针对当地的发展，会有不同的税收优惠政策，在特定的行政区域，在其税务管理辖区注册的企业通过区域性税收优惠、简化税收征管办法和税收地方留成返还等处理方法，实现企业税负降低的目标。

将企业注册在有优惠政策的税收洼地（注册式，不用实地办公），就是一个合理合法的节税方法，比如之前很多影视公司都选择落户在网红洼地霍尔果斯，就是因为霍尔果斯的“5免5减半”政策。

当然，全国有很多税收洼地，不同的税收洼地政策也不一样，如重庆、上海以及其他省市的园区中央留存比例、返还比例以及兑现的方式，都是不一样的。目前在重庆办理有限公司，增值税和企业所得税可以享受地方留存的30%~70%的财政扶持奖励；个人独资企业可以享受核定征收，核定后个税税率在0.5%~2.1%，综合税负低至3.18%。企业要根据自己的税种和企业项目类型、经营情况，选择和自己最匹配的税收优惠政策地区。

2. 合理运用税务法规。2018年1月1日至2020年12月31日，企业开展研发活动中实际发生的研发费用，未形成无形资产计入当期损益的，在按规定据实扣除的基础上，再按照实际发生额的75%在税前加计扣除（财税〔2018〕99号文）。因此，企业可以增加在研发成本上的投资，以降低基础税费。

3. 设立一家独立的公司。企业可以成立新公司，按照小规模纳税人处理，进行税务拆分，并且无论是小规模纳税人还是一般纳税人，在税务方面都有相应的优惠政策。

4. 合理地进行税收筹划。企业要树立守法意识，在主观上不能有偷税漏税的观念。企业财务人员加强对法律法规学习，使他们的税法知识随国家法律的变化而更新，不能落后。除此之外，企业有必要与专业的税收筹划机构合作，量身定制合法合规的企业税筹方案，使税收筹划方案与企业的发展目标相一致，最大限度地合法节税，促进企业的发展。

合理的税收筹划对企业是有益无害的，甚至可以给企业带来更多的财富。税收筹划并非偷税漏税，而是在合法合规的条件下进行合理的税收筹划，这是企业应该牢记的前提，只有这样，才能在合理节税的同时促进企业的长远发展。

案例思考与讨论：

1. 什么是合理避税？合理避税的途径有哪几种？
2. 避税手段如何在国际贸易中得以应用？
3. 合理避税与偷税、漏税有何区别？

案例二 信达生物与美国礼来达成战略合作

信达生物制药集团（以下简称"信达生物"）成立于2011年，致力于开发、生产和销售用于治疗肿瘤等重大疾病的创新药物。2013年，信达生物开发的"康柏西普"一上市，立即震撼世界医药界。"康柏西普"是用于治疗湿性年龄相关的黄斑变性抗体的新药。此前，同类药品一直由美国垄断。最关键的是，"康柏西普"是第一个由中国企业牵头、中国专家主导开发并获得成功的眼科创新生物药，并成为中国第一个拥有完全自主知识产权的生物制品国际通用名，填补了中国空白。

在第11届美国新生血管年会上，"康柏西普"获得在场300位全球顶尖眼底病专家的一致认可。大会主席Philp Rosenfeld评价说："这是一个重要的时刻，请关注来自中国的力量。康柏西普是第一个在美国之外研发出的高端生物药。"目前，康柏西普在国内市场占有率达52%，直接导致中国进口的国外同类药品迫于市场因素而主动降价。

2015年3月，信达生物两次与美国礼来制药集团（以下简称"礼来制药"）达成产品开发战略合作协议，信达将4种创新产品的海外市场转让给礼来制药开发，获得"首付及里程碑款"33亿美元。合作方礼来制药是一家拥有140年历史的世界领先制药公司。

这是中国生物药产业发展史上的一个重大里程碑事件。中国企业第一次将创新生物药的国际市场授权给世界500强制药集团，让中国发明的原创药卖出了国际价。这也是迄今为止中国生物医药领域金额最大的国际合作，中国企业第一次与全球500强企业达成了在高端生物药从研发、注册、生产到销售的全面合作，合作的成功表明信达生物现有的研发技术、质量标准以及创新能力得到了国际认可，产品面向国际化市场。

根据合作条款，信达生物和礼来制药将在中国共同开发和商业化包括达伯舒（信迪利单抗注射液）在内的肿瘤药物。2015年10月，双方宣布再次拓展已建立的药物开发合作，增加三个新型肿瘤治疗抗体。2019年8月，双方的合作扩展至糖尿病领域，信达生物获授权在中国开发和商业化礼来制药的一个潜在全球最佳新型临床阶段糖尿病药物。这三次与礼来制药的合作标志着信达生物已建立起一个由中国创新药企与全球制药巨头之间的全面战略合作，其范围涵盖新药研发、临床研究、生产质量和市场销售等。2020 年 8 月，信达生物与礼来制药宣布将扩大信迪利单抗的战略合作，信达生物将授予礼来信迪利单抗在中国以外地区的独家许可，礼来将致力于将信迪利单抗推向北美、欧洲及其他地区。

案例思考与讨论：

1. 什么是技术价格？技术价格有哪些特点？影响技术价格的因素有哪些？
2. 技术价格由哪些因素构成？
3. 对于技术价格的评估有哪些方法？不同评估方法的特点是怎样的？
4. 目前技术价格的支付方式和付款方式都有哪些？

思考与练习

1. 技术价格表现为哪几种形式？
2. 哪些因素会影响技术价格？
3. 技术价格估定的方法有哪几种？
4. 技术税费的种类有哪些？
5. 应如何避免双重征税？

第十二章

国际技术贸易争端适用的法律

Laws for International Technology Trade Disputes

本章对限制性商业惯例进行说明，介绍其含义、特点、表现形式等内容，并简要列举了一些代表性国家有关管制限制性商业惯例的立法。通过本章的学习，学生应掌握国际技术贸易适用法律选择的特点、方式和原则，以及选择法律需要注意的问题；熟悉国际技术贸易争端解决方案的选择、国际贸易法的使用规则，了解国际技术贸易纠纷解决的方式。

学习要点

This chapter indicates several items about the restrictive business practice, including its conception, characteristics and forms. Meanwhile, the passage formulates legislation regulating the restrictive business practice in some representative countries. By learning this chapter, students should know the characteristics, ways and principles of the applicable international technology trade laws and the issues which we should pay attention to while selecting laws. Students should also be familiar with the selection of disputes settlement programs related to international technology trade, as well as use rules of international trade laws and ways of solving international technology disputes.

第一节 限制性商业惯例

一、限制性商业惯例的含义

限制性商业惯例，也称限制性商业做法（Restrictive Business Practice）。根据1980年12月5日第35届联合国大会通过的《一套多边协议的控制限制性商业惯例的公平原则和规则》决议，限制性商业惯例的定义为："凡是通过滥用或者谋取滥用市场力量的支配地位，限制进入市场或者以其他方式不正当地限制竞争，对国际贸易、特别是对发展中国家的国际贸易及其经济发展造成不利影响，或者通过企业之间的正式或非正式的、书面的或者非书面的协议以及其他安排造成同样影响的一切行为都叫做限制性商业惯例。"

国际技术贸易的根本目的是促进各国科技进步和生产力提高，但是限制性商业惯例的存在使得国际技术贸易的发展面临很大的困难。对于限制性贸易惯例的确认，发达国家和发展中国家还有着不同的标准。发达国家坚持竞争标准，即以对竞争是否有限制作用作为衡量限制性商业惯例的标准，某种做法对竞争起着限制或者扭曲作用，就属于限制性商业惯例。发展中国家主张的是发展标准，即某种限制是否属于限制性商业惯例的做法应该以是否阻碍被许可方国家的经济技术发展作为衡量标准。

当前，限制性商业惯例问题已经成为阻碍国际技术贸易发展的一个重要因素，许多技术贸易因为限制性条款而达不成协议。这不是存在于个别国家的问题，而是涉及整个国际技术贸易发展的全球化问题。因此，各国都通过立法对限制性商业惯例进行管制，联合国也通过有关的国际规章解决这个问题。

二、限制性商业惯例的特点

在国际技术贸易中，首先要区分哪些限制是限制性商业惯例。虽然存在许多限制性商业惯例，但是并不是所有限制都属于限制性商业惯例的范畴。从上述定义可以看出，限制性商业惯例具有以下几个特点。

第一，限制性商业惯例实施的主体是企业。企业是指商号、社团和其他经济组织，这些均可以成为实施限制性商业惯例的主体。值得注意的是，国家机构不是实施限制性商业惯例的主体。国家机构的目的是维护社会公共秩序、公共政策、公共道德，虽然也会对贸易和市场发布限制，但是不在实施限制性商业惯例的主体范围之内。

第二，限制性商业惯例必须是为法律所禁止的、不合理的或者不正当的限制竞争或实行政治歧视的做法和行为。这是限制性商业惯例和公平贸易中的合理限制的主要不同之处。限制性商业惯例是通过利用技术的垄断优势和市场的支配地位，限制竞争方进入市场和进行正当竞争，以及设置条件不对等的歧视性条款。其本质是供方以其拥有的技术作为资本，通过限制性商业惯例，对技术贸易施加不利影响，束缚受方的自主经营和发展，以达到控制技术和垄断市场的目的。这种行为既扰乱了正常的市场秩序，又损害了消费者的利益。这些行为或做法可以分为两类。

(1)企业之间通过正式或非正式、书面或非书面的协议或安排，谋取在整个产品制造、销售过程中的支配垄断地位；或同类企业之间通过协议控制价格、划分市场，消除内部竞争，排除外来竞争者。

(2)企业单独或者与其他企业联合利用某项技术、某项服务或某类商品的优势地位，滥用或取得滥用市场支配地位的行为。

第三，滥用市场垄断地位。限制性商业惯例的核心问题是垄断。滥用市场垄断地位是指处于市场垄断地位的企业强行规定不公平的价格和交易条件，划分市场范围，要求交易对象抵制与非垄断企业成交，将这些企业逐出市场，或要求交易对象接受各种不合理的附加条件，作为与其订立合同的条件等。

处于市场的垄断地位和滥用这种地位是有本质区别的。前者是法律允许的，后者是法律不允许的。在国际技术贸易中，应当对合理使用技术独占权和滥用技术独占权加以区别。例如，专利权人对其专利技术享有独占权，这种独占权受到专利法的承认和保护。在专利技术的转让中，技术供方禁止受方未经其许可将专利技术转让给第三者使用，这种做法是合法的，也是合理的。但如果技术供方搭卖供方的设备和原材料，作为受方取得技术的条件，而这些设备和原材料与保证技术实施的质量无关，受方可能在市场上获得比供方价格低的同种设备与原材料。在这种情况下，供方的要求已超出了专利法规定的专利权范围，是对独占权的滥用，是不合法的，属于限制性商业行为。

三、限制性商业惯例的表现形式

限制性商业惯例的表现形式很多。联合国 1981 年 4 月 10 日拟定的《国际技术转让行动守则(草案)》中，列举出了 20 条限制性商业惯例。但代表转让方利益的一些发达国家千方百计地想使限制性惯例在《国际技术转让行动守则》中合法化，从而遭到了以“77 国集团”为首的发展中国家的强烈反对。终因双方的严重分歧，该守则未获正式通过。但是，《国际技术转让行动守则(草案)》总结了国际技术转让的一些做法，提出了技术转让的普遍应遵循的原则，在国际上有较广泛的基础，因而对指导国际技术转让、建立良好的国际技术贸易新秩序有着重要意义。在1985年6月5日联合国发表的《国标技术转让行动守则（草案）》中，限制性商业行为的内容被归纳为以下14项。

（1）单方面回授条款。要求技术受方将其对转让技术做出的改进，无偿地、非互惠地提供给技术供方使用。

（2）权利不争条款。不允许技术受方对技术供方所转让的专利技术的有效性提出异议。

（3）排他性使用条款。不允许技术受方使用与引进技术有竞争的其他技术或生产有竞争性的产品。但出于技术保密或保证受方履行销售义务的原因，而不得不订立这种条款的除外。

（4）对研究的限制。限制受方利用转让技术进行科学研究，发展新产品、新工艺或新设备。

（5）对使用人员的限制。要求受方使用供方指定的人员，或限制使用技术受方国家的人员。但在开始传授技术的阶段，为了保证技术转让的效率，而需要订立这种条款的除外。如果其后已有经充分训练的当地人员或已培训了这种人员时，供方仍继续这种要求，则属不合理要求。

（6）限定价格。供方对受方利用转让技术所制造的产品规定价格，或规定受方在制定和更改价格时，必须征得供方的同意。

（7）对技术更改的限制。禁止受方按当地情况修改引入技术或对引入技术进行创新，或强行要求受方在设计和规格上做受方不愿接受或不必要的更改。

（8）专卖权与代表权条款。规定受方的产品由供方或供方的指定人专卖，或规定由供方或供方指定人代表受方进行贸易活动。

（9）搭卖条款。要求受方购买他所不愿意要的额外技术、货物或服务，作为取得所需技术的条件，或规定由供方或供方的指定人独家供应所需要的设备、原材料或提供服务。但是，如果为保证产品质量非订立这种条款不可，则作为例外。

（10）出口限制。禁止受方出口使用引进技术制造的产品，规定产品只能在国内销售；或限定产品出口的地区的数量；或规定产品的出口或出口价格必须征得供方的同意。但出于保护供方和其他受方的合法利益而订立的这类条款除外。例如，同一技术已在某一国家以独占许可或排他许可进行转让，为了防止同类产品输入该国，损害该国受方的合法利益，而订立相应的出口限制条款，不在此列。

（11）共享专利或交换许可协定。由于技术供方之间订立共享专利或交换许可协定，或由于其他技术转让国际交流的安排，而引起对技术转让的地区、数量、价格、客户或市场方面的限制,或造成支配某一工业或某个市场的后果,而对技术转让产生不利的影响。

(12)对广告宣传的限制。供方对受方的产品广告宣传进行不合理的限制,除非因下列情况需要这种限制:技术转让中包含技术供方的商标或商号的使用许可,为了防止供方的商业信誉受损,防止供方可能对产品负赔偿责任,或为了确保转让技术的机密性,以及为了保障安全和保护消费者的利益,则可以对广告宣传做某些限制。

(13)对使用失效工业产权的限制。要求技术受方在继续使用已经失效、被撤销或有效期已满的专利或商标时,仍须支付使用费或承担其他义务。

(14)合同期满后的限制。在技术转让合同期满或终止后,不允许受方继续使用该项技术,若受方需要继续使用,必须支付额外的使用费。

以上 14 项基本上概括了国际技术贸易中限制性商业行为的主要内容。根据《国际技术转让行动守则(草案)》的规定,这些内容不应订入国际技术转让合同中。必须注意,上述限制性商业行为的内容与各国法律规定的内容不完全一致。由于对于某些商业行为是否属于限制性商业行为,各国存在意见分歧,因此那些行为并未列入该草案的内容中,但它们被一些国家的法律列为限制性商业行为。

四、管制限制性商业惯例的国际公约——联合国《国际技术转让行动守则(草案)》

(一)《国际技术转让行动守则(草案)》的产生

由于各个国家大多根据自己国家的需要制定自己国家的法律,这些法律在名称和内容上都有很多不一致的地方,而且彼此交叉重合,这种现象给国际贸易(包括国际技术贸易)带来了极大的不便。因此,世界各国都迫切要求能通过统一的管制立法,加强国际合作,减少限制性商业惯例对国际贸易,特别是对处于弱势地位的发展中国家的贸易的不利影响。

20 世纪 70 年代《联合国国际货物买卖合同公约》的起草和缔结,推动了《联合国国际技术转让行动守则(草案)》的产生。1974 年 5 月,联合国大会第 6 次特别会议通过了一项决议,决定起草一项有关国际技术转让的行动守则。同年 9 月,联合国大会通过决议,要求各国合作制定一项符合发展中国家特殊需要的关于技术转让的国际行动守则,并由联合国贸易和发展会议组成一个政府间的专家组负责起草工作。经过两年多的酝酿,各集团国家的专家分别提出了自己的草案大纲,这些集团包括发展中国家“77 国集团”、西方发达国家集团以及苏联东欧集团等,专家组综合了各方面的意见，汇成《国际技术转让行动守则（草案）》，于 1978 年 10 月正式提交贸易和发展会议第 5 届会议讨论，由于意见分歧较大，未能通过，后经多次修改和讨论，至今仍未取得一致的意见。但这一行动守则一旦通过生效，将对国际技术贸易产生重大的影响。了解行动守则的重要内容和各国对该守则的主要分歧，对国际技术贸易具有指导意义。

（二）《国际技术转让行动守则（草案）》的重要内容

《国际技术转让行动守则（草案）》（简称《行动守则（草案）》）由序言和十章内容组成，但第九、十章尚未形成书面文字。

1. 序言。申明制定《行动守则（草案）》的宗旨。其中有两个重要内容：第一，序言提出发达国家在技术转让方面必须给予发展中国家以特殊的待遇。从序言的精神和草案的内容上看，《行动守则（草案）》对发展中国家引进技术是有利的，它对西方国家滥用技术上的优势地位施加了一定的限制。第二，序言提出了该守则的法律性质问题，即该守则是作为一项具有普遍效力的国际公约，还是仅作为提供给贸易双方自觉采用的一项行为准则。对此，各国存在较大分歧，尚未达成一致意见。因此，《行动守则（草案）》只是把两种不同意见列举了出来。

2. 适用范围、目标和原则。《行动守则（草案）》的第一章是“定义与适用范围”，第二章是“目的与原则”，第三章是“国家对技术转让的管制”。国际技术转让包括下列内容：①工业产权和专有技术的转让，但商标的单独转让，即商标不作为技术转让的一部分，则不在此列。②提供技术专家、技术人员进行技术服务，以及技术培训。③提供为实施工程和安装、使用、维修设备等所需的技术资料和技术情报。④经济和技术合作协议中的有关部分。

《行动守则（草案）》的目标是：“制定普遍、平等的标准，作为技术转让交易当事人之间和有关各国政府间联系的基础，考虑到他们的合法利益，适当承认发展中国家实现其经济社会发展目标的特殊需要。”《行动守则（草案）》还规定：“鼓励谈判地位均等的交易，在任何一方不滥用其优势地位的条件下进行技术转让交易，特别是在涉及发展中国家的技术转让交易时更应如此，以便达成彼此满意的协议。”

此外，《行动守则（草案）》还确定了以下几项原则：①普遍适用于技术转让交易的一切当事人以及一切国家和国家集团，不论其政治、经济制度以及发展水平如何。②各国有权采取一切促进和管制技术转让的适当措施。③进行技术转让交易时，应遵守各国主权平等和政治独立的原则。④技术转让交易双方必须遵守互相得益的原则和交易条件公平、合理的原则。⑤技术输出方在技术输入方国家经营时，应尊重该国的主权和法律。

3. 排除政治歧视和限制性商业行为。《行动守则(草案)》的第四章是关于技术转让合同中排除政治歧视和限制性商业行为的规则,列举了各种限制性商业行为的表现,明确规定这些内容不应订入技术转让合同中。但若技术引进方国家主管部门认为某项技术转让交易符合本国的公共利益,对其国民经济利多弊少,订有限制性商业条款的协议仍可认为有效。1985 年前,《行动守则(草案)》中列举了 20 种限制性商业行为,1985 年 6 月在联合国贸易和发展会议第 6 届会议上,各国经过进一步磋商,基本上达成协议,同意将原来的 20 种限制性商业行为修改为 14 种,列入《行动守则(草案)》内,这 14 种行为已在上文中述及。

4. 担保、责任与义务。《行动守则(草案)》第五章规定了在技术转让协议的谈判阶段和合同有效期间,双方当事人的担保责任与义务。在谈判期间,技术输出方在实际可行的范围内,配合技术引进方国家的经济社会发展目标,尽最大可能考虑利用当地可能取得的资源,并提供必要的技术服务;交易双方都应按公平合理的条件,遵守公道、诚实的商业惯例,本着诚意进行技术转让谈判;各项价格或报酬,包括许可使用费、提成费或其他报酬都应当是非歧视性的;双方均应相互提供与谈判项目有关的资料,并应对对方提供的资料承担保密义务。在合同有效期内,技术输出方应保证其技术符合协议规定的规格,适用于协议规定的目的,并能达到预定的效果。如果按照协议规定的方式使用转让技术造成财产或人身伤害,技术供方应按有关的适用法律负赔偿责任。

5. 对发展中国家的特殊待遇和国际协作。行动守则(草案)第六章至第八章是关于国际技术合作方面的规定。第六章是“对发展中国家的特殊待遇”,第七章是“国际合作”,第八章是“国际执行机构”。

第六章规定,发达国家有义务采取必要的措施,促进发展中国家科技能力的建立和加强,帮助发展中国家达到其社会经济发展目标。对发展中国家的特殊待遇包括以下内容。

(1)为发展中国家提供价格合理的技术,使发展中国家有最自由、最充分的机会取得无须经私人决定即可转让的技术。

(2)为发展中国家取得所需的技术情报资料提供手段,帮助发展中国家选择和估价国际技术市场的现有技术。

(3)帮助发展中国家评价及修改现有技术,发展本国的技术,开发本国科技资源,培训当地人员,提高本国的创新能力。

(4)按照比通常商业信贷更优惠的条件给予发展中国家以不附带条件的信贷。通过签订国际协定,尽量避免对技术转让所产生的各项收益和付款重复征税。

第七章规定了各国政府在双边或多边国际技术合作中应采取的措施。包括:

交换各国技术转让立法情况的资料；交流各国反限制性商业行为的做法；促进缔结政府间有关国际技术转让的协定；对技术转让收益，签订避免双重征税的协定等。

第八章规定联合国国际贸易与发展会议为国际执行机构。

第九章是“适用法律与争端的解决”。

第十章是“其他”，目前尚未成文。

（三）各国对《行动守则（草案）》的主要分歧

在起草和讨论《行动守则（草案）》的过程中，发展中国家与发达国家之间存在各种分歧，有些分歧是重大的，反映了这两类国家在技术转让中所处的不同地位和所要求的不同利益。《行动守则（草案）》经过多次修改和讨论，相继形成了1981年4月文本、1983年10月文本和1985年6月文本。从这些文本的内容来看，各国在消除分歧意见方面不断取得进展，在许多问题上已取得了比较一致的意见。目前存在的主要分歧有以下四个方面。

1. 行动守则的法律性质。这是发展中国家与发达国家之间争论的主要焦点之一。发达国家认为，行动守则只能作为一项指导性文件，法律上没有约束力，仅供技术交易双方自愿采用。只有双方当事人在协议中规定采用此行动守则时，它才对双方当事人具有法律上的约束力。发展中国家集团则强调，行动守则必须是具有法律效力的国际公约，对各国都具有约束力，一切国际技术转让都应遵循行动守则的各项规定。发展中国家认为，如果采纳发达国家的方案，行动守则仅作为一个“示范法”或“行动指南”，它的作用就要受到很大的削弱和限制。发达国家的技术供方可以利用其在经济技术上的优势地位，对发展中国家的技术受方施加各种限制，把一些违反行动守则的不合理条款订入技术转让协议中，而技术供方不受法律约束，结果使行动守则的各种规定无法得到真正的实施。

2. 关于限制性商业行为。在起草和讨论行动守则的过程中，发展中国家集团列出了40项有关限制性商业行为的清单，认为这些限制性商业条款均应在技术转让协议中排除。而发达国家集团总共才提出了8项应在协议中排除的限制性商业行为。经专家组讨论归纳，在1981年4月提出的行动守则草案中，列出了20项限制性商业行为，1985年6月的草案文本又改为14项。对这些限制性商业行为，发达国家提出了“合理性”原则，认为并非所有的限制性商业条款都是非法的，只有那些超出“合理性”限度的限制性商业条款才是非法的，应予以禁止，而那些未超出“合理性”限度的限制性商业条款，应当允许其存在。而一些发展中国家则认为，限制性商业条款都是不合理的，一般都应予以禁止。因此，关于限制性商业行为的合理性问题，是目前存在的一个重要分歧。

3.技术转让协议的适用法律。发展中国家主张技术转让协议应当适用技术受方国家的法律,关于技术转让协议的成立、效力、执行、解释等问题,均应受技术引进国的法律管辖,凡在技术转让协议中规定由双方当事人选择适用法律的,一律无效。但发达国家和苏联东欧集团则主张当事双方可自由选择协议所适用的法律。在1978年10月间召开的政府间专家组会议上,发展中国家集团提出了让步方案:凡涉及公共利益的问题,应运用技术引进方国家的法律,涉及私人利益的问题,则可允许双方当事人选择与技术转让有直接联系的法律。但双方对此方案仍有分歧,未能整理成文,而只是把各集团的意见及会议主席对案文的建议作为附录附于草案之后,供进一步审议。

4.争议的处理。发达国家主张,技术转让协议的当事人可以通过协商自由选定审理争议的法院,并可采用仲裁方式来处理技术转让中发生的争议。发展中国家集团则认为,技术引进方国家应对技术转让中发生的争议案件享有司法和行政的管辖权,即如果发生争议,只能由技术引进方国家的法院或行政主管当局处理,而不能把案件提交技术供方国家或第三国的法院或行政当局处理。后来发展中国家提出了让步方案:如果争议的后果涉及技术引进方国家主权,则应由引进方国家的法院或行政当局处理;对一般合同事项的争议,则可由双方自主选择审判地或仲裁地,但仲裁庭的庭长须为第三国的国民,仲裁程序则按《联合国国际贸易法委员会仲裁规则》办理。但关于争议的处理,各国仍未取得一致的意见。

五、发达国家有关管制限制性商业惯例的立法

各发达国家反限制性商业行为的法律并不完全一致,其名称也各不相同。美国为《反托拉斯法》,英国为《限制性贸易行为法》,德国为《限制竞争法》,法国等欧洲大陆法系国家及欧洲共同体通称为《竞争法》,日本为《反垄断法》。这些法律的宗旨都是保护竞争、保护贸易自由和反对垄断。

发达国家的这些法律有两个共同特点。第一,它们都属于强制性法律,交易双方都必须遵守,在合同中不得列入法律所规定的限制性商业行为的内容,也不得以协议方式排除法院对违反这类法律案件的管辖权,否则,合同不予批准,或发布禁令,宣告合同无效。第二,对违反这类法律的制裁措施一般都相当严厉,除了民事制裁外,还可以进行刑事制裁。有些国家的法院还主张对违反这类法律的案件有域外管辖权,即尽管当事人不是该国的国民,但只要他在该国设有母公司、子公司、分支机构或代理机构,一旦其商业行为在该国国内产生违反这类法律的后果,该国法院就可以对他行使管辖权。

（一）美国的《反托拉斯法》

1. 美国《反托拉斯法》简介。《反托拉斯法》是美国国会通过的有关保护竞争、限制垄断和不公平贸易做法的实体法和程序法的总称。美国的《反托拉斯法》在发达国家关于限制性商业行为的立法中具有代表性。它制定早，执行比较严，对其他发达国家有较大的影响。它主要由以下三个法案组成。

（1）1890 年的《谢尔曼反托拉斯法案》。这是美国联邦的第一个反托拉斯法，也是美国历史上第一个授权联邦政府控制、干预经济的法案。因由参议员约翰·谢尔曼提出而得名，正式名称是《保护贸易及商业免受非法限制及垄断法》。该法是美国反托拉斯法中最基本的一部法律，奠定了反托拉斯法的坚实基础，但该法的措辞较为含混和笼统，而且司法解释受到经济背景的深刻影响。

（2）1914 年的《克莱顿法案》。1914 年，美国国会制定了第二部重要的反托拉斯立法——《克莱顿反托拉斯法》，作为对《谢尔曼反托拉斯法》的补充。该法明确规定了 17 种非法垄断行为，其中包括价格歧视、搭卖合同等。《克莱顿反托拉斯法》的主要目的是制止反竞争性的企业兼并以及资本和经济力量的集中。关于非法兼并和合法兼并的确认原则是在该法实施过程中不断完善的。

（3）1914 年的《联邦贸易委员会法案》。1914 年的《联邦贸易委员会法》授权建立联邦贸易委员会，作为负责执行各项反托拉斯法律的行政机构。其职责范围包括：搜集和编纂情报资料，对商业组织和商业活动进行调查，对不正当的商业活动发布命令阻止不公平竞争。

以上这几项法律至今仍然是美国反垄断、管理州际贸易和对外贸易的主要法律。从性质上看，《谢尔曼反托拉斯法》兼有民法和刑法的性质，《克莱顿反托拉斯法》和《联邦贸易委员会法》则属于民法范畴。此外，罗斯福“新政”时期的法律和措施也丰富了反托拉斯法的理论和实践。在长期的司法实践中，美国反托拉斯法的理论和实践不断完善，反托拉斯法成为推行政府的经济政策、保护经济正常运转的强有力手段。

2.《反托拉斯法》的相关内容。《反托拉斯法》对于技术贸易（包括专利、商标和专有技术的使用许可）处理的原则是：专利权人不得将其权利超越宪法及专利法所授予的权利范围，否则属于滥用专利权的行为，如搭售、单方回授、限制销售等限制性商业行为，这些行为有可能被认为是违反《反托拉斯法》而受到指控。

为了确定某种商业行为是否合法，美国法院在长期审判实践中使用了两项重要原则，即“合理原则”和“本身违法原则”。合理原则是指某种商业行为虽然含有一定的限制竞争自由的成分，但如果没有超出商业上认为合理的限度，不会导致削弱或消除在美国市场上的竞争,就不构成违反《反托拉斯法》的行为。本身违法原则是指某种商业行为,其本身具有明显的反竞争性质,一旦发现这种行为就可判定其为非法,不需要考虑其是否合理。目前一般认为属于本身违法的行为主要有:固定价格、集体抵制、划分市场、维持转售价格、搭卖合同以及滥用专利权等限制性商业行为。

美国的《反托拉斯法》主要是针对国内贸易制定的,至于企业在出口方面所采取的限制性商业行为,原则上不受《反托拉斯法》的禁止。但如果企业在国际贸易中采取的限制性商业行为对美国市场产生了不利的影响,或者限制了美国国内其他竞争者的出口,就有可能被认为是非法行为而受到《反托拉斯法》的制裁。

美国法律对违反《反托拉斯法》的行为的惩罚相当严厉。例如,企业间联合控制市场,削弱或消除了美国市场上的竞争,这种行为就触犯了《谢尔曼反托拉斯法案》,被认为是刑事犯罪,而且是重罪,对违法公司可处以高达 100 万美元的罚金,对违法个人可处以高达 10 万美元的罚金,并可以处以三年以下监禁。个人或企业如因他人违反《反托拉斯法》而蒙受损失,则可以向法院提起民事诉讼,要求违法的被告赔偿其 3 倍的损失以及全部诉讼费。

(二)欧洲经济共同体的《竞争法》

欧洲经济共同体的《竞争法》主要反映在成员国所签订的《罗马条约》中。该条约第 85 条第 1 款规定,凡损害成员国之间的贸易和会起到阻碍、限制或恶化共同体内竞争的所有企业之间的协议都是不允许的和禁止的。但该项规定并未明确是否适合工业产权的转让。直到 1975 年 12 月,欧共体部长理事会决议才明确规定该条款也适用于工业产权的转让。该决议包括以下五项原则。

1. 在一项独占许可协议中,若双方商定受方只能将合同产品出口到尚未获得许可的第三方国家,则存在一定条件的禁止出口。如果该项技术故意不转让给第三方国家,或以后实际上未转让给第三方国家,应视为故意限制竞争,予以禁止。

2. 如果一项许可协议的有效期超过了最初存在的专利权的最长有效期而继续有效,而且协议中包含的限制竞争的条款也继续有效,则视为限制竞争,是不允许的。

3. 对于按照已失效的专利或与许可专利权无关所制造的产品,规定受方承担支付许可报酬的义务,这是对受方造成负担的一种竞争限制,是不允许的。

4. 许可合同双方承担约束相互间竞争的义务,是一种禁止的竞争限制。

5. 具有限制竞争条款的一项独占许可,尽管只直接涉及一个成员国的领域,但如果许可受方大规模地输出其产品,以及限制竞争的方式会导致出让专利权国家的市场闭塞,那就存在对国家间贸易的一种明显限制。

此外,按照欧共体部长理事会议决议,规定单方面的经验交流义务和对于改进或应用发明单方面给予许可的义务,按《罗马条约》第 85 条第 1 款的规定是不允许的。

欧共体竞争法是成员国之间适用的竞争法,主要是反对成员国间贸易中的限制性商业行为。除此以外,各成员国还有各自的反不公平竞争法。例如,原联邦德国于 1957 年制定了《限制竞争法》;英国于 1948 年通过了《垄断和限制性行为的调查和管制法》,1956 年又通过了《限制性贸易行为法》,现行有效的是 1976 年修订后的《限制性贸易行为法》和 1980 年的《竞争法》;比利时 1960 年 5 月颁布了《反托拉斯法》。

(三)日本的《反垄断法》

日本对限制性商业惯例的法律规定主要是 1947 年颁布的《关于禁止私人垄断及保护公平贸易法》。该法提出了禁止在贸易活动中签订含有限制性商业行为条款的一般原则。按照这些原则,日本公平贸易委员会于 1968 年 5 月颁布了《国际许可贸易的反垄断法》,该法第一条就明确规定技术引进合同中订有以下 9 种条款即构成不公平贸易活动,也就是限制性商业惯例。

1. 限制技术受方产品出口的地区。但下列情况除外:供方在所限制的地域内享有专利;供方在所限制的地域内从事经常性销售活动;供方在该地域内已向他人进行了独占许可转让。

2. 限制受方产品出口价格或出口数量,或强行规定由供方或其指定人经销出口产品。

3. 限制受方制造、销售有竞争性的产品或使用有竞争性的技术。

4. 强行规定受方向供方或供方指定人购买原材料和零部件。

5. 强行规定由供方或供方指定人销售受方产品。

6. 限制受方产品在日本转销的价格。

7. 强行规定受方将在许可技术方面获得的知识和经验告诉供方,或将在许可技术方面所取得的改进和所应用的发明的权利给予供方,或单方面授予供方许可使用权。但供方也承担相应义务且条件相同的除外。

8. 对并非使用转让技术制造的产品收取提成费。

9. 限制原材料、零部件或受方产品的质量。但从维护供方商标的信誉或者技术效果的角度进行质量控制的除外。

1968 年制定的《国际许可贸易的反垄断法》主要是针对技术引进的,虽然该法目前仍有效,但日本技术转让法律的重点已转移到限制技术出口方面。1981年以后,日本由于已发展成为在经济实力和工业技术方面均可以与西方发达国家相匹敌的强国,所以于1981年颁布了《关于修改外汇管制与外贸管制的法律》,大大放宽了对技术引进合同的审查,而把重点转移到对技术出口的管制。该法规定,技术引进合同只要向日本银行申报即可,不需再报大藏省和通商产业省等政府部门审批,而日本的技术出口则要得到这些政府部门的批准,由政府部门对具有战略意义的尖端技术的输出严加控制。

六、发展中国家有关管制限制性商业惯例的立法

在国际技术贸易中,一些发达国家凭借自身在技术上的优势和经济上的垄断地位,向发展中国家提出种种限制性条件。针对这种情况,发展中国家纷纷加强了技术转让的立法,并且设置了专门机构对技术转让合同进行审查和监督。许多发展中国家规定,与外国签订的技术贸易合同必须经过政府主管部门批准才能生效。通过政府的干预,来维持本国的经济利益。

发展中国家特殊的历史遭遇和由此所造成的特殊的社会经济状况决定了发展中国家对限制性条款的管制,具有与西方发达国家不同的特点。

其一,发展中国家主要通过设立专门的行政主管机构和对技术转让合同进行审批登记来管制各种限制性条款。如许多发展中国家对国际许可协议采取审批制,在符合规定条件时才予以批准。

其二,在立法形式上,发展中国家大多使用列举的方法明确每一个禁止性条款。

其三,对“限制性条款”的认定,采用“发展”标准,即看其是否可能形成任何依附关系,控制被许可方企业的生产、技术及销售活动,从而影响被许可方国家的经济独立和发展。所以,尽管有些做法不一定直接影响市场或竞争,但只要影响了本国经济技术的发展,便会受到法律的禁止。但近年来为改善投资环境,许多发展中国家逐渐转变以往的态度,强调严格保护适用知识产权,这在某种意义上也反映了发展中国家的让步和妥协。

(一)中国的《反垄断法》

中华人民共和国第十届全国人民代表大会常务委员会第二十九次会议于2007年8月30日通过了《中华人民共和国反垄断法》(以下简称《反垄断法》),自2008年8月1日起施行。《反垄断法》是一部为了预防和制止垄断行为,保护市场公平竞争,提高经济运行效率,维护消费者利益和社会公共利益,促进社会主义市场经

济健康发展而制定的法律，共分为8章57条。

反垄断法明确规定，禁止大型国企借控制地位损害消费者利益，国有经济占控制地位的关系国民经济命脉和国家安全的行业以及依法实行专营专卖的行业，国家对经营者的经营行为及其商品和服务的价格依法实施监管和调控，维护消费者利益。法案宗旨是为了预防和制止垄断行为，保护市场公平竞争，提高经济运行效率，维护消费者利益和社会公共利益，促进社会主义市场经济健康发展。反垄断法的要点如下。

1. 反垄断法规定的垄断行为包括：经营者达成垄断协议；经营者滥用市场支配地位；具有或者可能具有排除、限制竞争效果的经营者集中。

2. 反垄断法规定，具有市场支配地位的经营者，不得滥用市场支配地位，排除、限制竞争。

3. 反垄断法明确，国务院设立反垄断委员会，负责组织、协调、指导反垄断工作，履行以下五大职能，即研究拟订有关竞争政策，组织调查、评估市场总体竞争状况并发布评估报告，制定、发布反垄断指南，协调反垄断行政执法工作，国务院规定的其他职责。

4. 反垄断法还规定，国务院规定的承担反垄断执法职责的机构（国务院反垄断执法机构）依照本法规定，负责反垄断执法工作。

（二）墨西哥的《技术转让法》

墨西哥于1972年颁布了《技术转让法》，列举了14种不合理的限制性商业行为，要求本国公司一般不予接受。但如果转让的技术对墨西哥的经济发展有特殊意义，对其中8种限制性商业行为，可以接受。也就是说，对其中6种行为，强制性规定不能接受，严格禁止在合同中订立，否则不予批准；对另外8种行为是非强制性的，可以由国家技术转让注册局权衡利弊做出决定。

强制性规定不能接受的6种限制性商业行为如下。

1. 限制合同产品的产量，或强行规定受方在其国内销售或规定出口该项产品的销售价格或转销价格。

2. 对受方的研究或技术发展活动规定限制性条件。限制性条件是指下列6项规定内容。

（1）限制或禁止受方进行与发展新产品、新工艺或新设备有关的科研发展计划。

（2）限制对产品或工艺做任何改进。

（3）对产品的改进做不适当的限制或附带某些条件，尤其是在合同不包括商标转让的情况下。

(4)从第三方所取得的改进加以不适当的限制或附带某些条件;对使用正在申请专利的技术范围加以不适当的限制。

(5)禁止受方在合同期满后进行科研和发展活动。

(6)规定合同终止时,受方必须归还图纸、规格和操作手册等资料。

3. 规定受方必须长期雇用供方提名的技术人员。

4. 规定受方只能把合同产品出售给供方,或者规定受方必须与供方签订独家销售代理的协议。但如果供方能够证明它掌握了足够的销售系统,并在该行业的贸易活动中享有足够的声望来推销合同产品,而且能比受方的销售效果更好,则这种情况除外。

5. 限制技术的来源,规定受方只能从供方获得技术,并按供方指定的来源去购买所需要的设备、工具、零部件或原材料。

6. 对受方出口合同产品或输出与合同有关的劳务活动加以限制。这种限制包括下列五项规定内容。

(1)禁止合同产品的出口。

(2)禁止合同产品向某些地区出口,而在这些地区供方以前未向任何第三方授予过独占性的销售权。

(3)出口销售协议中规定了最高的出口数量。

(4)受方的出口只许按不利的条件通过供方来进行。

(5)受方出口时,需要事先得到供方的同意。

但下列三种情况除外,即①供方在这些地区已经授予了独占性的销售权;②供方国家的法律规定,不得授予向这些地区出口的权利;③供方授权给受方的销售市场已经足以容纳受方合同产品的出口数量。

此外,非强制性条款包括:技术价格过高,对本国经济造成不应有的负担;技术供方有权直接或间接地控制或干预技术受方的业务管理工作等。

(三)巴西的《技术转让合同注册规范法》

巴西在1975年颁布的《技术转让合同注册规范法》中对限制性商业惯例规范如下。

1. 专利许可合同中不能包含公开或含蓄的阻碍引进方活动的条款,特别是不能出现限制引进方广告和宣传的条款。

2. 许可方在合同中不能公开或者含蓄地限制和损害引进方雇佣人员的权利,不准限制和损害引进方的产品出口,不准限制、修正、损害、中断、妨碍引进方的研究和发展活动。

3. 许可证合同不准列有限制引进方对其产品进行制造、销售、开展广告宣传等活动的条款。

4. 在合同中,许可方不得限制引进方在合同期满后继续使用引进的技术和资料。

5. 在许可证合同中应该具体写明,引进方对许可方转让的技术和工艺流程如有任何改进和发展,其改进和发展部分的产权应属于引进方,如果许可方需要,引进方可以向许可方进行转让。

(四)其他发展中国家有关限制性商业惯例的立法

发展中国家有关技术转移的规定内容有繁有简,但主要内容大体相似,一般都规定有总的原则、适用范围、审批程序、合同应具备的条件等。同时,对一些不合理的条款还规定不允许被订入合同,这部分是政府机构审核的重点。

发展中国家反垄断立法的步伐比较缓慢。20 世纪 80 年代后期以来,随着世界各国经济政策总的导向是民营化、减少政府行政干预和反垄断,各国反垄断立法的步伐大大加快了。亚洲、非洲和拉丁美洲的许多发展中国家纷纷制定或者强化了它们的反垄断法。到 1991 年,中欧和东欧地区的绝大多数国家包括保加利亚、罗马尼亚、克罗地亚、爱沙尼亚、哈萨克斯坦、立陶宛、波兰、俄罗斯、匈牙利等都颁布了反垄断法。

拉丁美洲制定技术转移法律的国家除了墨西哥和巴西外,还有阿根廷、哥伦比亚、委内瑞拉、秘鲁、智利、厄瓜多尔、玻利维亚等。阿根廷于 1974 年 10 月 28 号颁布了关于技术转移的第 20794 号法律,以后又经过多次修改或重订;哥伦比亚于 1972 年 7 月 18 号颁布了关于技术合同内容和制定批准此类合同的标准的第 1234 号法令;委内瑞拉于 1975 年颁布的第 746 号法令是关于技术转移的专门法规。

亚洲国家菲律宾于 1978 年 10 月 10 日颁布了《为成立工业部技术转移局以执行第 1520 号总统令第 5 节有关规定条例》,该条例是菲律宾有关技术转移的专门法规。印度没有关于技术转移的专门法规,有关国际技术贸易的规范主要包括在 1979—1980 年颁布的《工业管理条例》、1970 年颁布的《专利法》和 1969 年颁布的《垄断和限制性商业条款法》之中。泰国政府自 1954 年以来,制定了一系列关于吸收和管理外资的法律,其中最主要的有 1960 年颁布的《促进工业投资条例》、1977 年的《促进投资条例》、1979 年的《工业投资条例》等。在泰国的有关投资法规中,多数都列有关于技术转移的规定。印度尼西亚 1969 年制定的《外国投资法》也包括了相似的规定。

在非洲国家中,赞比亚于1977年颁布的第18号法令,也是有关技术转移的单行法令。此外,埃及、尼日利亚、喀麦隆等国也制定了有关技术转移的法规。

第二节 国际技术贸易合同的法律适用

一、国际技术贸易适用法律的特点

国际技术贸易合同所涉及的法律有两类:一类是各国制定的关于技术转让的法律,适用于本国;另一类是国际性法律,具有“国际性”。因此每一项国际技术贸易合同都具有涉外因素,而这些涉外因素又会导致两个以上国家的法律适用于该项合同的可能,从而引起国际技术贸易合同法律适用的冲突。

国际技术贸易涉及两种法律关系:一是国际技术贸易合同法律关系;二是国际技术贸易行政法律关系。这是国际技术贸易在法律适用方面与一般的国际货物买卖交易相较所具有的不同特点。

国际技术贸易合同法律关系,是指国际技术贸易合同中转让方与受让方之间的权利与义务关系。双方当事人要在合同中加以明示或者默示选择,或是根据法律冲突适用规则适用合同准据法,或是适用有关的国际条约或惯例。

国际技术贸易行政法律关系,是指有关国家和国际技术贸易合同当事人之间,根据本国的有关法律和行政命令就国际技术贸易而产生的管理和被管理关系。这些法律法规的目的是:提高本国受让方的谈判地位;提高技术引进的质量和对技术的吸收、消化能力;控制外汇汇出;保护本国的技术发明;增强本国的收支平衡能力;防止避税;限制对外国当事人的工业产权的滥用;控制进口技术的种类,对外国无形资产进行管理;防止一揽子交易;保护本国就业,等等。这些法律与一国的公共政策及公共秩序密切相关,对与本国有关的涉外技术贸易合同具有约束力。同时,这种法律法规又具有严格的地域性,各国从属地原则出发不承认这些法律法规的域外效力,而仅适用本国的法律、法令。因此,国际技术贸易合同不会在这方面产生适用法律的冲突。

二、国际技术贸易合同的法律适用规则

国际技术贸易合同属于涉外合同。所谓涉外合同,是指当事人一方是外国人,或者交易的标的在国外,或者交易合同的权利义务关系发生在国外的合同。

这种合同的特点是,同一个合同涉及不同国家的法律,从而导致不同国家的法律对合同的部分或者整体有约束。由于各国对同一权利和义务的解释可能差别很

大,这就产生了适用法律的冲突问题。当事人在不能通过调解协商解决问题的时候,将会依照一定的规则,解决合同冲突。国际技术贸易合同的法律适用规则主要有:国内立法、国际条约、国际惯例。

(一)国内立法

国内立法是国际技术贸易合同适用的主要法律。各国对国际技术贸易合同适用的法律分为两种:一是普通法;二是特别法。普通法是当事人所在国家的一般法律规范,是从宏观上对有关民事关系所做的基本规定,多数技术输出国采用这种立法。特别法是针对各类专门问题所制定的专门管理某一类民事关系的法律、法规,许多技术输入国采取此办法。这些国家在其有关涉外技术转让的法规中规定了国际技术转让法律适用的原则和规定,而其中多数国家都规定国际技术转让合同只能适用技术输入国的法律。

(二)国际条约

国际条约,包括技术贸易当事人所在国家缔结或加入的国际公约、协定,其中有"多边条约"和"双边条约"。合同当事人应该遵守本国缔结的国际公约,当国内立法与国际公约冲突时,优先考虑国际公约,但本国在加入时已做声明的除外。

(三)国际惯例

国际惯例,是指在国际技术贸易长期实践中形成的、为普遍接受和承认的习惯做法。在当事人未订立法律选择条款的情况下,合同适用与之有最密切关系国家的法律,已经成为商人们普遍接受的习惯做法,亦即国际技术转让法律适用的一个惯例。

三、国际技术贸易合同适用法律方式的选择

(一)选择适用法律的方式

国际技术贸易合同中的法律选择问题,原则上有三种情况。

1. 明示选择。明示选择即当事人双方在合同中有明确的意思表示,指明当遇到合同权利义务冲突的时候愿意以具体哪国的法律为准。例如,在合同中明确规定"本合同适用中国法","本合同适用美国法"等。这种合同适用于双方比较容易达成一致意见的情况,好处是一旦发生争议双方有明确的法律参照。

当事人双方一旦在合同中确定了一种有效的法律选择,任何一方若再提出新

的适用法律要求,一般是不能接受的,除非有非常充足的理由。

2. 暗示选择。暗示选择即当事人双方未在合同中明确指出合同的适用法律,当双方对合同产生争议并提交法院或仲裁机构时,由法院或仲裁机构根据合同和一切与合同有关的事项推定适用的法律。国际上实行暗示法的总原则是:所推定的适用法律必须是"合同参照此法律体系而签订的,或交易行为与法律体系具有最密切的和最实际的联系"的法律。

3. 适用国际公约。如果当事人双方所属国为某一双边条约或多边条约的缔约国,当事人所签订的合同适用于该国际条约。在这种情况下,合同当事人无自由选择权。

(二)选择法律需要注意的几个地方

在选择国际技术贸易适用法律时要注意以下三方面的问题。

1. 保留制度。如果合同条约规定适用的外国法律将会违背本国的公共利益,则不能选择外国法。

2. 法律规避。法律规避又称"法律欺诈",是指涉外民事法律关系当事人为了实现利己的目的,故意改变构成法院所在国冲突规范联结点的具体事实,以避开本应适用的对其不利的准据法,从而使对其有利的法律得以适用的行为。对此,各国的法律规定差别较大,有的国家对所有形式的法律规避都认为无效,有的国家认为规避本国法无效而规避外国法有效,有的国家则认为都有效。

3. 外国法的适用。在援引外国法时各个国家的态度是不同的。在英、美国家,外国法不被看成是法律,它们只看重事实,所以当事人引用外国法律时,也需要用证据来证明;以意大利、奥地利为代表的国家,把外国法视为法律;以德国为代表的国家,对外国法,法院根据职权来确定外国法的内容,有时也需要控诉双方提供事实依据。

第三节　国际技术贸易纠纷解决的方式

由于国际技术贸易合同属于涉外合同,当事人双方对合同的权利义务既涉及各国国内法规的制约,同时还要符合相应的国际法规。在国际技术贸易合同条款中,一般都规定解决当事人争端的方法和途径,这些方法可以根据争端的严重程度以及当事人的合作态度加以选择或同时使用。

一、在合同中规定适应性条款

在签订合同时,如果涉及不可抗力或需要灵活制定的项目如支付价格等,则要在合同中注明解决纠纷的方式。这是最经济也最有效率的解决方法,一旦发生纠纷,即可按照约定执行。这类条款被称为适应性条款,在长期合同中适应性条款是不可缺少的。比如,在合同中规定“合同中对货物价格没有规定的,应按照货物交付时的一个合理价格支付”。

二、重新谈判

重新谈判,就是说当合同中的适应性条款不能解决纠纷时,当事人双方可以就有争议的部分重新谈判。在谈判的过程中,双方应该本着解决问题的态度友好协商,尽量达成共识。这种方法费用低,解决问题迅速,在不存在外部压力的情况下解决了纠纷,同时还保证了合同的正常履行。

三、调解

如果友好协商不能解决纠纷,那么可以邀请有关专家来调解。有时,调解只是一个友好的会谈,有时,调解的法律性与仲裁相差不大。调解报告不影响当事人日后的仲裁与诉讼。调解具有友好协商的所有优点,但是可能会因为纠纷的复杂性耗费时间和相应的费用成本。

四、仲裁

仲裁是国际技术贸易争端最为常见的解决方式。

五、诉讼

诉讼是在技术受让方或者提供方所在国家或者双方当事人认为中立的国家的国内法院解决纠纷的一种正式法律程序。国际上普遍认为,技术转让交易中的纠纷可以通过仲裁方式解决,而且也认为仲裁方式比诉讼方式具有更多的优点。所以,技术转让合同当事人大多愿意在合同中规定仲裁条款,将解决纠纷的方式事先规定在合同中,以排除法院的管辖。然而,由于国际技术贸易较为复杂,不仅当事人双方可能发生争端,而且可能同第三方发生争端,如发生侵权行为,技术受让方有可能成为被告,受到法院的传讯。在这种情况下,就产生了诉讼问题。此外,如果合同没有规定仲裁条款,一方当事人就可以选择诉讼作为解决争端的方式。

案例研究

案例一 阿里巴巴因“二选一”垄断行为被处罚182.28亿元

2021年4月10日,国家市场监管总局对阿里巴巴集团控股有限公司(以下简称“阿里巴巴”)在国内网络零售平台服务市场实施“二选一”的垄断行为做出了行政处罚。国家市场监管总局责令阿里巴巴停止违法行为,并处以其2019年中国境内销售额4 557.12亿元4%的罚款,计182.28亿元,这是中国反垄断部门有史以来做出的最大罚款。

根据央视新闻报道,国家市场监管总局于2020年12月成立专案组,对阿里巴巴在中国境内网络零售平台服务市场滥用市场支配地位行为立案调查。经查,阿里巴巴集团在中国境内网络零售平台服务市场具有支配地位。自2015年以来,阿里巴巴集团滥用该市场支配地位,对平台内商家提出“二选一”要求,禁止平台内商家在其他竞争性平台开店或参加促销活动,并借助市场力量、平台规则和数据、算法等技术手段,采取多种奖惩措施保障“二选一”要求执行,维持、增强自身市场力量,获取不正当竞争优势。

调查表明,阿里巴巴集团实施“二选一”行为排除、限制了中国境内网络零售平台服务市场的竞争,妨碍了商品服务和资源要素自由流通,影响了平台经济创新发展,侵害了平台内商家的合法权益,损害了消费者利益,构成《反垄断法》第十七条第一款第(四)项禁止“没有正当理由,限定交易相对人只能与其进行交易”的滥用市场支配地位行为。

根据《反垄断法》第四十七条、第四十九条的规定,综合考虑阿里巴巴集团违法行为的性质、程度和持续时间等因素,2021年4月10日,国家市场监管总局依法做出上述行政处罚决定。同时,按照《行政处罚法》坚持处罚与教育相结合的原则,向阿里巴巴集团发出《行政指导书》,要求其围绕严格落实平台企业主体责任、加强内控合规管理、维护公平竞争、保护平台内商家和消费者合法权益等方面进行全面整改,并连续三年向国家市场监管总局提交自查合规报告。

阿里巴巴当天在其官微回应被罚:今天,我们收到《国家市场监督管理总局行政处罚决定书》,对此处罚,我们诚恳接受,坚决服从。我们将强化依法经营,进一步加强合规体系建设,立足创新发展,更好地履行社会责任。

这并不是阿里巴巴第一次被罚,2020年12月14日,国家市场监管总局对阿里巴巴、阅文集团、丰巢网络等公司收购相关股权未依法申报而实施经营集中这种违法垄断行为处以50万的罚款。

案例思考与讨论：

结合本章所学知识，对上述案件做简要的分析。

案例二 2021：中国反垄断“大年”

2021年是我国反垄断执法空前活跃的一年，互联网领域作为重点行业也经历了强监管的一年。在经营者集中反垄断执法方面，自《反垄断法》生效至2020年11月，我国反垄断执法机构仅公开了59起未依法申报案例，其中没有一起案例发生在互联网领域。

新京智库梳理发现，从2020年12月14日首次对几大互联网平台的未依法申报经营者集中予以处罚后，国家市场监管总局成批地公布了大量互联网领域的未依法申报经营者集中案件。2021年1月1日至2021年12月14日，这一年市场监管总局共发布反垄断处罚案例高达118起，其中89起涉及互联网企业，占总数的75.42%。

“以前高层对反垄断法没有倾注特别的注意力，但自2020年以来显然发生了转变，现在反垄断已经上升到战略高度，成了国家经济社会甚至政治生活中非常引人注目和非常突出的问题之一。”长期关注中国反垄断进展的南开大学法学院许光耀教授向新京智库介绍为什么今年监管空前活跃。

不仅如此，新京智库观察到，监管活跃还体现在2021年我国反垄断执法机构查处了多起互联网平台滥用市场支配行为的案件，涉及的领域包括电商、餐饮外卖等，并创下了多个天价罚单。

其中，在互联网领域，“二选一”行为得到了执法机构的重点关注。同时，国家市场监管总局等监管机构积极运用行政指导的方式加强反垄断监管，在处罚垄断行为的同时发布行政指导书，并召开行政指导会，加强企业整改，明确执法机构所关注的“二选一”“掐尖并购”“社区团购”等热点问题。

除了对未依法申报行为进行处罚外，监管层也对造成排除、限制竞争后果的交易进行了纠正，包括罕见地采取了禁止集中的措施，以及首次责令经营者采取相关措施“恢复到集中前状态”，为互联网企业的并购交易敲响了警钟。

实际上，从全球范围来看，在过去一年时间里，新一轮反垄断浪潮也在全球掀起。

据统计，仅2021年上半年，欧盟对谷歌、苹果公司、Facebook、亚马逊轮番展开反垄断调查。拜登政府甚至发布行政命令,要分拆谷歌和亚马逊等互联网巨头。

“各个国家对超级数字平台进行反垄断调查的动机可能各不相同,但是也达成了一些基本共识。这些超级平台的势力过于强大,已经危害到了市场的公平性,阻碍了技术的创新。”中央财经大学中国互联网经济研究院副院长欧阳日辉这样解释其中的缘由。

根据国家市场监管总局发布的89起关于互联网企业反垄断处罚案例,新京智库发现,罚款累计已经突破了200亿元。

其中,最重要的罚款莫过于历时4个月的阿里巴巴因涉及“二选一”行为被罚182.28亿元。这一数额刷新了中国反垄断行政处罚纪录,几乎是此前中国境内反垄断最高罚单的3倍,相当于阿里巴巴2019年中国境内总销售额4 557亿元的4%。

上海交通大学凯原法学院教授侯利阳接受新京智库采访时表示,对于这种大型互联网垄断企业,主要的处罚措施基本上就是罚款,希望通过罚款能够重新恢复竞争机制。欧盟对谷歌已经罚了100多亿欧元。

(新京报记者　查志远　肖隆平)

案例思考与讨论:

1. 反垄断包括哪些方面?对比各国的反垄断法,并分析其中的相同点和不同点。

2. 阿里巴巴、美团、丰巢等均因垄断行为遭到处罚,这其中反映了什么问题?

思考与练习

1. 限制性商业惯例的特点是什么?
2. 限制性商业惯例有哪几种表现形式?
3. 有关限制性商业惯例的国际公约有哪几个?
4. 国际技术贸易合同适用法律方式的选择方法有哪几种?

第十三章 中国对外技术贸易管理

China Foreign Technology Trade Administration

本章主要介绍中国对外技术贸易管理的概念及相关内容。通过本章的学习，学生应掌握中国对外技术进出口管理的基本原则和中国对外技术贸易管理制度；熟悉中国对外技术贸易政策和中国对外技术管理的具体部门；了解中国近些年来对知识产权保护的情况。

学习要点

In this chapter, we concentrate on the concepts and related contents about China foreign technology trade administration. By learning this chapter, students are required to master the basic principle of China foreign technology trade administration and its administrative system, master the China foreign technology trade administrative policies and specific departments and have an idea about the recent conditions of China's protection of intellectual property.

第一节 中国技术进出口管理概述

一、中国技术进出口管理制度

1950年中国对外技术贸易开始起步,20世纪60年代初,国家通过对外经济技术援助和国际科技合作向一些发展中国家出口技术,并从发达国家引进先进技术。80年代以后,中国通过技术贸易途径出口的技术越来越多,为规范技术进出口行为,先后制定了有关的技术进出口管理制度,并随形势的不断发展对其中某些规定做了新的修订。1985年5月24日,国务院发布了《中华人民共和国技术引进合同管理条例》;1988年1月20日,外经贸部发布了《中华人民共和国技术引进合同管理条例实施细则》;1996年3月22日,外经贸部发布了《中华人民共和国技术引进和设备进口贸易工作管理暂行办法》。

中国加入世界贸易组织(WTO)以后,为履行作为WTO成员的义务,国务院于2001年10月31日通过了《中华人民共和国技术进出口管理条例》;2001年12月30日,外经贸部与国家经贸委又发布了《中华人民共和国禁止进口限制进口技术管理办法》和《中华人民共和国技术进出口合同登记管理办法》,外经贸部与科技部发布了《中华人民共和国禁止出口限制出口技术管理办法》。上述法规均从2002年1月1日起施行。与此同时,过去的技术进出口管理条例及实施细则全部废止。

除上述专门法规外,其他涉及对外技术贸易管理的主要法规还有《中华人民共和国对外贸易法》《中华人民共和国知识产权海关保护条例》等。

二、中国对外技术贸易的管理部门

根据《技术进出口管理条例》的规定,商务部依照《对外贸易法》和该条例的规定,负责全国的技术进出口管理工作。省、自治区、直辖市人民政府外经贸主管部门根据商务部授权,负责本行政区域内的技术进出口管理工作。国务院有关部门按照国务院规定,履行技术进出口项目的有关管理职责。

第一,依照《对外贸易法》,商务部在进出口管理方面履行以下职责。

(1)拟订和执行对外技术贸易的政策、管理规章和鼓励技术出口政策。

(2)拟订高新技术产品出口目录和国家禁止、限制进出口技术目录。

(3)管理技术和高新技术产品的出口,管理技术引进和国际招标。

(4)拟订和执行国家技术出口管制政策,颁发与技术防扩散出口相关的出口许可证。

(5)组织多边和双边工业技术合作。

(6)负责外经贸科技发展、技术进步等事务。

第二,省、自治区、直辖市人民政府外经贸主管部门根据商务部的授权,负责本行政区域内的技术进出口管理工作。由于国家实行统一的对外贸易制度,所以省一级的地方政府对技术进出口的管理,仅能根据商务部的授权,并仅能在授权的职责范围内进行管理,而且只能在本行政区域内从事管理工作。省一级的地方政府经商务部授权后,可以独立的负责技术进出口管理工作,以自己的名义行使行政权力并承担行政责任。

第三,其他技术进出口管理部门。除商务部以外,对技术进出口具有部分管理职责的部门还有国家发改委、科技部、外交部等。

三、我国的国际技术贸易政策

改革开放以来,我国在对外贸易领域,国际技术贸易发展较为迅速,国家鼓励利于我国产业结构调整和升级的技术的引进,促进了我国经济的发展。随着市场经济的建立,规范市场的法律法规不断建立健全。为了促进我国对外技术贸易的健康发展,自 1979 年以来,我国制定了一系列技术引进和技术出口方面的贸易政策,这些政策注意吸收消化先进技术,并扶植和建立具有出口竞争能力的工业项目。概括起来,我国技术贸易政策的主要原则包括以下几点。

(一)在平等互利的基础上,积极开展并不断扩大与世界各国的经济合作

在国际技术贸易中,我国一直遵守国际规范和国际惯例,依法保护知识产权,以维护合作各方的合法权益。具体地说,我国引进并学习别国的先进技术与经验,推动本国经济的发展;积极鼓励开拓技术出口市场,参与国际经济合作。例如,我国与多个国家签署了与国际技术贸易有关的条约,以促进双边和多边技术贸易。1992 年 1 月 17 日和 1995 年 2 月 26 日,中美两国政府两次签订关于保护知识产权的谅解备忘录。2003 年起,中美双方每年举行一次知识产权圆桌会议,就有关知识产权问题达成了广泛共识。

(二)采用技术贸易多元化策略,多渠道筹集资金,并以多种灵活的方式开展对外技术贸易

1. 通过多渠道筹集外汇,支持对外技术贸易的发展。在技术引进方面,积极

利用外国政府贷款、混合贷款、出口信贷、国际金融组织贷款及商业贷款，保证国家经济发展急需的重点项目的技术引进，搞好现有国有大中型企业的技术改造，完善已引进技术的配套项目，国家为其优先安排资金并实行优惠利率。在技术出口方面，国家实行国际上通行的扶持技术出口的信贷政策，并制定有关的配套政策，建立技术出口信贷和风险基金。

2. 采用灵活多样的方式开展技术贸易。在技术引进方面，采用许可贸易、合作生产、技术服务和咨询等方式，不断开拓技术引进的新领域和新方式，实现由利用外汇和国外贷款引进的单一模式向包括技术合作、科技交流、利用外资、对外融资等在内的复合型模式的转变；除了传统的工业技术许可和转让方式外，还应有选择地对一些基础设施项目采取国际 BOT 等新的引进方式，采用特许专营等新方式引进国外先进的管理方法和经验。在技术出口方面，鼓励成套设备出口和到国外投资办厂并摸索国际 BOT 方式等。

3. 引进方面。拓宽引进技术国别，防止过分依赖某些单一渠道，导致少数国家的技术垄断和苛刻的转让条件；在出口方面，以亚太国家和发展中国家为重点，积极开拓新的国际市场。

（三）不断扩大技术贸易的规模

在技术引进上，要加大引进力度，扩大引进规模，优化引进结构，不断提高产品设计、工艺、制造和管理等软件技术的比重，加强对引进技术的消化吸收，实现技术引进增长的集约化，用有限的外汇换回尽可能多的先进技术和设备；要由全面引进转向开放式引进，根据具体情况确定是引进整机装配技术、部件技术，还是零配件和元器件技术，以直接参与国际分工为基点，逐步使我国技术密集型产业成为国际产业技术链条的重要一环，避免“引进—国产化—落后—再引进”的恶性循环；同时应以技术密集战略产业的技术为引进重点，实施向战略产业倾斜的技术引进战略。在技术出口方面，要大力发展高新技术出口，走“贸工技银”结合的集约化经营的道路；要把外贸公司拥有的国际市场商品信息优势、科研部门拥有的科技成果优势和生产厂家把成果转化为产品的生产优势有机结合起来，建立贸工技联合体，参与国际竞争，扩大技术出口。

（四）以法律和经济手段加强宏观管理和协调

继续扩大企业引进和出口技术的经营自主权，国家主要以法律、经济手段实行宏观调控，规定鼓励允许、限制和禁止的技术贸易项目；做好对重大技术项目的管理协调工作，采取有效措施防止进出口问题的出现；加强信息引导和信息服务，及时掌握国际技术贸易信息。

（五）利用税收和财政等优惠政策来促进对外技术贸易的发展

在技术引进方面，对开展技术贸易的企业，实行税收优惠政策，实行与技术成分挂钩的政策，根据技术引进合同中技术的含量，确定减征、免征合同中设备进口关税的幅度；对我国重点、优先发展领域的技术引进给予减征或免征所得税的待遇。在技术出口方面，为发展技术、成套设备和高新技术产品需进口的原材料、零部件，按来料加工的有关规定享受优惠待遇。

（六）软件技术、适用技术和兼容技术为重点引进对象

引进重点是以软件技术为主，而不再是成套设备的引进，从而提高我国的技术能力和技术水平以避免过分依赖进口；更多地强调引进适用技术，即引进与我国资源状况、基础设施及技术水平相适应的技术，加强原有企业的设备改造，同时优先发展能扩大出口创汇能力的项目，增强出口竞争力；强调引进技术的“兼容能力”，即要考虑引进技术与原有设备的配套使用，更好地发挥潜在能力，以此带动一个地区或一个工业部门的兴起和发展。

国际技术贸易在我国是一项新兴而又重要的贸易方式，我国将根据国家经济发展及技术贸易发展的总体规划及战略目标，并借鉴国外的成功经验，进一步完善对国际技术贸易的扶植政策和措施，以促进我国对外技术贸易健康快速的发展。

四、中国对技术进出口管理的基本原则

根据《对外贸易法》和《技术进出口管理条例》的规定，中国对技术进出口管理有以下基本原则。

(1)国家统一管理原则。国家对技术进出口实行统一管理，依法维护公平、自由的技术进出口秩序。

(2)符合国家政策原则。技术进出口应当符合国家的产业政策、科技政策和社会发展政策，有利于促进中国科技进步和对外经济技术合作的发展。

(3)自由进出口原则。国家准许技术自由进出口，但是法律、行政法规另有规定的除外。

第二节 中国对技术进出口的管理

一、中国对技术引进的管理

中国对技术引进的管理主要是通过将其纳入国家经济技术发展的统一规划，并根据国家的政策所制定的有关法令法规，对技术引进项目及其合同实行管理。

（一）中国技术引进的基本原则和政策

1. 技术引进必须从我国的国情、国力、特点和条件出发，结合国民经济各产业部门的技术结构、发展特点来选择引进技术的基础和方式。这是技术引进的一项基本原则。

2. 技术引进首先要保证建立在国家经济发展急需的基础上，同时又结合经济体制改革，以利于搞活大中型企业。

3. 注重对引进技术的消化吸收和推广创新，并使之国产化。

4. 进一步完善技术引进的市场战略，坚持多方位引进技术。提倡以多种形式引进技术，特别是要注重以技术许可贸易、技术服务、顾问咨询、合作生产、合作设计以及关键设备的引进等方式开展工作，增加引进项目中技术软件的比重，控制成套设备的进口。

5. 在引进技术的同时引进先进的管理方法。

6. 利用多渠道筹集外汇资金，引进先进和适用技术。

7. 利用税收杠杆，对有些项目的技术引进实行税收优惠政策。

（二）中国技术引进的程序

1. 技术进口交易的准备。这一阶段的工作包括引进技术项目的立项和可行性研究，其主要内容如下。

(1)技术引进企业制定进口技术的计划，报有关政府主管部门审查批准。

(2)进口技术的计划获得批准后，技术引进企业编制进口技术项目建议书，报有关政府主管部门审查批准。

(3)项目建议书获得批准后，技术引进企业编制可行性研究报告，报有关政府主管部门审查批准。

(4)可行性研究报告获得批准后，技术引进企业便可以进行正式的技术询价和谈判，若企业无进出口经营权，则需委托有经营权的外贸公司代为办理进口有关技术。

2. 对外谈判并签订合同。这一阶段主要包括以下工作。

(1)正式对外询价,对技术和价格等有关因素进行综合分析。

(2)技术谈判,进一步了解技术的内容和技术供方的意图。

(3)商务谈判,在技术谈判的基础上进行有关商业内容的谈判。

(4)商签合同,在按照有关法律的规定向审批机关办理审批手续后,进出口双方按照谈判的结果签订合同。

3. 履行合同。技术引进合同批准后,受方应统筹安排,加强与供方协调,按照合同的规定,按时按质履行合同。在这一过程中,需要完成以下工作。

(1)供方交付技术资料,受方支付入门费。

(2)受方派技术人员赴供方培训。

(3)供方交付机器设备、生产线,货到后受方提货及报检。

(4)供方派技术人员,协助受方安装技术设备,帮助受方掌握技术。

(5)投料试生产,供方和受方按照合同规定的技术标准验收,并签署验收报告。

(6)受方支付合同价款。

(7)解决争议、索赔等。

以上三个阶段中,为维护我方利益,根据中国实践经验并参考一些国家的立法,中国规定,引进合同中不得含有下列不合理的限制性条款:①要求受方接受同技术引进无关的附带条件,包括购买不需要的技术、技术服务、原材料、设备或产品;②限制受方自由选择从不同来源购买原材料、零部件或设备;③限制受方发展和改进所引进的技术;④限制受方从其他来源获得类似技术或与供方竞争的同类技术;⑤双方交换改进技术的条件不对等;⑥限制受方利用引进的技术生产产品的数量、品种或销售价格;⑦不合理地限制受方的销售渠道或出口市场;⑧禁止受方在合同期满后,继续使用引进的技术;⑨要求受方为不使用的或失效的专利支付报酬或承担义务。

同时,对外商投资企业,外方以技术作为投资的,该技术的进口应按照外商投资企业设立审批的程序进行审查或者办理登记。

另外,在技术引进合同的履约过程中涉及的税收和用汇问题,分别统一由国家税务总局(涉及关税的由海关总署)和国家外汇管理局负责解决和管理。

(三)中国对进口技术的管理分类

1. 鼓励进口的技术,也称自由进出口的技术。依照《技术进出口管理条例》第7条的规定:"国家鼓励先进、适用的技术进口。"这一鼓励技术进口的规定,有以下三方面内容。

(1)中国鼓励先进、适用的技术进口,是为了促进工农业科学技术水平的提高。引进国外先进、适用的技术,是一个国家推动科技创新、发展高科技的捷径,有利于推动国内企业在较高水平上实现技术跨越,企业可以直接利用国外先进的技术、工艺、生产模式和经营管理方式,提高产品质量,开发生产新产品,提供新服务,增强市场竞争力;有利于把自主研究开发与引进、消化吸收国外先进、适用的技术相结合,促进技术集成、融合、升级和提高,形成更多的自主知识产权,推动国家整体技术水平的飞跃。

(2)关于先进、适用的技术并没有明确的定义,根据中国多年的技术贸易管理实践,形成了一定的判断标准:有利于发展高新技术,生产先进产品;有利于提高产品质量和性能,降低生产成本,节约能耗;有利于改善经营管理,提高科学管理水平;有利于产业结构优化升级;有利于充分利用本国资源、保护生态环境和人民健康;有利于扩大产品出口、增加外汇收入。技术贸易主管部门规定的先进、适用技术必须符合上述一项以上的标准。

1997年7月4日国家科委、国家工商行政管理局联合发布的《关于以高新技术成果出资入股若干问题的规定》,将高新技术界定在下列范围之内:微电子科学和电子信息技术;空间科学和航空航天技术;光电科学和光机电一体化技术;生命科学和生物工程技术;材料科学和新材料技术;能源科学和新能源、高效节能技术;生态科学和环境保护技术;地球科学和海洋工程技术;基本物质科学和辐射技术;医药科学和生物医学技术。另外,还包括其他在传统产业基础上应用的新工艺、新技术。

(3)鼓励措施。这方面的措施可概括为以下几点。

第一,对于技术进口经营者免征关税和进口环节增值税。根据《国务院关于调整进口设备税政策的通知》,对符合《外商投资产业指导目录》鼓励类和限制乙类标准并转让技术的外商投资项目,除《外商投资项目不予免税的进口商品目录》所列商品外,按照合同随所需进口的自用设备而进口的技术,免征关税和进口环节增值税;对符合《当前国家重点鼓励发展的产业、产品和技术目录》的国内投资项目,除《国内投资项目不予免税的进口商品目录》所列商品外,按照合同随所需进口的自用设备而进口的技术,免征关税和进口环节增值税。

第二,对于外国技术转让人减征、免征预提所得税。依照《中华人民共和国企业所得税法》的规定,符合条件的技术转让所得,可以减征、免征企业所得税。具体方法是,一个纳税年度内技术转让所得500万元以下的部分,免征企业所得税;超过500万元的部分,减半征收企业所得税。

同时,根据有关规定,进口属于自由进出口的技术,应当向国务院对外贸易主管部门或者其委托的机构办理合同备案登记。我国对自由进出口技术合同实行网上在线登记管理,自由进出口技术合同自依法成立时生效。对重大项目的技术引进,商务部进行登记管理。所谓重大项目,是指项目资金来源中含有国家财政预算内资金、外国政府贷款、国际金融贷款的项目以及国务院立项批准的项目。技术进口经营者在合同生效后,在中国国际电子商务网上进行登记,并持有关文件到商务部履行登记手续。商务部在收到上述文件起3个工作日内,对合同登记的内容进行核对,并向技术进口经营者颁发《技术进口合同登记证》。各省、自治区、直辖市和计划单列市外经贸主管部门对重大项目以外的自由进出口技术合同进行登记管理。

2. 限制进口的技术,采用进出口许可制度的管理。《技术进出口管理条例》第10条规定:“属于限制进口的技术,实行许可证管理;未经许可,不得进口。”中国对限制进口的技术,实行许可证管理。

《对外贸易法》规定,属于下列情形之一的技术,国家可以限制进口。

(1)为维护国家安全、社会公共利益或者公共道德,需要限制进口的。

(2)为保护人的健康或者安全,保护动物、植物的生命或者健康,保护环境,需要限制进口的。

(3)为建立或者加快建立国内特定产业,需要限制进口的。

(4)对任何形式的农业、牧业、渔业产品,有必要限制进口的。

(5)为保障国家国际金融地位和国际收支平衡,需要限制进口的。

(6)依照法律、行政法规的规定,其他需要限制或者禁止进口的。

(7)根据中国缔结或者参加的国际条约、协定的规定,其他需要限制进口的。

3. 禁止进口或出口的技术。《对外贸易法》规定,下列技术国家禁止进口。

(1)为保护人的健康或者安全,保护动物、植物的生命或者健康,保护环境,其他需要禁止进口的。

(2)依照法律、行政法规的规定,其他需要禁止进口的。

(3)根据中国缔结或者参加的国际条约、协定的规定,其他需要禁止进口的。

4. 中国在技术引进中应该注意的问题。在技术进口中,我国的引进方需注意下列几方面的问题。

(1)引进技术的消化、吸收不够,创新能力不强。近几年来,中国的技术贸易政策为技术贸易的发展提供了较为完善和宽松的环境,在引进先进技术方面也投入了大量的人力、物力和财力,但实践中仍出现了很多问题。比如,一些技术引进项目的负责人只注重“引进”,而对于引进技术的组织计划,以及使其发挥最大效用方面则重视不足,导致了许多项目吸收缓慢,国产化程度低,发挥不了预期的作用,造成巨大的浪费。

(2)宏观调控力度不够,重复引进现象严重。由于我国在制定引进政策中,宏观调控不力,审批把关不严,缺乏权威性的引进规划和综合性、全面性的分析论证,加之体制上条块分割以及长官意志作梗等原因,导致一些技术设备盲目进口和重复引进,不仅花费了大量外汇,加剧了国家建设资金的紧张,更为严重的是使国内的机器制造能力闲置,技术水平得不到提高,限制了民族工业及制造科技的发展。

(3)有些限制政策实施不力。许多单位对技术贸易政策研究不够,不懂国际惯例,不了解国家技术市场,引进技术费用偏高,有时甚至引进已经过时的技术,造成资源的浪费。

(4)增设科技咨询及技术教育政策。发展中国家在制定技术贸易政策时普遍侧重"引进技术",发达国家不仅重"引进",而且还重视科技咨询及技术教育。我国在此方面也应做相应的调整。

二、中国对技术出口的管理

(一)中国技术出口的基本原则和方针

1. 技术出口要严格遵守国家的法律,符合国家安全的需要和外交政策,不得危害国家安全和公共利益。

2. 积极鼓励开拓技术出口。

3. 走"贸工技银"结合的科技兴贸道路。

4. 国家主要运用法律、经济手段对技术出口贸易进行宏观调控,制定禁止、限制、鼓励技术出口项目的不同类别政策,实行不同的管理措施。

5. 遵守国际规范的惯例,保护知识产权,严禁承担不出口义务的引进技术的再出口。

6. 技术出口要符合中国外贸和科技政策,有利于中国对外贸易和国际经济合作的发展,推动科学技术的进步。

(二)中国技术出口的程序

国际技术出口的程序大致可分为三个阶段。

1. 技术出口项目的立项批准。其内容主要包括技术出口项目的可行性研究和报主管部门批准。按照相关规定,中国实行技术自由进出口的原则,但对某些技术实行限制或禁止进口或出口;国务院对外经济贸易主管部门或者由其会同国务院有关部门,根据相关法律规定,制定、调整并公布限制或者禁止进出口技术目录,对限制进出口的技术实行许可证管理。

2. 谈判与签约。其内容主要包括技术询价和报价,技术谈判和商务谈判,以及接受与签订合同。

3. 合同的履行。其内容主要包括技术资料的准备与交付，对受方人员的技术培训，派技术人员赴受方进行技术指导和技术项目验收，合同有关的机器设备及其他物料的准备和交付，合同价款的收汇等。

（三）中国对技术出口的分类管理

中国对技术出口分三类管理。

1. 鼓励出口的技术，即自由出口的技术。《技术进出口管理条例》第 30 条规定："国家鼓励成熟的产业化技术出口。"对属于自由出口的技术，实行合同登记管理，合同自依法成立时生效，不以登记为合同生效的条件。

进入 21 世纪，随着经济、贸易全球化的深入发展和中国加入 WTO，中国对外贸易发展事业步入了新阶段，迫切需要进一步增加成熟的产业化技术出口，并以此带动高技术含量、高附加值的机电产品和成套设备出口的比重，以适应国际竞争的新形势，使中国对外技术贸易获得更好发展。目前，我国已拥有大量成熟的技术，其中不少已经达到世界先进水平。鼓励成熟的产业化技术出口，不仅可以进一步促进技术开发，还可以通过转让技术带动我国生产线、成套设备的出口，扩大技术出口规模。因此，我国鼓励成熟的产业化技术出口，并采取了一定的鼓励措施。

（1）税收优惠政策。中国鼓励成熟的产业化技术及相关设备、高新技术产品的出口，在税收方面的优惠政策主要是出口退税。

（2）政策性金融手段。国家利用符合国际惯例的政策性金融手段，主要成立中国进出口银行，通过开展出口卖方信贷、出口信用保险等业务，为成熟的产业化技术及其相关设备、高新技术产品的出口提供充足的所需资金和政策性贷款，支持成熟的产业化技术及以大型成套设备为龙头的机电产品和高新技术产品的出口。此外，依照中国《对外贸易法》的规定，国家根据对外贸易发展的需要，逐步建立和完善为对外贸易服务的金融机构，设立对外贸易发展基金、风险基金，以促进成熟的产业化技术出口。

例如，为了促进软件出口，国家已明确规定：①注册资金在 100 万人民币以上（含 100 万人民币）的软件企业，可享有软件自营出口权，并可向商务部申请设立境外分支机构。②软件出口企业可向外经贸主管部门申请中小企业和国际市场开拓资金，以扩大软件出口和开拓国际市场。③鼓励软件出口型企业通过 GB/T 19001-2000 质量管理体系认证和专门针对软件行业的 CMM（能力成熟度模型）认证，并可申请相应的认证费用资助。④软件出口企业将在信贷、出口信用保险、税收和结汇等方面获得相应的政策优惠。⑤在软件出口管理方面，将由中国电子商务中心的 Moftec 网站上设立的软件出口合同在线登记管理中心实现软件出口合同的在线登记管理，并由中国机电产品进出口商会和中国软件行业协会共同负责协调和维护软件出口的秩序。

2. 中国限制出口的技术。《对外贸易法》规定，属于下列情形之一的技术，国家可以限制出口。

（1）为维护国家安全、社会公共利益或者公共道德，需要限制出口的。

（2）为保护人的健康或者安全，保护动物、植物的生命或者健康，保护环境，需要限制出口的。

（3）为实施与黄金或者白银进出口有关的措施，需要限制出口的。

（4）国内供应短缺或者为有效保护可能用竭的自然资源，需要限制出口的。

（5）输往国家或者地区的市场容量有限，需要限制出口的。

（6）出口经营秩序出现严重混乱，需要限制出口的。

（7）依照法律、行政法规的规定，其他需要限制出口的。

（8）根据中国缔结或者参加的国际条约、协定的规定，其他需要限制出口的。

3. 中国禁止出口的技术。《对外贸易法》规定，属于下列情形之一的技术，国家禁止出口。

（1）为保护人的健康或者安全，保护动物、植物的生命或者健康，保护环境，其他需要禁止出口的。

（2）依照法律、行政法规的规定，其他需要禁止出口的。

（3）根据中国缔结或者参加的国际条约、协定的规定，其他需要禁止出口的。

同时，《对外贸易法》还规定，国家对与裂变、聚变物质或者衍生此类物质的物质有关的货物、技术出口，以及与武器、弹药或者其他军用物资有关的出口，可以采取任何必要的措施，维护国家安全。

4. 技术出口中应该注意的问题。我国在技术出口中需注意以下几方面的问题。

（1）提高对技术出口战略意义的认识。长期以来，中国对外贸易都是以货物贸易为主，近年来，国际技术贸易有了一定发展，但在发展的最初阶段，技术贸易在对外贸易中占的比重仍然较小。在当今经济全球化和科技高速发展的时代，各国都在试图通过技术，尤其是高新技术竞争来获取高额利润。因此，为实现我国从贸易大国向贸易强国的转变，并在国际技术贸易市场上立于不败之地，中国必须提高对技术出口战略意义的认识，采取有效措施，扩大出口。

（2）认真选择可供出口的技术。根据中国技术出口法规的规定，技术出口不得损害国家的政治、经济和其他重要权益，不得损害或削弱中国现有的某些处于世界领先地位的技术水平，也不应对中国出口商品市场有较大影响。引进技术(包括改进后的技术)，不得违反原技术引进合同的规定和责任。要根据平等互利、协商一致的原则签订出口合同，并根据出口技术的经济价值取得合理的报酬。

(3)有效利用技术，选择合适的技术出口时机。有效利用技术，是指企业开发一项新技术以后，应该清楚技术处于哪个周期应为自己所用，处于哪个周期出口最有利。一般的，企业应该选择出口进入成熟期的工业化技术，这样既能保证必要的技术储备，又能保证技术出口后获得较大收益。

(4)选择适当的技术出口方式。技术出口，应该选择风险小、费用高的方式。要做到这一点，就必须对技术引进国的情况有较全面的了解，包括了解对方的相关技术水平，国家的对外技术贸易政策，以及相关的法律保护政策等。

(5)在技术出口中，加强知识产权的国外保护。既要出口技术，又不能丧失技术的知识产权，关键是实行有效的知识产权保护。做好这一点，对技术贸易双方都有益。

加强知识产权的国外保护，一般有如下两种途径。

第一，在国外寻求专利保护。此时，要考虑拟出口技术是否在受方国家具备获得专利的条件，在国外技术市场的潜力与寻求专利保护的成本之间的关系，选择好申请专利保护所在的国家和地区以及应该遵循的国际有关知识产权保护的公约和条例。

第二，通过技术进出口合同对技术进行保护。向没有专利制度的国家出口技术，或者出口不属于专利保护范围的技术，或者出口不值得或不必要在国外获得专利保护的技术，应在技术出口合同中订明保密条款，明确规定泄露秘密所要采取的补偿办法。

第三节　中国对知识产权的保护

中国历来崇尚科学技术，并一直重视对知识产权的保护工作。目前，中国已基本形成符合国际规则、门类较齐全的知识产权法律法规体系和执法保护体系，建立了行政保护和司法保护“两条途径、并行运作”的知识产权保护模式，依法查处侵权案件，打击违法犯罪活动，保护权利人的合法权益。经过多年的不懈努力，中国保护知识产权工作取得了一定成效。中国作为发展中国家，在很短的时期内做到这一点确实不易。

中国政府还高度重视知识产权的宣传普及工作。从 2004 年开始，中国将每年 4 月 20~26 日确定为“保护知识产权宣传周”，在全社会开展知识产权保护宣传教育活动,提高公众的知识产权意识。中国政府在保护知识产权方面做出了巨大的努力。

中国对知识产权的保护力度大大加强。为解决近年来公安机关、人民检察院、人民法院在办理侵犯知识产权刑事案件中遇到的新情况、新问题,依法惩治侵犯知识产权犯罪活动,维护社会主义市场经济秩序,2011 年 1 月 12 日,最高法院、最高检察院、公安部、司法部联合发布了《关于办理侵犯知识产权刑事案件适用法律若干问题的意见》(以下简称《意见》)。《意见》对知识产权的保护力度大大加强。

中国重视与各类国际知识产权组织的合作。1978 年以前,由于中国处于封闭状态,进出口技术的数量较少,侵犯知识产权的事例也极为少见。随着中国对外开放的深化,技术进出口数量的增加,知识产权的保护问题已被提上议事日程。中国政府十分重视与国际各类保护知识产权组织的合作,改革开放之初便着手进行加入有关国际保护知识产权组织的工作。1980 年 6 月 3 日中国加入了世界知识产权组织,1985 年 3 月 9 日成为《保护工业产权巴黎公约》的成员国,1989 年 10 月 4 日成为《商标国际注册马德里协定》的成员国,1992 年 10 月 15 日成为《保护文学艺术作品伯尔尼公约》的成员国,1992 年 10 月 30 日成为《世界版权公约》的成员国,1993 年 4 月 30 日成为《保护录音制品制作者防止未经许可复制其录音制品日内瓦公约》的成员国,1994 年 1 月 1 日成为《专利合作条约》的成员国,1994 年 8 月 9 日成为《商标注册用商品和服务国际分类尼斯协定》成员国,1995 年 7 月 1 日成为《国际承认用于专利程序的微生物保存布达佩斯条约》的成员国,1996 年 6 月 17 日成为《国际专利分类斯特拉斯堡协定》的成员国,1996 年 9 月 19 日成为《建立工业品外观设计国际分类洛迦诺协定》的成员国。此外,中国还参加了关贸总协定乌拉圭回合《与贸易有关的知识产权协议》谈判的全部过程,并在协议上签字。

近年来,中国与其他国家、国际组织和外商投资企业在知识产权领域广泛开展对话、交流与合作。应美国提议,从 2003 年起中美双方每年举行一次知识产权圆桌会议,至今已举办两届,就有关知识产权问题达成了广泛共识。2004 年,中欧第一次知识产权对话在北京举行,就有关知识产权合作事宜达成初步意向。2003 年 9 月,中国有关部门建立了与外商投资企业的定期沟通协调机制,每季度召开一次会议,听取外商投资企业在知识产权保护方面的意见和建议。

中国一贯以负责任的态度积极推动知识产权保护工作,在知识产权保护的立法、执法以及提高知识产权保护意识、履行知识产权国际保护义务等方面均取得了重大进展。

自 20 世纪 80 年代中国颁布实施《中华人民共和国专利法》《中华人民共和国商标法》《中华人民共和国著作权法》《计算机软件保护条例》等涵盖知识产权保护

主要内容的法律、法规及一系列相关的实施细则和司法解释以来，中国知识产权保护的法律、法规体系不断趋于完善。在2001年加入世界贸易组织前后，中国对与知识产权保护相关的法律、法规和司法解释进行了全面修改，在立法精神、权利内容、保护标准、法律救济手段等方面更加突出促进科技进步与创新的同时，做到了与世界贸易组织《与贸易有关的知识产权协议》以及其他知识产权保护国际规则相一致。

在知识产权保护实践中，中国形成了行政保护和司法保护“两条途径、并行运作”的知识产权保护模式。2004年中国成立了以国务院副总理为组长的国家保护知识产权工作组，负责统筹协调中国知识产权保护工作。随着知识产权保护法律制度的逐步完善，中国将知识产权保护工作的重点逐渐由立法转向执法，不断加大知识产权保护的行政执法力度。2004年8月，中国政府决定从2004年9月到2005年8月，在全国范围内组织开展为期一年的保护知识产权专项行动。2005年3月31日中国国务院召开全国整顿和规范市场经济秩序电视电话会议，决定把保护知识产权专项行动延期到2005年年底，以查处重大侵权案件作为突破口，打击侵犯知识产权的违法分子。为深入实施国家知识产权战略，2011年，按照国家知识产权战略实施工作部际联席会议的安排，28家联席会议成员单位共同制定了《2011年中国保护知识产权行动计划》，并于2011年4月正式印发实施。该计划的实施对我国2011年知识产权保护工作的全面开展有重大指导作用。中国海关是从1994年起在进出口环节开展知识产权保护工作的，自1994年中国海关实施知识产权保护以来，已经查获各类进出口侵犯知识产权货物的案件8 000多起，案值近10亿元人民币，在加入世贸组织以后的几年时间里，中国海关查获的侵权货物案件每年都以30%左右的幅度在增长。面对我国对外贸易的迅猛发展，中国海关运用风险管理手段，通过广泛收集侵权信息，注重对报关数据的审核，加强对重点商品的查验，有针对性地对进出口货物进行监控，提高了查获侵权货物的准确性。

中国国家知识产权局在专利授予方面做了大量工作。国家知识产权局发布的《2020知识产权统计年报》显示，2020年，我国发明专利授权53.0万件。截至2020年底，我国国内(不含港澳台)发明专利有效量221.3万件。每万人口发明专利拥有量达到15.8件，超额完成国家“十三五”规划《纲要》预期的12件目标。仅在2022年1月，我国发明专利授权量就达到32 277件，发明专利有效量达3 618 840件；实用新型专利授权量303 431件，实用新型专利有效量达9 494 726件；外观设计专利授权量46 322件，外观设计专利有效量为2 611 462件。

案例研究

案例一　格力与奥克斯专利之争

浙江省宁波市中级人民法院近日对奥克斯空调股份有限公司（以下简称“奥克斯”）起诉珠海格力电器股份有限公司（以下简称“格力”）、宁波甬格信息科技有限公司（以下简称“甬格公司”）、宁波市江北天泽家电维修部（以下简称“天泽维修部”）等侵害发明专利一案做出一审宣判，法院判决格力赔偿奥克斯合计约 1.67 亿元，刷新了 2020 年奥克斯赔偿格力 4 000 万元的纪录，不过，格力表示已就此提起上诉。

诉争双方的焦点围绕“压缩机”发明专利（专利号：ZL 00811303.3）展开。此发明专利申请日为 2000 年 8 月 11 日，授权公告日为 2004 年 9 月 29 日，原专利权人为东芝开利株式会社，专利已于 2020 年 9 月 4 日终止。奥克斯 2018 年 12 月收购该专利时获得了“针对转让前发生的第三方侵权行为追究侵权责任并获赔偿的权利”。

在奥克斯正式收购前 6 个月，即 2018 年 6 月，奥克斯就以公证方式从甬格公司处购入标有“GREE 格力”的品圆 KFR-35GW/(35592)FNhDa-A3 空调。此后，奥克斯又于获得该项专利后的 2019 年 1 月，再次委托代理人从天泽维修部处购买了有“GREE 格力”标识的品圆 KFR-26GW/(26592)FNhDa-A3 空调一台。奥克斯公司诉称，经过技术比对，被告格力公司生产和销售型号为品圆 KFR-26GW/(26592)FNhDa-A3 空调及品圆 KFR-35GW/(35592)FNhDa-A3 的两项产品，侵犯了其“压缩机”发明专利权，要求格力停止生产销售侵权产品并承担相应的赔偿责任。奥克斯请求判令被告格力公司生产和销售两款空调产品的行为侵犯其名称为“压缩机”的发明专利权，同时要求格力公司向原告赔礼道歉并发表声明以消除其侵权行为所造成的影响。除此之外，要求被告格力公司停止生产、销售被控侵权产品，赔偿原告经济损失 9 600 万元和 7 060 万元。

格力曾在一审提出管辖权异议，在被宁波中院裁定驳回后，格力电器不服，上诉至最高人民法院，再次被驳回、维持原裁定。

宁波中院经审理后认为，被诉侵权技术方案落入了涉案专利权利要求 1 和要求 10 的保护范围；根据司法鉴定、专利说明书及相关规定，格力的现有技术抗辩请求不成立；根据“侵权获利 = 侵权产品销售额×侵权产品合理利润率×专利对利润的合理贡献率”的计算公式、专家意见及相关法条，对原告奥克斯就涉案专利相关的两个型号的空调产品所主张经济赔偿 9 600 万元和 7 060 万元的诉讼请求予以支持。

格力电器董事长兼总裁董明珠早在 2020 年 5 月份就通过社交媒体指出奥克斯通过购买国外即将到期专利，向国内企业提起专利官司，称奥克斯是“专利流氓”。2020 年全国两会期间，董明珠一共提交了 3 份与知识产权相关的建议，其中一份就是《严厉打击“专利流氓”，保障创新企业正常经营的建议》。在这份建议中，董明珠不仅提出应加大对恶意专利诉讼追究民事侵权责任，还建议建立收储国内外基础技术的知识产权基金，规范知识产权交易中的权利滥用行为。

针对“被判赔偿奥克斯 1.67 亿元”，格力电器对媒体回应称，目前该案件仅是一审，公司已经提起上诉，并就该专利无效向北京知识产权法院提起诉讼，正待法院审判。

案例思考与讨论：

结合该案例，谈谈你对专利保护的认识。

案例二　法院判决知名桌游“CODENAMES”商标抢注者恶意维权

捷克 CGE 公司在 2015 年推出了桌游“CODENAMES”，随后风靡全球。2016 年该游戏产品获得了德国年度游戏大奖，该奖项被认为是世界上最有影响力的桌游奖。耿某也是一名桌游产品卖家，在 2018 年 12 月 7 日抢先在国内注册“CODENAMES”商标。此后，国内一批桌游电商卖家陆续收到了商标侵权的投诉，在双方未就撤诉金额达成一致的情况下，耿某将其起诉到法院。

被诉其他卖家及律师经调查发现，耿某及其经营的公司、相关人员等在国内大量抢注国外知名游戏的同名商标，数量合计超过 500 个，且有 30 个商标或被国家商标局驳回或被各权利人提异议、申请宣告无效。

一审法院审理后认为，耿某明显具有攀附 CGE 公司“CODENAMES”桌面游戏知名度的故意，其注册类似大量的桌面游戏名称商标并非出于通过诚实劳动创造和积累自身商标独立价值的目的，而是直接使用国外桌游名称或商标以垄断相关商标在国内的权利。这种试图不劳而获、有违公平竞争原则的行为不应予以鼓励。法院还查明，耿某利用商标禁用权及损害赔偿制度，作为原告以类似情况针对桌面游戏产品卖家共提起十几起侵权诉讼，试图借用司法资源谋取不当利益，主观恶意明显,遂判决驳回耿某诉讼请求。

二审中,耿某自认涉案的"CODENAMES"商标是其抢注的,但不是恶意维权。耿某认为自己先后注册了多个英文商标,但都是出于建立企业自有品牌的目的,在自己生产的产品中使用,并非企图通过囤积商标不劳而获。然而,耿某举证的商品中,其自有商品的包装上甚至印有 CGE 公司的标识,对此未能做出合理解释。

此后,耿某提请再审,被浙江高院裁定驳回。该案件经过历时一年多的一审、二审和再审,浙江省三级法院先后一致认定,耿某获得这枚商标并未遵循诚实信用原则,恶意取得权利并滥用权利不能得到法律支持。耿某在"CODENAMES"维权案中败诉。

2021 年 10 月 15 日,耿某抢注的"CODENAMES"商标经商标局商评委审查,因其以"不正当手段取得注册",扰乱正常的商标注册管理秩序,并损害公平竞争的市场环境,对该商标宣告无效。

近年来,恶意抢注、囤积商标牟利现象突出,一些人把维权当成"生意",转卖、倒卖及通过恶意投诉牟利,其中不乏过度索要授权费、坑蒙拐骗,甚至敲诈勒索等社会问题存在。国家知识产权保护司司长张志成近日在国新办新闻发布会上表示,2021 年全年累计打击恶意商标注册申请 48.2 万件,同时还快速驳回抢注"长津湖""全红婵"等商标注册申请 1 111 件,依职权主动宣告注册商标无效 1 635 件,向地方转交涉嫌重大不良影响及恶意商标注册案件线索 1 062 条,在全社会营造了严厉打击商标恶意注册的高压态势。

我国《商标法》第六十八条明确规定,对恶意申请商标注册的,根据情节给予警告、罚款等行政处罚;对恶意提起商标诉讼的,由人民法院依法给予处罚。

各级法院对恶意商标注册人提起商标侵权诉讼的审查力度不断加强,对商标取得、使用具有不正当性的商标权利人提起的侵权主张不予支持,体现了诚实信用原则的价值引导作用。

案例思考与讨论:

结合该案例,分析在知识产权保护方面应注意哪些问题?

思考与练习

1. 中国技术进出口管理的基本原则是什么?
2. 中国是如何对技术引进进行管理的?

3. 我国技术贸易政策的主要原则是什么?
4. 加强国外知识产权的保护有哪些途径?
5. 简述技术进出口中应分别注意的问题。

附录　词汇表

A	
administrative remedy	行政救济
anti-monopoly law	反垄断法
antitrust law	反托拉斯法
appellation of origin	地理标志
appropriate technology	适用技术
associated mark	联合商标
B	
Berne Convention for the Protection of Literary and Artistic Works	保护文学艺术作品伯尔尼公约
BOT(Build Operate Transfer)	公共工程特许权
C	
certification mark	证明商标
CISG	联合国销售合同公约
civil remedy	民事救济
collective mark	集体商标
commission	佣金
commodity trademark	商品商标
comparative advantage	比较优势
compensation	补偿
compensation trade	补偿贸易
competition law	竞争法
computer software	计算机软件
copyright	版权
copyright law	著作权法

criminal remedy	刑事救济
cross license	交叉许可
D	
defense mark	防御商标
double taxation	双重征税
E	
EPC(Europe Patent Convention)	欧洲专利公约
EPO(Europe Patent Organization)	欧洲专利局
evasion of law	法律规避
exclusive license	独占许可
export restriction	出口限制
F	
FIDIC	《土木建筑工程(国际)施工合同条款》
financial lease	融资租赁
foreign technology trade administration	对外技术贸易管理
franchising	特许经营
G	
geographical indication	原产地标记
geographical marks	地理标志权
I	
imitation country	模仿国
imitation lag	模仿时滞
industrial design	工业品外观设计
industrial property right	工业版权
infringement	侵权
initial payment and royalty	入门费与提成费结合
integrate circuit	集成电路
intellectual property	知识产权
intermediate technology	中间技术
international commodity trade	国际商品贸易
international construction	国际工程承包
international cooperative development	国际合作开发

international investment	国际投资
International Labor Organization	国际劳工组织
international lease	国际租赁
international practice	国际惯例
international production	国际生产
international project contracting	国际工程承包
international registration	国际注册
international technology trade	国际技术贸易
international treaty	国际条约
invention-creations	发明创造
K	
know-how	专有技术
know-how license	专有技术许可
L	
layout design of industrial products	工业品外观设计权
layout design of integrated circuit	集成电路布图设计(拓扑图)权
license	普通许可
Licensing Guide for Developing Countries	《供发展中国家使用的许可证贸易手册》
licensing product	许可产品
licensing technology	许可技术
licensing trade	许可贸易
LSLP (Licensor's Share on Licensee's Profit)	利润分成法
lump-sum payment	总付
M	
Madrid Agreement Concerning the International Registration of Marks	商标国际注册马德里协定
manufacturing mark	制造商标
market monopoly	市场垄断
most-favored-nation treatment principal	最惠国待遇原则
N	
neighboring right	邻接权
non-contest registration	非独占许可

non-exclusive license	无异议原则
O	
objective element	客观要件
OECD	经济合作与发展组织
operating lease	经营租赁
opportunity costs	机会成本
P	
package contract	一揽子合同
Paris Convention for the Protection of Industrial Property	保护工业产权巴黎公约
patent	专利
patentee	专利权人
Patent Law Treaty	专利法条约
patent license	专利许可
patent licensing contract	专利实施许可合同
patent right	专利权
patent transferring contract	专利实施转让合同
PCT(Patent Corporation Treaty)	专利合作条约
price restriction	限定价格
principle of national treatment	国民待遇原则
priority of registration	注册在先原则
priority of use	使用在先原则
product lifecycle	产品生命周期
progressive decrease of royalty	递减提成费
proprietary clause	专用程序
R	
registered trademark	注册商标
restrictive business practice	限制性商业惯例
royalty	提成费
S	
sales mark	销售商标
service charge	服务费
service trademark	服务商标

simple license	普通许可
sliding royalty	滑动提成
sole license	排他许可
standardization	标准化
subjective element	分许可
sub-license	主观要件
sunk cost	沉淀成本
T	
technological gap	技术差距
technological innovation	技术创新
technological trading theory	技术贸易理论
technological transfer mechanism	技术转移机制
technology	技术
technology acquisition	技术引进
technology consultancy	技术咨询
technology development	技术开发
technology life cycle	技术生命周期
technology market	技术市场
technology service	技术服务
technology transfer	技术转让
third party acting in good faith	善意第三人
topological graph	拓扑图
trade secret	商业秘密
trade secret right	商业秘密权
trademark	商标
trademark license	商标许可
trademark right	商标权
trademark right licensing	商标权使用许可
trademark transfer	商标权转让
transfer cost	转让成本
TRIPS	与贸易有关的知识产权协议
turnkey	交钥匙
turnkey contract	交钥匙合同

U

undisclosed information	未披露信息
UNIDO	联合国工业发展组织
United Nations Educational, Scientific, and Cultural Organization	联合国教科文组织
Universal Copyright Convention	世界版权公约
utility model	实用新型

W

warranties	保证
warranties clause	担保条款
well-known trademark	驰名商标
whereas clause	鉴于条款
WIPO(World Intellectual Property Organization)	世界知识产权组织
withholding income tax	预提所得税
WTO(World Trade Organization)	世界贸易组织

参考书目

References

[1]陈元浚,郑长军,祁春节.技术贸易学[M].北京:中共中央党校出版社,1998.

[2]武振山.国际技术贸易[M].大连:东北财经大学出版社,1998.

[3]亚历山大·I.波尔托克拉,保罗·J.勒纳.知识产权精要[M].北京:中国人民大学出版社,2004.

[4]李虹.国际技术贸易[M].大连:东北财经大学出版社,2005.

[5]王玉清,赵承壁.国际技术贸易——技术贸易与知识产权[M].第3版.北京:对外经济贸易大学出版社,2005.

[6]杨忻,李森.知识产权理论与实践[M].北京:电子工业出版社,2005.

[7]吴汉东,胡开忠,董炳和.知识产权基本问题研究[M].北京:中国人民大学出版社,2005.

[8]饶友玲.国际技术贸易[M].天津:南开大学出版社,2006.

[9]林珏.国际技术贸易[M].上海:上海财经大学出版社,2006.

[10]李顺德.知识产权概论[M].北京:知识产权出版社,2006.

[11]罗双临.中国高新技术产品贸易研究[M].北京:中国市场出版社,2005.

[12]李虹.国际商务中的技术转让[M].北京:经济科学出版社,2005.

[13]王传丽.国际技术贸易法[M].北京:中国政法大学出版社,2004.

[14]文希凯.专利法教程[M].北京:知识产权出版社,2003.

[15]刘志伟.国际技术贸易教程[M].北京:对外经济贸易大学出版社,2006.

[16]江镇华.实用专利教程[M].北京:知识产权出版社,2001.

[17]孙瑶.国际技术贸易实务[M].成都:四川大学出版社,2004.

[18]刘东红,刘泓毅.商标权保护案例分析[M].太原:山西经济出版社,1999.

[19]组编.商标注册理论与实践[M].北京:中国工商出版社,2005.

[20]王仙法.商标与知识产权保护[M].上海:上海三联书店,2001.

[21]张玉敏.商标保护法律实务[M].北京:中国检察出版社,2004.

[22]吴景明,戴志强.商标法原理、规则、案例[M].北京:清华大学出版社,2006.

[23]黄晖.商标法[M].北京:法律出版社,2004.

[24]尹翔硕.国际贸易教程[M].上海:复旦大学出版社,2001.

[25]郑成思.版权公约、版权保护与版权贸易[M].北京:中国人民大学出版社,1992.

[26]编写组.中外版权法规汇编[M].北京:北京师范大学出版社,1993.

[27]联合国教科文组织.版权基本知识[M].北京:中国对外翻译出版公司,1984.

[28]江向东.版权制度下的数字信息公共传播[M].北京:北京图书馆出版社,2005.

[29]曹宪志.技术转让与许可证贸易[M].北京:对外经济贸易出版社,1987.

[30]王锡文.技术转让[M].北京:科学技术文献出版社,1980.

[31]徐明贵.技术转让国际惯例[M].贵阳:贵州人民出版社,1994.

[32]刘李胜.知识产权保护与国际技术贸易[M].北京:中国经济出版社,1995.

[33]倪才龙,王勉青.商业秘密保护法[M].上海:上海大学出版社,2005.

[34]张玉瑞.商业秘密的法律保护[M].北京:专利文献出版社,1994.

[35]张玉瑞.商业秘密法学[M].北京:中国法制出版社,1999.

[36]刘春田.知识产权法[M].北京:中国人民大学出版社,2002.

[37]胡开忠.知识产权法比较研究[M].北京:中国人民公安大学出版社,2004.

[38]沈达明.知识产权法[M].北京:对外经济贸易大学出版社,1998.

[39]吴汉东.知识产权法[M].北京:中国政法大学出版社,1999.

[40]叶京生.国际知识产权学[M].上海:立信会计出版社,2004.

[41]郑成思.知识产权法[M].北京:中国方正出版社,2003.

[42]吴汉东.知识产权法[M].北京:北京大学出版社,2003.

[43]韩赤风.知识产权法[M].北京:清华大学出版社,2005.

[44]曹新明.知识产权法[M].大连:东北财经大学出版社,2006.

[45]Yong Lee S. Technology transfer and public policy[M]. Quorum: Westport Conn,1997.

[46]Betz Frederick. Managing Technological Innovation[M]. New York: Wiley Interscience,1998.

[47]Streeten P. Learning form the Asian Tigers: Studies in Technology and Industrial Policy[M]. London: Macmillan, 1996.

[48] Kumar N. Globalization, Foreign Direct Investment and Technology Transfers: Impacts on and Prospects for Developing Countries[M]. London and New York: Routledge for United Nations University, Institute for New Technologies, 1998.

[49] Aldershot. Technology transfer to China through foreign direct investment [M]. New York: Cambridge University Press, 1995.

[50] Leonard Berkowitz. Getting the Most from Your Patent[M]. Maxwell, 1995.

[51] Tamir Agmon Mary Ann Von Glinow. Technology Transfer in International Business[M]. Oxford University Press, 1991.

[52] Melvin Simensky, Lanning Bryer, Neil J Wilkof. Intellectual Property in the Global Marketplace[M]. Second Edition. John Wiley & Sons Inc, 1999.